《宁可文集》编委会名单

主　编：郝春文　宁　欣

副主编：张天虹

编　委（以姓氏汉语拼音为序）：

郝春文　李华瑞　刘玉峰　刘　屹　鲁　静

宁　欣　任士英　魏明孔　杨仁毅　张天虹

宁可文集

（第八卷）

宁可 著

郝春文 宁欣 主编

人民出版社

前　言

　　宁可先生，原名黎先智，湖南浏阳人，中国当代著名历史学家。

　　黎先智生于 1928 年 12 月 5 日生于上海。1932 年至 1934 年，他随父亲至马来西亚的港口城市巴生侨居，其间入读巴生中华女校。1935 年回国后，先后在南京的三条巷小学（1935）、山西路小学（1935）和鼓楼小学（1935—1937）就读。抗战爆发后，他在颠沛流离中完成小学和中学的学业。先后就读于长沙楚怡小学（1937）、长沙黄花市小学（1937）、长沙沙坪县立第四高级小学（1938）、贵阳正谊小学（1939春）、贵阳尚节堂小学（1939 年秋）、贵阳中央大学实验中学（1939—1941）、洛阳私立明德中学（1941）、省立洛阳中学（1942—1943）和重庆私立南开中学（1943—1946）。1946 年考入北大史学系的先修班，次年正式就读于该系。1948 年 11 月从北平进入解放区，接受中共华北局城市工作部城市干部培训班的培训，因革命工作需要，改名宁可。北平和平解放后，于 1949 年 2 月 5 日进城，任北平市人民政府第三区公所科长。1950 年改任北京市人民政府第三区文教科副科长。1952 年调任北京市教育局《教师月报》编辑和中学组组长。1953 年进入教师进修学院任教学研究员。1954 年 9 月受命参与筹建北京师范学院历史科，以后长期在北京师范学院（1992 年更名为首都师范大学）工作，历任讲师、副教授、教授、博士生导师，并曾兼任校图书馆副主任、历史系副系主任、系总支第一副书记、代理系主任、《北京师范学院学报》副总编辑等党政领导工作。主要学术兼职有北京市史学会副会长，中国史学会理事，中国敦煌吐鲁番学会副会长兼秘书长，北京大学、兰州大学等高校的兼职教授。2014年2月18日逝世于北京，享年86岁。

宁可先生天资聪颖，自幼酷爱读书。他兴趣广泛，博闻强记，有着渊博的知识积累。在大学期间，他开始接触马克思主义。进入史学研究领域以后，他研读过大量的马克思主义经典作家的著作。如马克思《资本论》第一卷，他就分别研读过侯外庐与王思华、王亚南与郭大力、郭沫若等三种不同的译本。长期的阅读和思考使他具有了深厚的理论素养。马克思主义的基本原理和方法，也成为他认识历史问题、解析历史现象的最重要的科学理论。他对马克思主义理论的运用，从来不是仅仅停留在征引经典作家论述的层面，而是主动融会贯通，即在真正透彻理解马克思主义唯物论和辩证法的前提下，运用马克思主义的历史观、认识论和方法论，对中国历史问题进行深入的具体分析与诠释，力图从理论的视角把握历史现象和本质，以宏观的视野分析历史事物的因果关系。这使得他的研究成果往往具有很强的理论性和思辨性，这一特色贯穿于他在史学理论、中国古代经济史和文化史、敦煌学和隋唐五代史等诸多领域长期的历史研究实践中。以下试从几个方面对宁可先生论著的理论性和思辨性略作说明。

第一，他多次直接参与了史学界很多重要热点理论问题的讨论，都提出了独到的看法，有些最后成为学界的共识。

早在二十世纪五六十年代，他参与了中国史学界关于农民战争和历史主义与阶级观点等相关问题的讨论，发表了多篇重要论文。他先后就农民战争是否可能建立"农民政权"、农民战争是否带有"皇权主义"的性质、农民战争的自发性与觉悟性、农民战争的历史作用，以及该如何恰当地理解和评价地主阶级对农民的"让步政策"等存在不同认识的热点问题发表了自己的看法。他的意见，有理论依据，又有事实佐证，高屋建瓴，客观而允当，以极大的说服力平息了学术界有关以上问题的争论。六十年代，他参与了历史主义与阶级观点的讨论，针对当时史学界和理论界对马克思主义阶级观点的理解存在片面性和绝对性的情况，他指出历史主义与阶级观点这两个概念的侧重点是不同的。历史主义侧重的是从发展的角度看问题，阶级观点则侧重根据阶级划分和阶级斗争的规律对所研究的对象作出科学的解释。二者的统一是有条件的。历史主义和阶级观点是从不同角度认识统一的历史过程的两个原则或方法。他的这些看法作为当时有代表性的观点，得到史学界和理论界的高度关注和认可。改革开放以后，针对学术界对历史科学理论认识存在的分歧，他提出应把历史科学理论与历史理论区分开来。这一观点廓清了史学理论学科建设中的根本性概念问题，已成为史学界的共识。

宁可先生还在一些重要理论问题上发表了对以后研究具有指导性的论述。例如有关地理环境对人类社会发展的作用问题，不仅是人类社会历史发展究竟由哪些因素决定的理论问题，也对当代中国的经济、政治、军事乃至文化的发展和决策具有重要意义。宁可先生认为应该辩证地认识地理环境对人类社会发展的作用，指出地理环境是社会物质生活和社会发展的经常的必要的条件之一，但它不是起决定作用的条件，起决定作用的是生产方式。地理环境决定论和否定地理环境对社会发展的作用等认识都是片面的。他对这一理论问题的思考，始于将地理环境决定论作为资产阶级理论批判的二十世纪五十年代，前后历经三十年、五易其稿才拿出来发表。显示了他对一个学术问题严谨的思索和执着的追求。他还对二十世纪八九十年代以来社会上流行的"文化热"提出自己的看法，认为种种"文化决定论"、"文化至上论"等都是非科学的，都忽视了社会政治、经济因素与文化之间的相互作用，不值得提倡。在当时的社会环境下，提出这样的看法也是需要学术的勇气的。

第二，在具体研究工作中，宁可先生也注意利用唯物辩证法观察具体历史现象。注重史实之间的相互联系及深层关系，注重阐释历史发展的特点。如关于中国封建社会经济结构以及体制特征的问题，他认为人们常说中国封建经济是一种农业经济、自然经济，这话不错，但不完整。因为很早就有了社会分工，主要是农业和手工业的分工，这是封建经济的两大部门。这两大部门的产品要交换，这种交换终归会发展到以商品交换为其重要的形式，这就有了第三个部门——商业，而且越来越重要。所以，中国历史上的封建经济并非是一个绝对封闭静止的系统，而是具有相当的开放性和活动性，商品经济就是促成封建经济系统开放性和活动性的因素。又如关于中国封建经济结构的诸要素的运转，宁可先生做出了"小循环"和"大循环"的理论概括。从农村开始，农产品大部分自行消费，然后再进行再生产，这是一个小循环。其剩余产品和一部分必要产品循两条路线运行，一条是经过封建国家赋役而注入其他地区和部门，这是非商品性的活动，或基本上是非商品性的活动；另一条是经过市场，进入城市手工业领域，然后再回到市场，而又再进入农村，最终完成消费，这是一个大循环。小循环以中国的气候及农作物生长周期即一年为运转周期。小循环的损耗是小的，效率是高的，但经济效益却不算高。至于那个大循环，运转周期难以一年为率，循环过程很缓慢，损耗也不小，经济效益也不算高，但还是有的。再如对所谓"李约瑟难题"的解释，即中国封建社会原先比较先进，近代为什么会落后于西方？阻力是什么？学术界提出了诸多原因加以解释，或执其一端，或综合言之。宁可先生认为，从中国特殊的国情出发来探寻中国封建社会原先发展后来停滞的原因，固然应该考虑到各种因素的交互作用，但尤其应该注重内部因素的作用，特别是更具决定性意义的经济因素的作用，长时性而非一时性（如政策）因素的作用。以上几个问题的论述，都是综合考虑了与之相关的各种因素，从各种因素的相互联系、互动中，辩证地分析问题。对问题的分析，则是由此及彼，由表及里，层层深入，直至问题的核心。

第三，宁可先生的具体研究，从不满足于对历史事物表象的考察，往往具有贯通的特征，力图对中国历史的发展具有贯通性认识。如对中国古代"社邑"的研究，所涉及的材料上至先秦，下迄明清，不仅几乎穷尽了传世文献中的相关记载，而且还充分利用了石刻材料和敦煌资料，展示了中国古代民间团体发生、发展和演变的轨迹，为我们观察中国古代基层民众的活动和民间组织提供了重要窗口。又如他对中国古代人口的考察。考察的时段也是自战国至明清，并总结出古代人口的发展规律是台阶式的跃迁。战国中期的人口大约为二千五百万到三千万，这是第一级台阶；从汉到唐，人口似乎没有超过六七千万，这是第二级台阶；从北宋后期起，人口大约增长到一亿左右，这是第三级台阶；从清代乾隆初年开始，短短 100 年间人口从一亿多猛增到四亿，这是第四级台阶。这样的研究成果，不仅对认识整个中国古代历史具有重要价值，对当今社会制定人口发展政策也有借鉴意义。再如对中国王朝兴亡周期率的探讨，所涉及时段也是从秦到清十几个王朝。他总结出历史上新王朝取代旧王朝有三种途径：一是战争；二是用非暴力的手段，即所谓"禅让"；三是北方游牧民族借机起兵南下，征服半个乃至全部中国。总结两千年王朝兴亡，宁可先生总结了三点经验教训：一、中国是农业社会，农业是基础，农民占全国人口的绝大多数，一个统治者如何对待农民，成为一个王朝成败的关键。二、专制主义中央集权国家各级官僚机构和各级官吏的吏治问题非常重要，历来的统治者都非常重视。王朝兴起时往往重视整饬吏治，而一个王朝之所以衰亡，重要的原因是吏治的腐败。三、历代王朝兴亡，乍看起来似周而复始的循环，但并非单纯的回归，像螺旋形一样，在循环之中不断上升，不断发展。到宋以后，发展势头受到阻碍，以致 19 世纪中期以后，欧洲资本主义势力侵入，中国成为半封建半殖民地社会。以上所列举的问题，都是上下数千年，纵横越万里，从长时段的具体历史进程中，揭示其发展变化的特点和规律，发前人所未发。

宁可先生的论著思路缜密，论证周到，表述清晰，结论自然令人心悦诚服。由于具有深厚的理论素养和敏锐的学术眼光，他的学术研究往往具有前瞻性和引领性。如他对汉代农业生产数字的研究、对中国古代人口的研究，以及对汉唐社邑的研究，都是开风气之先，启发后继者继续从事相关课题的研究。他的研究成果同时受到国际学术界的重视，其学术观点经常被当作具有代表性的看法介绍到国外。他是当之无愧的当代史学大家！

宁可先生热爱教学工作，常以"教书匠"自称。他自 26 岁开始给学生上课，陆续开设过《中国通史》（先秦到宋辽夏金元）、《隋唐五代史》、《中国历史要籍介绍及选读》、《隋唐五代社会经济史》、《资本论选读》、《中国古代社会经济史专题》、《历史科学概论》等课程。直到 70 多岁时，还坚持给研究生上课，每次上课前都要在头天下午或晚上把第二天要讲的内容再过一遍才放心。他从 1981 年开始招收硕士研究生，先后指导了 40 多名博士、硕士研究生和博士后研究人员，为史学界培养了一大批专门人才。他的学生分别在不同的学术领域作出了重要贡献，其中很多人成为各领域的学术中坚。他是一位杰出的教育工作者。

以上介绍表明，宁可先生的学术论著在当时曾是一个时代具有代表性的成果，现在已经成为当代史学遗产的重要组成部分。他的一系列精辟观点，至今仍闪耀着理论的光辉和智慧的火花，具有"卓然不可磨灭"的品质。为了进一步总结、研究、发扬宁可先生留给我们的珍贵史学遗产，人民出版社拟出版 10 卷本的《宁可文集》，即：一、《宁可史学论集》；二、《宁可史学论集续编》；三、《史学理论研讨讲义》；四、《中国封建社会的历史道路》；五、《敦煌社邑文书辑校》；六、《敦煌的历史和文化》；七、《流年碎忆》；八、《地理环境与历史发展》；九、《散论》；十、《讲义》。本次出版按照第一卷、第二卷……的顺序依次排列，共计十卷，其中一至七卷为已刊论著，八至十卷为未刊稿。

《宁可文集》的编辑工作，总的原则是尽可能保持宁可先生著述的原貌，以求全面真实地反映宁可先生的学术成就。其中第一至七卷，以前均曾由国家级出版社正式出版过，内容多数经过宁可先生审定。所以，此次编辑以上七卷，原则上不做改动，仅纠正个别文字错误，并以"编者补注"形式，完善文稿中不规范、不完整的注释内容。第八至十卷为首次出版，编者根据需要做了必要的技术处理。

为保证出版质量，编委会组织人力对文集的全部引文都做了核对。其中马恩列斯等经典著作的引文，虽然近年已有新的译本，但考虑到作者的解释和论证都是以老版本为依据的，如果根据新的版本修改引文，会造成解释和论证与引文不协调。所以，此次核对马恩列斯等经典著作的引文，我们仍以宁可先生当时所用的老版本为依据。关于古籍引文的核对，尽量使用标点本和新的整理本，但不使用宁可先生去世以后的新版本。

《宁可文集》的编辑出版，自始至终得到了首都师范大学历史学院和人民出版社的支持。首都师范大学历史学院院长刘屹教授、人民出版社鲁静编审、刘松弢副编审都给予了大力支持，历史学院校友郭岭松编审则承担了繁杂的编辑工作。谨此一并致以诚挚的感谢！

《宁可文集》编辑委员会

郝春文执笔

2022 年 6 月 2 日

文 前 语

　　过去多次讲过这类问题，题目是"中国古代历史发展的地理环境"。现在再来讨论，题目颠倒了一下叫："地理环境和中国古代历史"。着眼点和侧重点不同了。在复杂纷繁的人地关系中，在地理环境和中国古代历史的关系和互动中，原来讲的时候着眼点在地理环境，侧重点在地理环境，地理环境是主体；现在同样讲地理环境和中国古代历史的关系和互动，着眼点放在了中国古代历史，侧重点也放在了中国古代历史，中国古代历史成了主体。

　　先一般地叙述一下地理环境对历史发展的作用。开头则先看什么是地理环境。

目　录

上　篇
综述：地理环境对历史发展的作用

下　篇
分述：东亚大陆内部的历史地理区域

附　述

上 篇
综述：地理环境
对历史发展的作用

第一章　什么是地理环境

第一节　什么是地理环境

什么是地理环境，过去一般指人类社会赖以生存、活动和发展的地球表面。现在科学发达了，人类活动的范围已经大大地超出了地球的表层，达到了外层空间和宇宙空间，也深入到了地球表层以下的海底和地壳深处，真是"可上九天揽月，可下五洋捉鳖"。这是地理环境的外延，也就是人类活动所能达到的以地球表面为中心的空间的范围。

地理环境还有它的内涵，可以分做三个方面：

第一，自然环境或自然条件。

它由地球表层及其延伸处的无机和有机的、静态和动态的自然界的种种物质能量所组成，具有自然的物质结构特征，并且为自然规律所制约。包括地理位置、地形（地貌）、景观、岩石、土壤、气候、水文、生物、自然资源等等自然界的物质和能量等要素。

自然环境又可以分成两类，一类是原生自然环境，即未受到或很少受到人类影响或干扰的那些自然环境，如高山、极地、大荒漠、大沙漠、大湿地、大沼泽、大草原、大冻土地带、深海、原始森林、热带雨林、人类活动较少的水域，等等；另一类是人为自然环境或次生（衍生）自然环境，即那些经受人类活动直接影响或长期作用，而自然面貌发生重大变化的自然环境，如农村、农田、城镇、矿场、草场、牧场、采育林地、大气污染、全球变暖等等。人为自然环境的成因及其形式的多样性，决定于人类的影响和干扰方式及其频率和强度，而其本身的变化和作用过程仍受自然规律的制约。因此，无论是原生的或人为的自然环境都可以统归为自然环境。

第二，经济环境。

它指自然条件和自然资源经过人类利用改造形成的生产力地域综合体，包括工业、农业、交通、城乡居民点等生产力实体的地域配置和结构状态，生产力实体具有二重性，从自然属性来判断，这种地域特征属于人为自然环境；从技术经济角度来考量，这种地域则属于经济环境或经济地理环境。

第三，社会文化环境或人文环境。

它包括人口、国家、政区、民族、家族、家庭、社会结构、民俗、宗教、语言、文化等社会因素的地域分布特征或组成结构，还涉及各类人群对周围事物的心理感应及相应的社会行为。社会文化环境或人文环境是人类社会本身活动构成的一种地理环境。

这三个方面的地理环境——自然的地理环境、经济的地理环境和人文的地理环境，实际涉及了两个大方面，一个是纯自然的方面，一个是纯人文的方面，而经济环境则是二者的结合、渗透、过渡与交叉，三方面环境在地域上与结构上相互重叠、胶着、涵盖、渗透、结合，而又构成统一的地理环境。

这三个方面的地理环境中，后两者人的作用显而易见，只是对第一个方面的自然环境的作用还需要多说几句。

历史是人创造的，历史就是人的活动，而人的活动是在特定的空间地域进行的，主要是在地球表面上进行的，而且不断扩展深入下去。从这个角度看，人类的历史就像是一齣齣的戏，自然环境就好像是提供这一齣齣的戏的舞台、布景和道具。但是人的历史创造活动的一个极其重要的方面，就是通过与自然界之间的物质、能量、信息的传递交换，或者说，是通过对自然的物质、能量、信息的调节、控制与改造、复制、引导、提升或抑制、对抗这些要素，以谋求自身的生存、延续和发展。因此，自然环境不是人类的历史活动的沉默的背景或消极的旁观者和见证者，它本身就是人类历史活动的参与者，自然环境不仅为社会的发展提供有利或不利的条件、对象和材料，它本身也在与人类历史活动的交互作用中不断改变面貌。它的变化有两个特点，即：第一，它不过是与人类活动的交互作用中受动的一方；第二，自有人类以来，自然环境因本身的内在的因素而发生的变化是缓慢的长久的，而在与人类活动的交互作用下引起的变化，一般都随社会发展的速度、人类因应、控制、引导与改变自然能力的加强而不断扩大、加速、加剧与深化。因此，作为人的活动与自然条件变化是互动关系的一个方面的自然环境，应当说是一个历史的范畴。

相对而言，在人与自然的关系中，人的活动具有主导的意义，而自然环境的变化则具有受动的意义，人和自然的关系相对比较稳定，自然环境的变化因人的活动的影响，一般而言也较小和缓慢，但也有突然的爆发性的，如地震、海啸、火山喷发、洪水、飓风、泥石流。

至于经济环境和人文环境的变化，一般往往是比较显著的、剧烈的、迅速的，而且带有全局性和即时性，所谓"一天等于二十年""一日千里""日新月异""白云苍狗"，就是这种变动的写照。因此，经济环境、人文环境，也属于这样的历史范畴，那是不待言的。

我们先从地理环境对人类社会生活的一般作用开始，然后进入历史领域，先探讨世界历史上的古文明带，其次探讨文明带最东端的包括中国在内的东亚大陆，后面再分别讨论东亚大陆内部的六个历史地理区域。

中国历史地理方面的论著中很多不乏大家之作，也有一批优秀的后起之秀的作品，限于学力和精力，我对这些方面涉及很少，所讲内容往往缺少依傍，讨论的自由度也很大，知道什么讲什么，知道少的就少讲，只有一知半解的也不免提上几句，完全不知道的当然也只好不在其列。各部分分量也不一样，有关材料未能一一查对，简单粗糙是自然的，不准确乃至错误的地方也不会在少数，只好先这样，读者和有专识的先生发现了，提出质疑和纠正，那是十分欢迎的。

第二节　地理环境是一个历史范畴

自然环境是一个历史的范畴，具体来说：第一点，自然界本身发生的一些缓慢的变化对人类社会的发展还是有一种作用的，不是完全没有关系；自然界局部的短期的变化，如地震、火山喷发、海啸、台风、泥石流、山体滑坡、大水、大旱等，对于那个地区、那个时候的人们的影响很大。第二点，这里所说的人地关系、人与自然的关系，其范围、内涵是会有一种历史的变化。在人类发展最初始的阶段，生产力水平很低，人与自然的关系是一种很简单、很狭隘的关系，动物本身就是自然界的一部分，动物与周围环境、自然条件的关系就是适应自然界，如果不能适应就得灭亡。历史上很多物种都消灭了，就是因为那些物种不能适应它所生活的环境，或者是它的发展变得不适应了；或者是自然环境的变化使得它不适应了。比如恐龙，曾有一个时期是地球的主人，一亿到七千万年前是世界上最重要的动物，但不久就灭绝了，灭绝的原因有几个说法：第一个是自然界发生了一次突变，使得恐龙失掉了它的生存条件，这个说法现在很流行。就是有一颗外来的星体，或是一颗小行星，或是一颗彗星，撞在了地球上，而且言之凿凿，说就撞在了墨西哥的尤卡坦半岛，即后来的玛雅文明所在的地方。撞起的灰尘、烟尘各种东西遮满了天空，散布到整个地球，隔绝了阳光，这样使得自然界的气候一下子就变冷了，恐龙适应不了这种气候，就大量地灭亡了。还有一种说法就是因为某个时期全球性的火山喷发，地质变形；再一种说法是因为恐龙的食物，这大概与它的食物链有关。恐龙具体分为两类：一类是吃肉的，一类是吃草的。吃草的恐龙个头大极了，我们今天所见的许多恐龙化石都是吃草的恐龙，吃肉的恐龙个头相对比较小。吃草的恐龙的食草量相当大，它的躯体越来越大，它吃的草越来越多，以致草供应不上了，慢慢地它就瘦弱、饥饿、退化、消灭了；而吃肉的恐龙绝大部分以吃草的恐龙为捕猎对象，吃草的恐龙衰亡了，吃肉的恐龙也就灭亡了，这是第二种说法。这几种说法，一类是自然界发生了一个剧烈的变化，使得物种消亡了，另一类是物种本身发展到了无法适应自然界的地步，它也消亡了。

这是动物，那么人类呢？不但要适应自然界，而且要改造自然界，谋求自身的生存延续和发展。改造是非常重要的，而这种改造是通过劳动，通过使用和制造工具实现的。通过这个改造，人们的发展就跟动物不一样了，差不多就可以有无限的可能性了。即使自然界改变了，人们还可以继续利用自然界，改造自然界。但在人刚从动物中脱离出来的时候，生产力水平还是很低下的，人们跟自然界的斗争，人们改造自然界的活动还是非常艰苦的，人们最早利用的还是为获取生活资料而去获取资源，比如打猎、捕鱼。打猎是为了吃，兽皮还可以做帐篷，可以穿，兽的骨头还可以有许多用途，包括做工具、占卜和做装饰品。后来发展农业，人们利用的还是自然界本身，获得生活资料是一种自然界的复原或自然资源的再生。比如土壤的肥力、渔产丰富的水域等。获得劳动资料，人们就进入更高级的阶段了，这时劳动资料的重要性就提高了。比如瀑布、河水、森林、金属、煤炭、矿产等。利用瀑布可以发电，再古老一点可以用水流推磨，这些都是劳动资料、生产工具。

不管是在河流里捕鱼，还是利用河来行船、运输、走路，河流成为劳动对象，成为一个载体。森林被砍伐，做各种各样的工具和建材，还有运用金属、煤炭等作为劳动资料，其意义越来越大。另外，人类活动的范围也扩大了。人们原来活动在地球表层，现在可以深入到外层空间，现在人们的生活离不开外层空间，像卫星，通讯卫星，现在看卫星电视，就是通过卫星来传播，这是利用外层空间，外层空间已经归入人们的自然环境之中了，原来这是没有的，飞机更不在话下了。那么水底下、地底下都成了人们活动的范围，都进入了人类活动的自然环境的范畴，这又是一种情况。再有一个情况就是人们利用自然的物质，利用自然的力量和利用自然的条件也越来越多了，原来有些东西人们是不用的，没什么用处的，或许对人们来说是无所谓的，现在慢慢地都可以用上了。其原因有些是原来不知道这些东西对人们是有用的，还有一种情况是虽然知道它有用，但技术条件搞不出来，没法利用，现在都可以用上了。比如采矿，原来的采矿需要有高的品位，就是含矿率比较高的，才能采出来，含矿率低的，就不能开采，弄不出来。但现在都可以了，可以利用了，有些金属过去根本炼不出来，现在就可以了。比如说铝，现在是我们最常用的金属了，像杯子、门窗、易拉罐都是铝的。现在铝已经是日用金属了。可铝过去根本没法开采，直到 19 世纪末 20 世纪初的时候才可以提炼了，其原因在于用上了电，用大量的电来电解矿石，把铝提炼出来，以前这根本做不到。20 世纪 50 年代在浙江曾发现了东晋时周处的墓。周处原先是个流氓恶霸，被人称作三害之一，后来变好了。在他的墓中竟然发现了一件铝制品，当时认为是重大考古发现。可后来才发现是这个铝制品混到东晋时的地层里去了，根本就不是当时的东西，所以也就不了了之了。铝是很难得的，古代是没有的，但铝的用处大极了，原来不知道不能用铝，现在就可以用了。但有些谜还不好解。春秋楚墓里发现了越王勾践剑，表面用上了铬，就不知是怎样弄上去的。

人们对自然界的利用，是随着人们技术水平的提高而提高的。还有一种东西是人们发现的时候还不知道它有什么用处，不知道它的性质。比如原子能，放射性的元素，最早发现的时候不知道它有什么用，后来发现可以照 X 光片子，后来还发现镭可以治疗癌症，现在作用更大更多。现在利用原子能造原子弹，发电，各个方面都利用上了。人们的技术水平、认识水平提高之后，很多过去不知道性质、不知道用途的东西，发现可以用了。过去有些东西虽然知道属性，但不知道怎么用，搞不出来，技术提高了，也可以搞出来了。比如提到垃圾，垃圾是废物，过去扔掉就完了，现在知道垃圾扔了是公害，要把它利用起来，还可以再生很多东西，这就是利用垃圾。外层空间也还有一个很大的作用，与它的特点有关。外层空间有一个很大的特点，就是缺乏重力，而很多物体是在缺乏重力的条件下才可以搞出来的，在地球上是搞不出来，在外层空间可以搞出来。现在很多人造卫星、宇宙飞船空间站到上边，利用没有重力培养一些奇怪的东西，像晶体，或者某些植物。像这些原来都不属于我们所说的自然环境，可是随着人类活动的扩展和深化，也加入进来了。我们说自然环境与人相互作用，人的作用越来越大，自然环境包括的范围也越来越大了。这是第二点。

第三点，自然环境是一个历史的范畴，是指人类改造自然环境，使得它的面貌发生了极大的变化。人们通过改造自然来维持生存延续和发展，人类维持生存延续和发展的活动改变了自然界的面貌，这种改变非常之大，程度也越来越深。因此现在的自然界和人类起始时的地球大不一样了。现在地球表面大部分地方都是人工的东西，不是原来的样子了。比方说耕种的土地，就不是自然界的土地。要是坐在飞机上看的话，地面上一块一块全是农田、村庄，如果看中国，荒凉的地方也有，但更多是农田，一小块一小块的农田，一个个的村庄，有些村庄离得非常近，也就是一二里，二三里，在飞机上看得非常清楚。植物大都是人工栽种的，像稻子、麦子、玉米、棉花都是人工栽培的，包括现在的森林和草地许多也是人工栽培的。像道路、运河等等是过去绝对没有的，这与人类初始阶段的地球面貌已经大大不同了。人类改造自然，人类与自然界的关系，人的作用就是要不断地扩展影响所及的界限，自然界的变化越来越大，自然界的大变化带给人们的影响、问题也是很多的。

我前些日子参观了一个美洲玛雅文化的遗址，大约是公元 900 年到 1300 年的一个聚居区。据说是一个国家的首都，那是在一个岛上，那个岛荒凉得很，那个聚居区不在海边，在岛中间，都是树林子，又高又密的树，中间是用石块铺出来的路，可石块不是平的。有些石头造的房子，据说是宫殿，所谓的宫殿也很小，大概有三间房子那么大，上面茅草顶子，很简陋，而且在丛林深处，走进去大约要十几公里，到那儿都分不清楚方向，而且两边都是丛林，又闷又热，不知什么小虫子咬人，路上停着蜥蜴，很奇怪，看着你不动。我们同去的一个年轻人说："这种地方怎么能住呢？又没有空调，这么闷这么热，谁敢住，谁能住在这儿？"那里生活非常艰苦，可那也是文明，跟现在不能比，而且看了半天，说这儿哪有水？后来发现有井，一个很小的井，那个居民点大约有上千人，我只看到一个很小的井，要像现在这么用水那还了得。住在这么闷热的密密麻麻的树林子里，好在美洲没有猛兽，没有老虎、狮子，美洲有美洲虎、美洲豹，都比较小，但蛇免不了。和现在相比，我们的生活已经总体上超过了过去许多许多，而自然界也随之发生了极大的变化，人类控制改造自然的能力也越来越强，越来越深化，越来越能克服自然环境对于人的限制，但是也并不是说人类社会越发展，就越能征服自然，越掌握自然的规律，越脱离自然的限制，自然界对人类的作用就越浅。

人类随着自己的发展，涉及的自然环境也是在不断扩展、深化的。另外也带来很多问题，最简单的就是发展农业，砍伐森林，带来了水土流失，破坏了原来的生态平衡，带来一系列的问题，包括气候的变化，古代时候的农业社会还可以应付，等到工业发展就成了更严重的问题了。工业的发展一个是大量地浪费了自然资源，特别一些不可再生的自然资源被大量地浪费了，而且不可再生，用一点少一点。再一个就是带来污染，空气、水、土壤的污染，这样就破坏了原来的生态平衡，也恶化了人们生活的自然条件，就成为一个大问题。现在说全球气候正在变暖，为什么变暖？有一个非常流行的说法就是人们自己搞的，大量的二氧化碳释放到空气中，这样产生的温室效应，整个地球的空气层都变热了，现在天气越来越热，可能就因为这个缘故。这是一个很流行的说法，结果现在回过头来，人们要为这个改造自然造成的自然界的破坏付出代价，包括北京的污染。

北京的污染现在很厉害，我刚到北京的时候，气候也不算好，但是还是有晴朗的天，特别是秋天，秋高气爽，非常晴朗，从香山碧云寺可以望到我们学校的楼，当时我们学校还没有这么高的楼，最高的楼是五层，但附近没有高楼，所以从碧云寺朝东南看得清清楚楚，我们学校的楼算最高最大的。从我们学校的楼上可以看到碧云寺的塔。现在还行吗？现在看颐和园，看万寿山都看不清了。天上灰蒙蒙一片，晴天也罢，阴天也罢，都灰蒙蒙的，没有云也一样，晚上看星星也看不到几个。我这回到国外去，感觉好久没有看见这样的星空了，没有见过这样繁星满天的景象了，可见北京的空气污染有多么严重。空气污染最早是因为烧煤，北京烧煤烧得很厉害，居家烧煤球炉子，或者蜂窝煤炉子，工厂、学校、机关都有大烟囱，每个有锅炉的地方都烧块煤，满天全是煤烟。现在把烧煤的问题慢慢解决了，现在最大的问题是汽车尾气，这个问题还得解决，不解决就很不利于我们的发展。这是人与自然关系的第三点。

人与自然的关系，自然环境是一个历史的范畴，还有第四点要考虑的，就是在不同的人类发展阶段，相同的自然环境对人的发展的作用是不同的，甚至有时是起一种相反的作用。比如海洋，很长一段时间，海洋，特别是大洋把人们隔绝开来，在古代人们的航海很难进入大洋，多半是沿岸航行，这就限制了人们的交往。可是有了船，特别有了帆船之后，人们征服海洋就有了可能。

在欧洲过去的历史上，大船有风的时候用帆，没有风的时候用人力划船，划桨的人有时有上百个，都是奴隶戴着镣铐坐在那儿划桨。这种船在地中海航行还可以，要出去远洋根本不可能。到 14、15 世纪以后，船才开始没有桨也可以航行了，这种船就可以远航了，而且船、帆、舵各方面都有改进。新航路的开辟，当时欧洲人到美洲去，到亚洲来，绕过非洲，绕过好望角，到达亚洲，到达大洋洲，都是乘的这种船，过去的桨帆船就不行。再后来有了轮船，就更厉害了，大洋不再是阻隔人们的障碍了，反而成了促进人们交往的条件了。人们通过轮船（现在又有了飞机了），互相交往。现在世界贸易的绝大部分都是经过海运的，因为海运不用修路，一般不花钱，只要修修港口就可以了。水运不像陆运要修路，逢山打洞，遇水搭桥，水路是天然的道路，大体上怎么走都可以，而且容量非常大，一条航线很多船都可以走。船舶的载重量非常大，现在最大的油轮，就是装石油的船，都几十万吨。50 万吨以上的就是最大的了。曾有人计划要建造 100 万吨的油轮，后来没有造，因为并不需要，船造出来也不一定实用。另外船的载客量也很大。沉掉的泰坦尼克号排水量 45000 吨，载客1700 人，沉了，因为救生艇不够以及其他原因只救出七八百人。我曾坐了一次当时世界上最大的游轮游加勒比海，14 万吨，载客 3000 人，船员1000 多人，我数了数，这艘游轮的救生艇大概够用，要是出了事，都能坐上救生艇。那艘船有三个泰坦尼克号那么大，这么大的船，海运是不得了的。当然现在运客的话一般不用船了，改用飞机，可运货还是船。世界贸易的 80% 都是通过海运的，大洋不再是阻隔人们的东西，而是成了人们最重要的一种交往条件了。这个变化，说明同样的自然环境，同样的大洋，在人类发展的不同阶段，作用就不一样，甚至相反，这种情况很多。

还有就是外层空间，多少年来人们不知道外层空间，更谈不上利用外层空间了，那么现在这一部分已经被纳入了利用自然的一个很重要的方面了。

因此自然环境的范围、深度对人的影响，在社会发展的各个阶段是不一样的。换句话说，这种自然环境的深度、范围对人的影响是人跟自然复杂关系的产物。随着人类社会的发展，它会有不同的变化，这种变化，这种自然界与人的关系的变化，影响的变化，来之于自然界本身的变化比较小，来之于人们活动加上去的变化那是很大的。因此我们说自然界是一个历史的范畴。不要把它看作一个被动的东西、消极的东西。它参与了人类创造历史的活动，这方面人的活动起了主导的作用，但是没有它也不行。因此，我们学习历史、研究历史，不要忘记自然环境。恩格斯有一部没有写完的稿子，叫《爱尔兰史》，他一上来讲的就是爱尔兰的自然条件，马克思和恩格斯当时有一段时间对爱尔兰问题很重视。因为爱尔兰有很多问题，进行革命到现在都没完，很多问题到现在都没解决清楚。另外毛泽东有一部《中国革命和中国共产党》的书，一上来讲的也是中国的地理，就是中国的自然环境，从这里讲到中国的历史，从中国的历史讲到中国社会的性质，从中国社会的性质讲到中国革命的性质、任务、对象、动力，一路讲下去。这是民主革命阶段一本很重要的书，但这个书并不是毛泽东一个人写的，但最后署名的是他。自然环境、地理环境是我们研究历史很重要的东西，甚至是研究历史的开篇。我们首先要看看历史是在什么地方、什么条件下发生的，而我们现在学历史时，往往忽视这个问题，连东南西北都搞不清。所以，一件事情发生在什么地方，是我们要注意的问题。

第三节　地理环境是生产力的基本内容

前面阐述了什么是地理环境，地理环境的外延和内涵是什么，我们讲的地理环境就是人跟自然的关系相互作用的中间的那部分自然环境，而不是所有的自然环境。还阐述了地理环境本身是一个历史的范畴，它是运动的、发展的、与社会发展有着交互作用的关系，而不是一个静止的，属于一个被动体，不属于人类社会的。下面分析一下地理环境到底对人类社会的发展有什么作用，对社会历史有什么作用。

地理环境对社会的作用，首先表现在人们的生产上，这里的生产指的是物质资料的生产。我们现在还有精神生产，我们这里讲的只是物质资料的生产。这种物质资料生产本身就是一个人跟自然的关系和一个过程。它是人们用自己的活动来改变自然物质，改变自然界，是人跟自然界之间的一种物质的、能量的、包括信息的转换，人们要满足自己的生活延续和发展的需要，首先就是要向自然界下手。要通过自己的劳动来改变自然界的物质，取得自己的生活资料和生产资料。如果没有这样一个自然环境，没有这样一个外部世界，人们根本不能进行物质生活的生产，也根本不能维持自己的生存，所以自然界首先就是生产的一个不可缺少的方面。我们常常讲到生产，包括生产力和生产关系这两个方面，简单地说，生产力就是人们跟自然的关系，生产关系是在生产中形成的人与人之间的关系。所以自然条件就是生产力不可缺少的一个内容。那么生产力具备哪些要素呢？自然环境、自然条件与这些要素是什么关系呢？生产力包括劳动者、劳动对象、劳动资料。在生产力的诸要素中间，首先基本的、实体性的要素，就是劳动者。劳动者就是人，他本身就是一种自然物，一种生物，而且这种生物就是一种自然力，这里包括劳动者本身的体质特征，包括他的体力，劳动力的维持和再生产。劳动力的维持需要补充物质资料，得吃饭，得住房子等。因此劳动力的维持，他的再生产本身就是一种自然的物质过程。但是在劳动过程中间，作为劳动者个人他既是一种自然力，同时又是跟自然的物质相对立的，这样一种自然力作用于自然界，作用于自然物质形成了生产，它们是一种对立的关系，一般来说，我们可以把劳动者排除在自然条件之外。

人的劳动施之于自然物，这种自然物就是劳动对象。劳动对象分为两类：一类是天然的，一类是经过劳动过滤的。什么叫天然的劳动对象？就是没有经过劳动加工的那些东西，比方说开荒，荒地就是劳动对象，它没有经过劳动的加工；再比如说到天然的森林里去砍伐木材，这种天然的森林就属于天然的劳动对象；到河里捕鱼，鱼就是一种天然的劳动对象；还有地下的矿藏等都是。在人类社会最早的时候，更多的是需要和利用这种天然的劳动对象，像捕鱼、打猎等。另外还有一些能源，比方说风力、太阳能，这也是天然的劳动对象。而劳动对象的第二类就是经过劳动加工过的自然物，像耕种过的地就已经是过去经过劳动加工过的，这块地经过翻耕以后，土壤层有了变化，地也经过平整，这样的地就不是天然劳动的对象了，而是经过劳动过滤的耕地了；又比如地下的矿藏，在没开发它的时候，它埋在地下，把它挖出来，这经过了劳动，然后拿去冶炼；像炼钢，采出铁矿石，拿铁矿石炼铁，再炼钢，这个开出来的铁矿石就已经经过了劳动的过滤，就属于第二类劳动对象。再比如说棉花，棉花是栽种出来的，本身就是经过劳动过滤的自然物，再把籽棉弹成皮棉，又把皮棉整成棉条，纺成棉纱，棉纱是经过多次劳动过滤的自然物，然后再把棉纱织布，这就是最后的成品。这样的产品，它的原料都是经过一次或多次的劳动过滤以后的自然物质。对于能源，地下开采出来的煤炭或石油，这是一次性能源，把这些煤或石油拿去发电，把电输出去，电就属于二次性能源。换句话说发电，电力就是经过劳动过滤的劳动对象。所以我们看到物质生产的劳动对象都是自然物，有些是直接弄来的，有些是经过劳动加工的，也就是经过劳动过滤的，劳动过滤之后，它也还是自然物质。

生产力的第三部分就是劳动资料。劳动资料我们可以把它分为两类：一类是生产工具，另一类是劳动条件。生产工具好理解，我们现在从事生产劳动都要用到劳动工具，作为人跟动物最大的区别就是人类能使用工具，特别是能制造工具，无论是简单的锄头、刀子、斧子，以致现在非常复杂的机器都是生产工具。我们看到的这些东西本身就是自然物质，或者是经过加工的自然物质，这是生产工具。还有一类是劳动条件，就是生产条件，它并不直接是生产工具用来对付劳动对象，但是生产工具作用于劳动对象时需要一定的条件。比如一个工厂，工厂的机器生产东西，例如它加工各种钢铁产品，但是机器生产钢铁制品需要有条件，需要一块土地，土地上需要盖一座厂房，甚至有些生产需要比较严密的条件，如恒温、恒湿，一定的光线，或许不要光线，或者真空，只有这样才能生产，那么这些东西就是劳动条件，它本身不是生产过程，它不直接参与生产过程，但没有它又不行，比如一个厂房、一块土地还有道路，像铁路、公路、河运、海运等都是劳动条件。

这个趋势还要扩大，现在缺石油了，找到了新的油田，比如新疆的油田，远景很好，有的还没开采出来，这就是一种生产的潜在因素，这是很重要的。现在没开采，自然条件太差，而且油井很深，要挖几千米。而像中东的油，非常好，油很多，出油量丰富，油的质量也好，打井也比较浅。不像我们新疆的油井一打就是几千米，打完还有运输的问题，用汽车运到铁路线，或用油管运到铁路线，再运上火车。据我所知，以前兰新铁路一年的运量是 1500 万吨，那用来运石油根本不行，只能运一点。现在准备修油管，修油管耗时间，耗材料，成本很高。所以生产力的自然条件的潜在因素很值得我们考察，这样才能保证生产可持续的发展，使生产有扩大的余地。

另外还有一种，就是在现有的生产力条件下，能开发但没有开发，像我们说的油矿、荒地等，以致那些现在生产力还不能开发，将来可能被开发的资源。这里最厉害的就是人们离开地球，到月球、火星上去开拓人们新的生活天地。现在还做不到，那是将来的事了。还有很多事情当时做不到，以后做到了。比如生物工程，人们发现基因已经几十年了，很长时间这就是一种纯科学，是一种纯研究，但是还不能拿来应用，技术上还不能用于生产，但现在可以了，而且有些太热了。它可以用来治病，改变物种，用来克隆。原来只是科幻小说里的人造人，现在能造了。

人造人最早出现在英国诗人雪莱的夫人写的一部科幻小说《弗兰肯斯坦》，里边讲一个科学家造出一个人来，造出的这个人变成了一个邪恶的化身，大肆破坏，那完全是科幻小说，完全是幻想，因为当时是做不到的，但是今天也许就可以做到了。

生产力发展的潜在因素，自然环境里就有一些属于这个范畴，因此我们说自然条件或地理环境对社会起作用首先是作用于生产。它的一部分就属于生产力本身，另一部分属于生产力的外部因素，还有第三部分属于生产力发展的潜在因素。

生产的发展，物质生产的发展离不开自然条件，这是我们讲自然条件对社会发展作用首先表现在生产，那么具体来说它对于各个地区、各个国家、各个民族的生产，它有什么样的影响，当地的自然环境，对各个地区的发展有什么样的影响，我认为有两个影响：

第一个是说它对生产力发展有种数量的关系。例如说比例关系，自然条件好，生产东西多一些，发展就会快一些，最简单的就是河里的鱼多，打鱼就比较容易，用比较少的时间就能捕到很多的鱼；河里的鱼少，打起来就比较麻烦，甚至打的鱼还不够吃的，这个氏族，这个部落就有可能发生饥馑甚至绝灭。因此自然环境影响到生产力发展的速度，它有可能加速或延缓一个地区社会的发展。社会发展很重要的一条就是人们除了满足必需的生活以外，还得有时间干别的，换句话说，除了必要产品之外，还得有一部分剩余产品，有了剩余产品之后，有些人就可以不从事劳动了，可以干别的，比方说去唱歌，去从事艺术创造，还可以进行管理。因此生产的发展对社会的影响很重要的一条就是看除了必要产品之外，还有没有多的剩余产品。剩余产品越多，从事必要劳动的时间就越短，就可以多用来干别的，甚至一部分人就可以完全脱离劳动，诸如诗人、艺术家、宗教活动者、巫师、国王、官员等，就有了存在的基础。当然国王和官员是由于阶级分化而来的，阶级分化在历史上是一个进步，就是有一部分人脱离了生产，剥削另一部分人，另一部分剩余产品就到了他们手里，他就可以进行管理，进行统治，而劳动者就没法这样做了。自然条件比较好的情况下，从事必要劳动的时间就短，比方说同样两条河，这条河里鱼多，打四个小时就打了十条鱼，足够吃了，而另一条河里鱼少，四个小时只打了两条鱼，根本就不够吃，还得再打四个小时，一共才打了四条鱼，回去吃还是不够。这就是自然环境对人类社会的作用的最简单的说法。天气比较好，穿的衣服就比较少，花在衣服上的时间、材料就比较少，相反天气冷，穿的衣服就要多，而且衣服质量要好。比如在热带地区，一堆草叶蔽身就行了，在寒带地区是绝对不行的，得把海豹皮、熊皮等弄来做衣服，花的时间就多。同样住房子也是这样子，在比较温暖的地区房子可以盖得比较简单，竹楼、木板棚子之类的都可以。在我国湖南，房顶上盖的瓦是浮搁的，白天躺下看时是漏光的，晚上月光可以从瓦片的缝隙里洒下来。

这在北方就不行。因此，自然环境跟生产发展有一个数量的关系，影响到劳动生产率，如果生产的其他条件都一样的话，自然条件好的，同样的时间、同样的劳动量生产出的产品就多。一块比较肥沃的土地耗费较少的劳动打的粮食就比较多，一块比较贫瘠的土地，耗费同样多的劳动打出的粮食也不多，这是一种情况。还有一种情况就是同样的时间，较少的劳动量可以生产出同样多的产品。比如说，一块地生产一担粮食，自然条件好的话，两个劳动力就可以生产出来，自然条件差的，就需要四个劳动力才行。因此，自然条件好，劳动生产率相对就高一些，自然条件差，劳动生产率就会低一些。这一点在人类早期的社会是很重要的，各个地方发展的速度就不一样，有的地方快，有的地方慢，自然条件在这里起了很重要的作用。所以有些地方文明出现得比较早，有些地方文明出现得比较晚；有的地方发展很快，有的地方发展很慢，这是自然条件造成的。自然条件还有一种情况，就是生产的自然条件可以分成两大类：一类是生活资料，可以直接满足人们的生活；一类是生产资料，需要比较复杂的劳动和比较高的技术，才能满足人的需要。

一条河鱼特别多，这就是生活资料的富足，靠近河的原始氏族或部落生活就比较好，社会发展就比较快，反过来贫穷的地方，为了满足生活必需，就非常艰苦，发展得就慢。越在人类发展的初期，生活资料的富足就越重要。另外就是生产资料的富足，人们发展起来以后，生产工具、科学技术越来越发展，生产更多的是靠人们加工改造的物质资料，这就需要比较复杂的劳动，比较高的技术。在这种情况下，生产资料就更重要了。像金属、森林、矿等都很重要。人类进入文明，很重要的是因为使用金属，有些民族就是因为它那个地方没有金属，像铜、铁等，而它又和其他地方处于一种隔绝的状态，那么它的生产发展、社会发展就慢。像中南美洲玛雅文化和印加文化，他们的文明发展程度是很高的，他们有很精致的历法，有许多许多东西，玛雅甚至还有了非常繁复的文字，但他们有几个东西没有，结果吃了大亏了。第一个他们不知道开采铁矿，也不知道用铜矿，他们有金子、银子，但没有生产铜铁，他们没有大牲畜，没有牛、马、骆驼，连毛驴都没有。美洲的古代民族不知道用轮子，没有车子，我们现在说这没什么了不起，而在古代这是很重要的生产工具。运输的工具、驮载的工具没有，耕种的牲畜没有，那是很吃亏的。有人说人们的生产工具完全是模仿动物和自己的器官。比如说手，锯子就是这么发明的，自然界也有原型，比如螳螂的前肢就是个锯子，有些植物的叶子是锯齿形的。另外像刀子、凿子等，自然界都有它的原型，唯独一个东西是人类自己劳动创造出来的，自然界没有任何原型可以模仿，这就是轮子。这种说法对不对不敢说，反正车轮子是非常重要的。有车子和没车子大不一样，像这些民族，他们如果不知道冶炼金属的话，社会发展势必就慢。如果这个地方根本没有金属，也就谈不上了，可美洲有铁矿，只是人们当时没有寻找铁矿和发明冶炼铁的技术。

生产资料的富足，对于提高人们的生产力，加快人们生产发展的速度起的作用比生活资料大得多，越到后来，人类社会的发展依赖于生产资料的资源就越多。生产资料越发展，资源越丰富，生产工具、技术越发展，人们投入到生产上的时间就越来越少，而生产的剩余产品就越来越多，这样人们就可以从事各种发展。人类生活基本可以分成三部分：第一个就是生存，维持最低的生活需要和生命的繁衍；第二个是享受，就要好一点了，吃饭，吃面包还是吃什么，这就不一样了；第三个是发展，人们用于维持生存的这部分越少，用于享受和发展的那部分就越多，人们生活水平的提高和社会的发展就会像滚雪球一样越滚越大，反过来人们如果把绝大部分的或全部的精力都放到维持生存的劳动上去的话，发展起来就很慢了，这种情况跟所在的自然环境有相当的关系。自然条件比较丰饶，劳动比较容易，那么这个地方社会发展一般来说比较快，反过来，像北极地区，天寒地冻，生活条件非常艰苦，那个地方的民族，如爱斯基摩人、因纽特人、拉伯兰人、楚科奇人等，他们整天要从事非常艰苦的劳动来维持自己的生存，发展就很困难。而且那个地方的自然资源他们也用不上。冰天雪地，在当时条件下也开发不了。自然的富源就是鱼、海豹。他们的吃的、用的、穿的、烧的绝大部分来自海豹，吃海豹肉，穿海豹皮，海豹的脂肪用来点灯等。盖的房子用雪和冰搭成，生活非常艰苦，他们想要发展很困难。社会发展和南方差距越来越大。在远古时代，可能差不多。像我们国家，境内的各个民族、各个地区社会发展也不平衡，一直到新中国成立之初，我国境内的相当一部分民族，特别是南方边地，如云南，他们的社会发展要缓慢得多，他们有的是封建社会，有的是农奴制、奴隶制，还有更古老的原始社会。云南境内的有些民族，像佤族，原来叫阿佤族。佤族有个习惯，叫猎头，就是为让土地上谷子长得好，用牛头来祭祀土地，所以每年要杀很多牛。牛是很重要的生产资料，把牛都杀了，就会破坏生产。到他们寨子里去，都是牛头。另外，他们还杀人，砍人头祭谷子，那是原始社会。

还有独龙族就更落后了。他们住在山上，什么都没有，生活非常困难，不穿衣服，好在那里比较温暖。他们没有多少东西，他们需要和其他地方交换，不是用钱，是物物交换，和山下的汉族、傣族交换。交换就是他们从山上下来，带着山上的兽皮、药材，摆在山边的路上，他本人躲在草里不出来，因为不穿衣服，也许他们也知道山下的人以为这不像样子，有点害臊。路上的汉族、傣族的人，就放点东西，像砍刀、盐巴、火柴等等，不管多少，放在那儿，把他的东西拿走就行了，他从草里跳出来，把东西拿走，两边都不见面，这是非常古老的原始社会。还有奴隶制的，像凉山的彝族、西藏的藏族当时还是农奴制。

地理环境对于生产力的发展还有一个影响，是一个能够促进生产力发展的重要因素，就是协作。特别是简单协作，对于古老社会的发展起了很大的作用。我们现在觉得这无所谓，可在当年，人类发展的初期，这种协作，这种简单的协作组织的好坏，甚至关系到一个氏族、一个部落的命运。比如说季节性的差别使得有些生产的节奏不一样，从而需要的力量就不一样，人们就有协作的必要。例如农业，农业一般来说，根据农作物生长的特点，一般一年生产一季，那么在农作物生产的各个时期，它所需要的劳动力和技术是不一样的。一般来说，最忙的是春耕，耕地、下种，这时候最忙。到了夏天，农作物长起来，这时候需要的就是中耕、施肥、除草了，需要的劳动力就相对少一点。到了秋天，收获的季节，需要的劳动力又多了。收获要抢季节，春耕、秋收都要抢时间，这时需要的劳动力就多，因此非常紧张。一个农家，传统社会一家一户作为一个生产单位，一般来说，在春耕和秋收的时候，这一家的劳动力常常是不够的。这就需要找人，或许是邻家互相合作。看某块地庄稼成熟的情况，今天大家一起来收这块地，明天大家一起收那块地。有时还得雇人。像收麦子，抢时间，收早了不行，收晚了也不行，这就需要协作。还有像河流，用来灌溉的时候就需要开渠，开渠就需要协作，开渠之后，灌溉的农田是很多的。这需要大家来看渠，还有发洪水的时候也需要协作，如修坝与疏通水路等。地理环境对人们协作的发展是很重要的。

另外，地理环境对人类发展还有一个影响即分工。分工对人们的发展是非常重要的。人类社会可以说是基于分工而发展的，那么这个分工主要是因为自然环境在各个民族、各个地区、各个国家的不同造成的。自然环境要是一样了，就无所谓分工了，如果不一样，你生产这个，我生产那个，这就得分工，而且还得交换。

农业和畜牧业，由于自然环境的多样性，使得人们的生产具有不同的特点。不同特点促进了分工，也促进了交换，到现在我们的机器大工业，其实还是一种分工和交换。互补贸易，这不就是分工和交换吗？我生产这种东西，你没有，而你需要，我就卖给你；你生产那种东西，我没有，但是我需要，你卖给我，这就是互补。分工对人类社会发展影响最早，一直到现在都是很重要的，人们最早是生产上的分工，到后来出现了一部分不劳动的人，这部分人有史学家、艺术家、哲学家等。哲学家当然也可以一边征服世界，一边思考，但他更多的时间得用于思考。诗人、史学家也是这样。第二类是宗教人士，就是巫师、教士。第三类就是管理者、包括统治者，像工头、经理以及国王、贵族、武士、军队等。阶级和国家的产生，在当时是个进步，这种分工跟自然环境有相当的关系。因为有的生产上的分工和交换上的关系就是来源于不同的自然环境。在这种自然条件下能生产，在另外的条件下就不行。

比如古代的希腊城市雅典。雅典在古希腊社会发展得那么快，文化那么高，而雅典这个地方土地相当贫瘠，粮食不够。这个地方的人就种葡萄，酿葡萄酒。第二个就是种油橄榄，生产橄榄油，这是种大宗产品。而雅典又傍着爱琴海，海路运输方便，成本低，他们就把葡萄酒和橄榄油运到爱琴海的沿岸或现在中东地区等，运回粮食。结果雅典就以生产葡萄酒、橄榄油和繁荣的商业强大了起来，海军也发展起来。后来在对抗波斯的战争中，雅典海军起了很大的作用，拉米斯湾海战，打败了波斯入侵大军。波斯进不了希腊，希腊发展了起来。后来雅典不只是在经济、商业发展起来，其他方面也都有发展，民主政治、哲学、艺术都发展起来。希腊文明的核心就在雅典。这和这个地方的自然条件很有关系。因此分工是很重要的。

我们说自然条件的好坏对于生产的作用，首先是一种数量上的关系，较好的自然条件往往能使生产的发展快一些，比较差的条件就使生产不那么容易。但这个问题我们不能把它绝对化，因为比较好的自然条件，只是给生产的发展提供了一种可能性，就是只是给剩余产品的产生提出了一种可能性，而不是一种现实性。因为生产是人跟自然的一种关系，生产的发展程度要看人对自然的支配关系是种什么样的来决定，不简单是自然条件丰盛与否的问题。我们会发现这种情况，就是比较好的自然条件往往使得人们从自然条件中获得的东西来得很容易，结果反使得人们过于依赖自然界，而影响了自己的发展，使得这些地方的生产发展速度减慢了。按照古代人的这种计量自然条件丰盛程度来说，特别是生活资料丰盛程度来说，热带地区应该说是最好的，气候温暖，穿衣服问题、住房问题也不大。气候好，雨量丰富，植物和动物都很多，人们吃的问题也不大。而且许多吃的，不需要什么劳动加工，只要拿来吃就可以了，或许只要经过简单的劳动加工就可以吃了，人们生活很容易。像东南亚热带地区，气候非常好，物产丰富，衣服穿得很简单。在印尼、马来西亚、泰国，衣服就是一块布或一块绸子，叫作"纱丽"，往身上一披就完了，根本没有我们这么复杂的衣服，特别是冬天这么复杂厚实的衣服。穿着那种衣服就下河洗澡去了，洗完澡又上来了，无所谓。吃东西，我小时在马来西亚曾看见一个马来人在我住的房子斜对面的一棵树荫下躺了一天。他过一会儿就到人家香蕉园来摘一把香蕉，就那么吃。那个地方生产菠萝，要把菠萝拉到工厂里做罐头，他跟那个拉菠萝的人招招手，那个人扔给他一个菠萝，他拿着又吃了，他这一天的饭就这么解决了。我这么说也许比较极端，但是实际上这个地方生活就是比较容易。香蕉，特别是某种香蕉，在东南亚越南这一带是当作粮食来吃的，像烤香蕉、煮香蕉、炸香蕉、炒香蕉。香蕉粉，就是把香蕉晒干了，磨成粉，然后蒸成香蕉饼。还有木薯，种植很容易。一大堆一大堆的收获。木薯是有毒的，泡在水里，把毒素泡掉之后，就可以吃了。做饭吃，蒸着吃，炒着吃，生吃都可以，但是质量都不高。热带地区人们生活太容易了，一般来说生活资料的资源很丰饶，来得容易，人们反而会对自然界产生依赖，影响了发展。用马克思的话就是"当时当地人们依赖自然界，就好像小孩子离不开引带一样。"小孩学走路大人有时扎一条带子提拎着他走，结果小孩子老是靠这个，他自己就不会走了。生活条件太好的地方不行，生活条件太不好的地方也不行。我们前边讲了像北极地区，生活条件太艰苦，人们主要的力量就是用来得到生活资料，这种社会也比较难发展起来。因此，自然环境的好坏对人们的生活，对社会发展都有影响，但这个影响总的来说是越来越小了。像人类社会起步的时候，这种不同地区的自然条件对人们的社会的影响是比较大的，影响了社会发展的速度。随着人类社会发展进步，生产力的两个实体性因素：一个是科学技术，一个是管理，作用越来越大的时候，当生产资料资源的重要性超过了生活资料资源重要性之后，这时自然条件对人类社会的影响、作用就不像早期那么大了。现在热带、寒带自然条件还跟过去一样，但人们现在的进步是很快的，现在爱斯基摩人已经不住雪屋子了，而住房子了。他们也不再点海豹油灯了，而使电灯，他们有自己的发电机。他们出门，也不是做雪橇或滑雪板了，而有了摩托雪橇，开起来像摩托车一样。钓鱼也不是原始的钓竿了，有摩托艇了。自然条件对他们的限制已经不像过去了。越是进步，人们对自然条件的依赖，自然环境对人类社会发展，对生产发展的作用就越来越小，在这方面我们不能把自然条件的作用看得那么大，或许把它绝对化。天时地利人和，作为社会来说，现在看来最重要的还是人和。

自然环境对社会、生产的作用，表现在加快或延缓生产力发展的速度。这是自然环境跟生产力发展之间一种数量上的关系，除了数量上的关系以外，还有另外一种关系，也是更重要的关系，那就是自然环境对于生产力的性质和特点也有影响。在这里就是自然环境的优越与否对生产力发展有影响。除此之外，自然环境本身的特点，换句话说，就是各个地区的自然环境不同，它的差异性和它的自然产品的多样性很起作用。这与生产力的发展从某种意义上说比那种数量上的关系还要重要。自然产品多样性和自然环境差异性影响人类社会最大的就是我们前边讲到的分工。不同地区的自然环境的差异性，引起了不同地区的分工、生产的分工和交换，这是非常重要的，自然产品的多样性也涉及分工，不同的人们生产不同的产品，这就是一种分工，而且也有一种交换的问题。这很重要，其实这种自然环境的差异性和产品的多样性形成了一种分工的自然机制，这样就使得人们的需要、人们的能力还有劳动的资料和劳动的方式多样化。从历史上看，对社会发展最有作用的就是自然环境的差异性和自然产品的多样性。那么这样一个地区是在世界上的什么地方呢？不是在热带，也不是在寒带，而是在温带和亚热带，古代人类文明都是从这个地带开始的。这样，在亚欧非大陆这块地带就出现了一个古文明带，这个古文明带西边是地中海沿岸，然后往东去，是现在的西亚中东，别看中东现在那么乱，而在古代正是古文明带的核心和枢纽地区。然后再往东去是印度，再往东去就是中国了。历史上的几个古文明都是在这个地方发展起来的。而这个古文明带在公元前1000多年进入了铁器时代。铜器已经比石器高明多了，而铁器又比铜器高明，但如果这个地方根本就没有铜，也不产铜或铁，或开采不出来，冶炼不了，那么劳动工具当然就会是另外一种样子。没有金属的地方，就进入不了金属时代，金属对于社会发展重要得很。所以自然条件的差异和自然产品的多样促使社会分工，从而有利于社会的发展。

这种分工在古代最先是一个氏族内部的，比如男的从事打猎、捕鱼。特别是打猎需要很强的体力，而且往往产品不是很稳定。一群人去打野兽，小动物还可以，如果打大动物，很费力气，要冒风险，而且还要到比较远的地方去。至于如说采集，在树林、草地上采一些可以吃的东西，草啊、菜啊、果子啊、虫子啊。虫子在有些部落是非常重要的食物，特别是在非洲，虫子是蛋白质最好的来源。虫子的蛋白质非常丰富。这些采集的事都是妇女干的。后来要种地，最早的农业很简单，就是拿棍子在地上挖一个洞，然后把种子撒进去就完了，让它自己长，长大了收获，产量非常小。另外还有在家里制陶，制陶在家里做个罐子，在古代是非常不容易的，用火是很重要的。轮子、弓箭，再加上制陶，这是远古很重要的发明。人们从狩猎、畜牧迁徙不定的情况变成定居，这是人类社会的一个很重要的进步。定居之后，生活稳定了，时间多出很多来，不用再多走路了，可以干很多事情。定居的前提是农业。农业要发展，定居以后，陶器与之紧密地联系在一起，要装东西，装水，装粮食，储存东西，陶器就很管用。如果是个移动的民族，没法使用陶器，因为陶器很容易破碎。一旦定居之后，用陶器装水，装粮食，装其他东西，甚至死了都可以用陶器当棺材。这个作用是很大的。另外就是纺织，主要是妇女从事的。这就出现了生产的分工，包括男女的分工，产品的多样化。或者出现这种情况，到了农忙的时候，大家都去干农活，到了农闲的时候，就干别的了，像纺织、打猎、采集，等等。

这是在一个共同体，一个氏族，一个部落内部人们都有了分工了，产品就开始多样化了。但它的前提是自然资源。另外各个部落、各个氏族之间也有一种分工，就是进行交换互通有无。最原始的社会从渔猎、采集转化为从事农业或从事畜牧业，那是自然条件造成的，有些原始部落变成了专门从事农业，有的变成了专门从事畜牧业。哪些部落从事农业，哪些部落转为畜牧业，这和自然环境很有关系。像古代旧大陆和新大陆的生活差别，乃至文化的差别，相当大的程度是自然环境带来的。新大陆就是美洲，在哥伦布发现美洲的时候，新大陆的居民有些文化程度已经相当高了，但他们缺少一些东西，缺这些东西是致命的。金属、轮子就不用说了，那是人们的创造。没有麦子，没有马，没有车，没有牛。北美有牛，但印第安人从来不把牛用来驯养。他们把牛当作打猎的对象。这是一种美洲水牛，叫 buffalo，buffalo 和 ox 不是同一种牛，他们没有驯化，用来畜牧。但是美洲当时有的旧大陆也没有，像土豆、玉米、橡胶、白薯等。这些东西传到欧洲，对欧洲的社会发展起了很大的作用。比如土豆，别看土豆不起眼，可土豆在世界历史上曾经扮演过很重要的角色。

欧洲原来没有土豆，土豆刚传到欧洲的时候，是非常珍贵的食物。贵族举行宴会的时候，用银盘子端上来一个土豆，蘸点盐吃，那是非常名贵的一道菜。土豆其实很好种，它所需要的水、土壤、阳光等要求都比较低，在比较贫瘠的土地上可以种，在比较坏的气候条件下也可以种，而且不仅如此，它还高产，因此土豆很快就在欧洲普遍种植了。不但种起来了，而且成为一种重要的粮食，主要是下层贫苦人民的粮食。因为它产量大，便宜，好种。土豆在欧洲推广的时候，正好是欧洲资本主义发展、产业革命前后，这个时候由于工业技术的发展，商品经济发展了，农业萎缩了，农民贫困化，大量农民涌入城市从事工业的活动，而城市工人的待遇，生活条件非常低。农村的粮食本来还算丰富，这时变得紧张起来，土豆就在这时补上了这一空白，成了下层的农民、工人的主要粮食，比较便宜，生产也多，在城市化、近代化、工业化的过程中土豆起了很重要的作用。但是到了19世纪40年代，土豆出了问题，出现了一种瘰疬病，这种病比现在什么疯牛病厉害多了，一下子欧洲的土豆普遍减产，农民和工人的生活水平大大降低了，恶化了，造成了很大的困难和新的情况。

　　第一个是饥荒，当时的爱尔兰就饿死了100万人，有人说比欧洲中世纪时期黑死病死的人还多。第二个是被迫移民，很多欧洲的农民和工人在欧洲待不下去了，就转移到美洲。爱尔兰很突出，在几十年里七八百万人口中减少了二三百万，包括饿死的和走掉的。往美洲移民这时是一个高潮，爱尔兰人在美国现在很神气。上面有当到总统的肯尼迪，下面据说最主要的职业是当警察。土豆问题引起的第三个问题就是革命。1848年的资产阶级民主革命在欧洲普遍兴起，跟当时的土豆歉收、饥荒很有关系。因为土豆歉收、饥荒等，引起经济危机，经济危机促使了当时资产阶级民主革命的爆发。所以不同自然环境、不同的产品、不同的分工对于生产的发展是很重要的。

　　这样，各个地区不但是有分工、有不同，各个地区的社会发展也各具特色。像美洲和欧洲，和所谓亚欧古文明带不同就有关系。再一个不同，各个地区的差异性和多样性和分工也促使了交往。人们的交往对历史发展的作用不在分工以下，交往非常重要。一个民族、一个地区如果是闭塞的话，它的发展是很受影响的，有了交往以后发展就快了。交往的前提是两个地区不一样，如果都一样，就无所谓交往了。像太平洋上的一些岛屿的居民，一来他们彼此距离相当远，又隔着大洋，来往不方便，另外他们的发展情况都差不多，以至历史上发展也不算很快。相反在所谓的文明带地区，分工就很清楚，差异很大，交往很频繁，彼此发展也非常快。那么这种产品和商品的交换成为一种促进社会发展的力量，产品和商品的交换又引起人们文化和思想的交流，产品和商品的交换就来自于不同地区自然条件的不同、差异和产品的多样化。这个过程越来越厉害，发展越来越快。我们说全球化开始应该是在 15 世纪或 16 世纪，也就是新航路开辟，地理大发现的时候，这时候社会有一个很大的飞跃，资本主义发展起来了，科学技术发展起来了，各种进步的思想也发展起来了。它的背景就有一个交往的背景。这个交往就使得人们在全世界范围里开始活动了，全球化的进程到现在就不必说了，这是经济的全球化。我几次到国外去，特别到美国去，美国市场里的东西很多都是中国造的，最早是鞋、衣服、帽子、箱子，然后是收音机等小电器，后来发展到冰箱、电视机等。当然冰箱、电视机还没有打开市场，但小东西都是中国制造。我买了一顶帽子，样式完全是美国式的，即斯泰来式即牛仔式，可仔细一看，写着 Made in China。这在中国买不到，它是专门为美国人生产的。还买了一个咖啡壶，也是中国造，回来以后，国内市场上却没有煮咖啡的壶，好不容易找到一个，还是台湾造的。这些东西中国造出来完全是为了外销，到处都是中国产品。当然这是些比较初级的产品，低级的东西，高科技的东西中国还占不上。现在美国人的日常生活离不开中国，这就是一种全球化。这说起来就很多了，像 WTO，就是全球化。各个国家、各个民族、各个地区的社会发展具有不同的特色，各个国家文化具有不同的特色，一个因素恐怕就是国家、民族的地理条件、自然环境的关系。像奴隶制社会，古代希腊罗马的奴隶制社会，有自己的特点，而在中国就不是那个样子。中国大陆农业最重要，而希腊罗马当时也有农业，但是它们濒海，商业贸易很发达。像雅典就是靠贸易生活，靠贸易发展。这就是地理环境对生产力发展的影响。

　　总括起来需要注意的第一个方面，我们这里所讲的地理环境主要是自然条件，没有涉及更多人文方面情况，比如说经济的情况，政治的情况，社会的情况，文化的情况，其次，我们这里讲的自然环境是从人地关系的角度，人和自然关系的角度来讲，离不开人，因为自然界有些条件至少在一段时间里与人没有关系，这些我们不涉及，我们讲的只限于人和自然的关系。这种关系是相互的，因此是历史的，在历史的过程中间是有变化的。这个变化大体来说就是人们最早是自然界的一部分，后来当然还是自然界的一部分，但是随着它的发展，它逐渐可以从自然界中脱离出来了，成为跟自然界对应的一种东西。人类最早是从动物演化过来的，动物就是自然界的一部分，动物的生存、生活、发展完全依赖于自然界，但人就不同了。人们通过自己的劳动，包括通过自己的脑力劳动，逐渐地和自然界的关系就不是一种单纯的依赖的关系，不是一种适应的关系，而是一种改造变革的关系了。早期的人们依赖自然界的程度是很大的，但随着人类的进步，人类在逐渐改造发展自己中间也改造了自然界，改变了自然界，人们在利用改造自然界的方面，作用越来越大，以至于现在的地球上已经很难再找到跟人没有关系的自然了，自然界已经打上了大量人类活动的烙印，这就是我们讲的第一个点。

我们讲的第二个点就是自然界对人类的影响主要是什么？我们说自然界跟人的关系最主要的一点就是生产，我们讲到生产力的要素中间，劳动对象和劳动资料都是一些自然物质，或许是经过加工的自然物质，人们的生产正是人们通过自己的劳动改造、运用这些自然物质，这样就形成了生产力。所以自然界本身就是生产力的一部分。当然我们知道人类最基本的活动就是生产，最基本的活动就是人跟自然的关系。这种自然界对生产力起的作用表现在哪里呢？我们说表现在两个方面：第一个方面就是它可以影响到生产发展的速度，一般来说，自然条件比较好的地方，人们用较少的劳动就可以获得更多的东西，或许说劳动生产率比较高，这样的话对于生产当然有作用，与生产发展的速度有关系；第二个方面就是各个地区由于自然条件的不同，使得它的生产具有不同的特色，这使得人类社会在发展各个地区具有不同的面貌。目前在全球化的过程中间，我们这里讲全球化是指经济的全球化，包括生产的全球化。在全球化的过程中，各个地方生产的特点会慢慢减弱，但也还有，不是没有。对外贸易归根到底从全局来说应该是种互补贸易，就是我输出你所需要而又比较便宜的东西，我再输入我所需要而又难得的东西。这种贸易很大程度上也来自于各个地方资源、自然条件的不同，但还有社会的因素。那么这些问题我们又不能绝对化，自然条件好的地方生产应该说好一些，但自然环境太好了，又容易影响到人们过于依赖自然界，反而对生产发展不利。但当谈到生产的特点方面，我们特别强调了自然环境的多样化，这对于生产的多样化是有好处的。生产的多样化对于促进人类社会发展很重要的东西就是分工和交换，所以我们讲的第二个问题就是自然条件主要影响到人类社会的生产分工。

现在我们讨论第三个问题。我们考察自然条件怎么影响生产的速度和特点，怎么通过影响生产的速度和特点又对建立于生产之上的其他社会关系和上层建筑方面的一些特点和性质发生影响。这种地理环境或自然条件对于人们社会发展应该说主要是通过生产来起作用的。换句话说，它是生产力本身的组成部分，它对于人类社会发展的影响是通过生产，生产力影响到人们的社会关系，上层建筑乃至意识形态种种方面。也就是说，自然环境对于社会发展的作用主要是通过生产起作用。换句话说，自然环境对于生产以外的那些社会特点起间接作用。

我们可以讨论一些国家的情况。我们说地理环境的特点影响着生产力发展的水平、速度、特点。这样不同地区、不同民族由于自然环境的不同，就会发生一种生产上的、经济上不平衡的特点，而不是一样的。这就使得这个国家的社会由于生产力发展水平的不同而发生了一种不平衡性，有的走得快一些，有的走得慢一些。在人类兴起的时候，应该说各个地方发展的整体水平是差不多的。随着不同的条件，就有了差别，有了不平衡性，有的地方发展快，有的地方发展慢。比如我国在石器时代，特别是旧石器时代，这个时代的遗址差不多全国各地都有，现在发现了很多，将来还会发现更多。从这些遗址来看，虽然各有特点，但是发展的水平是差不多的。随着历史的进程，出现了原始的农业。人类从渔猎采集进入农业社会，这是一个很大的进步。我国原始农业最早比较发达的地方应该说是在黄河中下游，还有长江中下游。这两个地方的自然条件不大一样，所以同样是农业，却各具特点，而这种特点发展的结果，我们可以看到黄河流域进展好像要快一些，似乎最终超过了长江流域。从我们现在所了解的历史来看，黄河中下游比较早地进入了文明社会，进入了阶级社会。时间大体是在4000多年以前，也就是在夏朝。那么为什么中国的文明最早出现在黄河流域？这可能就跟地理环境有关系。南方长江中下游的农业从技术上讲，可能比北方要好一些，还要进步一些。现在发掘出来的浙江河姆渡文化遗址，在那里我们已经看到了最早的耜。古代耒、耜常通称，耒就是一种头上开叉的棍子，耜就是铲子，跟现在的铁锹差不多。原始农业最早的工具是一根尖头棍子，用棍子在地上挖坑栽种，后来变成弯的，带有一点翻土的功能，变成两个叉，开叉的就比不开叉的高级。河姆渡文化中发现了最早的耜，这在北方是没有的，这是在7000多年以前。另外在南方种的多是水稻。水稻是比较难种的，因为种水稻要灌溉，好在南方水多，灌溉没大问题，但灌溉需要开渠引水，另外田地要经过加工，种水稻灌溉田要一块一块的，要开田埂。水稻田周围用田埂保存水，而田埂里的土地要平坦，不能有坡有坑，如果是有坡和坑的话，水灌进去，就会一边水很深，一边没有水是干的。所以种植水稻的技术要比种旱田复杂得多，耗费的劳动也多。另外河姆渡文化的房子是干栏式的。我们知道中国古代的建筑多半是挖一个坑，半地下室式，上面有顶盖，边上有下到房子里去的台阶，干栏式的房子，已经是一种进步了。

从原始农业的技术看，长江中下游地区原始农业技术水平甚至比北方要高一些，但既然如此，我们从现在的历史看到，最早的文明社会起源于黄河流域①，就是我们所说的夏商周。那么为什么会出现这种情况呢？我们恐怕要考虑考虑这两个地方自然环境的不同。

我们知道中国北方的黄河流域主要是黄土高原，另外，就是黄土的冲积平原。黄河带着上游和中游的黄土冲下来，到了平原地区，主要是过了河南的三门峡以后，它就开始容易泛滥了，下游是平地，就形成了一块冲

---

① 从考古发掘的情况来看，长江流域文明起源可能比黄河流域还要早一点，浙江良渚文化已经有了城池，而城的出现是文明的标志之一。四川三星堆和金沙遗址也有了较高程度的文明征兆，但它们比起黄河流域毕竟有所不同。

积平原，再加上海河、淮河等水系，就形成很大的冲积平原。黄土高原不是山，它是厚厚的黄土积成的原。原上面种庄稼，人居住在原下面的场边，到了山西和甘肃就可以很清楚地看到这种情况。原是像大馒头一样的大土包，这是一个农业区，是一个发展农业的地区，这个地方，相对来说，气候比较干旱，水也比较少，所以它种的不是水稻而是旱作农业，在中国古代主要是粟，就是小米，还有麦子，这都是旱地作物，可以靠天下雨来补充水分，不需要人工灌溉，不像水稻，水稻基本上是养在水里的，是需要人工灌溉的，旱作农业一般是不需要灌溉的。按理说，这种旱作农业生产水平要低于灌溉农业，这是没问题的，但黄河中下游地区在古代跟现代还有一点不一样。这个地方在几千年以前的古代，比现在要温暖、要湿润，气温要高一些，水要多一些。现在非常干旱，几千年以前却比较湿润，所以很多现在只能生长和生活在南方的动植物，在中国古代的华北黄河流域是有的。在 3000 年以前的商朝，河南还有象、犀牛这些东西，这里有考古的发现，找到了象和犀牛的骨骼。在甲骨文里，有"象"这个字，胖胖的肚子，卷卷的鼻子，还有四条粗腿。另外，还有一些属于南方的植物，竹子现在基本上到了淮河以南去了，北方基本上很少很少；梅花也是属于南方亚热带的花，过去在黄河流域都有。所以，当时的气候比现在要温暖、要湿润，这对于农业是有利的。

在黄土高原或者黄土的冲积平原上，黄土本身有种特点，它的土层有时很厚，但比较疏松。在黄土高原上长的植物更多的是草和灌木，而不是很高很大的树，或很密的森林。在这种地方从事农业耗费的劳动是比较少的，技术的要求也比较简单。中国古代农业工具主要是木器、石器、骨器、蚌器，像耜，就是在木棍下面绑一个牛的或羊的肩胛骨，或是大的蚌壳，这也是一种工具。那个蚌壳挖土是很方便的，绑在木棍上就行。用木头的、石头的、骨头的还有蚌做的工具去对付比较疏松的黄土，比较稀疏的草和灌木，在开垦的时候，是比较好处理的，比大树好处理。因此，当时比较简陋的原始工具，比较简单的技术，而且又是技术要求没有灌溉农业要求高的旱作农业。在当时的生产条件下，北方农业比较容易开展。结果反而是这种比较简单的旱作农业在黄土地上，比较容易产生出对社会的发展很重要的剩余劳动和剩余产品。有了剩余产品，才有分工，这样有一部分人从劳动中间分离出来，从事一些专门的行当，这是文明起源很重要的一条，而这种分工导致了阶级的出现，这是社会发展必须经历的很重要的一个阶段。像中国北方这样的自然条件，因为它技术要求比较简单，旱作农业开发比较方便，反而比较容易生产出比较多的剩余产品，这个对于文明的发展是一个前提，结果出现了阶级，出现了一种奴隶制度的根据。

黄河中下游的情况还不止于此，说黄河是中国的母亲河、文明的源头，是有一定道理的。最古老的文明、最古老的居民生活在黄河边上，所以一条大河对于古文明是很重要的，在历史上，至少我们知道埃及的尼罗河、两河流域和印度河恒河流域是这样，但中国的黄河流域古代居民生活的地方不是在黄河边上，而是在黄河的支流两岸河谷的台地上，这种地方能凝聚比较多的人群，能有比较多的共同体聚合在一起，它们的剩余产品能够更多地集中，发挥更大的作用，城市、国家、文字、宗教、艺术，形成一种文明，进入文明社会。所以在中国，北方黄河流域比长江流域早一些进入文明社会是跟这个地方的自然环境有关系的。

我们再看长江中下游，长江中下游这个地方特点是水比较多，这对农业非常有好处，但在几千年前的时候，水多倒变成这个地方的一个问题。那个时候的气候比现在温暖湿润，如果说黄河流域过去比现在温暖湿润的话，那么长江流域就比现在热得多，水也多得多。有大量的水，又炎热潮湿，人们的居住条件是比较差的，而且为了居住所要花费的力气也比较大。在南方余姚河姆渡遗址，它的建筑我们叫作干栏式，简单地说，就是在潮湿的地上打下一些柱子，然后把房子盖在柱子上面，还有云南的一些民族也是这样，这适合比较潮湿的地方，技术要求比较高，耗费的劳动比较多，人们在这方面下了很大的工夫。相比之下，必要产品之外的剩余产品相对来说就可能不那么多了，所以，这个地方因为它炎热潮湿，不像黄河流域那么容易适合于人们居住，条件反而要差一些。另外，这个地方水比较多，气候又比较热，所以有大量的比较原始的丛林榛莽，树林有几种，北方的树林子是灌木、稀疏的乔木，也就是一般说的树林子，这种树林子还都比较好办。热带丛林就很难办了，热带丛林里大树、小树、藤萝纠缠一堆，遮天蔽日，这些地方进去都是很麻烦、很不舒服的，如果要开发的话，那就比较困难。在长江中下游这时湖泊沼泽是非常之多的，另外，在亚热带甚至于热带的丛林，榛莽丛生的地方要开垦它，用比较原始的工具，石器、木器、骨器、蚌器来开发原始的丛林那是非常困难的。

这个地方农田耕地的土质往往是比较僵硬，南方稻田底下那层土不硬的话，水都漏跑了，水田下面土质的透水性应该比较差，它才能保住水，不然水都渗掉，像黄土那样的话，搞水田是很难的。土地比较僵硬，开发起来当然比较困难，为什么长江流域能够最早出现原始农具耜呢，也可能跟这个地方农业的特点有关。但这样的农业，土质比较硬，又是灌溉，又是种水稻，灌溉花的劳动就比较多，北方种地的话，原始的农具过一下，然后把种子撒下去就可以了，南方可不行。种水稻，先要平整土地，然后要挖渠、开沟，引水灌田，还要适时排水晒田，还要培田埂，劳动量很大，耗费的劳动比北方要大得多，种水稻的技术要求比旱作农业要高，所以在那种比较原始的生产工具和比较原始的技术条件下，长江中下游大量的开发，是比较困难的，第一个是它需要的劳力比较多，第二个到处都是丛林、湖泊、沼泽，不好弄，大面积的开发是比较困难的。有些地方比较发达，但它跟其他地区相比也还是有湖泊、沼泽、丛林这些东西的阻隔，彼此交往起来比较困难。

我们现在的长江两边，在那个时候可以说是一连串的大小湖泊和沼泽湿地串起来的，从湖北云梦泽一大块面积很大的湖，还有很多很多的小湖，这些湖现在都没有了。大概新中国成立初的时候，湖北还有三千个湖，现在只有几百个，都没了。当年都是一大片一大片的水，差不多都是水，长江两边，像现在的安徽、九江现在也还有些湖，像雷池、巢湖当年都是一串湖。现在当然还有一些湖，像洪泽湖、高邮湖、太湖、丹阳湖、石臼湖、阳澄湖等，那时也是一大串湖泊、沼泽、湿地、丛林又加上气候比较热，潮湿，这些地方居住条件比较差，开发起来不容易，人们交往也不容易，所以，它尽管原始农业的某些技术、某些工具比北方好像还要早出现一些，但最后中国的文明还是最先出现在黄河中下游，从这个地方开始。所以，当时的北方可以慢慢地造成几个比较大的片儿，人口也可以比较多。南方连起来不容易，人口的发展也受到限制。南方长江流域在很长时间里属于地广人稀。这个我们看《史记》里面的说法就可以知道，《史记》说江南物产很丰富，不愁吃，不愁穿，差不多没什么荒年，可生产也上不去。人们过得稀里糊涂，昏昏沉沉的，这是中国比较早期的情况。但是我们注意到中国历史上的一个现象，就是在历史的发展过程中间，南方逐渐超过北方，主要是经济，长江中下游的经济、人口、文化逐渐地都超过黄河流域。这个过程，特别是从两晋南北朝以后开始的，到了宋朝时候，一般我们都说全国经济重心转到长江流域，特别是转移到了长江下游，全国经济重心从北方转到了南方。随着文化的重心也从北方转到南方，包括到明清时候，科举中考上进士的多数都是南方人，考前三名的，像状元、榜眼、探花，南方人更多，南方人多是江浙一带，这里确是一个文化荟萃的地方。北方人就不容易考上，这个问题涉及很多很多问题，北京现在是文化中心，高考录取数比例最大，但录取分是相对低的，这可能是文化太集中了，学校太多了，考生的相对数量也就少了。

在中国历史上，经济重心乃至文化重心逐渐地南移，也就是说，长江中下游的发展逐渐超过北方，这是为什么呢？这里有一个很重要的因素是战争，战争当然给社会带来破坏，给经济带来破坏，给生产带来破坏，恢复得要相当的时间，但中国的特点是破坏得快，恢复也快。在历史上一次大的战乱以后，经过一代人、三十年，如果接下来的是一个稳定的社会、一个稳定的王朝，像汉朝、唐朝初年，经济就恢复了，甚至还可以超过以前。包括现在也是这样，抗日战争对中国是一次极大的灾难，中国人民死伤数字现在的估算是 3500 万，那是很多很多的，接着又是三年半的内战，八年抗战加三年半内战，打了差不多十二年，那破坏是很严重的，可是新中国成立后，恢复起来非常快，大概到了 1956 年以后，经济已经恢复和超过原来，人口也上去了。抗战以前，全国人口没有一个精确的统计，大概是 4.5 亿人的样子。新中国成立初期，已经过了 5 亿，打了 12 年的仗，很快就过了 5 亿。因为不光是死伤的 3500 万，还有出生率的问题，打仗时生育是受很大影响的。然后再过十年，一下没准儿就冒到 10 亿，现在才过了几十年，已经 13 亿了，很快的。历史上，不管怎么说战乱对生产的破坏、对人口的损耗（人口中很重要的是劳动力）的影响很大，尤其是连年不断的战乱，一打就是几十年、百十来年，破坏极大，但恢复起来也很快。

民族的斗争在中国历史上的出现，对生产的破坏往往也是很大的，因为民族之间还有民族隔阂、仇恨，杀起人来那是非常残酷的，见人就杀、屠城。在这种连年杀戮的情况下，当时北方黄河流域的中国人往往都往南跑，北方人口减少，南方人口增加了，人口本身最主要的是劳动力，人去了，人多了，南方地广人稀、生产比较落后的状态就会发生变化，更多的土地开垦出来了，经济活动增多了，这对南方的发展有利。这样中国的南方，在历史上逐渐发展，逐渐超过北方。出现这种现象的原因，人为的因素应该要重视，但另一方面，也要注意到自然环境的变化，这种变化当然是非常缓慢的，但也还是可以注意到的首先是气候。

竺可桢对中国五千年历史气候的变化做了研究，像我们刚才说的在新石器时期，五千年以前，当时整个气候比现在温暖，这就是他研究的结果。那么往后到最近两千年，差不多从秦始皇统一六国以来，中国两千年的气候逐渐变冷，最近的情况反而又变了，好像逐渐变暖了。这个两千年间气候变冷是有一些波动的，有些时候冷得厉害一些，有些时候冷得不那么厉害，又有些回暖，这两种情况都有，总的趋势是变冷。在这种逐渐变冷的大趋势下面，我们发现，原来炎热潮湿的长江中下游逐渐变得温暖和湿润，比较便于住人了，居住条件比过去强。随着气候的变化，水也不那么多了，林莽等东西也慢慢地减少往南去了，长江流域逐渐变得更适合于耕种和适合于开发，这时候南方长江流域人口是逐步增加的，在农业方面，农业技术逐渐比原始农业要好，有很大的进步。南方原来在原始技术、原始工具下面比较难开垦的地方和那些比较硬的僵板地，这时候有了比较先进的农具如铁犁、牛耕，是比较好开发了。在这种情况下，原来一些不利于居住、不利于农业的因素逐渐消解了，而南方的一些优势逐渐就显出来了。比方说，降水量比较丰富，水比较多，气候也温暖，总热量大，植物生长接收的阳光、热量很重要，总热量很大，这些优势都出来了。水稻本来是一种比较高产的作物，水稻的单位面积产量比麦子、小米要高，现在水稻种植比较普遍以后，垦田面积扩大以后，水稻高产的优势就出来了，换句话说，这个地方的粮食产量就比较高了。到了宋朝以后，开始种双季稻，水稻一年可以种两次，换句话说，原是一亩地，现在等于两亩地。双季稻一种，等于垦田面积大大增加，而它所耗的劳动相对来说又少了。这是一个很大的优势，所以南方首先在农业上就上去了，在全国经济中间，南方的优势突出了，发展的速度也比较快，随之而来的工商业，乃至于资本主义因素等都在南方发展起来，人口也增加了，北方的粮食很长时间都不够，全靠南方来调剂。

这种情况一直持续到新中国成立后相当长一段时间，大体上到"文化大革命"这个时候，北方的粮食还是靠南方来调剂，尤其是几个产粮大省。像四川的粮食大量调剂到北方来，当时在北方，北京本来是没有吃大米的习惯，吃的都是馒头、玉米、小米这些东西。新中国成立以后，大量南方米过来了，北京城大量吃米了。那时候的米，南方是籼稻，这个米的米粒比较长，口感不大好，北方种的粳稻比较好，米粒比较圆，黏性比较大，有时候米粒蒸出来是半透明的，价钱也比较贵。改革开放以后，南方的粮食慢慢地自己不够了，像有些省市大大发展经济，发展商品市场经济，种粮食不赚钱了，不种了，靠外地输入米了。广东本来是个产粮省，"文革"以来，工业越来越发达，人口越来越多，粮食越种越少，就靠外地米。四川原来每年可以输出好几十亿斤大米上北方来，后来也不够吃了，一个人口多了，连同重庆市人口超过一个亿。再一个，四川成了养猪大省，大量地养猪，四川每人平均有一头猪，有一亿多头猪，粮食都去喂了猪了，也没有粮食了，结果反而粮食要从北方向南方调，主要是从东北，而北方粮食自己也够吃了，现在这个情况倒过来了。当然现在倒过来的也不只这个，还有这个格局，原来中国是南北格局，现在变成了东部、中部和西部地区的区别。这是工业化以后，商品经济发展以后出现的情况，不是南北而是东部、中部和西部，现在强调要大开发西部，之所以形成这样一个格局，这都是历史上的变化，而有些变化是到最近才有的，南北变化变成东中西的变化。这是南方的情况。

中国历史上两千多年，南方发展速度逐渐超过北方，从两汉以后两晋南北朝时就开始，然后到宋朝就非常明显，因此在中国历史上南方人和北方人之间这种界限、关系、矛盾跟南方经济和北方经济发展的差距有关系。城里人和乡下人这是一种差别，南方人和北方人这又是一种差别，在古代这种情况就有。在相对之下的北方，在历史发展过程中，自然环境的这种缓慢变化，北方原来属于比较温暖湿润的气候，这时候就变成了寒冷和干燥的。整个变冷以后，长江流域就占了便宜了，黄河流域就吃了亏了，就更干了，渐渐就冷起来了，水也就渐渐少了，水土流失越来越快。随着水土流失，土壤的肥力也下降了，水利灌溉也越来越困难了，因为没有水，水不够了，水利工程再大，你也不好办，另外也加上一些别的原因。像陕西地区的郑国渠，这是在秦国时候开的，郑国渠开通以后，当时灌田可以到4万顷，可是经过多少年以后，到唐朝的时候，剩下1万多顷，以后再也恢复不上去，一直到现在也没有恢复上去，渠口一直往上游开，上游引的水比下游少，再也恢复不到原来的样子。由于这样一些原因，北方黄河流域的水灾和旱灾也比过去严重和频繁了。

中国历史上王朝统治核心多半是在北方，这个地方阶级斗争比较剧烈，统治阶级内部斗争也比较剧烈。另外，还有北方民族往往跟中原王朝的汉族之间有斗争，在这个斗争中间，北方民族南下，首先是到黄河流域，因此这个地方的社会稳定程度比较差，经常出现战乱。我们知道，打仗的破坏非常厉害，会影响到经济发展。所以，在中国历史上由于上面这些原因，南方的一些条件和北方的条件都有变化，逐渐北方的发展就落后，南方的发展就快了，最后就形成了南方的发展超过北方的局面，这里面首先是经济超过北方。这样的一个变化关系中间，有人跟自然的关系，也有跟人的关系，是交织在一起的，从中我们可以体察到地理环境对社会发展的速度的影响。当然，这种变化，是很复杂的，不光是自然环境的变化，还有经济环境方面的变化、人文社会环境的变化，结合在一起、交织在一起，这样一个变化，这里面自然环境的变化也是整个社会环境变化的一种因素，是生产力发展的速度的快慢变化的一个因素，还有人为的因素。这点，我们也不能忽视。生产力发展速度有所变化，各个地区会出现一种不平衡性，我们讲中国历史上黄河流域和长江流域的农业文明，最古老的最早的文明为什么首先在黄河中下游出现，而不是在别的地方；另外在长期的发展过程中间，长江流域的发展，主要是生产的发展超过了黄河中下游地区，是中国古代历史上我们所碰到的若干重要问题中的两个。我们可以看到，自然环境的不同和自然环境的变化在这里头所起的作用。现在，我们还可以从另一些方面来看，就是我们讲到自然环境影响到生产力所具有的特色，这种生产所具有的特色。它间接地会影响到生产关系，会影响到社会组织，也会影响到上层建筑。这个地理环境的影响自然是很间接的，我们就来看看地理环境所带来的生产的特色怎么会影响到一个民族、一个国家、一个社会的其他方面。

下面讨论地理环境的直接影响。现在我们大谈中国的传统文化，成为一个大热点。但是要注意，中国这种传统文化是一种农业文化，它的基底是农业，这跟我们的现代文化之间是有差别的，不是说没有可以借鉴和继承的，但确实是有差别。现在文化已经进到了工业文化、商业文化乃至于信息文化，这些东西跟农业文化是有差别的。另外，我们还要注意到一点，中国的传统文化又是一种阶级的文化，是在阶级社会里形成的文化，阶级文化和自然环境拐着弯儿也是有着间接的联系的。我们又要注意，我们现在讲的中国文化，主要是汉族文化，不能说中国境内五十六个民族构成的中华民族的中华文化都包括在内。至于说到汉族文化，那就是一种农业文化。在世界历史上古代的一些文明，应该说基本上都是农业文明。不要小看这个农业，我们前面讲过，这个文明的起源要以农业作为其基础。原因很简单，就是这个农业第一它比采集、渔猎、畜牧业劳动生产率都要高，养一头羊大概要 40 亩草地，如果农业有 40 亩地的话，出产的东西说什么也比养一头羊多。一头羊养活不了一个人，把羊奶、羊肉、羊毛、羊皮什么全加在一起也养活不了一个人，但是有四十亩地的农业就可以不止养活一个人了。农业是一种劳动生产率比较高的生产。第二，农业又是一种相对稳定的生产，它的收获、每年的投入产出大体上是可以估计出来的，它不像渔猎，渔猎没准儿，今天出去到底能打到什么野兽，那没准儿的。因此，原始人有时候境遇是很悲惨的，有时候整天、整个星期甚至整个月打不到野兽，整个部落都得挨饿。但是农业，除了遇到灾荒，一般来说收获是比较稳定的。一个劳动生产率高，一个收获比较稳定，我们可以看到，剩余产品就增多了，剩余产品多了，人们就可以腾出时间，腾出精力来从事其他的活动了。比如，搞个小装饰品或者什么东西，如果整天去搞饭吃，哪有时间去搞什么艺术品。当然将来还有各种分工，宗教、艺术、阶级、国家，都有了基础，这个基础就是剩余劳动、剩余产品。然后就有了分工，农业有利于分工，这是它的第三个好处。农业还有第四个好处就是定居。亚洲的黄种人，在古代的冰河时期，追逐大批的驯鹿群向北方走，人们就跟在后面走，这些畜群就把沿途的苔原的苔藓和草吃得一干二净，完了又往前走，就这样，亚洲的黄种人就跟着猎取这些畜群过了白令海地峡（那时白令海峡有陆地相连）到美洲去，成了美洲印第安人的祖先，在这样一种生活状态下，文化的创造是比较差的。农业好的地区，定居以后，首先时间多了，很多活动、很多劳动就不需要了，例如游牧经济经常搬家很费事，游牧民族搭个帐篷，然后过些日子草吃完了，畜群要转场，牧民也要搬家，拆掉帐篷，装车，完了拉出去，拉出去一路走，要迁到水草丰美的地方花时间大多了。

汉族人民的文化是一种农业文化，它起源于农业，世界上差不多所有的文明国家的起源都是农业民族，汉族与其他的民族相比有什么不一样？与埃及的、与两河流域的、与希腊的甚至于和美洲的农业有什么不一样呢？

汉族的农业我们可以把它叫作大陆集约型农业，什么叫作大陆集约型？这个大陆指的是汉族所在的这个地区，这是一个大农业区，在世界历史上可以说是一个最大的农业区。其他古文明，如埃及这个文明区，它主要靠尼罗河，尼罗河每年定期涨水，留下很多淤泥，所以沿岸土地非常肥沃，但是呢，埃及靠的就这么一条河，河谷的两边，没有多远就是沙漠，埃及文明就限在这一条河两边，这个河的上游就是山地和非洲丛林了。那么，两河流域文明河谷宽一些，地方也大一些，是发展在幼发拉底河和底格里斯河的河谷，当时离这个河谷不远的地方就是山区和沙漠，在山区和沙漠里面居住着一些古代的游牧民族，这是一些比较落后、比较野蛮的民族，这帮人很容易就跑到两河流域河谷里来，来了以后，一阵混乱，往往又出现一些新的国家。两河流域最早是苏美尔人，大约在一万年以前。此后陆续又出现好多人，然后是巴比伦，然后是亚述，然后是赫梯，然后是迦尔底亚王国。再如希腊这个地方，希腊半岛，包括小亚细亚，这些地方比较穷，农业区也比较狭窄。因此，中国是一个大农业区，这个农业区现在在世界历史上也是有数的，这个农业区在中国历史上逐渐地扩大，它先是从黄河流域扩展到长江流域，然后再往南。现在，中国东部非常大的一片全是农业区，这个地方当然也有山、有河、有丘陵、有森林，但是都不是那么难以利用和跨越的，是可以打通的，是这种大陆型，农业地区很辽阔，而在历史上慢慢连成一片，这是一点。

第二个就是集约型。集约型指的就是精耕细作，中国农业发展有两个途径。第一个途径是开荒，扩大耕地的面积；第二个途径是投入，就是在单位面积上劳力、资金、技术更多的投入，提高单位面积产量。在中国这种集约型农业条件下，先是开荒、开垦荒地，逐渐地扩大农业区的面积，扩大到一定程度以后，扩大不下去了，就搞精耕细作，提高单位面积产量，从文明一开始就这么做了，后来就越来越精细。中国农业劳动强度是非常大的，特别累，是一种集约型的。这样一种大陆集约型农业的形成跟自然条件很有关系，我们前面已经讲过，原始农业兴起的时候，黄河流域的情况是怎么样的，长江流域的情况又是怎么样的，这种精耕细作的方法在中国这种自然条件下逐步地形成，当然比较突出的是在战国以后，因为战国时候农业生产有了一个很大的变化。这个我们都知道。

第一个变化就是铁器用于农业。原来农业生产的工具是比较简陋的石器、木器、骨器、蚌器，当时已经进入了青铜时代，但是青铜是一种贵重的金属，不宜用作农具。现在有人主张说，当时用青铜作为农业工具已经很普遍。但是这问题还值得研究，现在我们知道的、所能肯定的就是青铜作为工具更多的是作为一种制造工具的工具，像斧子、刀子，这是制造工具的工具，比方说要削木头、砍木头，然后用木头来制造工具，直接作为农业生产工具，犁呀、耙呀、叉呀、铲呀这些东西，现在青铜农具的实物也有，但是出土很少。我们现在发现战国以前的农业生产工具，青铜器的数量很少。那么当然有一种说法，说现在我们发现青铜农业工具很少，并不是因为当时它就很少，而是它没有保存下来。青铜是一种比较贵重的金属，当农具使用坏了以后，要改铸，铸成别的工具用器，不像什么木头、石头工具，不好用了，用坏了，扔了就算了。青铜农具这样来回折腾，保留下来就不多了，这当然也是一种说法。显然有争议，但不管怎样，最早中国农业的起源还是比较粗放的，不过这种精耕细作的传统在商周逐渐都已经有了。到战国时候，出现了铁器，这是一个很明显的进步，铁器作为农具确实进步多了，不只是比木制、石制、骨制、蚌制的工具都进步，而且比青铜做的要进步，因此，耕作的水平就飞快地大大提高了。其次就是牛耕，用牛作为动力。中国过去农业生产用耒、耜，基本上是两种，一个是类似锄头挖地，一个是类似铁锹掀土，用人力踩，而朝后倒退着走，然后两人并排用耒或者耜踩下去翻土，一个往左边翻，一个往右边翻，这样一路踩下去，中间就成了一条沟，就是畎，然后倒过在旁边翻一条畎，把两边踩下去的翻到一边，就形成垄，这叫耦耕。要是集体耕作的话，那就很壮观了，一路翻土过来翻到头，到了田头，再倒过来重新翻一垄。因此，中国的亩制是长条的畎垄，小亩是100步，大亩是240步，有了牛耕，其效率、劳动生产率就比单用人力高得多了。关于牛耕到底什么时候开始的呢？比较早一点可以推到商朝，但是到了战国时候是不是很普遍，这个还有问题，不像铁器那么能落实，但至少在战国这个时代，牛耕已经作为新的一种生产形式开始出现，而且有了影响。这是第二个变化。随之而来的就是人工灌溉，有人讲中国的水利事业是很发达的，但是灌溉成为一种比较大规模的活动，就是开水渠，这种活动，应该说是从春秋特别是战国时候开始的，北方旱作农业靠天吃饭，现在有些地方加了灌溉，这么一来，当然还有别的措施，收成就大大地提高，再加上其他如选种、除草、施肥、治虫、防旱、防涝等一系列的农业耕作方法的革新进步，农业出现了新的面貌。

综上可以说，中国精耕细作农业有它古老的传统，但真正成型是在战国及其以后。这时农业生产有一个很大的飞跃。我们前面说的以家庭作为一个经济单位的这种个体小生产农业，就在春秋战国时候飞快地形成，地主经济也在这个基础上面飞快地形成。那么，在中国这样的自然环境下形成的这种有特点的农业的情况下面，人跟自然的关系，我们可以看到，第一个自然给予人们的东西并不丰厚。前面我们讲了，北方的黄土是怎么回事，南方的红壤、板结的土壤又是什么情况，气候又是怎么样，因此，自然给人们的并不很丰厚，而且不稳定，有灾荒，特别是黄河流域容易闹灾荒，在人与自然的关系上面不是很顺利，也不是很稳定，相当艰苦。但是另外一种情况，就是这种不利的自然条件经过人的努力是可以减轻和消除的，是可以改善的，人们的这些努力是可以得到自然界的报偿的。一种情况是不努力有大量的收获到手，所以，人就不大想干了；一种情况是努力了，也很难得到报偿，人们生活条件太艰苦了，像北极的某些地区就是这样。中国这个地方，自然条件不算很好，经过努力还是可以解决这些困难，可以得到报偿的。我们说中华民族是一个勤劳勇敢的民族，这个勤劳不是天生的，不是与生俱来的，我认为，如果说中国人勤劳的话，和中国历史上这种环境有关系。这是中国农业给中国带来的一些内涵。在这样的自然条件下形成的中国古代农业社会，它具有什么样的特点呢？这些特点又是怎么样影响到中国文化的一些基本的特点呢？也是我们需要探讨的问题。

上面说到中国古代农业发展具有它的特色，就是大陆集约型，这种类型农业之所以形成，跟中国的自然环境有相当的关系，这种自然环境和在这种自然环境下形成了中国传统农业的特点。在这种情况之下，自然给予人的并不算很丰厚，而且也不算很稳定，人跟自然的关系是相当艰难的，有时也是不稳定的，特别是黄河中下游地区，但是这个地区，在这样的自然条件下，人们经过努力还是可以减轻乃至于消除自然条件带来的不利的影响，使得自己的努力得到一定报偿。这种情况下形成的古代农业社会，可以说具有两方面的特色，一方面，就是这种社会的经济单位和它的生活单位个体化，是一种小的个体，在古代最早的这种经济单位或者说生活单位里往往是一个大的家族，而且是集体化的，集体劳动、集体分配、集体生活的这样一种大家族或者是公社。随着经济的发展，这种集体化、大家族或者公社逐渐地向小家族、小家庭方面转化。到了春秋战国以后，由于农业生产的变化，我们刚才讲到用铁器，还有牛耕，还有水利灌溉，这些东西都促使农业生产力飞速发展，而且也促使农业生产进一步向个体化、家庭化转化，所以，春秋战国特别是春秋战国以后，社会的主要经济单位和生活单位就开始变成了个体小生产，终于成了几口之家的这样的小家庭。这个几口之家原来还大一点，后来就又变的更小了，原来是九口之家、七口之家，到了战国后期秦汉以后，差不多就是五口之家。中国以后的长期封建社会里面家庭成员的数字大体上就是五口之家，变到这时候也就差不多了。因为五口之家一般可以有两个劳动力。这样的一种个体小生产、个体小家庭，就种一块比较小的地来维持全家的生活，全家家庭成员参加农业生产的全过程。我们把这种小的家庭农业叫作个体小生产农业，有人把它叫作小农经济。我们这里没用小农经济这个词，比较确切一点，可叫作个体小生产者。这里主要指的还是生产，一种生产的样式。小农经济还包括生产关系，这个说起来比较复杂了，不大容易界定。我们这里讲是从生产、从生产力的特点这个角度来看，可以把它称之为个体小生产农业。

这种个体小生产农业，如果把它一个一个孤立起来看的话，它本身是很脆弱的，经不起一点风吹草动，很不稳定，比方说，一场水灾或者一次旱灾就可以使它破产。另外，战争，打大仗就不用说了，一场抢劫它就没法办了，像强盗把它的牛牵走了，这带来的麻烦就大了。另外，当然还有地主的地租和国家的租赋徭役，这东西稍微一加重，它就承受不了，因此，历史上农民在很多的情况下，就是因为国家的赋税承担不了，活不下去了，只能起来暴动。徭役也是这样，如果农民都被征发去服徭役，那么留在自己土地上劳动的时间就减少了，农民不光是损失了几天，或者多少天，整个那一年的生产都出问题了，尤其是徭役征发在农忙的时候，整个劳动力都征调一空，那简直是会颗粒无收。如果是春天把他征去服徭役，地也没有法种，一年地就荒了。或许秋收的时候，把他征发去服徭役了，那么家里的粮食就没人收了，这一年就完了。徭役的破坏是很厉害的，历史上很多的农民起义都是因为很沉重的租税和徭役所激发的。另外，还有疾病，生一场重病，那也不得了，先不说花多少医药费，首先地里的活儿全耽误了，农民就没有收获了。还有生死，中国看待生死，特别是死是看得很重的，死了以后，一家不光是损失一个劳动力，而且还要负担很沉重的丧葬费用。另外，还有就是借债，各种高利贷，高利贷还起来是非常困难的，在古代，利滚利，往往根本还不起，只能把那点地卖了。因此，一个一个的这种小生产农业家庭是非常脆弱的，是很不稳定的，稍微有一点风吹草动，它就破产了，它就消亡了，这是一个方面的情况。但另一方面，就全社会而论，这种个体分散的小家庭是零碎的，是很多很多的，作为一个一个来说，它很容易消亡，但从整个社会来说，这里消亡了，那边又长起了，恢复起来是很快的，它可以不断地重生和再现。可以说，像这样一种个体的小生产家庭农业，它单个是脆弱的，经常破产，消亡，但作为一个整体，它又能够如果不断地再生，能够不断地再现，它什么时候也不会全部消灭掉，总是这样的。因此，作为整个社会来看，它又是一种非常稳定的、非常强固的存在。这样的个体小生产农业、小家庭农业就形成了中国封建社会牢固的、长久不变的基础，这是一方面。

另一方面，这种个体的、分散的、细小的个体生产单位和生活单位要存在要发展的话，又不能够完全、百分之百地凭借自己的力量，它尽管从事了生产的全过程、经营的全过程，但是它还是不能够完全独立承担一切它要做的事情，有一些集体的集中的活动，那是需要组织起来干的。比方说抗旱、抗洪，一旦灾害来了就需要集体抗灾；往往灌溉也需要靠集体，否则麻烦了，为争水打架的，历史上不在少数，要组织起来分配水资源；另外，灾荒形成以后，有救助的问题，救助就需要靠一个集体；另外还有一种刚才提到了，生老病婚嫁死，一般小家庭的开销是困难的，这个也要靠集体互相帮助，中国在这一点上非常突出。

这些社会活动有些要靠集体，另外，还有些公共活动，比方像一些公共事务如祭祀娱乐，还有抵抗盗贼、维持社会秩序、抵抗外敌这样的事情也要靠集体。这种集体的活动需要有组织和领导，还需要有权威和暴力。春秋战国以后，社会趋于分散，越是这种情况，这种集体活动和集体组织就越有需要。千千万万小农业生产者像一盘散沙，维持一个社会的存在，维持一个社会的生产，维持一个社会的生活，维持一个社会的秩序，这就必须要有组织。这个组织在一盘散沙的情况下，还必须要非常强大，非常有权威，必须要在更大范围内来管理和干预家庭生活。春秋战国以后，随着个体小生产农业家庭的出现，中国就形成了一种比较强大的中央集权制。同时在这以后家族制度也还保留着，而且有时候在有些地方相当强大。因此汉族的农业社会，具有一种个体的脆弱性和不稳定性，同时又具有一种群体的强固性和稳定性、协调性。这两者看起来似乎矛盾，个体的脆弱性和不稳定性，集体的强固性和稳定性、协调性。在这样一种社会之下，人际关系就出现这么一种要求：如何把个体性和群体性协调起来，这样，使得社会在整体上，在大的方面形成一种能够有组织，能够比较稳定，也能够比较协调的关系，形成在这样一种大陆集约型农业基础上的汉族社会。它所具有的这种基本特点，又给汉族文化带来下面一些特色：

第一，现世性。中国的主要民族汉族是一个很现实的民族。个体小生产农业它主要的精力是在生产，守住它的一小块土地生产，男耕女织、辛辛苦苦地维持生活。他们的命根子是在土地，那是他们生活的倚仗，所以他们不愿意抛弃自己的土地，离开了自己的土地，他们就等于离开了他们的生活，所以中国的农民安土重迁，"破家值万贯"。要能够维持一个比较稳定的生产和生活，他们最需要的是两条：第一条是自然界要风调雨顺，不要给他们带来很大的灾害，他们的生产就能稳定、没有灾害，那就是国泰，这是中国农民的最大愿望。第二条是社会秩序比较稳定，农民的负担不要太重，国家赋役不要太高，盗贼要少一点，治安要好一点，社会动乱少一点，这就是民安。在一般情况下，农民的生活水平有一个相当灵活的幅度，好些时可以过一种小康温饱的生活。但是有时候在困难条件下，他们还可以勉强维持生活。但是一般情况下，只要他们还是可以生活下去，他们就不希望改变环境，还得维持下去。这是中国的农民。在农民之上的剥削者——地主，他们一般所要求的也是一种比较稳定的剥削收入，地主收取的地租来自农民，中国的地租主要是实物。而且多采分成制，那么这样农民的收入多了，地主分成的绝对数量也就大了。如果农民加把劲，风调雨顺，社会安定，地主收入就还可以增加。地主也需要有一个安定的环境、有一个舒适的物资条件，以保证比较稳定的剥削收入。另外，地主本身一般不劳动，他们的生活需要过得优裕、安全。很多中国人向往这种生活。比如像陶渊明"采菊东篱下，悠然见南山"，很悠闲的生活。但这种很悠闲的生活，它的前提需要有比较稳定的收入。不然的话，你没有饭吃，还有什么悠闲可谈。当然你可以自己种地，陶渊明的理想愿望，"方宅十余亩，草屋八九间"，他得有一块地，一栋房子，不管是否自己种，还是人家种，得有一块，还得有一些树木和花园，"榆柳荫后园，桃李累堂前"，这样他才能归去来兮，回去过一种田园生活。这种其实是一种中小地主向往的生活，包括农民，向往与世无争，悠哉游哉，不愁吃不愁穿，过得去的生活，"日出而作，日入而息，凿井而饮，耕田而食，帝力何有于我哉？"所以整个中国社会，它所要求的是一种稳定或许是不太变动的生活，这点跟有些民族的或许多变化较多的社会生活不一样，因为它是以个体小生产为基础的农业社会，这种个体小生产的农业社会不像航海经商，航海经商就具有很大的冒险性，不可测的东西太多太多了，那绝对谈不上悠闲。还有也不像游牧生活，迁徙不定，老变动，也谈不上稳定，而且游牧民具有很强的掠夺性，这跟个体小生产常常格格不入。对个体小生产农业来说，自然灾害当然是不可预料的，但却是可以预防的，可以准备的，中国农业劳动者的理想是"耕三余一"，就是每三年生产，可以供四年生活，多出来的粮食是为了备灾、防灾。所谓"养儿防老、积谷防饥"，有一个备灾的思想。像水利、修堤、开河，事先都要有所准备。农业生产本身"耕三余一"和防老、积谷防灾，这与中国古代鼓励人口增殖有关，人口就是劳动力。"养儿防老"，就是说养育子女，子女长大后作为劳动力就可以供养已老的父母了，"三十亩地一头牛，老婆孩子热炕头"，这是中国的小农最理想的一种生活。确实中国个体小农精耕细作，集约型的农业最理想的投入与产出的关系是以比较小的投入得到最大的产出，它的平衡点就是"三十亩地一头牛，老婆孩子热炕头"，这是过去所说的中农或许富裕中农的境遇。对剥削者来说，首先是"仓廪实而后知礼节"，保证每年的地租和田税收入稳定而有所增加，自然灾害来了，事先可以准备，到时候可以减轻，因此人们所追求的社会是一种现世生活的安定、平衡、满足，不过多地寄希望于满足神秘莫测的命运、或许是偶然的机遇，也不过多地寄希望来世或许天国。因为地上这样一个小康的乐园，一种生活环境，使他可以生存下来，而且安居乐业。

我们还可看到，远古以来，中国古代的神话就不是很发达。全世界古代的神话现在有人归纳为七个系统，像希腊神话、埃及神话、北欧神话等。但看来把中国神话系统化是很难的。其原因如下：其一，中国古代民族众多，神话来源有好些个，互相混杂，把它们勉强连在一起有困难。其二，有一些自然力的代表在其他民族神话里，地位是非常高的，而中国不是这样。比如，像希腊神话中的宙斯，就是最高神，而且拟人化为一个具体的人。他愤怒时所发出的雷电，权威很大、力量也很大，是以震慑其他的神。北欧神话中最高的神是奥丁，他与宙斯不同的是肩上傍着一只乌鸦，那是他的军师，不断地在他耳边传递各种消息，讲别的神、妖的坏话，挑拨离间。希伯来人的上帝耶和华，也是一个人格化的神，他用六天创造一切，而且在水上行走。唯独在中国却没有人格化的大神，中国古代最高的神称之为"天帝"，是一个抽象的观念，并没有指实哪个具体的人。后来才有玉皇大帝，他有多大权威，看《西游记》就知道了。玉皇大帝之外，还有西天的如来佛和道教的始祖太上老君李耳。这几尊神，除了如来佛耍花招把孙悟空压在五行山下以外，对大闹天宫的孙悟空都没有多少办法。至于代表自然或自然力量的神祇，如雷、电、风、雨、山、川等神的地位就更不那么高了，而且越到后来越低。希腊大神宙斯和北欧大神奥丁这类具有施放雷电的功能的大神，在古代中国史是没有的，就是北欧这样的专职雷神也很少见。中国最古老的雷神有点像黄帝、蚩尤，到后来雷神就成为一个力士，在天上击鼓代表雷鸣。原来雷神只有一个，后来缩水变成多个，分成二十四部。最后雷神就变成一种鸡脚尖嘴的小怪物，一遇雷电往往从天上失足掉到地上，南方各地雷雨时见石斧，说那就是雷公遗落的雷击斧子，称"雷公斧"。其实那就是新时期时代石斧遗物。此外，还有土地神。农业民族的土地本来就是他们最重要的一种生产资料，应该是很受尊重的生产资料。在西方希腊神话里土地神的地位很高，它是万物的源泉、万物的母亲。中国的土地神不涉及万物，只关系土地，作为农村公社的象征和保护神。原来地位很高，但春秋战国以后，土地划成小块，分散经营而且私有，土地神的地位慢慢就降低了，而且越来越低，直到最后成为村头小庙里供奉的土地公、土地婆，一点权威也没有了。《西游记》里当唐僧被妖怪掳去时，孙悟空为了了解情况，就作法把土地神和山神拘来。那些白胡子小老头一个个吓得下跪求饶，一副农村地保相，连现在的村官都够不上。

反之，中国的传说地位很高也很厉害。中国的祖先是传说中的人物，也是神，祠堂里的祖先牌位也叫作神主牌。至于传说中的人物是神也是祖先，他们起着很大的作用。这些传说人物往往就是在人跟自然界的斗争中间作出了很大贡献，或许在生产中间作出了很大贡献，女娲氏的炼石补天，有巢氏的定居，燧人氏的用火，神农氏的农业和医药，伏羲氏的畜牧业等。另外还有黄帝，把各种发明创造的好事都集中到他身上，以至中国的文化所有东西都是从黄帝和他的臣下那里得来的，像治礼、作乐、做衣服、造船、做车子、造字、医学、天文学、数学，包括养蚕都是黄帝和他的妻子、臣子发明的。一切古代的文明，生产和与人和自然方面的斗争成就全集中在黄帝这个集团里面。传说人物在中国古代很重要，往往包括神话的人。传说中的另一种人物像尧、舜、禹，他们最大的贡献就是给后世树立一种靠伦理维系的稳定、和谐的社会秩序和人际关系。中国的神话的作用不如传说，这实际上反映了中国这样一种农业社会的现世性。

现世性还反映在中国古代的宗教观念问题上。古代汉族的宗教观念、宗教情绪不能算是很强烈。中国在战国以后形成的各个学派中间，最后是儒家占了上风。从汉武帝"罢黜百家，独尊儒术"以来，儒家的一些思想家、理论家就有一个意愿：想使儒家宗教化。当时想使儒家宗教化的先驱是董仲舒。东汉时儒家们曾有一个白虎观会议，最后编成一本书叫《白虎通义》。汉族有一种宗教化观念，其办法是把儒家的传统经典紧紧地控制起来，再加上阴阳家、巫术、兵家等，在这之间搞一种宗教，这种努力结果是失败的。其原因非常简单，因为儒家本身就是一种现世的思想，它侧重现世的伦理、道德。它本身不可能扮演宗教的那种角色，像孔子本身不讲鬼，敬鬼神而远之，祭神如神在，人家问他是否去祭祖宗祭神，他也不说不信神，也不祭他们，就在祭祀时当作有神在吧！他不讲究这些奇怪的东西，"子不语怪力乱神"。他讲现世的东西，如仁、孝、礼。现世的政治观念和现世的伦理道德，硬要把这些强扭过去，说儒家本身有宗教的因素，把阴阳五行谶纬之说硬贴在其上。到了东汉经学发展起来，汉儒用它来解释讲授儒家经典，离宗教就越来越远了，到后来也有人提出儒教。现在也有争议是否有儒教。但即使有鼓吹儒教的人也认为，儒家是一种传统宗教，同基督教、伊斯兰教就不一样，甚至有人提出什么是儒教？儒教中的"教"不是一种宗教，而是"教义""教化"的教。实际上中国传统的代表思想是儒家思想。佛教这种宣扬出世的宗教是在汉朝传入中国的。进入中国以后跟中国的传统的儒教思想格格不入，经过磨合、斗争，佛教本身有了变化，这变化称之为"佛教的中国化""中国式的佛教""适合中国的佛教"。这过程经历了 400 多年，从佛教在汉朝传到中国开始，一直到隋唐时候才完成佛教的中国化进程。南北朝时有佛教是否适合中国的争议：沙门不敬父母、沙门不敬王者。这个是中国的传统最不能忍受的，后来也妥协解决了。到了唐代时，很多佛教的宗派，所宣扬的那种人死以后进入西天极乐世界的观念。宣扬这种观念实际上就是人间一种最好的物质生活的理想化身，人们对现实生活的理想中都包括有死后可以进入极乐世界，这些我们可以在唐敦煌壁画中看到。这种壁画所描绘的是一个极乐世界，它是一个很大画面，画面中间有佛在说法，旁边也有菩萨陪侍。种着奇花异草的亭台楼阁，金碧辉煌，非常漂亮。佛前面还有池子、桥、水鸟、菩提树和花园。花园中有各种珍禽异兽，像孔雀等。花园前面是一排仙女跳舞，再两边是国王王公大臣、百姓都在享受生活在西天的快乐。画面人顶上还有天女散花，上面有很多乐器如琵琶等都在自动弹奏跳舞。给人一种立体的音响的享受，这实际上是把人间的最理想的享受都搬到了西天极乐世界。早期的佛教讲究静修、坐禅，在荒山老林中找一个山洞苦修。后来情况不同了，佛教认为：你如果要想进入西天极乐世界的话，你要在人间积善、积德，才能打好进入极乐世界的基础，否则会因恶行妄念而坠入地狱。地狱的观念，实际上是中国人搞出来的。佛教当然鼓励信徒信佛，但是成佛不是太容易的事，并不是每人都能成佛，其过程需经过轮回、转世、再生，因此积善、积德、轮回转世再生成为富贵之人，比你现在高出一等，最后成为菩萨。我们从中可以看到这种佛教现世化的色彩。

　　中国还有一种宗教就是道教。道教与佛教不同，道教是土生土长的宗教。它来源有两方面：一个是神仙方士，战国以来流传的；另一个是长久存在于民间中的巫术，这两者结合起来形成了道教。实际上道教有两个流派或走向，一种是与巫术相结合比较紧密的走向，它常常流行于下层，这种道教往往讲究利用符咒法术来消灾和求吉；另一种是流行于上层，它讲究修炼，服药炼丹以求长生不老。无论是哪一种走向，它所追求的都是要摆脱消除人生的苦难，而让人去享受人间美好的世界，并且永久享受下去，要求长生不死，进一步的话还要成为神仙。神仙是没有任何忌讳、束缚，可以自由自在地享受，想干什么就干什么，想享受什么就享受什么，长生不老地享受。道教不一样，讲究男女、念经、炼丹、炼金等都可以。所以道教比佛教更加现世化，古代汉族神始终没能超过人，神权始终没能超过政权。宗教的信条、规范、戒律，没有成为人际关系最高准则，没有能够代替儒家思想。

　　第二，实用性。随现世性而来的是实用性，也就是人们的关注点往往着眼于现世最需要处理和解决的种种实际问题，而不太重视或不太注意去设想或构造遥远的东西。例如关于宇宙的本体，这是一个哲学家思考的问题。在古代的希腊，对此那是有很多很多的想法，但是在古代汉族，这种关于宇宙本体的思考，简单来说就是宇宙是怎么来的这种思考，是很朴素的。对中国以外的世界的了解和论述也是实在的。即使涉及神话和传说的著作，如《山海经》，也是有相当多的实在依据。《山海经》中记载了当时中国人所知道的世界以外的很多实在的东西。其中有很多的神话和传说看起来非常荒诞，但即使是这样，根据现在的研究，得知里面有很多的东西有实在的依据，并不完全是海外荒诞不经的东西，但《山海经》很快在古代中国人的心目中被当作了荒诞不经的东西。现在人研究《山海经》所描述的山脉、河流，所谈论的海外那些奇奇怪怪的东西，里面有些是可以从民俗学、文化人类学中找到解释，是有它的现实依据的。这些东西在中国并没有刺激人们去探索远方这些奇怪东西的兴趣。对于理想的社会，古代汉族也是有它自己的说法，其说法的根底落到有文献可以考察的三代，特别是把西周作为理想社会的模式。从孔子开始，或许是更早一些，尧、舜、禹、夏、商、周，特别是西周，作为中国古代的一个理想社会模式，还是有一种实在的机制，可是中国人很少像西方那样去虚构出一个理想社会的模式。比方像希腊的柏拉图，我们都知道他有个很有名的理想国——阿特兰蒂斯。据说是在一个已经被毁灭的大岛上所形成的一种文化，那是柏拉图的理想社会。西方哲人就用"阿特兰蒂斯""乌托邦"或"太阳城"那样虚构的东西来抒发自己的理想。这个在中国是没有的，中国多半就是依托上古或者西周，像西方这种柏拉图的理想国或后来的汤马斯·摩尔的乌托邦、康帕内拉的太阳城，它当然有自己的现实根据，是从现实社会中抽象出来的理想化，但终究还是虚构的。"太阳城"里面讲到的理想社会有等级制度，柏拉图的理想国中也是有奴隶的，是从现实社会中折射出来的。古代汉族文化的一种理想，并不是要制造一个虚幻的社会来否定现实社会，来代替现实社会，而是要在现实社会的基础上加以改造、完善，就是把现实社会秩序、关系、制度进行改造和完善，这就是"言必称三代"。这种比较理想的社会，人们虽然提出来过，但也还是一种想法，而更多关注的是那些现世的具体问题，如当前的国家怎样治理，当前的社会怎样进行教化等具体东西。最突出的就是统治了中国两千年的儒家思想，它的现世性和实用性是特别地强。在哲学方面，我们可以看到：人们更多注意的不是世界的本体，宇宙的由来，也不是像唯物、唯心这样的争论。在中国人们也有一些哲学基本命题，像"道""气""理"等。但是这样的一些基本命题，不是作为一种很抽象的争论，而是很快的就把它从哲学的本体论中下降到具体的政治、道德、伦理等议题来加以讨论，用来解决一些现实的实际问题。也许道家是除外，但是道家的思想也同样用来解决现世的问题。另外，在科学技术方面，在古代的中国，最发达的是那些实用的科学技术，而不是理论，如：农业技术、农艺、水利、医药、工艺、军事技术、历法、建筑技术。一些科学技术的创造如果缺乏实用价值或未能马上应用于实际，或者一时还看不到实际的价值的东西往往被排斥，称之为"杂伎淫巧"。反过来说，一些科学理论往往比较朴素、简单，比方像天文学。中国古代的天文学是非常发达先进的，它最大的一个特点是中国古代天文学的实际测量技术非常高、非常精密，记录数据非常完备，在世界上是独一无二的。现在的天文学还可以从中国古代的天文记录中找到很有用的东西。我们知道有一颗很有名的彗星是哈雷彗星。在18世纪，西方的一个天文学家名叫哈雷，他根据欧洲原来的一些零碎的资料来收集、分析，并预言它要回归，周期是76年。最近的一次回归是在1985年。但哈雷彗星的记载早在孔子《春秋》中就有。中国的天文学测量技术是非常突出、相当准确、记载得非常充实，但是，中国天文学观测的目的不是要去探索宇宙，而是要制定与修改历法。中国的历法是阴阳历，它是以地球绕太阳的周期和月亮绕地球的周期相结合计算，阴阳历的计算相当复杂。这种详细的记录是为了制定、修订历法，使得中国的旧历能够更好更准确地符合天象的运动。中国的历法有上百种，过去隔几十年或一百年就要修订，一直修订，直至清朝引进了西法，制定的历法才比较稳定。中国古代的历法是实用的，尤其是一个农业国家，历法对农业非常重要，因为农业生产的季节性非常强。一个准确的历法对农业有很大好处。除了历法以外，中国的天文学是用来星占，这也是实用的，在丰富的天文观测的基础上，中国并没有形成一种宇宙理论，至少没有形成一种比较严密的宇宙理论。在欧洲形成了托勒密理论体系，中国则形成了三家宇宙论：盖天说、浑天说、宣夜说。这些理论都很粗糙，根本说明不了问题。所谓盖天说，天圆地方，天圆如像盖，地方如棋局，天像一把倾斜的伞盖。这种理论极为粗糙，根本不能够自圆其说，但它还算有一点观测依据。浑天说的说法较盖天说有进步，有一些观测和数字，但数学依据不如盖天说强。还有一种宣夜说，比较符合现在的实际，但这种说法基本上没有观测和观测数字依据。人们对天文学的论证并不完善，也没有起到作用和得到发展。中国的天文学无论主要是指历法还包括星占都是很实用的。中国古代对很多事物往往知其然，而不知其所以然，不去探索其所以然，或者用一种比较简单、经验的东西去解释。荀子曰："大天而思之，孰与物畜而制之；从天而颂之，孰与制天命而用之"。整天思考宇宙，不如去制服它，为己所用。荀子的观念是一种进步的思想，但它有缺陷。这种思维方式也限制了中国人探索宇宙和一些不可知的东西。

　　第三，经验性。随现世性与实用性而来的是思维方式的经验性。不像古代的希腊、印度很重视逻辑思维、抽象推理。另外，中国没有不顾事实的演绎推理，中国的推理更多的是归纳推理。像欧洲中世纪的神学把演绎法推到非常荒唐的地步。比如说上帝一个指甲上到底可以站多少位天使，现在我们看来是很可笑，但那时，曾就这一问题展开大辩论，完全是无事实依据。所谓圣父、圣子、圣灵三位一体，有人认为有三个东西，也有人认为纯粹是一个东西，这类问题来回争论而且分成许多教派。而中国没有见到这样的争论。相反，中国的逻辑学不能说是发达的，中国的逻辑学在春秋战国时曾经一度是很兴盛的。比如墨家和名家，白马非马，这是个逻辑命题，它是可以争论、辩论的，但是到此为止，以后逻辑学没有一个新的发展。印度的逻辑学是与佛教的兴盛有关的。佛教传到中国，在中国得到了兴盛和发展，后来取代了印度，印度的佛教反而衰落了，中国成为世界上最重要的佛教信仰地。印度的逻辑学——因明学在中国却未得到发展，而且慢慢地消失了。现在知道"因明学"这个词的人是很少的，知道它是什么东西的人就更少。佛教传入中国后，倒出现了一些反逻辑的东西，像禅宗主张顿悟，灵感思维，非理性思维。随着佛教而来的也有一些东西对中国的影响很大，如我们现在的四声。四声中的平仄音韵等都是佛教传进来后才有的。但是，佛教的逻辑学没有给中国带来很大的影响。中国古代汉语的思维方式更多的是经验，而不是逻辑，是实证，而不是推演。更多的是跟实际、实践相结合，而且它的标准是对现实有没有用，而不是去立抽象的标准。不太用逻辑的推理去证实一些事情的真伪或是非。在哲学本体论方面，中国不能算是发达的，如阴阳五行说等也往往没有脱离实在的事物，而且往往迅速地、直接地运用于解释天道人事。与历法、观测相对应的是数学，但中国古代的数学比较偏重于实际的计算方法，它是用于实际计算长短、面积、体积以及数量等，因此中国比较注意实际的计算和计算方法。中国古代的算书如《九章算术》《孙子算经》等，就都是一些具体应用算题，注重一些实际的计算，例如计算若干粮食由 10 个民工用车往前线拉，每个民工能够拉 2 石，民工自己还要吃，路上还要耗费，还要时间；10 个民工拉的粮食能不能及时供应 35 个兵的粮食等。测量田亩，方块好测量，还有形状古怪的，有长的、条的、圆坑的、月亮形的、半圆、三角形等形状。中国古代的测量术、算术,再加上后来的代数,是比较发达的。反过来,在西方,几何学从埃及开始,到希腊,发展程度颇高。几何学原本来自测量的需要,后来把它抽象化,形成了一门学科,完全是逻辑运算、逻辑推理。中国的几何学则不是这样,西方从埃及到希腊的几何学,从实际的计算到抽象出来,点、线、面,乃至曲线、圆、方、三角形等各种各样的关系。这种抽象的论证点、线、面、三角等的几何学在中国是不发达的。

第四,重视人际关系、人际作用。由上述的几个特点而来的,是汉族特别重视伦理、道德,因此有人说它是一种中国式的人文主义。西方的人文主义传统到了文艺复兴时候,特别突出。有人说在春秋战国时中国的人文主义相当发达;但也有人反对,说中国没有人文主义,不重视个性、个人自由、个人独立、个人发展。总而言之,中国还是重视人际关系、人的作用的。在思想中,特别重视的是一种道德、伦理的关系,并把自然运动的规律跟人际关系结合起来,认为它们是一致的。现在我们常说一个词——天人合一,现在到处都在讲,随便讲,动不动就是天人合一。但实际上天人合一在中国古代是一种非常丰富、复杂、多元化的东西,现在把它简单化为人与自然的关系,对它做各种解释。比方像有一位搞环境的保护的学者,他说在人与环境、人与动物的关系中,不要把我们看成是人,对方是动物,我们去保护它,而是要把我们看成是自然的一部分,动物与我们完全是合二为一的。我们不是人,我们不是站在环保的角度去看环保,我们就是自然、就是环境,保护环境就是保护我们。这看起来很顺,按照这种理论推演下去,我们最好还是回到最古老的祖先去,那跟整个自然界也没有多大的差别了。还有人认为,中国的茶文化、看戏等也是天人合一,吃饭像吃一些美食也是天人合一,那随意性也就大了。

天人合一被片面地理解为人与自然的关系,这种说法恐怕不符合中国古代天人合一的意思,天人合一是中国古代的一种理念。在中国古代人与自然(天)的关系中,包括物质的东西(自然界),还包括一种超物质的东西,一种超自然的力量——神,这就是天的概念。中国讲天人二者的一致,讲二者的协调和和谐,而不是二者的对立。它的着重点在人,而不是在天的方面，所以对自然的，或许是超自然的力量，古代中国人并不做很深刻的猜测。结果是中国古代的天，实际上是非常含糊的。中国古代对自然以及或许是超自然的力量，往往采取一种马马虎虎的态度，往往回避它，谁也没有采取明确的概念。自然阴阳变化、白天黑夜、万物生长，天并没有说什么，我们也就很难甚至也不必要去探索。所以孔子讲"天何言哉""不语怪力乱神"，孔子不讲鬼，也不想理解鬼。他讲的是实在的东西，不讲那些奇奇怪怪的事。孔子还有一种说法："未知生，焉知死。"还有"未能事人，焉能事鬼"。如此等等。对于自然、超自然的这种东西往往采取马马虎虎的甚至是回避的态度，那么"天道"当然是不清楚的，或许是有不清楚的地方。天道远，人道迩。但所谓的"天道"也不是完全没有规律可循，这种规律有时候人们是可以知道的，有时候人们也不知道。但不管知道与否，都讲究知"天命""天的意志"，主要是指"顺天命""应天命""畏天命"，按照天命行事，这是一个比较积极的方面，但也是一个消极的方面。换句话来说，对待"天命"的态度也是对待"人命（人的命运）"的态度，也使得自己的行为适合自己所做的事情，适合一种规律和一种规范，这在中国的讲法是"天人合一""顺天命"，也就是顺天而一。当然还有一种很积极的态度，不是"顺天命"，而是"知天命"和"制天命"，这是一种变化，从中可以看出中国对待天、天道、天命的一种态度。它的背面、它的基础有中国农业社会的底子。

我们讲到中国的农业社会，其生产条件不是很好的，灾荒很多，但是经过努力，多少又可以缓和和改变这样的状态。在这样最大的一个基础之上产生的思想我们不能把它们直接挂上钩，但是我们还是可以看到一些影子。知天命或顺天命、应天命，首先要多少懂得规律和规范，比方说要使人间的秩序、规范要适合于所谓的天的规范，换句话来说，使人的秩序、规范取得相当于天命的地位，这样来肯定人际规范、人际秩序的一种合理性。在这里我们可看到，所谓天人关系，它实际上是要把人与天地的关系转到人际关系的轨道上去。它不要抽象地谈论天，即荀子所谓的"大天而思之"。实际上不是说让你真正地去搞一个抽象的、脱离人际关系的秩序和规范，而实际上是要把天的秩序和规范转到人际关系的轨道里面来，使其结合起来，使天来为人服务。中国的天人关系、天人合一讲究协调、和谐、统一，这种协调、和谐、统一首先是天对人的协调和统一，这里的主体是人，而不是天。而人的协调、统一的这种规范和秩序，又是现实社会中间的规范和秩序的一种表现，所谓儒家的三纲五常，君君、臣臣、父父、子子这一套。另外还有"仁""义""孝"这套东西，这样来把社会组织起来，使它处于协调、和谐的状态之中。如果不协调、不和谐，那就是违反了天意、天命。

天人关系实际上是要落实到人际关系上面，在人际关系上，人们所追求的是从个人到家庭、宗族、乡里，直到国家，它们之间协调、和谐的秩序。这种秩序、协调、和谐就是一种伦理道德和政治的规范，所谓正心、诚意、修身、齐家、治国、平天下。从思想上、意识上接受一些规范、秩序、伦理道德、政治制度，都要求在某种伦理道德、政治的规范下把它协调、统一。修身，如仁、义、信，那治国呢？可以互相推演。中国的"孝"可以简单说是把对家族尊重的"孝"转化为对皇帝的"忠"，孝亲也就是忠君，天子皇帝成了全国人民的大家长。他本身既是天的儿子，代表天，天的儿子祭祀天地也就祭了所有人的父亲，他统治老百姓是在替天管理民众，各种官吏则被称为"父母官"。所谓的"父母官"和"爱民如子"是对这些地方官最好的表扬。这一直延续了很久，到很晚的时候还有这种说法。因此在中国，整个社会都被看成了一个大家庭。

如前所述，中国的农业是大陆集约型的农业。这种大陆集约型的农业要把经济单位、生产单位个体化、分散化。在这种个体化、分散化的情况下，又需要一种强大的纽带，把小家庭、小生产单位联系起来，要具有群体的意识。这种群体意识，比方说，把全中国视作一个大家庭，同姓、同一个家族、同一个乡里。中国人的同姓、同乡观念很强就在此。这种群体意识的维系又要以承认个体的存在为前提。比方说奴隶制社会，奴隶的群体以否定奴隶的个体、个性为前提，那完全是靠暴力、强制。中国的社会群体意识是必要的，而且是很强烈的，但它的前提是承认个体的存在。在中国人中间，一方面要有一种群体意识，一方面要承认个体的存在，而个体之间往往出现一种类似平等的关系。比如说地主和农民靠一种租佃契约的关系，契约就带有一种对等性、互认性。整个国家在封建王朝统治之下，把一个国家看成一个大家庭，皇帝之下全是他的子民，其中有一种类似平等的关系。

在中国古代，贫富现象是存在的。但中国人过去讲究的不是贫富的对抗，而是贫富相资，互相帮助。穷人劳动，富人也要照顾穷人。很明显的是，在北宋曾有过贫富的争论，欧阳修、范仲淹等人参加，最流行的一派就是贫富不要对立。到王安石变法时，不说王安石割富济贫，他至少也是要贫富相资。上面所说的是中国人的观念。总之，中国的古代劳动者并不被看成"异类"。对于劳动，士、农、工、商，农民属于第二等。中国过去是富人经商，要是农民进城，农民是不收税、不检查的，富人则相反。务农是一种光荣的工作和境遇，农民的子弟可以参加科举考试，可以做官，而商人则有限制。中国过去的工人带有奴婢的色彩，其地位要低一些。我们可看到这样一种关系：中国的不少地主和地主出身的思想家、官僚，他们对劳动者有一种同情的思想，如杜甫诗"朱门酒肉臭，路有冻死骨"。过去这曾经是一个问题，为什么地主阶级还具有同情人民的思想，这问题恐怕比较复杂。在古希腊和西欧，个人的地位、作用是受到了注意的，而中国不一样，中国并不很强调个性，并不太强调个人的意愿、个人的发展。在古代的中国，是把个人作为群体的一部分，个体是在群体中间生活，它是群体的一分子，因此它要服从群体的利益。在群体中间强调跟别人的互相协调，必要时候要牺牲个体，成全群体。这是因为古代中国人需要一种很强大的、集中的力量来统率、保护和照顾一个个分散的个体。而个体也需要把自己的权益出让一些给集体，由集体来行使权力。中国的专制主义中央集权制度就是由分散的农民、分散的地主而且是在相对平等关系之上所形成的一种制度。很多个人的权力、利益由集体来保护、行使，专制主义中央集权制度就是这样形成的。个人、家庭、宗族、乡里、国家这种协调一致，中国的伦理道德、政治规范和心理状态大概就是这样，因此中国往往讲究一种平等，哪怕实际上不过是一种虚幻的平等。

中国的专制主义中央集权制度表面看起来和这种思想很不协调，但实际上它是协调的，而且是可以协调的。这是中国式的人文主义，它与西方的人文主义、人道主义是不一样的。中国古代除了远古以外，是一个阶级社会，阶级的对立和冲突，是一种客观的存在。在西方的封建社会，它所突出的是等级，贵族、骑士、教士、平民、农奴等等级，等级的划分掩盖了阶级的划分，劳动者处于等级阶梯的最底层，形成了一种特殊的人群。在中国的封建社会，是一种群体意识掩盖了阶级的意识，跟等级还不一样。中国的等级意识还不那么鲜明，相反，社会不同层次之间的人们往往带有互相平等的观念。群体意识掩盖了阶级意识，家族、地区、职业掩盖了阶级的意识，使得中国具有一种特殊色彩，这特殊色彩来自中国文化的这些特色。

　　我们可以看到：中国的地理环境给中国的古代农业带来特色，中国传统农业的特色又给中国古代的社会带来若干特色。以中国古代农业为基础形成的中国古代文化也就带有自己的特色，但它们之间绝不是一种线性关系，一种因果分明的关系，不是一种直接关系，而是间接关系，而且间接中间还有很多其他因素搅和在一起，但自然环境对中国古代文化特色的形成确立起着某些作用。

第二章　地理环境通过生产力的影响而作用于社会生活的诸多方面

　　在世界历史发展中有些地方是农业区，人们从事的主要的生产活动是农业，所以又称为农业民族。但是有另外一些地区，也是由于自然环境的关系，形成了畜牧区，被称之为游牧民族。从现在来看，在欧亚大陆的中南部，有一条古文明带，它的东边就是现在中国黄河流域和长江流域；然后西去到印度的印度河、恒河，然后再西去就是现在的伊朗，即古代的波斯；然后是两河流域，现在的伊拉克、叙利亚、黎巴嫩这些地方，古代就是巴比伦、亚述还有以色列、巴勒斯坦；这些地方再往西去就是非洲的埃及尼罗河流域；然后是小亚细亚、希腊半岛，还有罗马。这是一条古文明带，当初文明形成的时候，主要的生产是农业，世界原始农业首先是在这些地方兴起。在这条古文明带的北边是一大片沙漠草原地带，它的东边是我国的蒙古高原；然后是中亚、西亚，就是现在的哈萨克斯坦、乌孜别克斯坦、土库曼斯坦这些中亚王国的地方；再往西去就是现在俄国的北高加索；然后是黑海北面，现在的乌克兰；然后再到多瑙河、莱茵河这些地方。这一长条在古代是属于比较干旱的沙漠草原地带，只有西面的欧洲莱茵河、多瑙河地区比较湿润，那里有大西洋海风和墨西哥湾流的滋润。这以东都是比较干燥的草原沙漠。

　　草原地带的畜牧业劳动生产率就不那么高，需要很大的草场来维持生产，有一种计算，大概一头羊一年需要40亩草地，如果要是40亩农田，那生产的东西绝对不是只供养一头羊。畜牧业占用的地多，出产的畜产品需要占有大量的草地，在这样一个广阔的草原地带，可以有很大的牲口群，但是它们逐水草而居，大群牲畜在草场、牧场的草吃完了之后，需要搬家，要搬到另外的牧场去。夏天要搬到水草肥美而凉爽的地方，有时还要搬好几个地方，冬天要搬到一些背风的山谷里去，免得牲畜冻死。逐水草而居，这就是游牧生活。这样的自然环境，影响到这种地方的生产形式、生产的特点，在这种情况下，人们的主要财产是牲畜，牲畜的多少反映财富的多少，不像农业区，反映财富的多少是拥有土地的多少，而不是土地上产品的多少。而在畜牧区、大游牧区反映财富的是牲畜而不是牧场，因为牧场供应的草是往往不够牲畜一年吃的，还要不断迁徙，不断搬家。因此，牲畜是财富的标准。这样，古代游牧民族中间这种土地私有观念就不如农业民族土地私有观念强。一般定居的农民，定居的农业生产，是按照一定的土地来取得收获，但是游牧民族，主要是用畜群取得收获，而不是用土地取得收获，所以游牧民族土地私有观念要比农业民族淡。另外，游牧民族由于游牧的特点，它的社会组织相当长久地保持着一种宗法的家长制，来维系一个社会。另外，保有一种部落的形式。而农业民族已经慢慢过渡而进到了按地区来划分社会组织，而不是按部落或是按照宗法家长制这种血缘关系来划分的。在中国同乡的观念要大于同族的观念，家族是比较小的，地区是比较大的。游牧民族同乡观念比较差，因为它来回地迁徙，土地的私有观念不强。而中国社会的结构，它的统治是按地域来划分的，什么省呀、州呀，县呀、乡呀、里呀，而不按家庭、不按血缘、不按宗族来划分的。这是游牧民族和农业民族由于生产样式的不同所带来的一些社会结构、社会组织、生产关系等方面的不同，还有上层建筑、观念上的不同。

我们再看看，同样是农业民族，还各有一些不同，就是各有自己的特点，这种特点跟各个地区的自然条件有相当的关系。可以比较一下欧洲中世纪和中国的封建社会。欧洲进入封建社会大体上是在公元 5 世纪西罗马帝国崩溃，欧洲特别是西欧，逐渐进入了封建社会，欧洲这种封建制，我们一般叫作领主制，中国什么时候进入封建社会有争议，或者有没有封建社会也是争论的问题。有一种看法中国封建社会是从战国时期开始的，这种说法有相当的道理，欧洲的封建主经济是一种领主制经济，而中国的封建经济则是一种地主制经济，这两种经济各有不同，这种不同，有很多书里已经讲了。

西欧为什么会出现领主制经济，而中国出现地主制经济？这里边有很多原因，地理的条件、自然的环境恐怕是其中的一个。欧洲，特别是西欧跟中国是不一样的，总的来说，西欧的自然条件对农业生产比中国要有利、要好、要优越。欧洲的地势是比较平坦的，当然也有山，但总的说是比较平坦的，它所处的地区在气候带上属于西风带，欧洲的山脉多数在中欧、西欧，它的山脉的走向多是东西向，所以西风带的西风很容易就吹进来了，吹得很远，吹到像阿尔卑斯山等地方，这都是东西向的山，在欧洲西边是海，是大西洋，大西洋的海风一直可以吹进内陆，海风是比较潮湿的，夹带着许多水汽。因此，在欧洲，尤其是西欧和中欧，雨量是相当丰富的，而且，雨量的分布比较均匀的，不是说集中在某一个时候，而是一年四季都有雨，当然有时候大一点，有时候小一点，但是雨量比较均匀，气候的稳定性比较强。因此，西欧和中欧的水灾和旱灾都比较少，这是讲到地形和气候。

再看土壤。欧洲的土壤质量比较高，这样一些条件对发展农业是有利的，但是正是由于这样一些有利的自然条件，农业生产的有些压力他们是没有的，比如抵御自然灾害、水灾和旱灾，由于没有这种压力，农业技术的进步比较慢，土地面积很大，也很好耕作，人口也不多，这样就形成了西欧的规模比较大的耕作方式，简单说，平均每人要种大块的土地。研究世界史都注意到，欧洲领主庄园里的农民和农奴占地比中国的农民要多得多，大概早在中世纪早期，英国一个农民的份地要合180亩，中国农民根本达不到180亩，"三十亩地一头牛"，有30亩地就很不错了，也差不多到了农业生产的极限。后来人口多了，耕地还那么多，每家占地就更少了，当然也不行了。欧洲农民的份地后来也打折扣了，在英国，人多了，每人份地打一个对折，90亩，90亩也不少了。农业工具、农业技术比较落后，进展比较缓慢，另外，人均占有土地比较多，生产条件比较好，这种情况下，欧洲型农业成了一种粗放的农业。大面积的、粗放的一种耕作方式，广种薄收。欧洲中世纪种地跟中国正好是很鲜明的对比，像中国一般种地用种大概是相当于收获的十分之一到三十分之一，就是下一斤种，可以收 10 斤粮食，乃至 20 斤粮食，甚至还多，最多时可以收 100 斤粮，但在西欧，农业播种与收获的比例是 1 比 2，1 比 3，就是下一斤种，收 2 斤粮，收 3 斤粮，最好的时候收 6 斤粮，这是非常粗放的形式。可以想象，如下一斤种只收到二三斤粮食，大量的粮食收回来要有三分之一用来去当种子，这是一个很粗放的形式。它的种法也很简单，就像耕地，开一个犁沟，欧洲在中世纪，耕地很多地用大犁、重犁，很大的犁，用 4 头牛拉住一下开过去，开完了，就下种，种下完了，就不管了，草和苗一块儿长。像中国深耕呀，锄草呀，施肥呀，这都没有，到最后收割的时候，拿着一人多高的大镰刀，一路砍过去，连粮带草一块收，这样他们的种植面积很大，产量却非常之低，用种非常之多。大概现在看来，一亩地在欧洲收粮食大概收到七八十斤，在中国收的粮食往往都一百多斤，甚至还多。这是一种粗放农业，对比起来，中国农业就不一样了，中国农业是精耕细作的农业。这种精耕细作农业的产生跟中国的自然环境有关。

先看黄河流域。黄河中下游每年雨量分布是很不均匀的，各年的雨量都不一样，有时候雨多，有时候又干旱。另外，下雨的季节又比较集中，往往集中在夏季，像黄河流域，大概就是七、八、九这几个月，这种雨量分布相对集中的好处是，正好雨量集中的时候也就是农作物最需要水的时候，即农作物的孕穗期。农作物生长有两个时期需要水，一个是在出苗的时候，问题就在于春旱，春天农作物播种的时候，需要水，当然需要水不像夏天那么多，但也需要水。但是春天一般有春旱，不但旱，而且黄河流域还吹着干热风，干热风一吹来，禾苗水分很快地蒸发，又没有水的来源，旱情就比较严重。到了夏天，需要有水，但是降水又不平均，有的年份多，有的年份少，年份水多的时候容易出水灾，年份水少的时候容易闹旱灾，因此，黄河流域灾荒问题是很突出的，水灾和旱灾都比较突出。这是黄河流域农业面临的气候问题。

再看土壤，黄河流域主要是黄土。黄土是一种很奇特的土壤，从土壤学来讲，还有许多别的名字，暂且先不论。这种土壤的物理性能是比较差的，比较疏松，由于疏松，就存不住水，雨水下来以后就往下渗。因此，遇到旱涝的天气，这种土壤缺乏适应能力，容易变得很干很干，也容易变得很湿很湿，积水，这是黄河流域。

长江流域呢，气候是比较稳定的，雨量比黄河流域要丰富，这个地方最适合于栽培水稻，但水稻用水是要控制的，不是说随便灌水都可以，灌了水之后要排水，叫晾田，就是把田晾出来晒，晒了之后，再灌水，然后再晾，要折腾好几次，我种过稻子，因此，这套我还知道一些，相当麻烦。那时候我们种稻子最累的时候一个是在田里插秧，再一个中间这段时间就是管水，什么时候放水，什么时候排水，什么时候再放水，夜里头坐在那里管水，水灌到一定程度就不能再灌了，再灌它就漫出来了，有时候把田埂冲塌了，水都跑了，夜里看着。然后有时候就放水，放了水之后就晒。所以种水稻，灌溉的时间和分量一定要控制，不是说有水就行了的。另外，南方的土很多的部分是红壤，跟北方的黄土不一样，到了南方往往这种土到处都有。这种土是一种酸性土壤，土质并不好，种地更不好，而且土壤本身的肥力小。而水稻田的土，有时候是一种僵土、硬土，僵土的好处就是它不至于跑水，不至于渗水，但这种土壤里头的肥性也很差，而且土壤本身如不泡水时，硬的、僵的，泡了水时，又非常黏。南方的土粘滑极了，无论是红壤的土还是那个水田里的僵土都黏极了，滑极了，这种土对农业生产并不见得好。然而，这种自然条件倒刺激了中国农业技术的发展，在北方，主要的核心问题是防旱和保墒。保墒就是尽量想法子要保持土壤里头有相当的水分，不让它干了，不让水分蒸发，尤其是防止春旱，因为春天里没有雨水，那就得想方设法去保持土壤里的水分，不让它蒸发掉，能够供禾苗生长用。这样一来，由于防旱保墒就发展了一系列的农业技术。如深耕，深耕很重要的就是要保持土壤中的水分，因为土壤本身有毛细管作用，土下面的水可以通过毛细管作用蒸发掉，现在经过深耕把毛细管给切断，能够把下面土壤里的水多保留一些。还有就是畦垄，把地耕得有高有低，这就是垄和畦，把农作物种在畦或垄沟里。这样有很多好处，第一，接近土壤下层，便于畦里的禾苗扎根吸水；第二，垄对于热风有屏蔽作用，对阳光形成有荫影，可防止水分的蒸发，不至于干晒，这是中国很重要的一种耕作方法，我们现在觉得不稀罕，当年可是非常了不起的。垄沟的作用，冬天要是下雪的话，它可以积雪，雪可以积在这里，不至于很快地化掉或者被风吹走，这是在北方。在南方，主要的一个耕作方法就是灌溉，就是平整土地、引水灌溉和适时排水。随之而来的就是选种，要选好的种子，要施肥。中国施肥是很早的，中国农业大概在商朝时开始就知道施肥，当时的肥是有机肥，草木灰呀这些东西，保持土壤的肥力，因为中国土壤本身就不肥，所以需要保持肥力。其实，中国有个特点，中国农田年年种，从不休耕，可是土壤的肥力始终能保持，有时外国人很奇怪，因为西方粗放的农业，是要靠轮流地种，就是每年要休耕，最早每年轮流休耕一半，就是所谓的"二圃制"，后来每年轮流休耕三分之一，就是所谓的"三圃制"。这样西方的三亩地往往只能当一亩地用，因为它要休耕一年，或者它当三分之二亩地，就是三年之内轮流休耕一年，种二年。可中国的地每年都种。不但每年都种，而且，复种指数比较高。靠的就是采取各种耕作方法，像轮作、间作。轮作，夏天种一茬老玉米，然后到秋天把老玉米收了，赶紧耕地种小麦，种小麦种到明年大概五六月份，赶紧收了，收了又种一茬玉米。这样一年到头都有庄稼可种。还有就是采取间作，冬天种麦子，行距宽一些，到了春天麦子长起来的时候在麦子行中间种玉米，这样初夏麦子收了，玉米也长起来了，这叫作间作。这些办法实际上一亩地就可以当一亩多地用，因此中国现在的全国复种指数是百分之一百六十，就是一亩地实际上能打的粮食相当于一亩半地。像双季稻，复种指数更高，是百分之二百，一年种两季。复种我们知道最早是在春秋战国初期，因此施肥很重要，就这种种地法，不施肥的话，种两年就不能再种了，肥力都会被榨干了，因此中国人很讲究施肥。这在西方有些人不好理解，怎么中国的地老种老种，肥力老不下降。中国有一套办法，精耕细作，保墒、施肥等中国都有一套办法。使土地肥力不下降，会用深耕，不但会用深耕，而且一亩地还可当一亩多地甚至两亩地用，还要选种，把种选得好一点，播种播得好一些，那么用于种子的量就少多了，收的粮食如果像欧洲那样有三分之一甚至于二分之一要再去播种，剩下来的还能有多少，因此种子的量很重要。

这样一套办法概括起来就是一种精耕细作的办法，而不是一种粗放的办法，这种精耕细作的办法就是在很少的地块上能有很多的收获，换句话说，粮食的单产比较高，或是单位农业劳动生产率比较高，这是中国农业的特点。但我们同时也可以看到中国传统农业的这种特点，它只能够适用于小块土地，换句话说，这么种地的话，一个劳动力绝种不了 90 亩地，但英国式的粗放农业就可以，而精耕细作的农业不能。中国的农业人口要超过欧洲，人多然而地少，也就只能精耕细作，越精耕细作养活和繁育人越多，投入的劳动越大，粮食的单位面积产量越高，人均耕地就越少。人多地少的情况在中国首先在黄河中游出现，后来扩展到全国。因此，西方发展农业的手段，开荒很重要，中国发展农业也开荒，同时要提高单位面积产量，而且，越到后来，开荒就越不行了，没多少地方可开了，就要靠提高单位面积产量。因此，中国农业总的来说是精耕细作，而西欧的农业是粗放的农业。正因为这样，中国的农业生产就比较适合把土地分成小块，分散来经营，一家一户就是一个经济单位，从事农业生产的全过程。一般一家一户有一到两个主要劳动力，其他人，女人在家纺织，小孩呀、老人当下手，到了收获的时候全都上阵，小孩老头到地里去捡麦穗，捡稻穗，都要捡，干干净净收回来，颗粒归仓。西方粮食收下来以后，用车去拉，不像中国这么细，用细耙子什么的去搂得很干净。这就适合一家一户的经济单位土地分散成小块来经营。

这是欧洲农业和中国农业的区别，这种不同的生产力特点，在封建的生产关系上也就出现了不同，生产力的特点使得欧洲和中国的生产关系也不一样。在欧洲，如前所述，这种大面积的粗放的耕作方式，对生产技术的要求比较低，生产的环节也比较少。中国的农业生产环节可以达到一二十个，耕地要耕好几遍，耕完了耙，耙地也要耙好几遍，还要施肥，然后再下种，下了种要盖上土，下完种以后，还要中耕，还要锄草，又要施肥，还要治虫子，有时还要灌溉、灌水，然后到了收获的时候，那就要精打细收，颗粒归仓，做法很精细。西方的农业很粗放的，对生产技术的要求低，生产的环节比较少，农具也是大型的，大的镰刀，大的犁，大的耙子、草叉子等，都是大的、通用的，这种情况，使得欧洲中世纪的庄园劳动带有相当的集体性，很多事情大家一起来干，由庄园或农村公社来组织，劳动者个人的积极性和技术要求比较低。因此，在欧洲，庄园主也需要对生产进行直接的管理和监督，他自己来或者派人来指挥，指挥人们今天干什么，明天干什么，谁来干什么，他都有分配，这样的话，人们的徭役劳动比较强，比较多，超经济的强制比较厉害，强迫性比较严重，这是欧洲的以徭役劳动作为特点的庄园农奴制。

中国的情况不大一样，我们看到，精耕细作生产的环节多，农具小，专业化的农具居多，什么耙子啦，镰刀啦，铲子啦，花样很多。中国一个农家过去有时往往具备的农具足有一二十件，都比较小，一个人用，锄草用一种，中耕用一种，等等。技术要求比较高，土地又分成小块，所以封建生产这种细小的特点和分散的特点都很突出。在这种情况下，封建主很难对这种分散细小的个体小生产农业生产进行监督和管理，而且也没有这个需要，一家一户承租种一块地，你自己种去吧，地主很难来直接经营和管理，结果封建地主采取最好的最简单的办法就是把这些地分散，分成一小块一小块，一家一户地租给农民去种。到时候收地租，不管种好种坏，每年给地主交租子。开头是按比例交，比方说，每年收获的一半，这是比例租、分成租，后来干脆变成定额租，规定下来每年交多少，像不管收成好坏，一亩地一律交五斗粮，这样农民积极性增大了。如一亩地产一担粮食，原来是五五分成的话，地主分五斗，合一半，现在农民努力耕种，打粮食亩产量提高到一石半，如果还是五五分成的话，地主农民各得七斗半，地主得的比原来多了，农民得的也比原来多了，这是分成租。实行定额租，如果每亩地一年定额交五斗，一年下来每亩收到一石半，地主收五斗，农民可以留一石了。实行定额租以后，农民的生产积极性提高了，生产提高了，农民得的就更多了，这样一种经济就是地主经济。这里我们可以看到欧洲的农业的生产特点是粗放，中国农业从一开始就具有精耕细作的特点，到了春秋以后战国时期，精耕细作的特点就非常明显了，这样一来，封建的生产关系，欧洲是领主制、庄园制农奴制，中国是地主制。为什么欧洲粗放，而中国精耕细作，正如上面所说的，这与双方的生产力的特点及自然环境有相当大的关系。

自然条件或者说自然环境是作为生产力的一个要素，作为生产力的一部分，是包括、融汇在生产力之中的，至于自然环境对社会其他方面的影响往往是通过它对生产力的作用，使生产具有一种不同的特点和性质，然后再影响到社会生活的其他的方面。我们前面讲到，自然环境对于历史各个方面的影响是通过生产力来间接起作用，比方说欧洲和中国的自然条件的不同，因此生产力的情况也有所不同，这个不同就影响到其他的方面。我们也讲到了中国的黄河流域和长江流域自然环境的不同使这两个地方发展的速度和特点都有所不同。由于自然条件的不同，影响到生产力的特点和速度，因此使得不同的地区的历史的其他方面出现了不同的面貌。

我们讲到欧洲的中世纪和中国的古代，这都是封建社会，但是在欧洲中世纪的时候，它的一个基本的特征是领主经济，在中国出现的则是地主经济。那么为什么欧洲出现领主经济，而中国出现地主经济？我们想，这跟欧洲和中国当时的农业生产的特点有关系，在领主经济和地主经济的基础之上建立起来的封建的社会、封建的制度，当然也会有所不同，也会有区别。我们知道中国封建社会政治制度上一个最基本的特征就是专制主义中央集权制度，而在西方，在欧洲的领主制经济下面，欧洲特别是西欧形成的政治制度，更多的是一种分散的、割据的局面，没有形成一个强大的、专制的中央集权的政治体制，它政治上是分散的。欧洲的面积和中国的面积差不多，历史上，欧洲形成了几十个国家，历来就没有统一过。而在中国历史上长期以来就是统一的，中国也有分裂的时候，但这种分裂很快就过去了，最后还是归之于统一。

形成不同局面的原因，我们可以回顾一下。在历史上，欧洲是长期处于一种分裂的状态，一种割据的状态，一种许多大小地方的政权相互并立的状态，中国就不是这样。为什么在欧洲会出现这种分裂的现象，而在中国则出现这种专制主义中央集权的统一的趋向？这与领主制和地主制的区别有关系。领主制的一个特点就是形成了很多的庄园，因此有时候又把这种领主制叫作庄园领主制。庄园本身就是个经济单位，在庄园里劳动的农民、依附农民或者农奴，他们对于领主有很强的人身依附关系，他们是依附于领主。在中国有一句从很早就流行的话，所谓"溥天之下，莫非王土，率土之滨，莫非王臣"，是指全国所有的大小田亩都是直接属于王的，这是中国的观念。在西方，在这种一级一级的等级制度中间，农奴上面统属的是各级大大小小封建领主，他效忠的、统属他的是他的上级，离国王有一段距离，国王也管不了他们那么多，领主是封建土地、封建庄园的占有者，同时他又是他领地上的统治者，在这个哪怕是很小的领地上，政权、政治权力，无论是农民的人身占有、财产的所有权、行政权、财政权、司法权，乃至于军事权力完全都集中在领主一个人手里，他是这个地方最高的统治者。他还有上级，上级的领主乃至于更上级的国王反而没有这么多的权力。在这个庄园范围之内，在他的领地范围之内，他就是最高的统治者，这是封建的西方的情况，它是很自然地形成分裂的局面。而在中国，情况就不一样了，在中国，进入封建制以后，出现的是地主经济。为什么是地主经济，而不是像欧洲那样的领主经济，这个问题涉及对整个中国社会的一种看法，是很值得研究的问题。

就总体而言，进入封建社会的时候，这种地主制就是封建的所有制、封建的土地所有制，封建生产的特点是细小的、分散的、还有个体的，是封建的农业生产所具有的特点。在西欧、欧洲，这个特点没有中国突出，而中国可以说是更分散。欧洲的庄园是一个经济单位，生产的组织和管理是比较强的。但是在中国，土地是分散到一家一户在经营，一家一户就是一个经济单位，这是个一种很小的以家庭作为基础的小经济，生产的全过程都由这一个家庭来共同承担，这种封建经济，这种分散的、细小的、个体的特点在中国尤其突出，这是中国的封建地主与土地的关系。正由于中国的以一家一户作为生产单位的、经济单位的特点，中国的地主的土地是不宜于集中起来经营的，他的办法就是把所有的土地分散开来给一家一户的农民去耕种，这种耕种形成的关系、地主和农民的关系，是一种租佃的关系，由地主占有土地租给农民，然后农民把它收获的粮食的一部分交给地主作为地租，这种租佃关系在中国一般地租的比例是百分之五十，就是对半租，收获的一半左右。这种关系的好处，就是农民关于经营权是完全自主，你去种，从头到尾归你管，地主一般不插手，也没法插手，到时候就收租，因此农民的生产经营的独立性的色彩比较浓厚，而地主与农民的关系就更多地表现为一种经济的关系，就是我把地租给你，你交租子给我，就是这种关系，这更多的是经济关系。地主和农民当然也有一种政治上统属的关系，但它不是那么强烈，不是那么鲜明，而地主本身又是分散的，就是一个一个地主之间，他往往也没有一种上下的统属关系，地主经济之间也有种相对独立性。再有就是，在这种情况之下，中国的地主经济的土地是可以转移的，可以买卖的。地主土地的来源很多，但是原则上讲，它是可以买卖的，特别是到了后来更是这样。因此，地主本身的地位也是可以变化的，你买了地，买的多了，你就成了大地主，你没有地了，你的土地卖掉了，你穷了，你就不是地主了。土地可以转移，可以买卖，因此地主这个身份也是可以转移的，今天你有地，你就是地主，明天你没有地，你就不是地主。在这些方面，这样一种血缘的、这种历史的关系往往不是很大的，不是很突出的，中国的封建社会就没有像欧洲有那么明显的等级关系。

等级的关系有时候是一种超经济的关系，像欧洲的贵族往往就是领主，有封号，公爵、侯爵、伯爵、子爵、男爵，有了爵位，就有领地，就有统治权，而且爵位和领地是可以世袭的，由其子孙继承。在中国，土地跟等级好像没有连得这么紧密，这是就总体而言，不是说中国封建社会没有等级制，但是这种等级的区分不像欧洲那么严格，等级不像色彩欧洲那么分明。在欧洲，贵族和平民、贵族和农奴的中间界限往往是不可逾越的，但是在中国并不是这样，农民的人身依附关系，农民的地位也不是这样。

这种情况下，土地经营是分散的，地主经济也带有这种独立性、分散性，并随着土地关系、土地所有权转移而变化。在这种情况下，我们看到，整个社会是散的。欧洲是庄园领主一级一级的这种阶梯式的立体关系，而中国是散的，好像是一个平面，正因为是一个平面，大家都差不多，地主和农民在政治方面、身份方面的差别不是那么突出，而农民和地主地位的转移也不是不可能的，可以来回变。因此，在这个分散的情况下，反而需要有一个力量、一个强大的、一个集中的力量把这个平面整个统率起来，这就需要有一个集中的权威的机构来统率。换句话说，地主作为一个阶级，他需要把他的经济上的剥削权力和政治上的统治权力适当地分开，就是他一般地作为一个一个的地主，主要是掌握土地，保留一种经济上的剥削权力，而政治上的统治权力他自己实施不了，干脆交出去，集中起来，由一个机构代表所有地主来行使这种阶级的统治权力，这个机构和代表就是专制主义中央集权制度，政治权力全集中起来，由一个最高的代表权威就是皇帝来代表，由皇帝来代表全部的地主阶级。当然皇帝所自称代表的是全部的人民，所有的人民，他都代表，实际上，他代表的是地主阶级的统治。

正因为地主阶级跟农民之间这种等级的界限的淡漠、这种政治统治的关系不是那么很清楚，所以，代表地主阶级的皇帝才可以说他是代表所有的人，这要是在奴隶制或是在欧洲是不行的，一个领主宣称他代表农民的利益，这是不可能的，他在本质上就差别很大，但是中国就可以有这种情况，中国可以有这种地位的转换。比方说，当时农民起义领袖陈胜讲的话"王侯将相，宁有种乎"，谁都可以当王侯将相，不是只有某些特殊血统的人才可以当。后来有了科举制，上升到统治阶级很重要的一个途径就是读书，读书以后，中了举，当了官，就可以成为统治者，那么所谓统治者的好处就是说，你自然地就有了金钱、社会地位，甚至成了地主。一个农民，虽然穷苦，走这条读书做官的路就可以改变自己的地位。

上面这些情况说明，地主把统治权力交出去，然后集中到一个机构那里，这个机构的最高领袖就是皇帝。皇帝下面就是各级的官僚机构，从中央一直到各个地方，形成一个网络，互相连起来，这样就把全国统一在这个机构下面。因此，中国的专制主义中央集权制度，它的特征第一个就是皇权，皇权至高无上，第二个就是官僚制度，这个都比欧洲早。欧洲皇权，当时叫作王权，王权的提出和官僚制度一直要到封建社会的最后期才开始出现，比较有代表性的比方说路易十四，路易十四讲过一句话，"朕即国家"，这已经到了 18 世纪，17、18 世纪相当于我们的清朝。他们的这个王权或许还有官僚制度到这个时候才有，在这以前，可以说比较乱。而中国古代政治制度网络的节点一层层下来经过各级官僚，各级官僚所住在的地方是城市，在西方领主进行统治的是经过他的庄园的城堡，中国的封建统治是在城市，从中央经过城市然后散布到农村。因此中国的城市的特点跟西方不一样，西方的城市往往多半属于经济城市，是工商业的一个据点，一个交流点，而中国城市的政治性是十分强的。在欧洲的城市、西欧的城市，它和农村是对立的，这种对立因为城市这地方主要是工商业，和庄园领主的农业经济是对立的，在中国就不同，如果在西欧是农村统治城市的话，那么，在中国就是城市统治农村。

中国的专制主义中央集权制度就是这种情况。如果再往前推，自然环境在这里起了相当的作用，我们不能说起决定作用，但它影响了生产力，影响了生产关系，然后这种生产力和生产关系又影响了政治上层建筑，这样的话，就使得整个中国封建社会跟欧洲的封建社会有很多方面的不同。在欧洲社会等级的色彩是很强烈的，贵族和农民、农奴完全是两类人，甚至于说，贵族血管流的是蓝颜色的血，农奴不能流这种蓝颜色的血。这你想想也可以理解，人身上的血管从皮肤往里看的话，静脉管比较浅，看起来就是蓝颜色的、蓝紫色的。贵族他不生产劳动，白种人的皮肤是比较白的，白皮肤下蓝色的血管一眼可以看得很清楚，农民就不行了，农民皮肤粗糙，晒得又黑又厚，尽管也是白种人，这血管的颜色从皮肤上看，就不像贵族那样。结果就形成了这种说法，贵族是蓝血，农民是黑骨或是红血，是两类人，人们观念上就有这么大的差别，这在中国和欧洲是不同的。再比如说，宗教的作用。欧洲中世纪的时候，基督教的作用是非常大的，中国宗教也是很流行的，宗教的作用也是很大的，比方像佛教，但是佛教无论如何比不上基督教在欧洲的地位。

基督教在欧洲中世纪差不多可以囊括一切，包括政治权力，中国的佛教权力没有这么大，很重要的一个原因就是中国的皇权。中国的专制主义中央集权制度在跟佛教的关系上有一种规定，它不容许宗教占更高的地位，欧洲的基督教最高的是教皇，罗马的教皇不仅统领下面的基督教，而且要管世俗的一切事务，在欧洲中世纪它几乎什么都管，在欧洲如果革出教门即把一个人开除出教的话，那是对他最大的惩罚。

在中国，到唐朝以后很长一段时间，有僧官，有道官，都是皇帝和政府所封的官，统率天下的和尚和道士，它是在皇帝之下的，而且佛教的或者道教的传教的权力、建立寺庙道观的权力都要由国家和政府来主管，都是皇帝敕令建庙立观，或是经过皇帝批准建庙，否则就是野庙，非法的庙，就是要被禁止的庙。出家的和尚，要有个证书叫"度牒"，这个度牒是要由官家来办的，等于是当和尚的证书，换句话说，你要当正式的和尚，不是那种野和尚，要经过政府的批准，从政府的手里拿到身份的证书。

在欧洲则不同，领主权、王权和教权之间，斗争不断有胜有负，但往往是教权超过了王权，政权跟教会有时候有所谓的政教合一。当然这在欧洲就有很多斗争了，王权或是领主权跟教会权力的斗争也很厉害，有时候把教皇俘虏了，这种情况也有，或者把国王革出教廷，也有的国王叛教，自己另搞一个教，像英国的亨利八世自己搞一个教，完全跟罗马教廷脱离关系，也可以。

为什么基督教在欧洲有那么高的地位，而在中国，佛教就不一样？佛教传到中国流行开来以后，它跟中国的传统观念就发生了冲突，这里面冲突主要是两点，中国人讲究忠、孝，忠于皇帝，孝顺父母，这种观念佛教是不接受的，佛教讲究众生平等，什么都一样，哪有什么皇帝权威、父母的地位，这跟中国的传统不一样。在南北朝的时候佛教跟中国传统观念的争论主要是三个东西，第一个是沙门不拜王者，沙门就是和尚，和尚尊佛，在他眼里，佛视众生为平等，所以你王也罢，民也罢，都是一样的，沙门不拜王者，他们不向皇帝磕头礼拜，这是一个争论。第二个争论呢，就是关于孝顺父母。还有第三个就是黑白论，是讨论和尚俗家之间有没有区别，要不要有区别，前两条争论得非常厉害。另外涉及其他一些方面的争论，以至于当时在南北朝到隋朝有过两次毁佛，不过之后佛教又兴起了，佛教最后自然妥协了。第一条等于说王者、皇帝就是佛，没有什么沙门不拜王者，第二条孝顺父母，也解决了。因此唐朝以后的和尚作法事或者搞与葬礼有关的法事，首先就是礼赞佛和天上的各种神，地上首先是赞颂皇帝，然后又赞美到父母，中国忠君的思想、家庭的观念、血缘关系的观念它都体现了出来，否则，它在中国最后站不住脚。而且始终有一个问题迈不过去，就是皇权，就是中国的专制主义中央集权制度。结果佛教是置于君主专制中央集权之下，而不像基督教差不多是在它的上面，即使不在它的上面也拼斗得非常厉害，中国没有。

此外，中国的法律当然反映了等级观念，但是也还是不像西方那么突出，"王子犯法与庶民同罪"，这是一种原则，但实际贯彻起来没有那么顺当，也没有那么漂亮。但也正因为有这样的原则，因此，中国才出现了一种特殊的东西，就是清官，不畏权贵，对谁都是一样，这是中国的清官。但也正是因为这样的原则，在中国实际上是很难贯彻的，或许可以说是甚至没法贯彻的，所以，中国的清官特别得少，而且一般老百姓最向往的就是清官。中国老百姓过去向往两个东西，一个是清官，还有一个是侠客。侠客利用暴力手段解决他们的苦难，打击豪强、权贵、坏人，用非法的手段，法律管不了，侠客去管，叫"侠以武犯禁"。清官代表法律，侠客代表一种非法律的正义力量，为什么中国在相当长的一段时间武侠小说很受欢迎，和中国的观念有关系。日本武士就是一些封建领主的家臣，和这种为人民群众打抱不平的侠客不一样。可知，这种中国文化的独特的现象跟中国的社会都有些关系，这是我们讲到社会上的一些问题。

我们现在还可以从文化的角度看。文化应该是更高更缥缈的东西，我们看到中国文化的基础、基底还是来自社会，归根到底来自社会，来自社会的物质生活。当然，社会上很多的因素互相有作用，形成一种文化，文化本身有它自己的发展，有它自己的范畴和传承，不能完全串到一起，每一个文化现象都去找它的物质生活方面的因素，这种哲学思想跟那种哲学思想为什么不一样，跟这个人吃的怎么样吃什么东西，那个人生活在什么环境，有什么关系，这就不好说了，不能那么说。但是也要注意到在总体的方面。人们的这种社会物质生活对文化的总体还是有些影响的，比方说，关于我们说到的自然环境跟中国的文化有什么关系，我想直接和间接的都有一些。下面要着重讲到自然环境的各种对社会生活诸方面的直接影响。

第三章　地理环境对社会生活的直接影响

　　自然条件还有另一方面的影响，它不仅是通过生产力对社会起间接作用，而且它本身可以直接地影响到社会生活的诸多方面。这种影响的程度和方向是不一样的，有大、有小，而且不是独立起作用，我们就来看看它对社会生活诸多方面的直接影响。

第一节　国家统一

　　中国古代的社会特别是中国的封建社会，从秦始皇统一六国以来，统一是中国历史发展的主流。从秦始皇到清朝末年的两千多年时间里，统一的王朝大约占全部历史进程的三分之二；分裂的时间大约占全部历史进程的三分之一，约占 700 多年。春秋战国不算在内，最长的一段是三国两晋南北朝，这段时间有 400 年。从公元 189 年黄巾起义开始，到公元 589 年隋文帝统一南北为止，正好 400 年，这中间只有一小段是统一的，即西晋。西晋 281 年灭吴统一三国，但很快又分裂。如果我们从西晋的八王之乱算起，那么西晋真正统一的时间只有 16 年，这以下是五胡十六国东晋、南北朝。之后经过 300 多年的隋唐统一时期，接着是五代的分裂。五代的分裂，从朱温 907 年称帝建立后梁，到 960 年北宋建立，其间大约 50 多年，如果再加上北宋建立后，还打过一些仗，最后统一南北，也就是六七十年，到统一北汉时，已经比较晚了。北宋王朝时实际在国内有三个王朝：北宋、辽、西夏。然后是北宋和兴起的金联合把辽灭了，然后又是南宋、金和西夏三足鼎立，到蒙古和元朝又归统一。元朝以后是明、清的统一。这两大段历史加在一起约 700 年，所以统一的时间约占三分之二，不统一的时间约占三分之一。

在不统一的时间里，可以看到人们并没有分裂的观念，还是一个中国，而且事实上后来又统一了。《三国演义》开头就说："话说天下大势，分久必合，合久必分"，合是主要的、长时间的，分是特别的、一时的。所以说统一是中国历史发展的主流。为什么统一是中国历史发展的主流？首先，要看中国的经济。中国的核心地区是一个大农业区，地势相对平坦，没有大的河海阻隔，人们互相之间的交往是比较容易的，也是经常的，这种长期的交往形成人们的一种心理状态。我们可以看到，即使是在分裂的时候，分裂的双方政府不管设置多少人为的障碍，彼此还是要交往，还要做买卖，还是经常要联系的。其外，现在也常讲地缘政治，中国的地理位置和地形也有影响。古代中国被称之为"东亚大陆"，由于我们国家的地理位置可看到：它由西向东倾斜，西边高，东边低。如果我们把它画成一个大三角形的话，帕米尔高原就是一个顶点，两条边一条往东北去，一条往东南去，三角形的底边是海岸，濒临太平洋。中国是坐西面东，坐在帕米尔高原，面向太平洋的方向。这个方向正好跟世界上其他古代文明地带背对背，像印度、波斯、中东、埃及、希腊、罗马等。我国面向东，它们却不是面向东，而且我国与世界古文明带那些地区距离较远，路途又不好走。若走陆路，险隘重重，就是所谓的"丝绸之路"，海路也不好走，而且绕远，走东南亚，绕到印度、阿拉伯。所以与其他的古文明带国家相比，这样的地区在古代历史发展上有相当大的独立性。举个例子说，中国的文字是独一无二的，像埃及、中东、希腊、罗马的文字，彼此之间有影响。但可以说中国的文字与其他地区的文字没有关系，是完全独立的。在"东亚大陆"内部，我们发现交往比较容易。古代文明的发源地黄河流域，其上游、中游，虽然是黄土高原或者山地，但交往还不是很难。黄河中、下游跟淮河之间没有很多的阻隔，北边跟海河也没有很多的阻隔，淮河再往南是长江，长江再往南就到了东南沿海的山地和丘陵，长江往南的地段之间的交流也不困难。到了东南沿海稍微麻烦一些，但也还不是大问题，而且这些地段中间都有些过渡地带，自然环境不是突然发生变化。如果说突然有变化发生，那就是青藏高原。

一个民族，一种文化，一种经济，要进入另一个民族，需要一个过渡地带。比如内蒙古河套和鄂尔多斯，这是农业区和游牧区、南方的汉族和北方的游牧民族的过渡地带。这个地区既可作为牧场，又可以作为农田，农业民族和游牧民族双方都可以来这里活动。人民的移动、经济的交往，相对来说不太困难，交通也不太困难，虽然青藏高原情况特殊些。因此，东亚大陆内部的各个地区不是处于相互隔绝的状态，而是比较容易联系和交往的，而且内部留有很宽阔的发展余地。中华民族实际上是在几千年的发展中间形成的。最古老的文化——石器时期，原始农业形成的初期，当时出现的各种文化，它们可以从点延伸到线，从线可以扩展到面，从面可以扩散到更多更大的面，各个地区的经济和文化在东亚大陆内部是有差别的、是具有多样性的，但这种差别和多样性并没有造成彼此的隔绝、排斥，而是促成一种联系和交流、融汇的局面，而且由于经济的特点，各个地区的分工，互通有无，促进了各自地区文化、经济的发展和彼此联系的加深。如在战国和秦汉时期，漆器对人们来说是非常重要的，四川精美的彩绘漆器成了全国知名的用器和工艺品，所谓的"巴蜀丹青"。因此东亚大陆内部各个地区经济方面的特色、区别、分工没有形成互相隔绝，而是互相交流。这个地区文明首先是在黄河中下游，接着是长江中下游，然后慢慢地扩展开来。黄河、长江、珠江就形成一个核心区。核心区域是一种大的农业区，经济最为发达、人口最稠密，因此它会对周边地区产生一种吸引力。周边地区包括东北、蒙古、青藏高原、新疆、云南、贵州地区，周边地区是少数民族。汉族的经济、文化对周边地区具有一种吸引力，即所谓少数民族向往的中原花花世界。东亚大陆的核心区对周边地区有一种向心力，长期的交流、交往的要求和结果还包括打仗。战争是一种坏事，但有时候历史上很多事情却只有通过战争才能解决。总而言之，这个地区慢慢地形成一种向心力、凝聚力，使得东亚大陆的文化越来越具统一性。周边地区还没有一个民族、一个地区、一个国家、一种文化能够同中国东亚大陆内部的文化相抗衡，随着时间的推移，东亚大陆的文化越来越具有共同性、统一性。在这种自然环境下面形成了一种经济的、文化的同一因素，乃至于一种共同的民族心理、民族意识。比方说中国境内很多民族自认为是炎黄子孙，炎黄子孙不仅仅包括汉族。像这种经济的、文化的，乃至于一种心理的因素对于中国历史的统一主流趋势起很大的作用。这种统一的思想纽带，这种经济的、文化的东西也不见得都是积极的。如中国人有一种闭塞、内向的倾向，不能说与环境没有关系。中国人的妄自尊大与这种消极的影响是有关的。妄自尊大认为说中国就是世界，而其实中国的世界实际上只是东亚大陆的世界，中国人没有想到在东亚大陆以外还有一个很大的世界。西方人有时很愿意探险，具有掠夺因素。中国的探险意识就不太强，中国人讲的常是"安土重迁""父母在不远游"这一套。具有共同性和统一性的东亚大陆特别是核心地区，其政治制度长期处于一种专制主义中央集权制度之下。为什么中国长期处于专制主义中央集权制度之下？这跟中国封建经济的分散性、个体性有关系。这种分散、个体的经济需要由一个集体的专制主义政权来统率和保护，来代表他们的某些利益。

但是我们要看到：这样一种专制主义中央集权制度能够站得住，能够有效率，跟中国的自然环境有关。中国的核心地区比较平坦和开阔，有比较便利的交通，确实是中国专制主义中央集权实施的有利条件。从秦始皇开始修驰道后，全国很多地方都有驿道，信息的传递、政令的传达、商旅的来往都有了便利的通路。中国的封建政权很注意修路、驿传。古代的罗马最注意的建筑设施也是路和驰道，现在还留下来好些古罗马的道路和灌溉渡槽的遗迹。中国也一样，在汉朝的时候，青海地区的军事情况急报到长安得到回答，有两千多里，来回只需 7 天，其效率非常高。秦汉以后，中国东部产粮区的粮食运到西部，因为汉唐时中国的政治中心在西部，需要从关东运粮食，开运河。隋朝开通的纵贯南北的大运河加强了南北的关系，维系了政治中心地区和经济发达地区之间的关系，这样就为专制主义中央集权制度提供了比较稳定的经济基础。汉朝，每年运到关中的粮食是几百万小石；唐朝时，每年从江南运到关中的粮食是上百万石；北宋时，江南对开封首都的漕运每年达七百万石；明朝时的漕运，粮食从南方运到北方，每年有上千万石。这样供应了北方的官僚政府、皇帝、军队，还有众多人口的需要。因此自然环境对中国的统一，对于专制主义中央集权制度都起了一定的作用。但并不是有了这样的环境，就必然有这样的统一和专制主义中央集权制度。像欧洲的自然环境，地势平坦，气候适宜，相互交往方便，与中国差不多，甚至还要优越一些，但欧洲从来没有统一过，存在很多的地方政权。现在有一种统一的趋势，这种趋势由于政治、经济的需要。因此，中国的统一问题，不能说完全是由地理环境决定的。

第二节　农民起义

中国封建社会的另一个很突出的特点是中国封建社会的阶级斗争。中国封建社会的基本阶级是地主和农民。地主和农民的阶级矛盾、阶级斗争最集中的表现是农民起义和农民战争。从世界历史的角度来看，中国封建社会的农民起义和农民战争规模之大、次数之多，和有些起义坚持时间之长，在世界历史上都是独一无二的。欧洲的封建社会史上，也曾出现过多次农民战争，比较有名的是德国农民战争和俄国的几次农民起义，但其规模还是不能跟中国相比。

中国历史上的农民起义似乎带有一定的周期性，往往在一个持续比较长的王朝的末期，就会爆发一次大规模的农民起义。这种大规模的农民起义在历史上有好几次，秦始皇死后爆发的陈胜、吴广起义，其结果是秦王朝被推翻了，继之而起的是汉朝，汉朝是在农民起义的废墟上建立起来的一个朝代，农民起义所没有达成的若干要求通过它实现了。有人曾说刘邦这样的人是秦末农民起义革命遗嘱的执行人。陈胜、吴广起义后的西汉，出现了一个强盛的王朝。汉武帝是一个很有作为的皇帝，但他大肆征伐和营作，把西汉文、景以来70年国家积累的财富物资都花光了，人民群众的负担大大加重。汉武帝在晚年发现了这个问题，开始采取"与民休息"的政策，下了一个"罪己诏"，结果使就要爆发的社会矛盾缓和下来。汉昭帝、汉宣帝继续这样的政策，西汉的局面好了一些。但汉元帝以后社会危机又越来越严重了，阶级关系越来越紧张。此时出现了王莽，他针对土地兼并严重，奴婢待遇低下，工商业恶性膨胀这三大问题采取极为糟糕的对策。其对策包括：施行王田土地国有、奴婢称私属、五均六筦（严格的经济管制）三项，再加上混乱多变的货币发行，这些对策不仅没有改善而是逆着经济形势而采取的，其结果是不仅没有缓解社会危机，反而加剧了社会矛盾，终于引发了王莽末年的农民战争。这次农民战争推翻了王莽，东汉建立。东汉的局面维持了 200 年左右，到了末年社会危机又严重起来，其结果是爆发了黄巾起义。黄巾起义没有直接推翻东汉王朝，而是瓦解了它。随后出现了军阀混战，出现了曹操等割据军阀势力，经过几十年的混战，出现了魏、蜀、吴三国鼎立。三国最后统一于西晋。西晋是一个短命的王朝，从公元 280 年西晋灭吴统一到八王之乱，之间只有 16 年的统一时间。与八王之乱同时而起的是流民起义，八王之乱加流民起义引发了一场民族的大动乱。接着是出现五胡十六国南北朝的局面，末了北面的鲜卑建立了北魏，南方对峙则是东晋。东晋王朝出现了卢循、孙恩农民起义。北方最早出现的是北魏六镇起义，后来是大规模的葛荣起义，北魏实际上瓦解了，分裂成东、西魏，再后来是北齐、北周。南朝出现了宋、齐、梁、陈四朝。西晋短暂统一的 16 年不算在内的话，从公元 189 年黄巾起义到隋文帝公元 589 年最后征服陈，其间动乱时期与分裂的时期足足是 400 年。400 年间最重要的矛盾是民族矛盾，但是民族战争和统治阶级内部的斗争、农民战争交织在一起。隋王朝统一后，仅经过 30 年的时间，摧毁它的还是农民起义，继之而起的是唐朝，有名的唐太宗也是继承隋末农民起义的革命遗嘱，出现了"贞观之治"，唐王朝成为了一个强盛的王朝。但在其后期，社会矛盾又尖锐起来，先爆发了浙江裘甫起义，后又有庞勋起义，接着爆发了黄巢起义。黄巢起义并没有直接摧毁唐王朝，而是瓦解了它。之后出现了五代十国的局面，五代十国的局面经过 50 多年后，宋王朝建立了。北宋末年社会危机严重，出现了浙江地区的方腊起义，同时社会危机发生了变化，民族矛盾上升到最尖锐的地步。北方的金灭了北宋，宋朝势力迁到南方，形成了南宋。宋金对抗，北宋灭亡后，一切北方的农民力量都转向抗金。在南方出现了钟相、杨幺等一些起义，结果也被镇压下去。南宋时期，起义也很多。但起义的成分发生了变化，不纯粹是农民，而是有商人参加。南宋最后被元朝灭掉，是因为严重的民族矛盾。而元朝 400 多次大小农民起义最后汇集成一个极大的元末农民起义，颠覆了元朝，建立了明朝。明朝末期，李自成、张献忠起义，一直打到北京，但却被入关的清兵打败。起义军的一部分一直退到四川、云南，最后终于失败。在清朝，先后发生了规模极大的太平天国起义、义和团。因此，中国历史从某种意义上可以说就是一部农民革命史，一直到共产党领导的革命还是农民战争，国内反封建要解决的是土地问题。中国共产党领导的 28 年的斗争是一种新式的农民革命战争，一种民主主义的农民战争，是共产党领导的农民革命战争。只有出现了共产党，在共产党的领导下，农民革命最后成功了，社会性质的转化也就成功了。

　　总而言之，中国历史上的农民问题是一个大问题，我们不要光看到帝王将相。可以说中国 2000 多年的封建历史是跟农民起义、农民革命相始终的。农民革命往往是封建社会各种矛盾的一种集中爆发，而农民革命的结果往往使这种矛盾出现一种缓解的局面，社会还维持得下去。当然农民不可能建立一个新社会。

　　中国历史上农民革命的规模很大，一次大规模的农民起义，少则几十万人，多则两三千万人，在中国在很长的封建社会中，人口往往不到一个亿，两三千万人的起义在世界上是罕见的。农民起义次数之多，仅有记载的大概有 2000 多次，元朝就有 400 多次。另外，有些农民起义坚持的时间还是相当长的，坚持 30 年、20 年、10 多年的农民起义有很多，甚至有的农民起义推翻了旧的封建王朝。欧洲的农民起义没有一个推翻过封建王朝的，而中国农民起义多次地推翻了封建王朝，或者使旧的封建王朝瓦解。

　　形成这样的农民起义的特点是多方面的，主要不是在地理环境方面。更主要的是中国封建生产关系的一些特点，像地主和农民的关系，中国封建王朝权力是极大的，它在一段时间内横征暴敛，可以马上在全国范围内激起全国性的暴动。如秦始皇时候，隋炀帝的时候，明朝末年等，都是这样的情况。农民的负担在很短的一段时间内空前加重，人民无法生活下去，爆发了全国性的大起义。但是我们要看到：农民战争的规模之大，时间之长，次数之多，应该与中国是一个大国有关系，与各个地区之间密切的联系、方便的交通有关系。正因为中国是一个大国，在中央集权专制主义政府的统一统率之下，阶级矛盾的激化往往是全国性的，有的是全国各个地方普遍地发生起义，像秦末农民战争。还有一种情况是起义首先在一个地方爆发，然后像野火一样烧遍全国，成为全国性的大规模农民起义，如明末农民战争就是这样，最初爆发在陕北，最后扩展到全国。另外，中国农民起义次数之多，与中国的各个地区经济、政治、军事发展的不平衡有关系，所以矛盾的爆发可以是在一个局部地区，但是可以不断地此起彼伏，连绵不断。正如毛泽东所说的"东方不亮西方亮"，甚至还可以采取游动作战的形式，这是中国政治、经济发展的不平衡性带来的，其中最突出的就是所谓的"流寇"，像黄巢、李自成打遍全国。

中国的政治、经济发展不平衡性使得农民起义此起彼伏，又可以采取游动作战的形式。这种形式一直延续到红军长征。长征从江西开始，最后到达陕北，这也是中国政治、经济不平衡的结果。延安成了中国抗战的灯塔。另外，中国的政治、经济发展的不平衡性还表现在：有些地方性农民起义可以很长期地在那里割据，与封建政权相对峙。像东汉末年的张鲁政权，还有太平天国起义。太平军在清朝末年的腐败统治之下，举起义旗，从广西一直打到南京，在南京建立了一块基地，然后北伐、西征。面对这样强大的清政府，还有跟外国人合作结合起来的洋枪队的力量，而太平军还能坚持 16 年之久。像这些情况，在世界历史上可以说是独一无二的。农民战争的这样一种情况，我们不能说都是中国的地理环境带来的中国特色，但我们可以看到，中国这种自然环境、这种地理环境对农民战争这些特点的形成，恐怕是有相当影响、相当作用的。

第三节　民族关系

再看民族关系、民族问题。我们研究中国历史，民族关系、民族问题和民族斗争，是非常重要的问题。尤其当我们的眼界不再局限于汉族和汉

族的王朝，而是扩大到整个中国，就会看到民族关系和民族斗争是非常重
要的。中国的发展实际上也可以说是一部民族关系史、民族斗争史、民族
融合史，从最古老的部落和部落联盟开始一直延续下来的交往、战争和融
合的过程。

最近考古发现，黄河流域中游以仰韶文化为代表的这种文化代表着中
原大多数人的文化，但也还有地方的文化，比如河姆渡文化等。不管怎
样，各民族的交往、斗争到最后的融合，其结果首先是在黄河流域，然后
包括长江流域。而汉族的扩展，两三千年来必须要面对的是北方草原民
族。可以说，北方民族和汉族的关系是历史上民族关系中最为重要的关
系。这是因为生存方式和生活方式不同。汉族是农业民族，而北方民族是
游牧民族，这种生存方式和生活方式的不同带来了民族的隔阂、民族的界
限、民族的矛盾。因此在中国民族关系史上最突出的一块是汉族和北方民
族之间的关系。还有另外的一块是南方的民族，汉族南下扩展，把他们征
服，并将他们融合到汉文化中来。就这样，汉族一直扩展到现在的广东、
海南、台湾、福建、广西、云南、贵州，当然还有四川。四川在古代包括
巴、蜀两个部分，蜀大概是以成都平原为中心，巴是现在的三峡地区，这
两个地方在历史上往往共同称之为四川，四川包括嘉陵江、岷江、沱江和
长江四条河，而且实际上，四川和重庆是有区别的。过去它们被分为川西
和川东，成都平原农业发达，又有都江堰这样的水利工程，被称为"天府
之国"。以重庆为轴心的三峡一带原是巴人的地界，后来商业比较发达，
抗战时期沿海工厂内迁，工业也兴盛起来。四川过去一个省，财政收入很
大的一部分来自重庆，与以成都为中心的四川省矛盾很多。后来重庆改为
计划单列，现在干脆改重庆为直辖市。在古代，巴和蜀是两种文化、两个
民族。秦汉时候汉族进入四川，巴蜀文字基本上消失了。四川除了西边和
西南边的一块以外，首先是蜀，然后是巴，渐渐成了汉族的天下。

中国北方的牧区有这样的一个特点，蒙古高原和大草原的面积很大，
草非常得好，水草肥美，所谓的"天苍苍，野茫茫，风吹草低见牛羊"，
是中国四大草原中最好的一个。它适宜一种大规模的游牧生活，在这样的
自然环境下，北方的游牧民族要强大起来是很容易的。因为游牧民族有一

个特点：生产的工具和生产的技术，跟作战的武器和作战的技术是结合起来的，所谓的"骑士""牧人""猎人"同时又是战士。蒙古大草原在古代能够容纳的人口数量不超过 200 万，内蒙古不算在内，因为内蒙古很多原来的牧区被开垦成了农田，而农田能容纳更多的人口。像蒙古人民共和国，这么大的一块地方，古代常年的人口是 80 万，后来增到 120 万，现在到 210 万。尽管人口不多，但一旦有事情发生的话，不管男女老少都可以出战。所以我们看《汉书》中记载匈奴"控弦之士一百五十余万"，能够全民出动，这是很大的力量。而它的南边是汉族。汉族是一个农业民族，如果从军事角度来讲，农业民族的农业生产跟打仗是两回事，农业民族天生就不如游牧民族会打仗，而唯一的好处是技术比游牧民族高，比方说兵器，制作铁器的技术要比北方草原游牧民族高，匈奴等民族要向汉族购买铁器。后来汉族王朝禁止兵器出口，他们就改买铁锅，砸了再造兵器，后来就连铁锅也禁止出口了。但是像突厥人他们也会冶铁，他们在阿尔泰山冶铁的技术也相当不错，但总体上游牧民族的冶铁制品至少也要差些。不过他们的马比汉族的要好得多，像蒙古马的耐力很强。而汉族的马第一是形体小，第二是马的质量很差。因为汉族主要用于劳动的牲畜是牛，不是马，而且马饲养成本高，价格也贵。因此跟北方民族对抗时，面对汹涌而来的骑兵，农业民族的唯一办法就是防守——守城。所以要造长城，来防御对方的骑兵。若要翻越长城，人是可以过去的，马却很困难。靠长城、城墙来守城，这样北方游牧民族来了后，往往在农村掳掠、抢劫粮食和草料之后就返回了。北方民族跟汉族的交往还有一个中间地带。这个地带往往是一种既适宜农业，也适宜畜牧业的地区，双方都可以进入，也可以同时进行交往，这个中间地带是很重要的。北方民族和汉族的最重要的中间地带是河套地区，还有鄂尔多斯处于阴山的南面。河套是一个宜农又宜牧的地区，汉族的移民可以到这里来开垦荒地从事农业生产，包括军事性质的屯田，从秦始皇开始就不断地往这里移民。而北方的游牧民族也可以到这里放牧来，这种来往有利于双方的经济交流、互通有无，北方的马、毛皮就是通过这样的方式过来的，南方的陶瓷和布绢，乃至铁器也是这样地来到北方。河套地区的得失往往是北方、南方民族力量消长的结果。若北方游牧民族控制了河套地区，它就可以继续南下，如果这时候南方的汉族政权处于一种衰落的状态之下，北方民族就可以干脆进到黄河流域，汉族政权只好退到淮河和长江流域。游牧民族进来后，往往企图把广大的黄河中下游平原变成牧场来让他们放牧，这实际上是做不到的，但这对北方农业的破坏在相当长的时间里是很厉害的。反过来，他们进入到黄河流域，势必得接受农业的技术，去种地，或者奴役汉族居民去种地。这样一种经济方式的变化，就带来了民族的融合，慢慢地北方民族成了汉族的一部分。历史上这样的例子很多，最近的是清朝的满族。满族进来后，来了个跑马圈地，还是从草原带来的骑射的作风，最后八旗子弟每月领饷金，不劳而食，什么都不会了。进关时最能打仗的八旗变成了最不能打仗游手好闲的子弟了，只好依靠汉族的军队——绿营，绿营最后被太平天国打垮。太平天国占领南京后，清朝在江南、江北设江南、江北大营，结果还是全被太平天国冲垮了。八旗兵、绿营兵都不能打仗了，此时出现了向民间招募的湘军、淮军。靠他们镇压了太平军、捻军和西北回乱，到了甲午战争，旧式的湘军、淮军也不能打仗了，最后的一仗是八国联军侵华，之后出现了全西式的袁世凯编练的新军，形成了北洋军阀。北洋军阀刚出现时，有六个镇（师），力量非常强大，后来也不行了。

中国历史上的分裂局面更多的是与民族有关系的，中国历史发展的后半期，北方游牧民族不再只是满足于占领黄河流域，还进一步地占领了长江流域、珠江流域，乃至占领了全国。中国封建社会后期的元、清这两个朝代都是少数民族政权，而当时从疆域上讲是空前的。中国历史上疆域最大时有四个朝代：第一、二个是汉族建立的西汉和唐朝，第三个是蒙古族建立的元朝，第四个是满族建立的清朝。

可以说，少数民族在中国历史上是很有贡献的，但这种贡献的背后很重要靠的是战争。民族的战争特别长，因为它有一个民族隔阂的因素。如成吉思汗打西域时，经常屠城，除了技术人员（工匠等）外，其余人全部杀光，其理由是不应抵抗。如果是投降了，同样是全杀光，理由是不应该不抵抗。中亚历史上有很多的绿洲国家在灭亡后，人给杀光，灌溉工程悉数被破坏，再也恢复不起来了，这是历史残酷的一面。历史也有积极、进步的一面，其实有时残酷和进步很难区分，甚至它们是结合在一起的。反过来说，汉族王朝的势力强大起来，汉族王朝就可以占领河套地区，以之作为基地，打击大草原上的那些少数民族，最后可以打下整个大草原。从秦开始到汉朝就是这样，最后一直把大草原上有几百年甚至上千年历史的民族给打败了，如匈奴。匈奴大概从商朝开始就已经兴起，在汉朝时被打败。东汉的军队越过大戈壁，到了更北边的地方，匈奴被迫西迁。东汉打匈奴时是在一二世纪之间，经过将近两三百年，匈奴在记载中消失了。在公元 5 世纪，匈奴突然在欧洲出现，首先在多瑙河、波兰、匈牙利这些地方出现，把这些地方的民族如日耳曼人等打败，结果这些民族被迫往南迁徙，这样罗马就在公元 476 年被哥特人攻陷了。西罗马帝国灭亡了，东罗马帝国依然存在，欧洲的历史从此开始了一个新的阶段。这里可以看到：中国的地理环境对中国的历史、民族关系是有相当影响的。

现在还有一种研究，气候的变化如何会对中国的民族关系产生影响。中国历史上气候会有一些冷暖的变化，据研究，中国 5000 年来的气候，大约有 4 个比较寒冷期，最低的温度大约在公元前 1000 年，大概是商末、周初的时候。然后是公元 400 年，正好处于五胡十六国时期。然后是公元 1200 年，大约是元朝时期。最后是公元 1700 年，是处在清朝时期。据研究，这些期间，年平均温度降低 1—2 摄氏度，下降 1—2 摄氏度的影响不算小。中国历史地理上有一个等温线，等温线下降 1 摄氏度，位置要南移 200—300 公里；等温线下降 2 摄氏度，要南移 400—600 公里。若整个气候变冷，北方就更冷了，草原地带碰见严寒，影响了草的生长，直接影响了北方草原的畜牧业，逐水草而居，北方民族会发生饥荒，只得南移。另外，4 世纪到 6 世纪，不只是等温线南移，气候比较冷，而且是历史上的干燥期。这些情况对草原产生很大的影响。11 世纪到 13 世纪也是一个干燥期，这个时期正是蒙古族称霸的时候。正好在这些历史时期，也正是中国北方游牧民族南下的时期，同时还有西迁，因为寒冷期是从东往西开始的。中国历史上南下和西迁同气候的变化周期有关系，这不能简单地说是一种巧合。可能它们之间是有一种关系的。

第四节　语言

再从语言方面来看，正因为东亚大陆这些地方人们交往频繁，所以才形成了同一种语言。如果有些大的自然条件障碍的话，那么各地方人们的交往受到阻碍，会各自形成了自己的语言，彼此不相通。我们想想就可以知道，不同语言的形成，有时更多的是自然界的障碍而不是经济的因素。大语种是这样的，一些方言往往也是这样的。像我国现在最流行的是普通话，这个普通话属于官话系统，官话系统里面的北方口语，北方口语里面的北京口音。我们现在的普通话在台湾叫作国语，它是基于北京口音形成的。官话系统范围很大，彼此之间也有不同，也有方言，比如华北地区、东北地区、中原地区、陕西、甘肃、云南、贵州、湖南、湖北等这都是官话系统。口音不同，但交往还是没有问题的。官话系统内部由于各地口语的不同也分好多种官话，我们这里不去说了。那么如果我们把官话系统和上海话、苏州话做个比较的话，我们就会发现没有听不懂的问题了。我出生在上海，原来上海话还是可以听懂的，现在就不行了。我的一位亲戚住在我家，给我说"电话"，我不懂。然后他又说"弗灵"，是说不行的意思，还有"看电视"我也听不懂。从这个语汇到语音都不一样，长江下游这个地区说上海话和苏州话，再往南就是福建话和广东话，那和官话相差就太大了，因此过去有人说：天不怕地不怕，就怕广东人讲官话。广东话就更听不懂了。其实，小时候我会讲广东话，但现在也不行了，忘光了。但是在 20 多年前，我还能对广东话里面最难懂的海南话做口译。海南话比广东话还难懂，往往连蒙带猜，也能懂 70—80%。现在什么都记不得了。语言不同，这与这个地区的自然界限恐怕是有很大关系的。当然这牵扯到历史问题了。有些地方语言比较容易混合，而像有些地方就比较难，尤其是福建话，地方方言非常多。像福州话和闽南话就不一样，原因就和福州及福建的地形有关系。福建多山，又有很多河流，河流短而小，往往一个河谷就是一个小的经济区域，在这个区域里，人们的交往还是比较方便的，就比较容易形成一种方言。再隔一座山，另一个河谷里，人们也是相对独立的，有着独立的经济生活，他们的之间交往比较多，就又形成另一种方言。因此，福建地区的方言非常多，互相之间的区别也非常大。这样，我们看到，一种语言的形成、保留和毁灭都与自然环境有着很大的关系。

第五节　神话

再往上，看到属于意识形态领域的东西，还是可以发现自然环境留下的烙印。当然，我们这里都只是举些例子，不是系统的讲述。比方说，神话。神话是人类在幼年时期的一种想象或幻想。在古老的年代里，人类控制自然的能力是很有限的，自然界很多现象是人类不能解释的，他们不知道，同时也非常奇怪。同样，人们对社会的了解也是很有限的，很多东西也不知道，因此也有很多想象，这种想象就形成了神话，特别是对自然的想象。人们对自然超乎自己能力之外的东西觉得非常神秘，像世界怎么形成的，人是怎么产生的，人为什么是这个样子？对它们的回答和解释，就形成神话。当然我们今天有科学，虽然没有完全解决问题，像地球怎么来的，我们大概还不能解说得很清楚；人类是怎么出现的，地球上生物的进化，而且还有 DNA 是怎么回事？黑猩猩的 DNA 和人类的有 99.8% 是相似的，只有 0.2% 不一样。而就是这 0.2% 造成今天我们和黑猩猩的巨大差别，也造成了我们的自高自大，自以为了不起，是"万物之灵"。其实，DNA 就差 0.2%。但是古代是没有这些认识，他们对超乎自己认识能力的自然界的了解，那就只有靠想象了。生命是怎么来的，地球是不是圆的，天地是怎么来的，天上为什么打雷下雨还刮风，人是怎么来的，所谓的命运又是怎么回事，人死了又是怎么回事，到哪里去了？这都需要回答，但回答不了。因为超乎人们的经验，只能付诸想象，这种神话的形成是很自然的。当然这些神话也打上了不同民族、不同地区的自然条件的烙印。关于神话传说的形成，包括文化的形成和人类的形成，后来有两种说法：一种说法，可以称之为"多元说"，就是人们在相似的环境下面就会形成形似的文化，即便是彼此隔绝，也会不谋而合，同时出现一种文化。另一种说法是"传播说"，就是事情应该看作是：人类在一个地方起源，文化也是一个起源，然后分散开来，扩散出去以后，在全世界各个地方、各个民族那里形成他们的文化政治中心，包括神话。这是一个争论。但是这些争论随着科学发展，双方又在不断地研究，比方说，人类的起源。过去在欧洲发现过早期人类化石，如尼安德特人、克罗马农人。20世纪初期到中期，在亚洲地区发现了更早期的人类的化石，如爪哇猿人、北京猿人，这使得当时的科学家侧重认为亚洲是人类最早的起源地。可是，到了20世纪四五十年代以后，在非洲有一系列关于古人类的发现，从800万年前最接近于人类的猿人到400万年前的猿人，再就是晚些的直立猿人，起名叫"露西"。于是，露西就誉为人类的老祖母。然后露西这一支进化发展，分散到世界各地，世界各地就都有了露西的后代。亚洲人也是从非洲过来的。现在的基因学说也发现，现在的人并不是露西的嫡系子孙，露西的嫡系子孙都灭绝了。现在的人是非洲另外一个老祖宗的后代，于是又出来一个现代人的老祖母。按照基因说，现代的人都来自她，其年代大概是十几万年以前。也就是说，十几万年以前非洲又出了一个老祖母，把她的子孙扩散到全世界。我们现代人就是这个第二个非洲老祖母的直系后代，和第一个老祖母露西没有直接关系。这种说法现在西方有一些人很相信，而中国有相当一批人持保留态度，其原因就是和我们的"北京猿人是我们的祖先"这一观点相抵触（有一些心理因素），这里面确实还是与考古学的发现有矛盾之处。假如设想在亚洲又发现很多很古老的人类遗迹，如果还能发现一个老祖母与非洲的那两个老祖母没有关系，那么"亚洲是人类的起源地之一"这个说法就可以成立了。但关键就在于要发掘出更多的化石证据来，而现在缺少证据，说话的底气就不足。特别是对基因说，有些人也提出问题，认为不能说百分之百的就是这样，还需要进一步的研究。恐怕神话也是这样。世界上的神话学家也可以分成两派：一派主张"同源传播"，另一派主张"不同源传播"。实际上世界上很多神话都是有类似的神灵，如火神、日神、月神、风神、云神等各种各样大同小异的神。另外还有些传说如洪水的传说，全世界都有。从《圣经》里的"诺亚方舟"到我们的大禹治水，都与洪水有关。有人就认为各个地方都有可能发生洪水，那么就都有洪水的传说。有人对待这事很认真，所以西方有一门考古分支学科，叫"圣经考古"，专门考证《圣经》里的人物事迹。有些考证是很有成绩的。《圣经》里说的很多东西并不只是虚无缥缈的传说，而是在当时确有其人，确有其事，确有其地，至于废墟等缺乏发现当时的文字记载就不太好确定了。但是有些人就很认真地去寻找洪水传说中的"诺亚方舟"。有好几次媒体报道，说找到了。至于在哪里找到，有报道说诺亚方舟（大木船）遗骸是在高加索的某个山谷里面。不过，我是抱着极大的怀疑态度的，因为像新闻报道中的考古有些是靠不住的，他们讲求的是轰动效应，可以吹嘘得不得了，而实际上什么也不是。如果我们对各地神话做一个比较的话，会有很多启发，于是后来在神话学里出现了"比较神话学"，比较各个民族神话传说的相同和不同。

如果我们把希腊神话和北欧神话作一个比较，就会发现，二者之间自然环境的烙印是十分明显的。不管是否同源，两个神话在很多地方是一样的、类似的。但是，两个民族的神话还是各有自己的特点。像在希腊神话中，神的世系是很清楚的，当然也经过后来的整理，叙述这些希腊的神都是怎么来的。最早有一个神族叫泰坦族，这个族不太好，后来他们的儿子们起来造反，把他们赶跑了，分别统治了地上、海洋和地下。这些泰坦族子孙的首领就是宙斯（罗马名朱庇特），他住在希腊的奥林匹斯山上，即希腊北部高原的一座山，山上云雾缭绕。他手里拿着一根棍子，棍子一挥就射出雷电，进行震慑，因此那些神都怕他。他还有一个天后，叫赫拉（罗马名朱诺），原是他的妹妹。这就是希腊神话。我们现在看的希腊神话有些是来自罗马的。宙斯主管着人间，他还有一个哥哥是海神，主管山川，叫波塞冬。还有一个哥哥叫哈得斯，统治阴间。宙斯下面还有他的一群儿女。最有名的是太阳神阿波罗，一个英勇硕壮的年轻人。每天从早到晚驾着战车巡行天空，给人光明与热力。还有一个是智慧女神帕拉斯（罗马名雅典娜），她是从宙斯脑袋里蹦出来的。还有爱神阿弗洛狄忒（罗马名维纳斯），据说是从海水浪花里诞生的。此外还有战神、火神、农神、牧神乃至贼神等。还有一些半人半神的英雄，像伊阿松、赫拉克勒斯、忒修斯、珀尔修斯等等。这些神或英雄各有自己的个性和喜好，也常常搞出一些风流韵事。像大神宙斯就很好色，跟天上的女神和地上的女子发生各种瓜葛。他可以变成一只鹅，去追求一个叫勒达的美女，还可以变成一头牛，把少女欧罗巴从土耳其渡海劫持到希腊。维纳斯也有各色各样的情人，以致她也成了后世妓女的神。这些形形色色美丽浪漫的神话故事都产生在希腊，那是一个美好的地方，风景优美，气候适宜，经常是天清气朗，蓝天湛湛，惠风和畅，白云蔼蔼，地面上是林木葱茏，绿草如茵，遍布野花点缀着池塘、小溪、芦苇、水仙、睡莲，海面上波光粼粼，小岛若隐若现。希腊的神和英雄就在这样的环境下，神们的性格是乐观开朗的，他们的结局也多半是美好的。但神的世界也有凶残丑恶的一面，有恶龙、巨人这样的凶猛怪物。但是希腊的神和英雄经过努力，经过斗争，一般总是能胜利。

第六节　艺术——建筑

再看一下建筑。现在有所谓七大艺术或八大艺术，建筑就是其中之一。建筑和其他艺术形式相比，有一个特点，它不仅是一种供人们欣赏的东西，而且还是一个有技术含量的实用的东西。衣食住行，住是人们生活很重要的一个方面。盖房子本身就是一种物质的生产活动。但同时在盖房子过程中人们又灌注了自己的意念、理想、信仰、哲学思想、技术成就、审美观念等，因此，建筑具有特殊性。一种建筑形式、建筑艺术风格的形成，不是随便从人们的脑子里蹦出来的，是许多社会与心理因素的集合、融汇、提升的产物，也是人们在哪个时代哪个环境下生活居住地区的自然条件的特征的表现以及人们对它的认识理解和抽象化的应用。如何认识这点呢？因为建筑的实用性要一起得到体现，就要看房子盖成怎样，首先就要看它的结构，在这样的一种基本结构的形式之下，即物质的东西之下，再来反映人们的精神状态以及艺术形式。作为建筑属于物质的东西，结构的特点往往就反映了建筑所在的自然环境的一些特点。我们可以看一些建筑。如太和殿，再看希腊雅典卫城下面的巴特农神殿，是古希腊建筑，还有现在土耳其伊斯坦布尔的圣索菲亚大教堂和法国巴黎圣母院。这四座建筑，如果一眼看上去人们最注意的是什么？看中国古建筑瞩目的就是那个大屋顶，古希腊建筑是排排的柱廊，而圣索菲亚大教堂一眼就会看到它的大大小小圆拱形屋顶、圆拱形窗户，巴黎圣母院则是它的尖塔和尖拱门窗。那么为什么，中国古建筑是这个形式，而古希腊是那种形式？为什么欧洲的古建筑又是另外一类样子？这就涉及建筑的基本结构材料问题。这些东西说起来很神，其实也很简单，全世界古往今来的建筑结构不外乎就三种：第一种是梁柱式，就是用梁和柱子把房子给撑起来，古代中国和希腊的建筑都是这样的；第二种是拱式，用石块或砖块把圆拱形或尖拱形屋顶砌起来，让它们支撑房子的重量；第三种是混凝式，把土、砖或水泥等建筑材料黏合在一起，像夯土墙或用石灰砌的砖墙。古往今来的建筑不外这三种结构或它们的混合。我们讲课的教学楼，就是钢筋水泥柱和梁、钢筋水泥楼板包上砖砌起来的，是梁柱式和混凝式的混合。被恐怖分子炸掉的纽约世贸大厦，也是钢筋加水泥的结构，也是梁柱式加混凝式的结合。

我们最古老的祖先大概是住在树上或天然的洞穴里，后来慢慢从那些地方爬下来或走出来，来到地上盖起了原始的房子。一种是帐篷，用几根树枝架起来，外边蒙上树皮、兽皮或毡子，就像蒙古人或鄂温克人那样。一种是半地穴式，地面上挖个浅坑，搭个屋顶再盖草涂泥，加有短台阶上下。屋中有个火塘，屋顶开洞散烟。再一种是干栏式，那是比较潮湿的地方的建筑。在地面打下些柱子，嵌上地板再盖上屋顶就可以住人了。最后才出现真正的盖在地面上的房子。

古代埃及、两河流域和希腊，还有中国的典型的房子就是这样发展起来的。不过埃及、希腊、中国房屋的结构都是梁柱式，两河流域的房屋则是拱式。采用何种结构，主要是看它的传统和最适宜何种建筑材料，也涉及它所在的自然条件，如地势、气候等。

像古代埃及、两河流域古文明，地处幼发拉底河和底格里斯河下游，那里气候炎热，干旱少雨，又缺乏石料和木材，但却在河流冲积平原里有丰富的黏土。因此那里的建筑自然地以黏土作为主要建筑材料。他们用黏土造砖，在烈日下晒干，用泥砖垒成房子，墙壁厚实，屋顶砌成拱形，通气、透光又凉爽，便于泥砖承重。

古巴比伦王有个有名的空中花园，被称为是古代世界七大奇迹之一，其实是个用泥砖垒成的高台、高高下下、错落有致，上边种上花草，看起来就像悬浮在空中一样。这就是古代两河流域建筑的基本特征。古代埃及炎热干旱，又产丰富的砂岩、石灰岩和花岗岩，用来作主要的建筑材料，有名的金字塔就是用这种材料建造起来的。至于庙宇神殿也是用的这类材料，很自然地结构上就用了梁柱式。石料如果竖立着做柱子，可以承受很大的直向力。如果横向做梁，做得太长，就不能承受剪力而要折断了。因此，古埃及的梁柱式建筑做得很高大，柱子很粗，梁也很厚重。但因为承重的主要柱子很高，由于少雨干旱，屋顶也做成平的，白天由于气候炎热，屋顶往往做成浅水池，以便降温。那里昼夜温差大，白天炎热，人躲在屋子里，晚上凉快了，又纷纷到屋顶平台活动，在那里休息、集会、娱乐，甚至天文学家也在屋顶平台上观测天象，以占休咎。埃及石灰岩很丰富，也便宜易采，建筑雕像多半用它。花岗岩在尼罗河上游，多用来做大的建筑材料，例如方尖碑。古代埃及没有铁器，只有石器和青铜器，更不会爆破，他们在山上开采大的完整的方尖碑石料，费时费力还要好多年，然后趁尼罗河涨水，用船运到下游竖起来。18世纪以后，欧洲大国崛起，掠夺埃及，抢了好些竖好的方尖碑运回去，竖在国内炫耀。英国、法国、意大利、俄国首都都有竖立。我在英国伦敦和法国巴黎就见到过英国搞来的竖立在泰晤士河边，法国的竖在巴黎协和广场。法国原是一对，有一个运回国时沉船落到海底去了。

古代希腊地处地中海东部，是有名的地中海气候，一年四季中春夏秋三季，天清气朗，下雨则集中在冬季。希腊半岛特别是爱琴海的岛屿上生产质地细腻的白色大理石，比石灰岩和花岗岩细腻，是优良的建筑材料。因此希腊古建筑也是柱子密梁（称为柱廊）的梁柱式，是否受到古埃及的影响不大好说。但跟古埃及建筑不同的是它有一个平缓而低矮的屋顶。希腊人很重视艺术，重视平衡和谐、古建筑的线条洗练细腻，各部分比例匀称，做工细致。柱子的各段接触面打磨平整光滑，做出一些浅浅的接榫，不用任何黏结剂，就能紧密地结合起来，屹立而不倒。

另一个使用梁柱式结构建筑的国家是中国。跟古代埃及、希腊建筑主要用石料不同的是中国建筑材料主要是木材。中国古代建筑何以主要是木构？第一，当时气候比现在温暖潮湿，到处滋生着茂密的树林，木材不仅易得，而且好运输，建造周期也短，成本低，利于大量砍伐而施之于大型建筑。至于另一种建筑材料石料不是没有，但开采较难，成材率低（据说现在的采石场，石料成材率只有15%，小块多，成不了大件建材）。第二，石料加工在古代中国一如木料之用榫卯，受力不匀，往往崩坏，不如木材之方便、合用。古代希腊曾不惜用细致的大理石在各面打磨成绝对平面，使石料各构件之间接触均匀而无缝隙，免致支点因受力不均而致破坏。中国建筑石料除用榫卯外，一如木料之用胶黏结一样用石灰黏结也有受力不均的问题。古代罗马则大量用水泥作为石料的黏结剂，不仅用料减少，而且非常牢固，比中国的办法高明多了。因此，木材很自然地成了中国古代建筑的主要材料。

木材的物理性能与石料相类似，从垂直方向上可以承受很大的压力，从横向上看，木材纤维细长，比石材可以承受更大的剪力。因此同样是梁柱式结构，埃及、希腊的柱子排列密集，形成柱廊。由于地中海一带阳光充足，建筑采光没有什么影响，密集的柱廊反而可以起着荫蔽强烈阳光的作用。中国古代建筑并不是没有采用拱式结构，不过不是主要的。黄土高原陕甘一带流行窑洞，冬暖夏凉，那就是拱式建筑。佛教建筑中的无梁殿也是一种拱式结构建筑，一些城门洞子，修成弧形，还有墓葬也修成砖券式样，那是因为上边还要有大量封土，修成砖拱，以便保护墓主，不致在沉重的封土压力下坍塌。再有一种流行的拱式结构就是拱桥。河流跨度不大，水不太深，修桥可以建桥墩，上铺桥板。如果水比较深或河床较深，那就修拱桥。河北的赵州桥就是拱桥的典范。中国建筑的柱子间隔较宽，比较疏朗，但柱子间也不能太宽了，梁太长了同样承受屋顶的剪力而会折断。

在中国西南地区材料丰富，还有一种特殊形式的桥梁——伸臂木樑桥。那是在偏远的西南地区，谷深水急，很难砌成桥墩，水运又相对频繁的大河流中，跨径七八米的木樑（这是木樑的受力限度）不能满足航运和排筏通过的要求。因此，为了加长达木樑桥的跨径，在河谷中少建或不建桥墩。其办法是用圆木或方木纵横相间迭起，两端层层向河心挑出，两端接近到河心时，再将留下的空缺口以多个竹木樑搭接连成桥面以过行人车马。此型桥最早见于宋人记载，但早在东晋时就已出现，被称为"飞桥"。这种伸臂木樑桥正是今天各种式样的悬臂樑桥的先驱。另外，宋代张择端的《清明上河图》里很细致而准确地描绘了北宋汴梁汴河上的"虹桥"。那是用一些横竖搭接的木材拼接起来的积木式的轻便木拱桥，是拱式结构建筑的一绝。北宋汴河作为一条大运河，每年要运的漕粮最多达七百万石，船只往来频繁，春夏水涨，把它拆掉以利行船，秋冬枯水期又重新搭起来，以利过河的车马行人。据说当时汴河上修了不止一座这样的桥，可惜早已绝迹了。

关于建筑的混凝结构，中国也很常见，最主要的是墙，最早是夯土墙，包括居室、城墙、堤防，使用很普通。后来是砖墙，挖泥土做成砖，在窑里焙烧铸成一块一块，再把它们砌起来，用石灰、沙土和粘土拌成搅成灰浆，用它把砖黏结起来成为一个整体。另外，还有一种建筑材料，那就是三合土，石灰沙浆和水拌合。但那和古罗马的水泥不同，只能用来砌成平整的地面，而用作抗折断的材料则是不行的。

至于古代外国的拱式结构建筑，或可以称得上多样而复杂，一是拱的数量多，二是形式多样，三是有的跨度也大。古代罗马继承了北意大利的伊特鲁利亚（Etruia）拱式建筑和古希腊梁柱式建筑的传统，形成了二者的混合式。由于混凝土的使用，柱子已经不再起承重作用，成了装饰，嵌入墙上而成为壁柱。拱顶的重量也可由下边厚重的墙来承担，像罗马的万神殿（Pantheon），巨大的碟形圆拱直径达 43.2 米，由轻质建材如浮石等组成承载拱顶重量的粗实基础座最多达 6.2 米，经历一千多年而吃重不坍。此后基督教兴起，教堂建筑盛行。土耳其伊斯坦布尔的索菲亚大教堂，是拜占庭式建筑的极致。那里的拱和拱窗大大小小、高高低低，拱上加拱，数不胜数。相通，这跟当时的宗教理念和情感是相吻合的。

中国古建筑也是木结构梁柱式，但由于木材的性能造价很高，而是在平面上铺开，形成建筑群，往往有一根中轴线，主要建筑就坐落在中轴线上。院落重重，多数房屋排列，两旁左右对称，间数很多（据说北京故宫房间有九千九百九十九间半），又各自成院落，各具不同功能。在建筑格局上主次分明，分别上下尊卑，而又不是千篇一律。这在世界建筑史上是少见的。中国建筑在平面上铺得很开，但少高层建筑，尤其是木构的高层建筑。佛教的塔进入中国以前，中国只有高台建筑。那是在山坡上或地上用土垒上一个高土台子，坐落在重要的地方，上边盖上房子，像有名的周文王的灵台，纣王的鹿台，赵国邯郸的丛台，曹操的铜雀台都是这样。以至出现了假的高层建筑，像秦国的咸阳宫，就是这样。邯郸的赵王城也相仿佛，即在土坡上整平，成为几层大台阶，在各层上修造宫室，用楼梯、阁道、走廊连接起来，远看好像高层建筑，其实各层宫室只有一层，成了假楼。当时中国只有望台、坞壁才算高层建筑，但格局较小。佛教传入以后，印度的窣堵坡（Stupa）和中国传统的楼阁结合起来，成了中国式的佛塔。历史上最有名的是北魏胡太后所建的永宁寺塔，其实并非全是木建，而是在中间修一个土芯，四面凿孔，梁柱建檐使它看起来像一座木塔的样子。可惜后来毁于火灾。这种带土芯的木建构高层建筑到处可见，宁夏西夏王陵和杭州西湖边倒塌了的雷峰塔，就是这个样子。就在我所见的纯粹的木塔只有山西应县释迦寺塔和杭州钱塘江畔的六和塔。至于民间高层的楼阁记载上倒不少见，有名的如江西南昌的滕王阁，湖北武汉的黄鹤楼，湖南岳阳的岳阳楼（还有北宋开封的酒楼樊楼据说有三层）。因为是木构，所以很容易毁掉，黄鹤楼又重修过五次，早已不存了，现在的黄鹤楼是"文革"以后重修，钢筋水泥建筑，已非昔比了。全国最好的纯木塔——山西应县释迦寺塔，外形五层实际七层，主高 67.31 米，完全用大木料接搭起来，榫卯结构，非常复杂，近一千年，都没有坏，依然屹立。可是现在，已经发现底部的木料因为多年承担太大的重负被压坏而开始糟朽了，现在准备用千斤顶之类的工具把它给支起来大修，把底下的糟朽木料抽出来然后换上新的。但究竟怎么办？什么能做，什么不能做？如何维护，还不清楚。只知道修起来非常艰巨。这座应县木塔里有很好的辽代的雕塑，很难得，中国现在的雕塑（泥塑）最早的也就是宋朝的。辽和宋时代差不多。原来听说有一个唐朝的雕塑，那是江苏甪直镇的罗汉像，传为唐玄宗时的雕塑大师杨惠之所塑。但后来经过鉴定，认为那不是唐朝的，是后来经过多次的修复，早已走样了。而像应县木塔里则有成批的辽代雕塑，非常宝贵，可是在"文革"中被砸得一塌糊涂，成为很大的遗憾。一般在佛像的心脏部位是空的都装了一些东西。当时认为是金银财宝，就给挖了，全部给搞坏了。后来去修，需要找比较老的工匠，年轻的工匠修不了。有些地方修复或重塑佛像是让美术学院的师生做的，做得非常漂亮，但一看就是现代的，表现的是现代人的神情，几乎和歌星一个样子，没有了古人的样貌神情气韵，只好找老工匠去做。那些工匠有的很老，修得慢极了。应县塔一层有个大佛，我上世纪 80 年代去参观时，看到刚把一只脚弄好，恢复原状，还有一个大脚趾正在做。听说光是那只脚就修了两年。我问他整个工期要多长时间，他说没有五年是做不来的。而十年以后，那些老师傅就不在了没有年轻人接班，这是中国古建筑修复工作的悲剧。现在又过了二十多年，不知道现在情况怎么样。

中国的木构建筑截搭的框架完全起着承重的作用，中国建筑也有墙，但墙就砌在柱子之间，屋顶的重量全靠梁枋分散，柱子承担，墙只起着隔断的作用，因此有所谓"墙倒室不塌"的说法。有的房子的梁一头架在面墙上，面墙起着部分的承重作用，但那是次要的，墙可以修得很厚，也可以很薄（隔扇），只起分隔（内外前后）保暖和防风的作用，而且可以随意间隔房间空间的大小。布局也非常灵活，可以建一个四面砌墙缺少门窗阻隔采光通风的密室或仓库。也可以只砌一道矮墙宽窗，随时用帘子拉上拉下，调节光线。也可以修一座四面立柱没有墙壁的亭子和走廊，四面透光，完全公开化，用以观看景致，欣赏鸟语花香，又可遮阳蔽雨。这是中国建筑的最大特点，也是它的优点。反过来看，西方古代房子适用性就差一些。像欧洲的城堡，外观非常壮伟，结构上垂直方向可以承受重压，但横向要差一些，所以墙壁厚重，窗户又少又窄，住起来又冷又暗又湿，经常生火烧壁炉。昏暗的砖石墙上挂上厚重的壁毯，窗户透光，挡风只有木板，或者干脆晾着，直到 14 世纪教堂和富贵人家的房舍才用上小块而贵重的玻璃。总之，欧洲中世纪建筑住起来谈不上舒适，比不上中国。不过，砖石结构的建筑比起中国的木构建筑来要耐久一些，不像中国木构建筑那样容易朽坏和很易遭受火灾。

中国古建筑外形给人的第一个深刻印象是它的大屋顶，这跟中国黄河流域的气候有关，这也包括长江流域，主要是黄河流域。黄河流域和长江流域都处在东亚季风区，夏季雨量比较集中，风从海洋的东南方向吹来，温暖潮湿，冬季风从西北大陆深处吹来，干燥寒冷，屋顶就做得高大厚实一些，以利保暖、防暑。中国黄河流域夏季雨量集中在七八九三个月，差不多把一年的雨量都用完了，屋顶盖得厚些，有利于防漏疏通雨水。西方古建筑多是石料，由于不下雨，是平顶。希腊是地中海气候，全年雨量集中在冬季，所以建筑屋顶就小一点，坡也小一点，也由于是石建，公共建筑里春夏秋三季雨少，漏点水也不算什么。至于西欧古建，因为那里濒临大西洋，海风吹来挟带着大量水汽，雨量丰富，而冬季又寒冷多雪，因此那边的房子房顶很高，坡度很陡，夏天下雨时利于迅速排除积水，免得渗漏，冬季又可使积雪坍落，不致累积过厚抑制压塌屋子，高屋顶下更可以建造阁楼增加利用空间。中国古建筑的大屋顶介乎埃及、希腊及欧洲屋顶之间，但仍有一个防潮防漏防糟朽的问题。因此，屋顶比较大，也比较厚实。

这样，中国古建筑的立面就分成了三段，最上边是大屋顶，屋顶之下是梁柱，最下边还有一个土台子——台基，也是防潮用的。最多达到三段，为了防止淅雨，屋顶要在梁柱之外出檐，以保护梁柱和土墙。最早屋顶用茅草铺盖，梁柱之上架起来铺上椽子，茅草盖得比较厚实，以挡雨防寒。所谓"尧之王天下也，茅茨不剪"（《韩非子·王蠹》）就是这个样子。这种屋顶上的茅草再厚实也不好固定，所以杜甫诗《茅屋为秋风所破歌》有"八月秋高风怒号，卷我屋上三重茅"之句。这种茅屋顶经过几年就糟了，要换，比较麻烦。到了春秋战国砖石出现了，房子地面铺砖，墙外砌砖，屋顶铺瓦，地下还有瓦管排水，形象焕然一新。

屋瓦可以防晒、防寒，瓦砌成垄状也可以洩水防漏。但是新问题来了，瓦比草重得多，沉重的瓦压下来，屋顶架上的椽子就要承受重大的压力。木材的特性是横向的纤维能够承受很大的张力，于是椽子在屋顶的重压下向下弯曲，而另一头就翘起来了，于是屋顶形成了优美的弧度，像大鸟展翅一样。所谓的"翼然"，于是屋檐就向外翘起来了。屋顶出檐，本是为了防雨溜，出檐太大对防溜不利，于是就把檐做得长一些了。但是檐出长了，又会影响木材的承受能力。木材不能太长，太长了，可能折断，或者由于檐因屋顶的重量而被压下垂，也不好看。于是由于木材的特性，屋顶的重量，聪明的中国人在建筑学上有了一项最大的发明——用斗拱把屋檐撑起来。最初是在长长的屋檐支一根柱子，把屋檐撑起来，后来进步了，在屋檐上方加一根斜横的短柱撑着，再后来进展到造出一套构件即斗拱，立在柱顶把屋檐撑起来。斗是一个方形的木块，拱是一个两端向上弯曲的木臂，实际上是把屋顶对梁的剪力通过斗拱移到柱顶上去，就好像一个人撑开双臂顶着一个长长的重物一样。魏晋南北朝以后逐渐发展到拱上加斗，斗上又加拱，互相连接在一起最多有七八层，把屋顶的压力辗转传递到下边的柱顶上去。这样不但可以转移屋顶的压力，而且可以加宽柱子的间隔，也可以减少柱子的直径，既科学又合理，还省料。我们看唐代五台山的佛光寺（现全国仅存的四座唐代木构建筑中最大最完整的一座）大殿屋顶宽平，柱子间间隔较稀，而斗拱众多宽大，很符合省力省料的原理。这样逐渐形成了严密的程式和规范，以致北宋机械的《营造法式》，所有建筑用材规格一律按标准斗拱的尺寸的比例来做。

　　总之，中国古代木构建筑第一个主要特色就是斗拱。屋顶往下压，斗拱往上托，因此屋檐就翘上去了，形成坡度，曲线很优美，有极大的艺术特色，而它的背后则是材料和结构的作用。当然到后来的南方的一些建筑的屋檐翘起来就夸张一些了，那是人工做的，和木料自然的弯曲度不大一样。那些建筑的檐角都非常的尖、翘，与其说有结构上的意义不如说是装饰上的意义。到了明清以后，斗拱也成了一种装饰。唐宋的斗拱非常大，柱子也细，到了明清，宫殿建筑，像故宫，上面的斗拱成为密密麻麻的一排排的，尺寸变小了，在结构上也不起什么作用了，只是装饰，只能用很粗的柱子才能顶住很重的屋顶，柱子很粗，也很密集。因此，中国的建筑一些形式采用过各种结构和不同材料，但梁柱式结构是最重要的，木料也是最基本的。但也有石料的，像拱桥、高层建筑都有一些，但都没有像木构建筑那样达到登峰造极的地步。如前所述，中国的建筑更多的是在平面上发展，都是封闭式的，四边有墙，中间隔成若干院落，最典型的就是北方的四合院。南方的房子也多是这样。

另外，中国的木构建筑还有油漆，把柱子漆成红的，屋檐斗拱下的一般是青蓝的冷色。还有彩画，这都是可以造成屋顶的檐子和柱子之间有一个过渡。下面的红色是暖色调，中间用中性色彩，上面的屋顶一般是灰色的或黑色的。有时候，像皇家那就用黄色的或绿色的琉璃瓦，也是起到和下边的协调的过渡作用。房子的连接也很妙，根据木材的特点是用榫卯，不是钉子。当然也有用钉子的，但是榫卯占多数。这种的连接方法很结实，也很有弹性，中间不是刚性的结构，是有弹性的。因此中国的很多木结构屋子，经历了很多大地震，并没有垮掉。像应县木塔，那么高大的结构经历了多次大地震依然屹立。在唐山大地震中，附近蓟县的辽代建筑观音阁，也没有受损失。很多现代的房子都垮掉了，砖房、水泥房等都垮掉了，就因为这些都属于刚性的结构，而不是弹性的。连接巧妙具有弹性这是中国建筑的又一个特色。中国古建筑的外部线条，多半是保留了直线。形式决定于结构和材料，中国建筑艺术的特征风格也是在这种材料和结构的基础上面形成和发展起来的。

讲一下希腊建筑。同样是梁柱式建筑，有典型意义的是希腊神殿。希腊的神殿和中国的大屋顶式外形是截然不同的。希腊建筑突出的是柱子、柱廊。为什么呢？我们还是从材料和结构上看，希腊建筑的主要材料是石头，而且是很好的石料，就是大理石。在爱琴海的岛屿上和希腊半岛上出产有大量的优质大理石，非常细腻的白色大理石。在爱琴海这个地区，古代的海运是很兴盛的。因为爱琴海是个很小的海，里面有很多岛屿，岛屿之间的船运比较频繁。石料虽然笨重，但运输问题不大，主要通过海运而来。埃及建筑的石料运输主要靠尼罗河上的船运，连最大的方尖碑都能装船运走，而中国就不行了。中国主要是陆路运输，远不如河运。中国历史上有一次大规模的水路运输石头，就是宋徽宗时把搜刮来的南方的奇石和珍异的花木组成船队运到开封去修园子，就叫花石纲。花石纲闹的民怨沸腾，结果很多人被逼造反。《水浒传》里的很多英雄就是因为花石纲而逼上了梁山的。有一回讲的是押运花石纲的杨志，途中出了事，被罢了官，被迫去卖刀，刀没卖成，又杀了个泼皮牛二，最后几经周折，只有投奔梁山，诸如此类。朝廷用花石纲在宋代的都城东京修了个艮岳，就是些假山石，太湖石。后来，金人把北宋灭了，把开封拿下，就把艮岳里的好石头搬到了北京。这些石头一部分就在现在的北海。北海的琼岛，有一些假山石，还是当年太监大官童贯他们从太湖强采集来的花石纲，辗转到了北京。现在还能看到诸如杨志、方腊那些人遗留下来的痕迹。陆路运输木料问题在中国是比较难办的，好木材在明朝要从云南和贵州运。有时在路上要走一年才能到。还有石碑这类很重的材质，也要走一年。像明朝长陵的木材，清朝的皇陵的木材，太和殿的木材，很多都是从很远的地方拉来的，还有石头，沿途都垫上圆木，然后一节节的拉。到了北方以后，有时在冬天，就把水浇到路上冻成冰，在冰上拉木头。这样拉过来。很艰苦，少则拉一年，多则要三年，最多的是能拉十二年。而在希腊的建筑也没有非常整的大块石头，希腊的柱子是一节一节摞上去的。这种梁柱式的结构和中国一样，但是它的样式却和中国很不一样，这里就涉及用的材料和气候。石质的梁柱式建筑，柱子的间隔不能很宽，否则上面横着比较长的石梁就会承受不了剪力而断掉，这就要求柱子比较密，形成柱廊，和中国房子一样，一排一排的，柱子当然也比较直。另一个，涉及气候。古希腊所在的地中海有一种特殊的气候也叫"地中海式气候"，其特点就是夏天炎热干燥，冬天温暖多雨，和中国不一样。中国夏热冬冷，雨量集中在夏天，其他时候，雨很少。希腊这里有 90% 的雨量集中在冬天，夏天却很少有雨。因此，希腊的天空是非常晴朗宁静的，一年至少有三个季节是晴天。白云，晴天，底下是小岛，海水，草地，风景是非常优美的。在这种情况下，希腊人一年四季差不多都在户外活动，在房内的时间并不多。希腊的城邦社会，公共性活动很多，就在广场上。在神殿前，大家聚集在一起，祭神。神殿外呢？则有公众的聚会，政治家演讲，竞选，在广场上对雅典的公民大声疾呼，宣传自己的主张，攻击对手，然后由聚会的公众投票或选上或罢免乃至放逐。因此，西方人很重视演讲，我们就不太重视了。像西方的学校有一门课就是辩论课，我们现在才流行起来。正面反问，辩来辩去，他们随时都在辩论，都在听着演讲。因为当时没有报纸，没有出版书，更没有电视和广播。靠什么呢？就是靠自己的嘴去宣传，然后大家给你投票，有的当场叫好，也有的当场起哄。有时当场就能选上，但其他反对者一有机会也可以把你罢免。中国古代的孟子，最善于辩论，但是他说："予其好辩哉，予不得已也。"就是说，我辩论也是没有办法才做的。而西方人则纯粹是好辩，有民主传统，广场政治传统。很多事是靠嘴来做的。当然广场上还有各种各样的东西，像中国的庙会一样，什么都有，摆小摊的，卖吃的。人们聚会前往往约好，明天什么时候去某个神殿聚会。因此，希腊的神庙就形成一个各种聚会的场所。希腊不怎么下雨，即使下雨，他们有简单的木头屋顶，建筑是石头的，漏水就漏吧，无所谓。神殿有很宽的廊柱，廊柱的楣上面很细腻地雕刻出来的各种希腊的神话传说，还有车啊，马啊，战斗场面啊。这些神殿它的外面有一排柱子，里面有一排，最后面是储藏室，宝藏室，不像西方的教堂。当然，西方的教堂也要做大的集体活动，像做礼拜弥撒、祈祷、忏悔、唱圣诗等。希腊在17世纪被土耳其人的奥斯曼帝国占领了，神庙被破坏，遗留下来大堆的问题，如宗教问题、民族问题等。神殿的采光也是一个难以解释的问题。当时的采光方法主要有两种，第一种方法就是在屋顶开个洞，像罗马万神殿那样从上面进光；第二种方法就是从侧面小柱子间隙里进光。现在这两种方法都可以。这让我们明白：第一，神殿的结构不是随意想象出来的；第二，神殿的采光（基本上）开个门就可以了，确实希腊的阳光强烈、明媚。希腊的大理石很坚硬，以前希腊人就用大理石。大理石可以反射阳光，这样一来，希腊神殿的柱子就特别光滑并刻有凹槽，使阳光照到柱子形成阴影，不会那么强烈刺激眼睛。雕塑也非常的细致。另外，希腊的建筑讲究简朴、准确、简练美，房子盖得非常简练。还有，这种房子利用视觉的错觉来设计，柱子从下面比较宽的地方歪一些，逐渐向上收分。这种方式在中国建筑中也有，叫作卷杀式收分。

希腊民居和中国南方的院子差不多，中间有庭院，四面有房子，窗子开得很小，中国的梁柱式建筑一直发展到现代，但是西方希腊式建筑到了罗马以后就有了变化，最大的变化是加了"拱"。这些建筑的艺术形式很美，但它们却是根据实际需要而构成的。建筑的形式决定于它的结构、材料和各种社会功能，而结构和材料在相当大的程度上是由建筑所在的地区的自然条件决定的，比方说材料是用石头、还是木头、还是土，是采用梁柱式呢，还是混凝式呢，还是拱式。另外建筑的形式、形状跟当地的其他条件也有关系，比如说气候，还有些人文的因素，如宗教、道德观念、民族特色等。长幼尊卑内外的关系也会反映在建筑的结构上。

第七节　艺术——雕塑 [①]

再看其他艺术形式，如雕塑与自然环境的关系。

所有文明都有雕塑，而且都有人体雕塑。也并非一味模仿自然和追求完美。雕塑什么，如何表现却有时间和地域的限制。

在东方、中东、中国、日本，北欧，人物雕塑衣着都不怎么暴露，只有在地中海周边即古代希腊和罗马，才是裸体雕塑的故乡。

在古代中国，多变的温带季风气候，使人们必须着衣蔽体。古代人体雕塑绝少出现裸体形象，这恐怕和中国的医学传统有关。中医在很长时间内并不对病人解衣诊视，在人体结构和骨骼肌肉比例方面也没有什么研究。中医在很长时间里不知道人体器官的功能。认为人的思想来自心脏而非大脑。"心之官则思"，"眉头一皱计上心来"，"心想事成"，成为讹传。至于身上到底有多少根骨头，一个流行的说法是三百六十五根，以凑合一年三百六十五天和一个圆周的度数。只有北宋的宋慈的《提刑洗冤录》有一些关于人体解剖学的记载，已是空前绝后，然而也是语焉不详。就连中医很重视的经络六道学说人体气血的运行也找不到解剖学的根据。中国的人体雕塑不注重各部分的比例，庙里的佛像菩萨像往往显得呆板，衣服里面缺少轮廓曲线、比例的协调及和谐的韵味。山门四天王和金刚力士倒是裸着上身，体型粗壮，肌肉虬结，块块隆起，观者只觉其壮硕或狰狞可

---

① 关于本小节和下一小节"绘画"的内容，可参阅肯尼斯·克拉克《裸体艺术——理想形式的研究》（美玫、宁延明译，中国青年出版社 1988 年版）、丹纳《艺术哲学》（《傅雷译文集》第十五卷，安徽人民出版社 1985 年版）。

怖，却缺乏真实协调、形成一种和谐的韵味。

但古希腊艺术以雕塑为重，其裸体雕塑比诸后来的罗马还要精湛（现在所见的希腊人体雕像实际上都是罗马的仿品。罗马崛起后占领希腊，搬运大希腊遗物，雕像数量竟和罗马居民差不多）。更靠后的欧洲中世纪基督教艺术，更是不能与之相比。基督教提倡原罪、神圣、贞洁、虔诚、禁欲，视裸体为邪恶色情的表现，坚决反对，并加以禁止。所以中世纪人物画像和雕塑都穿上了严实肥厚的袍子，上面一个头和下边两只脚，神情呆板，体现了基督教会的价值观和审美观。只是到了文艺复兴，才恢复了希腊罗马裸体绘画和雕像风格。

为什么希腊罗马那么崇尚裸体，那么喜欢表现裸体呢？艺术史家们曾做过多种解释，包括希腊人追求完美，重视和谐，热爱数学和比例（如毕达哥拉斯的宇宙模型和黄金分割律）。这些喜好和理念其实源于希腊人所在的自然环境。希腊人所在的地中海气候区，天气温暖，阳光明媚，一年雨量集中在冬天，希腊人更多的是户外活动，因此生活比较单调，住所简单，只求有个睡觉的地方，甚少陈设。衣着更是如此，一块麻布稍加剪裁，用别针别住或用带子系住裹在身上或者套在身上，没有更多的复杂样式。为了美观，只在系带时在衣服上加上许多褶子，也就是中国古画中所谓的"曹衣出水"（在衣服上增添好些紧贴身体的褶子，这是随佛教艺术传入中国的印度和希腊化时代的犍陀罗风格）。

希腊实行城邦制，人民相当自由，又行奴隶制，公民有更多的闲暇从事劳动以外的活动（如公共集会和研学哲学和艺术的创作），他们的神具有肉体，跟人一样，交往密切，也有七情六欲，也要婚恋生育。他们又是天生的冒险家、航海家和士兵、商人，讲究身体的灵活、快捷和协调。四年一度的奥林匹克运动会使他们在竞技场很容易把那寥寥无几的衣服去掉而以健美的体魄呈现在热情的观众面前。胜利者不仅获得桂冠，还送他们一尊雕像。希腊人以他们的神和运动员为范本，表现肉体的完美，追求完美、比例、匀称、协调。这就是希腊裸体雕像的风气形成的原因，而且经历了几百年积淀终于成熟、大放异彩的原因。

第八节　艺术——绘画

再以欧洲文艺复兴时期的绘画为例。意大利画家的画风与尼德兰画家的画风有很大的差别。意大利半岛属于地中海气候，干燥晴朗，多山，一切景物轮廓鲜明，线条清晰，对比强烈，色调差不多是固定的，转换的界限分明。意大利文艺复兴时期的大画家画风都是这样。但是时间磨去了他们不朽画作的棱角，那时的颜料、材料、技法还有一些问题，就会褪色，逐渐损毁，尤其是壁画，时间久了它会褪色模糊，开裂，掉皮儿，如此，看起来就模模糊糊，其实原来不是那样。现在又费很大力气修复了，据说修复的效果还不如原来呢。意大利的画就是这个特点。尼德兰的画家代表人物有鲁本斯、伦勃朗，尼德兰的画家表现的比例是十分匀称的。西欧这个地方是个平原地带，面对大西洋，大西洋本身就潮湿，另外西欧的沿岸还有一个特点，有一股暖流从墨西哥湾出来一直斜渡大西洋，往西欧一直到了欧洲的最北部，一直到了俄罗斯北部。这个暖流给西欧带来了一种潮湿、多雾、多雨的天气，西欧这个地方的雨量是非常丰富的，气候非常湿润，雾也多。过去有名的伦敦是雾都，还有个电影叫《雾都孤儿》，这个"雾"与大西洋没有很多关系，而是因为伦敦那个地方位于泰晤士河河谷，在工业化前后，需要大量的烧煤，所以水汽、煤烟都存在河谷里出不去，成了极浓的雾。英国人在 20 世纪 50 年代以后，开始治理雾，把烧煤出烟的工厂都搬了，熏黑的房子的外墙都粉刷了。现在的伦敦早就没雾了，也成不了雾都了。我前些年到过伦敦，在那住了一年，那里漂亮得很。那一年很怪，冬天不但没有雾，连雪都没怎么下，就下了几场雨，夏天也很热，草都黄了，冬天还开花，就在我住的地方的对面草地上，郁金香开得非常茂盛，到了夏天海德公园的草都是黄的，天气很干，大概气候跟过去不一样了，是地理环境变化引起的。尼德兰是近海平原，很低的平原，那么大西洋水汽起过来后这里形成了雾、雨、阴天、潮湿，看景象时因为这些水汽，物体的轮廓往往看不清，只看见一块一块，线条是模糊的，比如一头牛，在潮湿的雾气中看过去，只是一块儿、一坨儿，而且也很易看出它是立体的，因为光线会使颜色改变，体积和色彩色调的不同层次的变化，牛的影像中间由于光线的缘故加上水汽的缘故较边缘部分颜色从深到浅，出了牛的形体之外变到牛背后的背景去了。因此现在看尼德兰画派的画，同样是文艺复兴的画，你得到的是一种体积、一种层次、一种色调的逐渐的转化，浓淡逐渐的变化，而不像属于地中海气候的意大利的画那样线条、色调鲜明对比强烈。有时间大家可以翻一翻画册比较一下。同样中国画也有它的特点，一般来说它也注意线条，但有时候它也重视色彩，大体上画北方的风景重视线条，这和气候很有关系，画南方的风景就注意色彩，因此中国的画派分成南派和北派。中国画还有一个传统，只就山水画为例，其绘画有写生的成分，但往往趋于主观的改变，比如说中国画和西方后来的未来派、现代派风格有相似的地方。外面要学习自然真实的一面，然后要用内心来体验、感受，加以提炼、深化、改造。山水画很讲究"情"，王维"诗中有画，画中有诗"，他还是把他的心灵、精神，把他的意念抽象出来放入诗中，不完全是写实的，不是在追求自然界的忠实的再现，中国的画有这个特点。到宋以后，文人画也很强调山水，我们如果看中国画，无论是早期的，特别是后期的文人画的山水画，看起来山不像山，水不像水，我们现实生活中没有见到这样的山，也没有见到这样的水，它讲究的是一种气韵、神韵、心意、笔墨趣味、抽象的表达。现在还有人研究以书法入画，像苏东坡把写字和画画结合在一起，两者之间互相交融，"情景交融"，这是中国画在世界上独一无二的做法，这个特点如仔细分析，也还是在中国的自然环境下，借着中国的自然界的特殊风貌，靠着自己的精神风格创作出来的。我年轻时看一些画，觉得山、水、石头怎么画得也不像，那水就是鱼鳞式的波纹，山石的形象古怪嶙峋，纹理没有见过。后来我走的地方多了些，我发现了这些不像山水的山水画，其实是中国的某一些，甚至是相当多的地区山水的抽象，而不是完全脱离现实。特别是南方，北方山水好像比较平淡，南方的山水不得了，各种各样非常美、非常奇怪、非常特别的景观，我感觉到中国画并不是脱离现实的，恰恰正好是中国特殊的地理环境下面自然的风貌的一种抽象、升华，它不过是把那些特征夸大了，提炼了，突出了。中国画这种独一无二的气派、风格也还是从中国的特殊的自然地貌中间、以它为基础演化来的，这是山水画。说到人物画，我看中国人物画的成就不如文艺复兴，很重要的原因是中国人物画不大讲人体结构、比例、透视。当然中国人物画也有它自身的特点，确实比中世纪基督教画的那些呆傻的、木讷的人物要好多了。

第九节　艺术——文学

再看文学，我们提到过希腊的自然环境，风光明媚，气候晴朗，小岛、洁白的大理石、草地、溪水、池塘、树林、花儿，希腊的神在这样优美的自然环境中间活动、表演，那么希腊的人也是在这样的环境中生活。这样的自然环境就带来了希腊文学的特点，黑格尔讲过"爱奥尼亚明媚的天空大大有助于荷马史诗的优美"，是很有道理的，反过来，即使有爱奥尼亚群岛晴朗的天空，但希腊也只出过一个荷马。荷马的出现，自然环境背景舞台当然有它的作用，但《荷马史诗》的出现是有其当时社会的、历史的、人文的环境。不只是自然环境的原因，因此也只出了一个荷马，以后再没出过，空前绝后了，这是希腊。考察一下中国的情况，我们知道中国古代北方的诗歌文学与南方的诗歌文学是有一定差别的，这种差别与北方和南方的自然环境的差别有关。比如先秦时的《诗经》是黄河流域的作品，其风格是厚重、朴实，背后也有北方的平原、高原、高山、大河。再往北是塞外大草原，这是诗歌灵感的很好的源泉。我们知道有首北朝的《敕勒歌》"敕勒川，阴山下，天似穹庐，笼盖四野。天苍苍，野茫茫，风吹草低见牛羊"，是北方大草原的诗歌，一看就知道什么环境，气氛也是苍凉雄壮。南方同时期的诗歌便极富江南形象，一些小儿女，坐着小盆儿划水采莲，唱着采莲歌，一片很长很长的池塘，曲曲折折的荷花莲叶，"江南可采莲，莲叶何田田。鱼戏莲叶东，鱼戏莲叶西，鱼戏莲叶南，鱼戏莲叶北。"这与北方的《敕勒歌》由于不同环境的影响，在诗的风格上形成了鲜明的对比，北方是苍凉悲壮气势宏伟，南方是小的、精巧的、美的、细腻的。像采莲歌，一条游鱼能写四遍，看似重复，但细品是很有味道的，连采带玩，鱼儿在莲叶底下乱窜，把小儿女的形象描写得很生动。在战国时与《诗经》相对应的是《楚辞》，地点大致上在长江中游湖南湖北，这一带与《诗经》的环境不同，这里有山有水，山是孤峭陡拔的，大家可以想一想桂林的山水，长草长树，长一些奇怪漂亮的花草，天气也是雾蒙蒙的，那么《楚辞》讲究情景交融，就带有这种气氛。《像山鬼》："表独立兮山之上，云容容兮而在下，杳冥冥兮羌昼晦，东风飘兮神灵雨。留灵修兮澹忘归，岁既宴兮孰华予"。描写一个孤独的精灵，在山上苦候他的爱人，那是很哀艳的一首诗。

以上所讲的，只是举例性质。自然环境与各种社会生活现象的直接关系，还有待深入论列。还有一些重要的社会现象，它们与自然环境的关系更是没有涉及，像哲学思想、宗教观念，以及民族观念、民族性格、民族心理与地理环境的关系等，这里就没有涉及。

第四章　地理环境不是社会生活中起决定作用的因素 *

　　地理环境是社会物质生活和社会发展的经常的必要的条件之一，但它不是起决定作用的条件，起决定作用的是生产方式。

　　地理环境虽然是作为生产方式最活跃最革命的部分——生产力的必要因素，但是，在人与自然的关系中，人是起主导作用的。在生产力诸因素中，起决定作用的不是参与劳动过程或成为劳动过程必要条件的那些自然条件，而是制造和使用工具改变自然条件使之适合人们需要的劳动者。"生产力是人们的实践能力的结果"[1]，"劳动首先是人和自然之间的过程，是人以自身的活动来引起、调整和控制人和自然之间的物质变换的过程"[2]。生产从目的上看，是改造自然以适合人的需要；从途径和手段上看，要经过人的劳动，劳动工具要经过劳动加工自不待言，劳动条件一般也需要经过劳动加工，才能成为劳动条件，例如场地的平整、道路的修建、航道的整治，乃至经过人工设计安排的采光、通风等。在劳动对象中，经劳动加工过的劳动对象不必说了，天然存在的劳动对象，只要参加生产过程，实际上也打上了劳动的印记。天然存在的自然物要作为劳动对象，首先要被人们发现，其次需要认识其用途，然后还需要有这样的经验，即人们的劳

* 　这小节的文字是借用了作者《地理环境在社会发展中的作用》一文中的最后一节，发表于《历史研究》1988 年第 6 期。

[1] 　马克思：《致巴·瓦·安年科夫》（1846 年 12 月 18 日），《马克思恩格斯全集》第 27 卷，人民出版社 1972 年版，第 477 页。

[2] 　《资本论》第 1 卷，《马克思恩格斯全集》第 23 卷，人民出版社 1972 年版，第 201—202 页。着重号是引者加的。

动技术能够改变其物质形态。其中天然的非生物性物质，要经过劳动者的考察勘探，而生物则需经过调查、采集、驯化、育种，才能成为社会的劳动对象。因此，作为生产力要素的自然物质，几乎无一不是经过各种途径，用各种方式或多或少地经过劳动，才能成为生产力要素。最后，生产力诸因素只有结合起来才形成生产力，而这种结合只有经过人的劳动，或在劳动过程中才能达到。因此，生产力的决定因素不是自然条件。

但是这个问题不能绝对化。在局部地区和一段时间里，自然条件有时可以起决定性的作用。这是因为，自然条件的作用是在各种因素的复杂关系中显现出来的，一旦有关的因素及其关系发生变化，原先起决定作用的因素可能变为不起决定作用，而原先非决定性的因素可能成为决定性的。自然的灾难如此，自然的恩赐也是如此。庞贝城的毁灭，是永恒的；唐山市的毁灭，却是暂时的。居住在富饶的磷矿之上的南太平洋瑙鲁岛的居民，以往生活经年累月没有多少变化，但是到了现代，由于磷矿的开发竟使它成了世界上人均收入最高的国家之一。然而，磷矿即将开采完毕，这个岛国的前途还待居民自己努力奋斗。中东那些盛产石油的国家的命运也将是这样。

至于地理环境对生产以外的社会生活各方面的影响，同样也不是决定性的，起决定作用的是社会因素。地形平缓、交通便利固然是中国统一集权封建国家形成的一个有利条件，但类似的地形却并没有使中世纪的西欧成为统一国家。地形和气候固然有助于蒙古高原民族和南方汉族的交往和斗争，但主要的推动力量还是来自经济的以及民族的、政治的乃至社会心理的因素。地理环境促成了语言的区划，但并不能解释语言之何以形成。希腊的自然条件固然通过材料和结构影响了建筑的艺术风格，但它们只有依附于并融合于像神殿这样的宗教的社会的功能中才能得到表现。同样，地理环境也无法解释中国山水画何以到唐宋以后才兴起，又何以从早期的模写真实自然转变为元以后讲求神韵的文人画。

历史上不少学者在探讨社会发展的原因时，把注意力集中到地理环境上，从古希腊的希波克拉第、柏拉图、亚里士多德，中国的司马迁，到资产阶级启蒙学者孟德斯鸠、德国古典哲学家黑格尔、英国社会学家巴克尔、俄国地理学家梅尼奇科夫以及中国的梁启超等，都在不同程度上提出历史发展的进程可以用整个地理环境或其中的某些因素（气候、地理位置等）的作用来说明。他们的论述不乏精辟的观点，并具有一定的唯物主义因素和历史的进步作用，但从根本上来说是错误的。

在马克思主义者关于地理环境作用问题的论述中，特别需要提出的是普列汉诺夫和斯大林的观点。

普列汉诺夫反复地阐明，过去人们往往错误地局限在探究人们周围的自然界在心理或生理方面对人的影响，而完全忽视了自然界对生产力状况，并通过生产力状况而对人类全部社会关系以及人类整个思想上层建筑的影响。他正确地说明了地理环境主要是从生产资料方面影响了生产力的，并且在一定程度上说明了人和自然交互作用的辩证关系。普列汉诺夫把地理环境的作用问题放置在历史唯物主义的基础上，这是他的重要贡献。

但是，普列汉诺夫有一个根本性的错误，这就是他把地理环境当成了生产力发展的决定因素，以致形成了一个公式：地理环境决定生产力——生产力决定生产关系——生产关系决定其他社会关系、社会结构和上层建筑。普列汉诺夫之所以出现这个错误，是由于他认为在生产力诸因素中，生产资料是决定性的，而忽视了人和劳动的作用。他说："人是从周围的自然环境中取得材料，来制造用来与自然斗争的人工器官。周围自然环境的性质，决定着人的生产活动、生产资料的性质。生产资料则决定着人们在生产过程中的相互关系，……正如一个军队的武装决定它的整个编制和它的组成员的相互关系一样。人与人之间的相互关系，则在社会生产过程中决定着整个社会结构。自然环境对社会结构的影响是无可争辩的。自然环境的性质决定社会环境的性质。"①

普列汉诺夫虽然反复宣传地理环境最终对社会发展起决定作用的观点，但他似乎也感到未免绝对，因此有时对之加上一点限制。如"社会生

----

① 《唯物主义史论丛》，《普列汉诺夫哲学著作选集》第 2 卷，生活・读书・新知三联书店1961 年版，第 168 页。着重点是原有的。

产力的发展在很大程度上决定于地理环境的特点"①，"生产关系是在特定的生产力的基础上产生的，而生产力又在相当程度上依赖于地理环境"②。更重要的是他又提出了一个补充意见，即："包围着人的自然本身给了人以发展他的生产力的第一个可能"，"第一个推动力"或"原始推动力"。在此之后，即社会关系产生后，社会关系（生产关系）"是结果，生产力是原因，但是结果本身又变成原因；生产关系又变成生产力发展的一个新来源"，"生产关系和生产力的相互影响，造成了一个社会运动，这个社会运动有它自己的逻辑和它自己独立于自然环境的规律"，"自然环境在这种情形之下所能为力的事，只是由助成生产力的发展来促进这个运动"，"人为的环境是非常有力地改变着自然对社会的人的影响的"，"人对地理环境的依赖从直接的变成间接的了。地理环境经过社会环境影响于人"③。

但是，人类之成为人类，就是因为他是通过劳动及使用和制造工具来支配自然界，从而同仅仅利用外部自然界的动物有着本质的区别。人类作为动物固然也是自然界的一部分，但从一开始人的自身就是"作为以一种自然力与自然物质相对立"④，而且从一开始就是结成一定的社会关系来从事劳动和生产的（普列汉诺夫对此有许多正确的论述）。古猿怎样演化成为人的问题，今天还不能说是完全解决了，还需人类学家、古生物学家、考古学家、地质学家等继续探索。但是，不论变化着的自然条件在人类的形成上起了多大作用，不论人类形成的时期对自然界的依赖是何等大，对

---

① 《谈谈历史》，《普列汉诺夫哲学著作选集》第 2 卷，生活·读书·新知三联书店 1961 年版，第 250 页。着重号是引者加的。

② 《尼·加·车尔尼雪夫斯基》，《普列汉诺夫哲学著作选集》第 4 卷，生活·读书·新知三联书店 1974 年版，第 333 页。着重号是引者加的。

③ 上列引文按引用先后次序出自：《论一元论历史观之发展》，《普列汉诺夫哲学著作选集》（以下简称《选集》）第 1 卷，生活·读书·新知三联书店 1959 年版，第 767 页；《替经济唯物主义说几句话》，《选集》第 2 卷，生活·读书·新知三联书店 1962 年版，第 227 页；《谈谈历史》，《选集》第 2 卷，第 250 页；《唯物主义史论丛》，《选集》第 2 卷，第 169 页；《论唯物主义的历史观》，《选集》第 2 卷，第 272 页；《论一元论历史观之发展》，《选集》第 1 卷，第 766 页。着重号都是原有的。

④ 《资本论》第 1 卷，《马克思恩格斯全集》第 23 卷，人民出版社 1972 年版，第 202 页。

自然界的支配能力是何等的薄弱，生产关系和社会组织是何等的原始，也不论人类的形成要经过多少漫长的岁月和中间过渡阶段，但终究不能认为存在着完全受自然界支配的人类，存在着没有生产关系或社会组织的"原始生产力"。如前所述，自然环境既然始终作为生产资料的物质材料而对生产力起作用，通过生产力对生产关系及上层建筑间接地起作用，而且始终也对生产力以外的其他社会生活方面起作用，那么，那种把人类早期地理环境通过生产力起直接的决定作用，后来通过生产力对社会环境的影响而间接地起作用的说法不免是不正确和混乱的了。因此，普列汉诺夫关于地理环境对社会发展的决定作用的这个补充是错误的，而且同他许多正确的论述是相矛盾的。

普列汉诺夫还有一个提法："只因为地理环境的某些特殊属性的荫赐，我们的人类的祖先才能提高到转化为 toolmaking animals（制造工具的动物）所必要的智慧发展的高度。和这完全同样地，也只有地理环境能够给这个新的'制造工具'的能力以使用和改造的余裕。在生产力发展的历史过程中，人的'制造工具'的能力，首先应该看做是不变量，而使用这个能力的周围的外间条件——看做是经常变动的变量。"①普列汉诺夫认为，一定历史发展阶段人们改造自然或制造工具的能力是一个确定的量，这个能力能实现到什么程度则决定于周围的自然条件。这里，还是夸大了自然条件的作用，而把人的改造自然的能力置于一种完全受动的地位。实际上，人与自然的交互作用是一种复杂的关系，不能说一方不变一方可变。而这种关系的变化是有规律可循的，即总的趋势是人类对自然支配的能力越来越大，自然条件则随人的支配自然能力的扩大而越来越得到充分的利用。而人的改造自然或制造工具的能力则在人与自然的交互关系中或生产过程中居于主导的地位。因此，在地理环境对社会发展的作用问题上，普列汉诺夫尽管发表了不少正确的意见，但也有错误和自相矛盾之处，并没有摆脱"地理环境决定论"的束缚。

---

① 《论一元论历史观之发展》，《普列汉诺夫哲学著作选集》第 1 卷，生活·读书·新知三联书店 1959 年版，第 681—682 页。着重号是原有的。

斯大林的《论辩证唯物主义和历史唯物主义》阐明了生产方式是决定社会性质和社会发展的主要力量，否定了地理环境决定社会性质和社会发展的错误观点，这是正确的。但是对地理环境何以对社会发展不起决定作用的分析，却不能认为是正确的。第一，他谈到社会生产力时只提到两个要素，即生产工具和人，而把劳动对象排除在生产力要素之外，这就不免贬低了地理环境对生产力性质和发展的重要意义。第二，由于把地理环境基本上排除在生产力要素之外，地理环境对社会的影响就只能基本上是外部的而非内部的了。而地理环境也就只能从量和时间方面加速或延缓社会发展进程，至于地理环境从质的方面，即对生产力性质、社会特点等方面的影响则完全不在考虑之列。第三，断言社会的变化和发展比地理环境的变化和发展快得不可比拟，因此地理环境不能是社会发展的决定的原因。这里，斯大林在人和自然的关系上，把地理环境当成了几乎是绝对静止的因素（这和普列汉诺夫的论点正好相反），完全忽视了地理环境自身的某些变化对社会发展仍然可能起着或大或小的作用。更重要的是完全忽视了地理环境在人的作用下会发生很大的变化，而这种变化反过来又会对社会发展带来巨大的影响。也就是说，斯大林完全忽视了人与自然的复杂的交互作用及其自然的和社会的影响，而是用一种机械论的观点来对待地理环境问题，贬低乃至实际上否定了地理环境对社会发展的重要作用。

自从《苏联共产党（布）历史简明教程》出版以来，斯大林的观点在我国长期占据了统治的地位。这不仅限制了从理论上对这个问题的探讨，而且也助长了在经济建设的实践中那种过分强调人的主观能动性，不顾客观自然条件的蛮干做法。因此，今天来深入探讨这个问题，无论是从理论上还是实际上都是必要的而且是有意义的。

下 篇
分述：东亚大陆 内部的历史地理区域

第五章　世界古文明带和东亚大陆

第一节　世界古代文明带

在亚洲东部有一片广袤的地带，在历史地理上自成格局，这就是中国各族祖先孳生繁衍的地方，可以称之为东亚大陆。但在介绍东亚大陆之前，我们需要先介绍一下世界古文明带。

照学者的意见，温带是古人类文明最早兴起的地方。不仅是气候条件形成了物产的丰富性，而且更其重要的，具备了物产的多样性。[①]

这样的人类古文明发源地，在北温带的欧亚大陆连绵成了一长段地带，这就是古文明带。这段地带，西起 0°，东延到东经 135°，从西到东包括地中海中部、东部、北非、埃及，意大利半岛，希腊半岛，爱琴海诸岛，小亚细亚，中东，伊朗高原，阿富汗，印度半岛，一直东北延到中国、朝鲜和日本。它的宽度，在地中海是北纬 20°—50°；埃及、中东和伊朗是北纬 20°—40°；印度为北纬 10°—30°；中国则为 20°—45°，因此这个地带呈现略微下沉的弧形，其长度东西在 1 万千米以上，南北宽度则为 1400—2000 千米。世界历史上的古文明大都分布在这段地带上。如果以公元为界限，可以列举为：

地中海中部——迦太基、罗马

地中海东部——爱琴文明、迈锡尼文明、希腊、埃及、小亚细亚

[①]　《马克思恩格斯全集》第 23 卷，人民出版社 1972 年版，第 561、870 页。

文明

　　中东肥腴月湾——腓尼基、犹太

　　两河流域——苏美尔、巴比伦、亚述、赫提、迦尔底亚

　　伊朗高原——阿富汗、波斯

　　印度半岛——印度、尼泊尔

　　东亚——中国、朝鲜、日本

这个古文明带中部正好形成略为下沉的弧形。这个弧形正好处于北温带，有利于古文明的兴发。按现今的人类起源学说，远古人类于300万年前起源于非洲，几经变迁，向北迁徙，最后一支现代人的祖先大约是16万年前形成并且北迁，逐渐分布到这个古文明带的各处地方。这里是北温带的暖温带亚热带和热带，这个地带在北回归线（北纬23.5°）一带是属于热带，但不同的地形及与海洋的关系，使它不那么干热，而属于有海洋来的湿润空气或河流的调剂，变得宜于人类的生活和文明的孕育。从西到东，先是意大利半岛、北非、希腊半岛和爱琴海诸岛，这是受地中海气候的控制。所谓地中海气候，就是一年四季春夏秋三季天气晴朗，雨量稀少，降雨则集中在冬季，而且并不酷冷，最适于人类活动。至于南边的埃及，那是跨在北回归线上，在它的东侧和西侧都是沙漠，也是干旱少雨。但有一条尼罗河，从南到北流过，水量丰富，定期泛滥，水退后留下淤积的河流挟带而来的沃土，大大有利于灌溉农业的兴起。同样，在两河流域——幼发拉底河和底格里斯河，同样因为灌溉而兴起了文明。再往东的印度，也是古文明兴发之地。

到了印度，拜印度洋季风以及恒河和印度河之赐，水稻种植非常发达，从而形成了古文明。再往东的中国所在的东亚大陆，也因为东亚季风所带来丰沛的雨量，而使得那里的农业无论是南方的灌溉农业的水稻还是北方的旱作农业——小米、小麦也兴盛起来，从而出现了古文明。只有中亚和中国西北，那是季风达不到的地区，因此成为干旱地带。只凭高山冰川和融雪的水流在小块绿洲上灌溉。广大地表则覆盖着牧草、荒原、荒漠和沙漠，人烟稀少，交通不发达。同样，面积达240万平方千米的青藏高原海拔平均在4000米以上，那也是一个苦寒干旱地区，人类生活还很

艰苦。

这在世界历史上是独一无二的古文明带，几乎占了北半球世界文明的一半，其他地方则无此条件。像美洲的玛雅、阿兹泰克、印加的古文明，非洲南回归线上非洲的廷巴图、贝宁文明等，都不具备上述文明带的条件，它们也在发展，但比较零碎、分散。

从地形上看，7000万年以来的多次阿尔卑斯—喜马拉雅造山运动几经变迁，西边把地中海向北推，出现了阿尔卑斯山脉，把阿尔卑斯山的南北隔绝开来。欧洲西部濒临大西洋，又多平原，再加上强大的墨西哥湾流一直可以把湿润的空气吹到西欧内地，带来丰沛的雨量。这里森林草原发育，现在是世界重要的居民聚居区、工业发达区。但是在遥远的古代，这里到处点缀着一些原始的蛮族，从事游牧和原始农业，并没有形成多少厚的文明积淀。从大西洋岸往东，气候和雨量逐渐递减，直到黑海北边的辽阔的草原，但地势却相对平坦，这里是游牧民族活动的地方。只是在它以南，越过阿尔卑斯山脉和喀尔巴阡山脉，这才是文明的故乡。从亚平宁半岛往东，经过巴尔干半岛、小亚细亚的安纳托利亚高原和高加索山脉，往南是诸种古文明的发源地，那是古罗马、古希腊、古爱琴海、古腓尼基、犹太，还有古苏美尔人、巴比伦人、亚述人、赫梯人、迦尔底亚人的活动舞台。再往东去，阿尔卑斯—喜马拉雅造山运动形成的札格罗斯山脉把山脉南北隔开了，南面的伊朗高原是古波斯文明的诞生地。而在高原的北边深入大陆的核心，形成了中亚沙漠和干旱大陆性气候草原。再往东去，这个地带的走向出现了巨大的断层，在1.35亿年前（侏罗纪晚期）从冈瓦拉古大陆分离出来的印度板块，一直向北漂移，最后深深楔入了古老的亚欧大陆板块西南端，使它出现多次隆起和褶皱。从7000万年前到3000万年前，经过多次造山运动，最后终于把古亚欧大陆西南端高高拱起，形成了喜马拉雅山等一系列横向高山和世界上最高的高原——青藏高原，也成为不怎么适合人居的高寒干旱地带。青藏高原的隆起阻隔了从印度半岛东西两侧吹来的印度洋季风，造成了青藏高原的干燥少雨，与南边的亚热带景观完全成了两个世界。正因为这一隆起和阻隔，把中亚的干旱地带向北推移了一千多千米，形成了处于大陆中心地段的新疆内蒙古的大陆性气候

（干旱、少雨、冬冷夏热）。从青藏高原向东，地势又呈阶梯状下降一直到太平洋及其边缘海的海岸，形成了东亚季风区，夏季温暖而湿润的空气，借季风之助从海上吹向内陆，带来了丰沛的雨量。季风的影响越朝西越减弱，终于被阶梯状的山脉所阻隔，越来越呈现大陆性。正是在古文明带的最东端，在黄河和长江两大河流及其支流的哺育下，孕育了古老的中华文明。并且向外扩展，涉及了朝鲜、日本、越南，属于干热带的北回归线附近一带，也因为临近海岸受到季风的作用而有了文明的发育。同样往北也是如此。这样，把北回归线的干热带向北推移了约 10 个纬度。于是这条古文明带在伊朗以东又成了一个向南弯曲的弧形，那就是 7000 万—3000 万年前喜马拉雅山造山运动隆起的青藏高原的天赐。

这条古文明带的各个地段文明生成都很早。尤以古埃及、古两河流域、古印度为最。中国出现古文明的时间约在文献记载上的夏朝以前（约 4500 年前），和别的古文明时期相比差不了多少。而这个文明带由于种种因素，又不断形成古大国，也可以把它叫古大国带。公元前已有大国出现，公元后更是屡见不鲜，可以列表如下：

面积单位：万平方千米

年代	中国		世界		
	王朝	面积	国家	面积	控制地区
前 15 世纪	商	80	埃及	100	埃及、东地中海边缘
前 10 世纪	西周	150			
前 7 世纪			亚述	200	两河流域、小亚细亚一部、埃及
前 6 世纪			波斯（阿契美尼德王朝）	600	伊朗、小亚细亚、印度河、两河流域、中亚一部
前 4 世纪			亚历山大帝国	700	巴尔干、埃及、两河流域、伊朗、印度半岛西北
前 3 世纪	战国	180			
公元前后	西汉	1100			

续表

年代	中国		世界		
	王朝	面积	国家	面积	控制地区
2世纪			罗马	500	意大利半岛、北非、英格兰、法国、巴尔干、两河流域
4世纪			波斯（萨珊王朝）	500	伊朗、阿富汗、两河流域、阿拉伯半岛一部、中亚一部、印度河流域
7世纪			拜占庭 大食	250 1000	巴尔干、小亚细亚、两河流域、北非、伊朗、中亚一部
8世纪	唐	1300			
13世纪	元	2000（四大汗国不计）			
15世纪	明	900（如加上鞑靼、亦力巴里的600万平方千米，则为1500万平方千米以上）	帖木儿帝国	500	伊朗、中亚、印度半岛西北
16世纪			奥斯曼帝国 印度莫卧儿王朝	600 400	小亚细亚、巴尔干、埃及、两河流域印巴次大陆、阿富汗
18世纪	清	1300			
20世纪初			英帝国（1909） 沙皇俄罗斯（20世纪初） 法国（1914） 美国（20世纪初）	2914 2300 1050 937	

　　可见，在历史上的任何一个时期，处于古文明带东端的东亚大陆上的中国都是世界上有数的大国。而且在一段长时间内，即从公元前后到18

世纪，也就是中国的封建时期，中国是当时世界上最大的大国。而在历史时期的两端，即公元前和18世纪近代资本主义兴起之后，中国是大国，但还不算是疆域最大的大国。

下边，我们就来介绍一下我们祖先成长孕育的地方——东亚大陆。

第二节　东亚大陆

广袤的东亚大陆在世界古文明带——古大国带的最东端。西起东经73°，东迄东经140°，延伸约5200千米。在南北方向上，东亚北起北纬60°左右，南迄北纬4°，延伸约6000千米，总面积约在1300万平方千米以上。这是我们祖先生活、繁育、发展的地方，可以称之为"东亚大陆"。①

东亚大陆面积辽阔，是世界古文明带中面积最大、延伸最长的一块地方。

东亚大陆整个地形呈现为一个从西向东倾斜的巨大的等腰三角形，它以帕米尔高原为顶点，以向东北和东南方向延伸的两组山脉带为两边。东北走向的一组依次是天山、阿尔泰山、萨彦岭、贝加尔湖以北山地、外兴安岭（斯塔诺伏山脉）一直延伸到鄂霍茨克海边。从帕米尔向东南走的另一组山脉则是喀喇昆仑山—喜马拉雅山，再南折为横断山脉，一直延伸到印度洋的孟加拉湾和南海之滨。它的底边就是辽阔的太平洋西侧的多个边缘浅海，水深多在100—200米。宽400—600千米的大陆架上岛屿星罗棋布，最外端排列着由若干半岛和岛屿组成的岛弧（岛链，又称花彩列岛）。从北往南是阿拉斯加半岛和阿留申群岛，勘察加半岛和千岛群岛，日本列岛，朝鲜半岛，琉球群岛，台湾岛，围着南海的菲律宾、越南、柬埔寨、泰国、马来半岛和巽他群岛。在这些岛弧与大陆之间则是一连串的边

---

① 这里讲的"东亚大陆"主要是指古代中国的疆界，大体上可以康熙二十八年（1689）与俄罗斯签订的《尼布楚条约》作为北方的界线，而以乾隆全盛时的版图作为参照。

缘海。从北往南数有白令海、鄂霍茨克海、日本海、黄海（渤海不在内）、东海、南海，还有菲律宾海、苏禄海、爪哇海（这三个海也不在东亚大陆内）。

在"东亚大陆"这个从西向东倾斜的大等腰三角形内，地势明显地可以作为阶梯式的层次分布。第一级阶梯是世界屋脊青藏高原，面积达240万平方千米，海拔平均在4000米以上。青藏高原以东，地势明显降低，构成第二级阶梯，以大兴安岭、太行山、伏牛山、巫山、武陵山、雪峰山为界，主要由广阔的高原、山地与盆地组成。高原海拔在1000—2000米之间，山地高度列在1500—2500米之间，少数山脉如天山山脉海拔达4000—5000米。大兴安岭—太行山—雪峰山以东，是第三级阶梯，主要以平原、丘陵、低山为主。这里地势低平，人口稠密，经济发达，交通方便，城镇遍布。长江以南，则多低山丘陵，广大地区海拔多小于500米，也是农业和经济作物的主要产区。

在纵横交错形成的东亚大陆网络状的山地中，根据走向，山脉可以分成几列，南北向的山脉位于东亚大陆中部，由北而南有贺兰山、六盘山、邛崃山、大雪山、沙鲁里山、宁静山、怒山、高黎贡山等横断山脉。东西向的山脉有三列，北列有天山和阴山；中列是昆仑山、秦岭、东延为淮阳山；南列是南岭。三列山脉间距大致相等，各约8个纬度。北西向的山脉主要分布在东亚大陆西半，有萨彦岭、阿尔泰山、祁连山以及青藏高原的喀喇昆仑山、唐古拉山、冈底斯山、念青唐古拉山、喜马拉雅山西段等。北东向的山脉主要分布在大陆东部，自西向东有西列的大兴安岭、外兴安岭、太行山、巫山、雪峰山等，东列的有长白山、千山、鲁中山地丘陵、武夷山、戴云山，外列主要分布在台湾岛上。

在纵横交错形成东亚大陆网格状骨架的山地中，有四大高原、四大盆地、三大平原镶嵌其中，这就是青藏高原、蒙古高原、黄土高原、云贵高原；塔里木盆地、准噶尔盆地、柴达木盆地、四川盆地；以及东北平原、华北平原和长江中下游平原。山地高原为主体的地表结构中，山地高原面积最广，约占全大陆面积60%，盆地平原占了31%（平原12%），丘陵10%，可耕地比较起来是较少的。

东亚大陆河流众多，四向淌流。水系共计有四：一、太平洋水系，要者从北往南数是乌第河、黑龙江、图们江、鸭绿江、辽河、海河、淮河、长江、东南诸水（钱塘江、曹娥江、瓯江、闽江、九龙江、韩江）、珠江、红河、澜沧江；二、印度洋水系，怒江、伊洛瓦底江上游的迈立开江和恩梅开江、雅鲁藏布江、恒河、印度河的上源；三，北冰洋水系，额尔齐斯河、色楞格河（流入贝加尔湖，该湖又是鄂毕河的源头）；四，内陆水系，塔里木河、黑河、白羊河、克鲁伦河。

面积辽阔、复杂多变的自然环境（包括地形、气候、水系、海域、土壤、植被资源、工矿等），使东亚大陆无论在自然环境、经济环境还是人文环境上都具有了丰富多彩的特色。

第一，西高东低阶梯状层层下降的地势，对河流的影响最为显著。中国著名的江河，大都源于第一第二级阶梯，河水奔流而下，沟通了大陆东西方向上的交通，加强了沿海与内地的联系。在地势呈阶梯状下降落差大的地段，河流下切，坡大流急，由于雨带略呈东西向自南而北推进，基本上与河流干流相平行，从而当雨带移至或停滞于某一流域时，往往上中下游同时大量降水，水量迅速增加，形成洪峰。雨带过境后全流域水流量同时减少，增加了河海川径流年内分配的集中程度，使我国季风区区域的河流，更明显地反映了大陆性河流水文动态的特点。

第二，气候变化从北到南和从东到西呈层状排列。前者随纬度的变化，除了最北的寒带外，以下的寒温带、冷温带、温带、暖温带、亚热带、热带、赤道带，全都具备。气候从东到西的变化，主要受地形的影响。东亚大陆南部、东部和东北部属东亚季风区。夏天风从东南方的海面吹来，挟带着大量的水汽降而为雨，雨量丰沛程度从南到北递减，七、八月间的台风造成了破坏，但也带来了丰富的水量。冬天，西伯利亚的冷空气从西北袭来，也带来寒潮和雨雪，东亚季风区的大体界限是祁连山、贺兰山和四川盆地一线。再往西北就属于大陆性季风区，季节和昼夜温差大，雨量少，这是个过渡型季风区。再往西北就是大陆性气候了，那里雨量稀少，冬夏和昼夜温差特别大，夏天酷热，夜晚可以骤降到0°。这样也就大体上形成东亚季风区属农区，而西北地区属牧区的格局。至于西南的云贵高原，则属于印度洋季风区，雨量丰沛，一年分成旱季和雨季。

东亚大陆变化多端的地形在内部形成了不同的气候差异。北半球的季风区的水热同期，特别是东部地区，有利于农牧业发展，使得东亚大陆气候资源丰富，类型多样。从而使我国种植制度具有多样性。以积温划分，≥ 0°积温 4000—4200℃为作物一熟带与二熟带的分界线；≥ 0°积温 5900—6100℃为二熟带与三熟带的分界线。在东亚大陆东部，≥ C°积温 4000—4200℃以上（≥ 10°积温 3600—4800℃地区）是小麦、玉米两熟为主的地区，≥ 10°积温 5000—5500℃的地区可成为双季稻双熟地区。山区面积大，类型多，气候条件复杂，山区耕地约占全国耕地 40%，占全国林地 90%，草场 56%。随地势的逐渐升高，气温的逐渐降低，降水量在一定高度内呈递增趋势。因而山地出现了河谷热、丘陵暖、山区凉、高山寒的气候特点。形成了山区主体农业的分布布局。另外，气候稳定性差，年际之间变化大，旱涝、低温、冻害、台风、冰雹等气候灾难发生频率高，影响范围广。每年因气候灾难减产的粮食达 150 亿千克以上，重灾年份甚至达到 30000 亿千克。

中国的土地辽阔，类型多样，但山地丘陵占全国总土地面积三分之二，平地占三分之一。山地一般高差大，坡度陡，土层薄，与平地相比，宜耕性差，生态系统比较脆弱，利用不当极易引起水土流失和资源破坏。中国南方亚热带山地资源丰富，土地生产能力高，非常适宜林木生产和土特产品多种经营。西北地区多为山地，是中国的主要牧场，又是平原地区农业灌溉水源的集水区，在农业自然资源组成中和农业生产中占有特别重要的地位。

仅从总体来看，土地资源丰富，耕地面积占世界耕地总面积的 7%，天然草地占世界草地总面积的 9.5%，林地面积占世界林地总面积的 3%，土地资源不可谓不丰富。但人口众多，按人均占有量计，各类资源相对数量比较少，人均耕地只占世界人均耕地面积的三分之一，森林覆盖率仅占 12.49%（世界人均森林覆盖面积为 20%），天然草地稍多，但也不及世界人均面积的二分之一。后备耕地资源不足，部分地区土地资源质量不高，土地退化现象严重，可供农林牧使用的土地资源不超过 70%，尤以宜耕地资源比重低，上等耕地只占耕地总数的 41%，中下等耕地占耕地总数的 59%。天然草地多分布在半干旱和干旱区。土地退化严重，土壤侵蚀与沙化土壤占国土面积的 22%，退化草地占北方天然草地资源的 28%。分布也不均匀，东南部湿润、半湿润季风区，土地生产能力集中了全国 87% 的农作物产量和 92% 的耕地——林地，95% 的农业人口和农牧业总产值，但自然灾害频仍。西北部内陆区的干旱、半干旱区，光照充足，热量也较丰富，但干旱少雨，水源少，沙漠戈壁盐碱地面积大，土地自然生产力低，而且不易利用。由于人口不断增长，人均占有土地面积下降，农林牧业生产都受到很大压力。在水资源方面，年平均降水量 648 毫米，低于世界各大陆平均水平，而且降水地区分布很不均匀。在地表水方面，中国江河众多流域面积在 100 平方千米以上的河流有 5 万条，流域面积 10000 平方千米以上的河流有 1500 多条。外流河流域面积占全国陆地面积 64%，内陆河流域面积则占 36%。长江、珠江、淮河、黄河、海河、辽河、松花江、雅鲁藏布江八大河流多年径流量占全国河流径流量的 62.6%。地表水中水面积大于 1 平方千米的湖泊有 2300 个，总面积 71787 平方千米，占全国陆地总面积的 0.8% 左右，多与外流河相通可以互济水量。冰川年融水径流量占全国年总径流量的 2%，是甘、新、青、藏四省区西部河流补给水源之一。连同地下水，中国水资源总量较丰富，但人均拥有水量少，水资源分布不均匀，旱涝灾害频仍，水资源与人口、耕地、矿产资源不匹配。华北地区人口占全国 26%，水资源却只占 6%，人均占有水量不及全国人均水量的 1/4。藏、青、新人均水量却很高，北方耕地占全国耕地 3/5，而水资源仅占全国的 1/5。在各个地区城市化的过程中，大城市人口密集，而水资源的占有比例却越来越少。地区也有水资源分配不均的问题，而且还有排污净化的问题。水资源连同生态平衡成了我国可持续发展过程中越来越迫切需要解决的一个重大问题。

至于海洋、海岸、海岛资源开发，原来缺乏了解，也不够重视，现在也开始提上日程，而且日益重要了。

第三，东亚大陆在地形、地貌上的最大特征就是青藏高原的隆起。大约 46 亿年以前，地球形成之际，地表原先被水汽完全覆盖，由于地壳的垂直运动与水平运动互相交织，陆地出现了。地壳的垂直运动造成了陆地的上升和沉降，前者形成了地台，后者形成了地槽。地壳水平运动则出现了板块和褶皱。几经变动，到 7000 万—5000 万年以前，多次的剧烈的阿尔卑斯—喜马拉雅造山运动造成了青藏高原的隆起。这些造山运动使得东亚大陆西部形成了一系列东西走向的山脉。最近的一次隆起就是喜马拉雅山脉的形成，而且由于印度板块与亚洲板块受力方向不同，青藏高原东端的地形受到东西方向的挤压，使东西方向的山脉带向南转移而形成了横断山脉。这一变化又形成了东亚大陆地形的三级台阶和三个分区，即青藏高原的高寒区及其以北的大陆气候干旱区和以东的亚洲季风区。这样青藏高原的隆起不仅给东亚大陆的地形、气候、水文等带来莫大的影响，而且对东亚大陆的经济环境和人文环境也有巨大的影响。

另外，由于太平洋板块、亚欧板块的挤压，在东亚大陆东部也形成了一系列北东向的山脉，并且在两个板块接触的边缘区形成了一系列的海洋和岛弧，也出现了一连串的火山地震带。从北边的勘察加半岛、日本列岛、台湾、菲律宾群岛，直到南边的印度尼西亚的大小巽他群岛。不过，这些岛屿除台湾外都是在东亚大陆范围以外了。

第四，地球上南北纬 20°—30° 的亚热带，光热资源丰富，但降水量稀少，属于有名的回归线干旱带。但由于青藏高原的隆起，使东亚大陆东南部和喜马拉雅山以南的印度河恒河流域分属于东亚季风区和印度洋季风区，雨量丰富，致使这条干旱带北移西抵中亚，东部由于东亚季风沿东亚大陆的第二级阶梯轴向逐渐减弱，东亚大陆干旱程度逐渐加盛，而成了大陆性干旱区。

东亚大陆东部季风区所被区域由于免去了回归线干旱线的形成，而成了世界有数的大农业区，进入文明较早而且历史上也比较先进。而第二台阶中的胡焕庸线①也成为人口及农牧业和文化的天然分界线，对中国历史

---

① 20 世纪 30 年代中国地理学家胡焕庸所画的一条地理分界线，北起黑龙江的漠河，画一直线，南抵云南腾冲，线的两侧人口数量和人口密度大不相同。线的东侧人口数量和人口密度远大于线的西侧。以后此线又衍生为汉族与少数民族居住区域和农业牧业和经济发展程度的分界线。

发展产生了相当重要的影响。

第五，由于青藏高原的隆起和东亚大陆地势形成西高东低，以致东亚大陆整个形势是坐西朝东，面向太平洋。正因为这样，古代中国与世界古文明带以背相向，处于阻隔状态。在世界古文明带以北是辽阔的草原地带。但是，也由于青藏高原的隆起，这条草原带的东端出现了断层，从中亚草原北移到蒙古高原，从而使得世界古文明带的东端与西边隔断了，出现了相对的独立性与封闭性。外来的影响，无论是民族的、经济的、文化的影响比起世界古文明带其他地段来都要小一些，以致在很长时间内东西方的民族彼此并不了解。当17世纪西方传教士随地理大发现和世界征服而进入中国时，他们感受到了一个极为新颖和丰富的中国，以致在欧洲兴起了一股中国热。仅仅经过二百年，他们的观感变了，在殖民主义者眼里，中国变成了野蛮落后的国度，欧洲成了世界历史的中心，特别是西欧。然而随着亚洲历史的觉醒与西方衰象的呈现和全球化的过程，20世纪中期以后，一些西方的历史学家用一种全球化的观点来重新估量世界历史，少数史学家认为15世纪以前，世界历史的中心在中东，后进而向东推进直到中国。这个说法也有一定的道理，那就是近代以前，即鸦片战争以前中国的国内生产总值一直世界第一，大大超过了欧洲国家，甚至超过了整个欧洲。这种提法还需要研究，但东亚大陆的发展还是带有一定的独立性与封闭性，但与世界古文明的交流和相互影响虽然不少，但还是相对有限的。

东亚大陆与外界的交通比较起来不那么通畅，但比起为大洋阻隔和为大沙漠阻隔的美洲和非洲南部来，又方便多了。陆上通道一共有四条，即帕米尔山结诸山口、天山阿尔泰山之间的山口、阿尔泰山萨彦岭以北的草原地带，最南边的一条则是从四川云南越过横断山脉和喜马拉雅山经西藏进到印度。

经过帕米尔山结的道路先要横越东亚大陆的第一阶梯，通过沙漠戈壁草原高山等艰险的路途，从帕米尔往西南可达古印度，往西可达中亚、波斯、中东、欧洲、北非和东非。这是一条距离世界古文明带最近的道路，也是最有名的道路，即所谓的"丝绸之路"（19世纪德国地理学家李希霍芬所取的名字)①，这条丝绸之路的西线，是一条有名的商路。两千多年以前商队就用马牛驼驴队运送来自中国的丝绸西去。而西方的珍宝、麝香则向东来。这其中也包括了外国和边疆民族的使节和僧侣(有佛教、基督教、犹太教、伊斯兰教、火祆教、摩尼教僧侣和教士)。这条道路虽然有名，但很险隘，并非单一条路，而是由方向相向的多条道路组合而成。如果以长安（西安）作为丝绸之路的起点西进，有平行的好几条大道，经过兰州（金城）汇集到乌鞘岭，然后合为一条，沿祁连山北麓和腾格里沙漠和巴丹吉林沙漠南缘的河西走廊西行经武威、张掖、酒泉、五门、安西、敦煌直出新疆。从敦煌西去，又有三条路，一是走星星峡西去哈密，进入北疆的准噶尔盆地；另两条是分别出汉代的玉门关和阳关，这是丝绸之路的西线。出玉门关的一线，行经天山南麓的吐鲁番——托克逊——库尔勒——库车——阿克苏——喀什喀尔。出汉阳关的一线南下越过白龙堆沙漠——鄯善(古)——翻过阿尔金山——且末沿昆仑山北麓——民丰——和阗——于阗——喀什喀尔。北道和南道在喀什喀尔会合后，再越帕米尔西去，帕米尔是个山结，其间有许多深险的河谷，山势险峻，道路崎岖。由此出去，一是沿印度河上源水系的河谷南走今巴基斯坦和印度；一是沿中亚内陆河水系西出中亚阿富汗和古波斯。由此再向西行，可沿里海南岸直达两河流域，再前出东地中海港口，就可以辗转抵达欧洲了。遥想当年络绎不绝的商贾使节、僧侣，不畏艰险，不惜生命，甘冒酷热严寒，艰苦跋涉在遍布人畜骸骨的丝绸道上，真可算得上是英雄壮举。

———————————

① 这条道路的开通，习惯认为是在西汉武帝时的张骞出使西域以后，史称其有"凿空之功"。其实在这之前很久就开通了，中原新石器和商周遗址出现了很多玉器，据检测，其中多有来自和阗的玉石，先民辗转交易贩运，运到中原。《山海经》和《穆天子传》也有和阗产玉的记载。另外，新疆古墓地也出现了彩陶文物，可知这条交通线其实是双向的。另外还有两条副道，一是从兰州西行越过祁连山入青海，沿青海湖北缘及祁连山南缘西行再北折，翻越祁连山的大斗拔谷到达张掖，然后再沿河西走廊进入新疆。另一条不大为人知晓的道路是从河套以北的百灵庙沿蒙古高原南缘前行经过额济纳和古居延海再向西到达新疆的巴里坤和哈密。前者是 1949 年王震率军进入新疆的路线，后者是 1936 年已有汽车载客货往来，是《大公报》记者范长江采访记录《塞上行》所经历的路线。

以汉玉门关、阳关为起点，以喀什喀尔为中途站的丝绸之路的北道和南道绕着荒无人烟的塔克拉玛干大沙漠，正好形成一个大椭圆，成为世界古文明带上最艰险也最重要的通道。其交往中影响最大的恐怕就是佛教的传播了。从天山的山谷延伸西出去，还有多条曲折的通道，从那里可以下降到美丽丰饶的伊犁河谷，再向西去，就是中亚阿姆河和额尔河两河相夹的地方，历史上称之为河中，是许多中亚民族国家兴发的地方。这其中的粟特人善于经商，经常往来于中国内地和中亚之间，中国历史上称之为"昭武九姓"，在维持丝绸之路的兴盛和运转方面，起过很大的作用。

东亚大陆向西的陆上通道虽然不像丝绸之路那样著名，但在历史上的重要性却不输于丝绸之路。那是北方游牧民族迁徙的草原之路。一条是从北疆准噶尔盆地经过伊犁河谷在内的天山阿尔泰山之间的诸山口，西出中亚，到达咸海以南阿姆河和锡尔河之间的河中地区。另一条是从阿尔泰山萨彦岭北麓沿着西伯利亚大森林带（泰加）的南缘西去。这一条通道经过高山、草原，地势开阔，水草相当丰美，是大规模畜群栖息和转移的好地方，宜于大规模的民族和畜群的迁徙。从古以来，这两条通道上就有诸多民族活动和迁徙。无论是自东向西还是自西向东，这里都有族群的迁徙和文化的传播。最早的原始部落的细石器和斯基泰式小件青铜器，就都在考古发掘上发现了它们从黑海北岸经过中亚远达蒙古高原的传承痕迹。而新疆古墓葬群的发掘更有源于高加索人种和雅利安人种的骨骸。进入中国的历史时期后，匈奴、鲜卑、突厥、契丹的西徙，更是载诸史册，对世界历史有着重大的影响，其中最著名的是蒙古的西征及在中亚、中东和东欧所建立的汗国。对东亚大陆历史的第一个重大影响是在 14 世纪以后，中亚地区东向的伊斯兰化。以至到了这时，伊斯兰化完全取代了统治新疆的佛教的地位。

东南亚大陆向西的道路还有一条，那就是从四川云南越过横断山脉进入青藏高原再南下到达印度。西汉张骞出使西域，在印度东北的大夏见到了四川出产的邛杖和蜀布。宋代以后，由于边境茶马贸易，更是开辟了茶马古道，长久以来马帮的项铃响遍在青藏高原上，并且由喜马拉雅山东南麓进入到温暖湿润的北印度。

　　东亚大陆还有一条东北向的陆路，那已经不是商旅之路，而是族群迁徙之路。当两三万年前世界大海侵之前，正值冰期，海面下降，亚洲东北角与美洲阿拉斯加陆地还相连着，成为陆桥。北极圈内苔原上的驯鹿群在夏季一路觅食北上，而东亚大陆东北部的原始人群则随在驯鹿群之后，边猎食边移民一同北上。这些原始人群在两万到一万年前经过亚洲东北的楚科奇半岛，越过已成为陆桥的白令海峡到阿拉斯加，再南下遍布整个美洲，这就形成了美洲的原住民印第安人。当时，随着驯鹿而来的到达美洲的还有一些新的肉食动物，那就是灰熊和狼。

　　东亚大陆对外交通的海路也有两条，一条是从东亚大陆东部诸港口如莱州、登州、海州、扬州和明州，到达朝鲜半岛、琉球群岛和日本。19世纪以来，日本就是循着这条路线来到中国。先是东汉一些九州岛的部落酋长来中国接受其"委奴国王"之类的封号，然后到了隋朝，日本遣使者小野妹子来华学习中国的制度，回国后实行了"大化革新"，使日本社会得以转型。迄于唐朝，日本更是派"遣唐使"船二十余次。随来的有遣唐使和大批留学生、学问僧，悉心学习中国的制度、文化、建筑、书籍等，并且据汉字创设自己的文字假名，日本的社会生活的一切，无不深深打上中国的烙印。与中国毗邻的朝鲜半岛，也是如此。到了19世纪后半期，在外国武力的威逼下，日本一改过去的闭关锁国状态，实现了明治维新，资本主义发展起来，从而也迈出了侵略的步伐。先是打败中国占领我国台湾、朝鲜，继而侵略满蒙、山东、福建，发动九一八事变侵占中国东北。到了1937年卢沟桥事变，开始全面进攻中国。短短一年间，占领中国国土近半，而且大部分是精华地区。中国经过八年的艰苦抗战，才同同盟国一起最后打败了日本帝国主义。

　　另一条出海道路则是从东部和南部诸港口如扬州、明州（宁波）、泉州、厦门、广州等地出发，循台湾海峡南下，经中南半岛、菲律宾群岛、马来半岛、大小巽他群岛（印度尼西亚）。这条路线也是一条移民路线，19世纪以来，东亚大陆东南部都有大量移民来到这些地方。经过多年繁衍生息，东南亚各国数千万华裔居民就是当年这些移民的后代。

　　这条路线经过马六甲海峡，可达印度沿岸和锡兰（斯里兰卡）。再向西行，越过阿拉伯海，可直达波斯湾头的巴士拉和巴格达，或经曼德海峡进入红海抵达埃及。由此越过东地中海或小亚细亚就可以抵达欧洲了。从这条海道往南，还可抵达东非的索马里、坦桑尼亚等地。

这条海道早就开拓了。三国东吴黄龙二年（230）派将军卫温、诸葛直等将甲士万人浮海求夷州（台湾）。此后又派使者出使中南半岛，此时亦有大秦（东罗马）使者来到吴国。中国、波斯、天竺帆船在海上扬帆航行。隋唐宋元时，海上交通益盛，扬州、广州尤为发达，广州港口经常泊有大食、狮子国（锡兰）、波斯、天竺、南海诸国之船。宋代泉州更是全国第一大港。双方的贸易，中国是丝绸，宋以后更多是瓷器、茶叶。古希腊罗马视丝绸为珍品，记述其产于远处的赛里斯（Seres）国。

东亚大陆的海上通道还有一事可提，中南太平洋诸岛（美拉尼西亚、密克罗尼西亚、玻利尼西亚）居民的一个重要来源是西来的"南岛人"。这些"南岛人"最早来自台湾，在海上漂泊东向到了太平洋诸岛，而他们的足迹也到了中南美洲。①

陆道海道之间，隋唐以前，大体上以陆路为主，宋以后更主要的是海路。其原因一是商品多属珍贵的奢侈品，走陆路虽然风险大，又经辗转贩运，尚可获高额利润。从唐中期开始，吐蕃、回纥、契丹、西夏相继占领了中原王朝的西陲，阻隔了东西交通。蒙古征服欧亚，鼓励通商，开通的是草原之路（即马可波罗来华路线）。古老的丝绸之路已经衰落。明代退守嘉峪关，新疆一带已不在其版图之内。清代虽然扩充领土，但商路更多的是走外蒙库伦恰克图一线。二是走陆路，要依靠畜力（马、牛、骆驼、驴），驮载量有限（百十斤），营运成本高，除风险大以外，尚需供应役畜沿途食、水。海运靠船舶，载重量动辄数十吨、百余吨，最大的甚至上千吨。宋代以后，造船技术和航海技术大有进展，指南针的使用更是使海船摆脱沿岸航行而深入浩瀚的大洋。利用西太平洋和印度洋的季风，从东亚大陆到印度洋的航程正好是一年，这样船舶往返于东亚大陆与波斯湾的行程以三年计，即使船货损失 2/3，也仍有丰厚的利润可赚。

---

① 通俗的描述见阎守邕：《扫描南太平洋岛国》，《中国国家地理》2008 年第 11 期。

从宋以后，由于海运的发达，东亚大陆和与西方交换的货物品种有了变化。从西方及西南方输入的货物乃是最昂贵的奢侈品，主要是珠宝、犀角、象牙、香药，而中国输出的大宗商品除丝绸外，就是瓷器和稍后的茶叶。瓷器重又易碎，陆上运输不易，而船运却最为合适。宋明船舶，一船运载瓷器往往达十万件以上，有名的元青花瓷更是为波斯、土耳其等国所珍藏。至于茶叶，则因其体积大而重量相对较轻，也宜于船运（陆运需制成茶砖），也成为出口的大宗。近来有人因套用丝绸之路的旧说，把东亚大陆的海上通道称为"海上丝绸之路"，这是不大确切的。

宋代以后，人们以台湾和菲律宾群岛之间的巴士海峡为界，分为东洋和西洋，以北的朝鲜、琉球和日本为东洋，以南以西的海域为西洋，近代以来，西洋成了欧洲的专称，而东南亚则称为南洋了。

早在遥远的远古，东亚大陆上民族和文化的流向是双向的。新疆罗布泊楼兰小河墓地，鄯善、吐峪沟洋海墓地，苏贝希墓地中5000—3000年前的人类遗骸DNA检测中，相当多的个体属于欧罗巴、高加索、地中海类型人种，洋海古墓陶器则深受中原彩陶影响，而中原良渚文化和巴蜀文化遗址出土的玉器又是来自新疆和阗。进入历史时期以后，北方草原民族受到中原王朝的打击压迫往往举族西迁，越过蒙古高原和阿尔泰山，也越过阿尔泰山与天山之间的山口，更经过在这以北的草原之路前出中亚，并且辗转迁徙到里海、黑海以北的草原。更有甚者，则前出多瑙河和巴尔干，直逼欧洲。秦汉时的月氏、乌孙，东汉时的匈奴，唐代的突厥，宋代的契丹、蒙古，都是如此。历史时期的中亚民族也有东来的，秦汉两晋南北朝时期的吐火罗地跨中亚新疆，直抵甘肃。粟特是一个善于经商的民族，在中原的纷扰中和激烈的民族斗争中占有一席之地。其中最有名的就是山西太原出土的康氏家族墓葬群和唐代营州的杂种胡人安禄山和史思明。此外，唐宋时期在泉州也能见到许多波斯和大食人的墓葬和石刻。据文献记载，唐代杭州和广州都有蕃坊。阿拉伯人记载，唐末黄巢起义攻陷广州，在那里死去的大食人有十到十二万。最后是元朝的色目人，这是蒙古大军几次西征带回来的一部分中亚人，其后裔分散在中原各地，衍化为今天的中国少数民族之一的回族。波斯和其他中东中亚民族也有久居在长安和洛阳的，其带来的宗教——火祆教、摩尼教、伊斯兰教和景教（中东基督教的一派）在好些地方建有寺院。至于分散到世界各地的犹太人，在宋朝的开封曾经聚族而居，不过经过多年的磨合，他们原来的宗教习俗、文字、婚姻关系等已经消失殆尽，完全融合到汉族之中去了。到了清朝，乾隆时期，一支西迁到俄国伏尔加河流域的蒙古族人土尔扈特部十几万人又开始东归，历尽辛苦，只剩下几万人，最后被清朝接纳，定居在内蒙古的额济纳旗以及新疆和青海的一些地方。至于康熙时雅克萨之战的俄罗斯降兵也被清政府编入八旗，后来还保有数百人，成了中华民族大家庭中的一个小小点缀。

到了近代，东西方交往的方式变了，15 世纪以后，随着地理大发现，欧洲人开始了到处探险航海到处殖民，进入非洲、美洲、亚洲。世界古文明带上的历史大国逐渐衰落，成为西方列强的殖民地和半殖民地。殖民者的魔爪先是踏上美洲，然后进入非洲、中东、印度和东南亚。世界古文明带最东端的东亚大陆即中国，是殖民者最后进入的地区之一。从 16 世纪开始，西班牙、葡萄牙、荷兰开始蚕食中国的澳门和台湾，英法德美的势力继之而起，经过战争和丧权辱国的条约逐渐控制了中国的沿海地段，并且通过长江深入到中国腹地。各国恣行侵略的同时，也互相争夺、互相矛盾，但毕竟中国太大，反抗激烈，独吞既有困难，瓜分也非易事。经过1900 年八国联军之役以后，在后起的美国的"门户开放、机会均等"的倡议下，列强渐成默契，瓜分了各自的势力范围，只有后起的日本野心勃勃，采取了与西方帝国主义相反的路线，自东向西逐步蚕食之不足，继而鲸吞。从1894年中日甲午战争，1905年日俄战争，1914年第一次世界大战，先是占领了朝鲜，打败俄国，驱逐德国，逐渐向我国东北及山东深入，声势咄咄逼人，凌驾于西方列强之上。1931 年九一八事变吞并东北，1932年一·二八淞沪事变，1933 年长城抗战，控扼华北，制造"伪满洲国"，导演"内蒙自治"，"冀东自治"。直到 1937 年七七卢沟桥事变，八一三淞沪抗战，备受凌辱的中国忍无可忍，开始了全民抗战，经过八年艰苦卓绝的战争，伤亡军民 3500 万人，才最后同同盟国一起打败了日本，取得了抗战的最后胜利。

　　与从西而东海路前来的欧洲殖民者不同，俄罗斯崛起以后，其扩张方向虽然也是自西向东，但循的是陆路。从 16 世纪开始，俄罗斯人的东向扩张以叶尔马克人为首的一小批哥萨克人越过乌拉尔山和叶尼塞河向西伯利亚进发。俄罗斯人一步步前进走向贝加尔湖以北到达雅库茨克，直抵鄂霍茨克海边。建立一条漫长的交通补给线和一些军事据点，然后从这条线和据点南下，进到黑龙江，占领了雅克萨，因此引起了清廷的注意。康熙经过艰苦的进军，包围并攻下了雅克萨，促使俄罗斯人于 1689 年签订了《尼布楚条约》，第一次在中国北疆划定了疆界，双方相安无事达一百多年。到了 19 世纪，具有侵略野心的俄罗斯人又开始侵略我国的北疆。以考察、探险为名，先后进入我国的新疆、西藏和东北，穆拉维约夫的黑龙江"考察"，巡洋舰帕拉达号在船长涅维尔斯科依对包括库页岛在内的鄂霍茨克海和日本海的"考察"。以及特瓦尔多夫斯基、普热瓦尔斯基等的新疆、西藏、外蒙古的"探险"，都显示了其觊觎中国边疆的野心。19 世纪中叶第二次鸦片战争，俄国趁机诱逼中国先后签订了《瑗珲条约》《天津条约》和《北京条约》，掠去《尼布楚条约》所定的国界以南黑龙江以北乌苏里江以东约 102 万平方千米的大片国土割让给俄国，以后又陆续侵占黑龙江瑗珲对岸的江东六十四屯以及黑龙江上的许多岛屿沙洲，还有黑龙江乌苏里江交汇处的黑瞎子岛。俄国趁英法联军攻打中国的机会，又出兵夺占新疆巴尔喀什湖以东以南及伊犁河谷的 56 万平方千米的大片国土。此后，几经交涉才收回来一小部分。其后，又借部分国界未经划定的机会，侵夺我帕米尔地带的约 2 万平方千米的国土，中国只保留了一条与阿富汗接壤的短短的长约 200 千米的瓦罕走廊。累计沙皇俄国侵夺的中国国土在 160 万平方千米以上，是近代列强占我国国土最多的国家。

　　总起来看，东亚大陆内部地形复杂多变，景观多样。平原、丘陵、山地、高原、峡谷、盆地、沙漠、荒原、戈壁、湿地、沼泽、湖泊、岩溶地貌、天坑、耕地、草原、林地，应有尽有。海岸线长而曲折，岛屿、礁岩、滩涂遍布，河流多而且长，大部流入太平洋，少量流入印度洋和北冰洋。西北和北部、西部还有广大的内陆河流域。复杂多样且又多变的地形、气候、土壤、水文使得植物和动物品种繁多，生态各异，分布地区也有很大的差异。有些珍稀种类和动植物已经绝灭或濒于绝灭。如白鳍豚、华南虎、川黔滇金丝猴、大熊猫、普氏野马、四不像等，有的只余下一些人工饲养的种群。至于自然资源和地下资源也多种多样，堪称丰富，使中国成为矿藏大国，水力、风力、太阳能大国。有些矿藏数量产量可居世界前列，如煤、页岩气、稀土、盐、锑、镍、钛、钒等。但就人均储量和人均产量而言，中国又是一个资源相对贫乏的国家，如铁、铜、铝矾土、石油、天然气等，国内产量虽大，但仍需进口，以补建设与使用之不足。

至于东亚大陆的交通，也有很大潜力。铁路、公路、河运、海运发展迅速，纵横四布，空运也方兴未艾。可通航河道之长，居于世界最前列。还有世界最古老也是最长的人工运河，高速铁路与高速公路，里程之长也是世界第一。

东亚大陆人口繁密，据 1993 年统计，中国大陆人口密度每平方千米在 129 人左右。至于长江三角洲、珠江三角洲，每平方千米的人口数更达600 人以上。东亚大陆地理环境的复杂性、多样性、丰富性和差异性，使得我国农业、牧业、林业、渔业、养殖业、种植业和采集狩猎、直到矿业、工业、商业以及高科技产业、信息产业、文化产业等都能因地制宜地得到发展，纷然呈秀，互助互补。这给我国各族人民的祖先生存、繁衍、发展与交流带来了有利的条件，也使得我国今天各族人民有可持续发展的广阔空间，使得我国年国内生产总值超过了老牌西方发达国家而位居世界第二。对我国各族人民而言，东亚大陆是一笔巨大的资产，丰厚的条件。但中国众多人口与自然环境所带来的种种不足和缺陷，也给我国各族人民和各个地区可持续发展形成诸多困难，提出了重大挑战，提出了一系列有待解决的重大问题，我们必须面对和解决。

第六章 东亚大陆内部的历史地理区域之一——东部地区

　　广袤的、面积在 1300 万平方千米以上的东亚大陆，自然条件千差万别，人文因素也是五光十色。需要有一种历史地理的区划，不然，真是"一部二十四史，从何说起"。

　　所谓历史地理的区划，首先要有一个时间的断限。既然讲的是人地关系及其互动，那么亿万年前的地质年代可以排除在外，几百万年以前人类的活动也可以不计在内。我们不妨以人类文明的源头、萌生时期作为时间的上限。也就是从大约一万年前的新石器时代起算，包括石器时代、古史传说时代、有文字记载以来的时代，一直下延到 19 世纪中叶的近代以前。

　　其次是古代中国历史地理环境的内涵。历史地理环境包括历史自然环境、历史经济环境和历史人文环境。历史地理环境区划应当是三者的综合。历史地理区划，还应当包括历史人文环境中的历史的自然边界和历史的行政疆界。

　　这样，可以试着把东亚大陆分成六个历史地理区域，即：东部地区、北部地区、东北地区、西北地区、西部地区、西南地区。

　　这只是一种划分形式，其他的著作还有另外的划分形式①。见仁见智，不一而足。这里的划分法也可能只算聊备一格而已。

　　对这些地理叙述的篇幅，不在其面积的大小，不在其人口的多少，不在其物产的丰歉，在于其掌握资料的多少。多少考虑到它们在历史的运动中的丰富程度。由于涉及的方面太广，自己体力精力有所不逮，其取舍是

---

① 如李孝聪：《中国区域历史地理》，北京大学出版社 2004 年版。

否恰当，叙述是否翔实准确，不能说很有把握，只好待以后有条件时再作修改补充了。

第一节　东部地区概貌

本地区的位置是：东北起山海关，北经燕山（明）长城一线至河套弯部折而南下，经贺兰山、六盘山到成都平原之西的川西山地边缘，直至总绾云贵高原的横断山脉。其东面是海，自北而南依次是渤海、黄海、东海、南海，一直到赤道附近的南沙群岛。

（一）地形

这个地区略呈四方形。东北端、北端、西北端、西端各凸出一块，东北端是辽西走廊和辽河平原；北端是蒙古大戈壁之南的阴山河套（包括鄂尔多斯和宁夏河谷）；西北端是乌鞘岭以西的河西走廊；西端是青海东部的湟河流域。这几个凸出部在历史上全归东部地区，与东部地区及东北地区、北部地区、西北地区和西部地区的历史关系密切，属于中间地带，或者过渡地带，也可以称之为亚地带，在中国历史上曾经起过特殊重要的作用。

东部地区的西缘部分与东亚大陆第一级阶梯——青藏高原相连，地势在这里陡然下降，形成了东亚大陆的第二级阶梯——祁连山、贺兰山、阴山以东以南的甘、青、陕、宁黄土高原和山西山地，那里有太行山、吕梁山、太岳山和中条山。祁连山东伸过来的秦岭，其主峰太白山的海拔在3000米以上，由此东去是伏牛山和嵩山。秦岭隔着汉中盆地和大巴山相夹峙；大巴山东去是桐柏山、大洪山、大别山和霍山，从这些山脉向东，就进入了东亚大陆的第三级阶梯，地势蜿蜒，直达海边，有山地，有丘陵，河流两侧也有若干狭小的平原。这里是太平洋板块与东亚板块相互挤压而出现的一些北东方向的山地和丘陵，从北往南数，有山东半岛的祖徕山（越海经长山列岛、辽东半岛到长白山）、鲁中山地和沂蒙山地。浙闽近海的是天目山、四明山、雁荡山、仙霞岭、武夷山、戴云山，湘鄂赣边的九宫山、幕阜山、罗霄山，湘鄂川黔边的云雾山、武陵山、雪峰山、苗山，以及湘粤桂边的五岭（大庾岭、骑田岭、萌渚岭、越城岭、都庞岭），最后还有广西南边的十万大山和海南岛的五指山。

（二）水系

河川湖泊与人类社会关系密切，而水系的变化对人类社会发展影响至钜，这里先介绍一下中国的水系。

（1）黄河。这是中国第二大河，全长5464千米①，发源于青藏高原的巴颜喀喇山，东流入渤海。这条河有两个最大的特点，一是径流量较小，那是由于流经地区气候干旱，年雨量在400—600毫米之间，又大量蒸发，径流量甚为贫乏。据现代实测，仅及长江的1/20，西江的1/5，甚至比流域面积仅为黄河1/13的闽江还要小。只当世界年流量最大的亚马逊河的3200亿吨的1/65。黄河水量虽小，季节性的变化却很大，全年雨量集中的中游干支流地区，雨量分布极不均匀，大多集中于7—10月，又多是暴雨。几天之内，占全年雨量一半以上的暴雨倾盆而下。夏秋汛期，水量可占全年的60%—70%，大部分洪水具有猛涨猛落的特点，不时出现超过年平均流量1540立方米/秒，达到了22300立方米/秒（1958年）和36000立方米/秒，（1843年）的大洪水。另外，水少时又旱，近年几次断流，断流距离从河入海口上溯到几百千米。二是含沙量高，占世界河流第一位，年平均输沙量约16亿吨，是长江的2.4倍，最大时为33.6亿吨。泥沙主要来自中游的黄土高原，尤其是甘陕晋地区，那里地表植被不良，沟壑纵横，易受冲刷侵蚀，每遇暴雨，即将大量泥沙随水流入黄河，其中约3/4输入渤海，造成河口三角洲迅速扩大。其余的堆积在河床上，日积月累河床升高，必须依靠堤防约束，最后成为悬河（地上河），以致决溢（决口和溢出河堤）几乎无年无之。据历史记载，3000年间黄河决溢约1500

---

① 据近年勘察，黄河正源为拉浪情曲，正确长度为5567千米。

次，较大的改道也有二三十次。其中最大的两次，那就是南宋建炎二年（1128）和清咸丰五年（1855）。

黄河之被称为黄河是因为含沙量大，水色混浊的缘故。在唐朝以前，它被尊称为"河"或"大河"。它是中华文明的象征，那是因为它是中华古文明的发源地。它和它的支流灌溉了广大田地，两岸居住着大量的先民，繁衍生息了古老先进的文化，所以它又被尊称为中国的母亲河。

东亚大陆西高东低，但在6000万—7000万年前，却不是这样。西部的青藏高原，是多条大河的发源地。长江、黄河、澜沧江、怒江都是循着这个斜面向东或向南流入太平洋和印度洋。那时，东亚大陆东部高于西部，喜马拉雅山也还没有隆起。在古亚欧大陆和印度大陆之间隔着一片宽阔的特提斯海（古地中海），现在的青藏高原则是一片热带低地。直到4000万年以前，亚欧板块与印度板块开始接触碰撞，分隔两个大陆的海洋向西退出，东亚大陆西部隆升，东部则断裂陷落，地势逐渐变为西高东低，形成了青藏高原。其中不少断陷盆地，出现了沼泽湿地和湖泊，成了黄河的源头。"九曲黄河""天下黄河十八弯"开始在此时出现。

黄河进入了青海贵德就离开了它的青藏高原的上源区，陡降1450米，进入了上游区，经由有"塞上江南"之称的宁夏平原再东折进入丰饶的河套。从内蒙古托克托南折又东折进到河南花园口一带，这是黄河的中游区，黄河从这里奔腾直下，经过晋陕大峡谷，落差达654米，形成众多瀑布与险滩急流，也挟带了黄土高原上的大量泥沙，在龙门以下的四大支流渭、泾、洛、汾流入，挟带的泥沙达到年均16亿吨。从花园口以下，黄河进入了一望无际的平原，挟带的泥沙大量淤积，河床逐渐垫高，每年平均达10厘米。结果河床大大高出河岸与河堤，形成了一条地上悬河。河水无处宣泄，只好不断决溢改道，形成了北抵燕山，夺海河诸水系、南抵长江，夺淮河诸水系的一个空前庞大的三角洲，北至北纬39°，南至北纬30°[1]。由于下

---

[1] 李仪祉：《黄河之根本治法商榷》，《华北水利文选》第一集，1933年版；葛利普（Grabau A.W.）：《中国黄河大平原》（*The great Huangho Plain of China*），1936年版。均转引自任美锷：《黄河——我们的母亲河》，清华大学出版社、暨南大学出版社2002年版。

游有鲁中山地（泰山沂蒙山）的阻隔，改道的河水就像一个大钟摆一样在流入渤海与流入黄海和长江之间来回摆动。从文献记载看，先秦黄河最早从河北境内侵夺了海河水系的河流多道入海[1]，成为所谓的"九河"，至于哪条是主要河道，历来有《尚书·禹贡》及《汉书·沟洫志》二说，聚讼纷纭，莫衷一是。甚至认为黄河有南北二道，北道夺济水入海，南道夺汴河入淮之说的[2]。那一带湖沼遍地，芦苇丛生，交通不便，开发不易，长久以来人迹罕至，人类文化遗址只及太行山东麓今京广铁路沿线一带。

黄河由于是一条地上悬河，不断决溢改道，战国以来，沿河诸侯国又常筑堤防水，或因攻战需要，决堤放水，以邻为壑。以致改道后的黄河不再沿着原来河道下行，而是改为走平坦的地势下泄。据记载，3000 年间，黄河下游决口泛滥不下 1500 次，其中大的改道不下二三十次。《尚书·禹贡》曾记载周定王五年（公元前 602）河徙，研究者认为实无其事。在那前后，黄河是多股分流，改道频频。但西汉出现第一次重大改道，此后黄河重大的改道共有 6 次。

第一次重大改道：汉武帝元光三年（公元前 132）黄河在濮阳瓠子口决，东南入巨野泽泗水经淮入海。后堵上又于馆陶境内北决至渤海郡入于渤海。

第二次重大改道：新莽始建国三年（11）河决，到东汉明帝永平十二年（69）王景进行了比较全面的整治，开辟了一条荥阳至利津入海的新河道，在形成以后近六百年内河道比较稳定。

第三次重大改道：唐初（7 世纪中叶）以后，黄河下游决溢次数逐渐增多，也愈来愈频繁。到了北宋仁宗庆历八年（1048）黄河决口北流于天津入海，不久又东分另道入海，并且壅水为梁山泊。此后河道变迁紊乱。

第四次重大改道：南宋建炎二年（1128），为阻止金兵南下，开封守将杜充人为决河，南行由泗入淮，几经变迁，决口的黄河分成数股在今黄

---

[1]　近年在华北平原上发现了 370 多条古河道。其年代距今 5000—10000 年。见任美锷书。

[2]　岑仲勉：《黄河变迁史》，中华书局 2004 年版；史念海：《论〈禹贡〉的导河和春秋战国时期的黄河》，《陕西师范大学学报》（哲学社会科学版）1978 年第 1 期。

河以西、淮河以北、颍河以东、泗河以西，东西约 250 千米的大平原上经常泛滥、决口和改道。

第五次重大改道：在明洪武二十四年（1391），黄河决口，从开封城北 5 里东南流入颍河。从此以后到明嘉靖中叶（16 世纪）河道仍旧频繁南北摆动，同时多股并存，迭为干流，变化极为紊乱，自南宋初到明嘉靖中叶，历时四百年之久。嘉靖中叶以后，这种下游多支入海的局面到嘉靖二十五年（1546）基本结束，"全河尽出徐、邳，夺泗入淮"①。后经潘季驯的治理，河道基本上固定下来，虽时有决徙，但不久即复归故道。直到清咸丰五年（1855），再次决口改道北徙。南宋建炎二年（1128）这次人为决口以及以后的多次改道及整治，对黄淮平原的自然环境带来了诸多后果。一是改变了黄淮平原的自然水系造成了中国最大的淡水湖之一的洪泽湖（2200 平方千米），连带着泗州城与明祖陵也淹没了。二是使淮河入江，淮河原来独流入海，含沙量低。万历六年（1578）黄河夺淮入海，淮河入海流路受阻，改为走大运河入长江，成为长江的支流，连带着黄河也成了长江的支流。江苏北部原很富庶，但黄河泥沙堵住淮河入海通道，每逢大水就在里下河一带泛滥成灾，使那里变成了贫困地带。三是在淮河入海河口（也就是后来黄河夺淮的入海河口）淤积了大量成片陆地以及海外沙洲，形成了风急浪险沿岸航行困难的黑水洋。另外，黄河夺淮还有一个变化，那就是有助于大运河的运作。隋代开通的大运河，原是走邗沟、经通济渠达于黄河而入洛阳。以后，北宋的通往开封的汴渠成为交通要道，每年运输漕粮即达 700 万担。黄河夺淮以后，汴渠废弃，致使大运河走向由西北—东南改为南北向，从淮安以北越黄河直贯山东抵达北京，沿途所需水源亦由黄河与淮河共同调节。这就是黄河改道带来的唯一好处。

第六次重大改道：在清咸丰五年（1855），黄河从铜瓦厢决口北流，经山东流入渤海，结束了七百年由淮入海的历史。从此大运河苏北至山东西南的一段由于地势过高，水源匮乏，辛苦修筑的多处闸堰不好使用，乃至于逐渐湮塞。

---

① 《明神宗实录》卷 308 万历二十五年三月戊午条。

这个局面一直延续到今天，不过其中有一个重要的插曲，1938年6月初，国民党政府为了防遏攻占徐州的日军西进，炸开了花园口一段黄河河堤，诈称是日机轰炸所致。决口的黄河东南流向洪泽湖，经高邮湖、宝应湖入长江，形成了大片的黄泛区，受灾面积达54000平方千米，遍及豫皖苏三省66个县（市），死亡失踪人数达89万人，是为空前浩劫。抗战胜利以后，历时九年半的决口，黄河终于在1947年3月于花园口堵口成功，黄河复归故道。新中国成立以后，经过精心整治，其间虽有曲折，但黄河再也没有决过口了。

关于花园口决堤堵口，我有一段小小的经历。1946年7月，我从重庆复员回到开封，车到郑州。陇海铁路已因黄河决口而不通，日本人在战时修了一条临时铁路，由郑州北上到新乡小冀，再南下越过黄河故道而抵开封。我就走了这条线。过了新乡东南行，一路没有树木，也少见村庄。渐行地势渐高，终于到了旧黄河堤，越过这条坡势并不陡峭的河堤就见到了黄河河底，黄白色的沙滩夹着一些灌木杂草，这就是有名的地上河黄河的河道。火车又越过南岸的另一同样断开的河堤，开始下坡，不久见到开封城的北城墙，已被黄沙半掩，城内西北角的当年华北运动会赛场也被黄沙埋掉一半，这才到达开封南门外的火车站下车。一个多月以后，又南下去武汉考大学，这时花园口的缺口已近开始合龙，火车不再走小冀而可直抵郑州。经过黄河决口，那里已由枕木搭起便桥，黄河从桥下呼啸、汹涌而过。火车在桥上徐徐而行，只听得车轮咣当咣当，车厢摇摇晃晃，车下的枕木吱吱嘎嘎，与桥下黄河急流的呼啸声连成一片，颇有惊心动魄之感。待到9月，从武汉考罢归来，再过花园口决口处时，口已堵上，黄河开始归故，车行缓慢还较平缓，再也没有原来那惊心动魄的感觉了。

黄河归故以后不久，全国解放，国家开始大力治黄，一是修建三门峡水库大坝，企图一劳永逸，但由于设计思想错误，造成不久后，泥沙大为淤积，大坝的水库有全部淤积之虞，只好在坝下凿孔放水排沙，库容及发电能力大为减少；二是每年大力加固堤岸，防止决溢；三是引黄水淤地，改善农业生产；四是近年再修筑小浪底水库，对防洪排沙有了新措施。

这样，黄河在流入渤海处形成了巨大的河口三角洲，每年造陆达51

平方千米，河口向大海延伸 1.8 千米。这里有古黄河三角洲、近代三角洲和现代三角洲，三者共计 9000 平方千米，像一把往东北方向打开的折扇。其中，近代现代淤积面积为 5400 平方千米。现代三角洲陆上的面积 2200 平方千米，水下面积为 2610 平方千米。在三角洲平原下深部地区和浅层大陆架蕴藏着丰富的油气资源，从 20 世纪 60 年代开始建设的胜利油田是我国最大的油气田之一，海产资源、土地资源也很丰富。

由于气候原因，近几年，来水减少，黄河每年断流，断流处一度从河口到上溯达几百千米，给人们的生产和生活带来很大不便。最近经过种种措施，才有所好转。

（2）海河水系。是发源于燕山和太行山脉及其深处黄土高原上诸多河流的总称。上游流程在 10 千米以上的支流即达 300 多条。这些河流从山区流向华北平原，就给海河水系带来了三个特点。第一，是与黄河一样含沙量大（永定河含沙量甚至超过了黄河）；第二，是流下平原的河道成了地上河，以致迁徙无定，改道频繁；第三，是与黄河关系密切，早期海河水系北部诸水流入海，南部诸水则流入黄河，后来由于黄河河道不断南移，海河诸水也就逐渐合为一流，在今天津西面共流入于渤海。

海河水系的分合也有地形的影响，最早在华北平原的南侧有大陆泽，北有宁晋泊，后来逐渐干涸。北宋初年幽州南面的白洋淀和文安一带东西走向的带状洼地，湖泊成群，状如贯珠。北宋为防御契丹骑兵南下，在这条湖泊带上形成防线。后来白洋淀曾经淤塞，又复开通，新中国成立之初仍是一大湖泊，汪洋浩渺，势接天际，芦苇丛生，港汊纵横，水产丰富。可是逐渐萎缩，现在完全干涸了。

（3）淮河水系。黄河以南的淮河也是一条多河道的水系，源出今河南省境的伏牛山和河南湖北交界的桐柏山。北边则以黄河大堤作为它以南诸河的分水岭，众多的河道从今安徽正阳关口下集合入海，全长约 1000 千米。这本是一条安静的河流，河道深广，水流顺畅。但北边的黄河不时决口溢流，南宋建炎二年（1128）东京留守杜充决黄河堤以遏金兵南下。金章宗明昌五年（1194）黄河在阳武决口，夺泗入淮，黄淮分流，由云梯关入海。为了防止黄河北窜，妨碍漕运，明弘治八年（1495）堵黄河决口筑太行堤，引东流黄河经徐州南流入淮，从此黄河北流完全断绝，河水全部入淮。特别在 16、17 世纪的近二百年间，黄河曾分从泗、颍、涡、睢四道入淮，原来河槽深广，水清沙少的淮河，由于黄河带来的泥沙逐渐淤塞，下游水流不畅，以至中上游水灾频仍，中游成了半地上河，下游出海道路逐渐淤塞。由于淮阴附近是淮河、黄河、运河的交会点，明神宗万历六年（1578），潘季驯治河，沿淮河大筑堤堰，抬高洪泽湖的水位，畜淮河东来的清水以冲刷黄河来的浊水，这就是“畜清刷黄”。但黄强淮弱，不但没能改变黄河对运河泥沙的淤积，反而抬高了淮河的水位，使它更不易下泄。清康熙十九年（1680），淮河上游山洪暴发，洪泽湖水猛涨，湖堤溃决，整个泗州城连同明祖陵一起淹没在湖水之下。由于黄河下游入海出路完全被淤塞，黄河只好另谋出路。清咸丰五年（1855），黄河大改道，从铜瓦厢入于渤海重新回到北方。由于黄河故道地势太高，淮河已经不能用它泄水，此前咸丰元年（1851）淮河已从洪泽湖南决口循运河改道入江，变成了长江的支流。

由于长江水量虽宏，遇到江、淮同涨大水，也非淮河下游所能承受，一旦淮河洪水东来，只好开堤放水归海，以致豫东皖北苏北旱涝不断，成了重灾区。1938 年，国民党政府在花园口炸堤引黄河决口，黄河再次泛滥夺淮入海，形成了广大的遍及三省 66 个县（市），54000 平方千米黄泛区，死亡失踪人数 89 万，灾民 1250 万人，给人民带来深重的灾难。抗战胜利以后黄河改归故道。新中国成立以后，政府大力治理，采用“蓄泄并施”的方针，在上游修建大型水库 30 余座，中小型水库 4900 多座，中游修建多处蓄洪滞洪工程。在下游开挖新沂河、新沭河和苏北灌溉总渠，但入海水量仍偏少。“文革”以后，又重新开掘淮河越过运河入海新河道，现已完成。预计可排洪 2270 立方米 / 秒，远期可达 7000—9000 立方米 / 秒。这样当可根治淮河的下游水患。

（4）长江。淮河以南是长江，它是东亚大陆最长的河，具有以下四个特点：

第一，流程长，水量大，含沙量适中。

长江发源于青藏高原的唐古拉山，全长 6392（或 6403）千米①，过去是世界第四大河。原来排名第一的是美国的密西西比河，那是和它上游的密苏里河一并计算的。现在一般把密苏里河的长度去掉，密西西比河就从世界长度第一的宝座上降下来了。原来世界排名第二的尼罗河就升到了第一（7688 千米），长江就次于 7062 千米的亚马逊河升到第三位了。长江流域总面积 180 万平方千米（黄河流域是 75.2 万平方千米），年含沙量 5.3 亿吨（黄河年含沙量 16.42 亿吨）。至于流量也是最大的，年流量达 9755 亿立方米（黄河是 650 亿立方米）。

第二，长江流径长，支流多，水量大，和中国其他大河一样，都是发源于青藏高原。它的上游金沙江及其一些大支流雅砻江、大渡河与其他一些亚洲大河澜沧江、怒江的上游相距很近。以致三江源（长江、黄河、澜沧江）向联合国申请世界自然遗产获得成功。

这些大河除黄河外，原本都在横断山脉的河谷间向南穿行，方向偏向南海和印度洋的孟加拉湾，只有金沙江到了虎跳峡忽然折向东北，汇齐了大支流雅砻江进入四川盆地，继而又汇集了由北而南下的岷江（大渡河已先期流入岷江）、沱江、嘉陵江、乌江，冲破三峡，进入了湖北的江汉平原。如此奇怪的折向就有了一个长江何以形成的问题。

长江的形成，经历了漫长的岁月。

距今 7 亿多年前的元古代，现在的长江流域绝大部分淹没在海底。那是一片横亘欧亚的长达数千千米的特提斯海（古地中海）。现在长江中下游的南半部也没在其中，只有其北部属于古亚欧大陆露出海面。星移斗转，沧海桑田，中国地势隆起，特提斯海向西退缩，出现了古长江的雏形，流向自东向西，与现在相反。

到了 1.4 亿年前的侏罗纪，今长江中下游的大别山与巫山隆起，四川盆地的古地中海进一步缩退，巫山西部成了古长江的分水岭，西部的古长江流入四川盆地，巫山东部的古长江流入云梦、洞庭盆地（湘鄂湖）。

---

① 这是以沱沱河为第一源头；另一源头为当曲。见长江水利委员会办公室 1976 年和 1978 年两次实地考察勘探公布的结果，参见《中国国家地理》2009 年 3 月号。

到了距今 3000 万—4000 万年的始新世，地球上又发生了强烈的喜马拉雅造山运动。印度板块向北俯冲嵌入亚欧大陆之下，强烈的挤压作用，使青藏高原隆起，古地中海最终消失。由于中国西部上升急剧，东部上升缓慢，形成了长江流域西高东低的地势。地壳的剧烈隆升，使河流产生强烈的下切作用，青藏高原原来自北往南的水系，受云贵高原的阻挡，在高山峡谷间改变流向相互归并，折而向东。四川盆地西缘的水流受高原抬升的影响，也加强了向西的溯源侵蚀，并截夺了从高原上东来的水流，形成了金沙江河段和四川盆地的相互沟通。由于长江中下游上升幅度较小，在喜马拉雅山强烈隆起的影响下，长江流域西部进一步抬高，从湖北伸向四川盆地的古长江溯源侵蚀作用加快，最后切穿巫山，终于使东西古长江贯通一气，形成三峡奇观。出山后，流向江汉平原，浩浩荡荡，一泻数千里，最后注入东海。

长江源出青藏高原，接受了大量融化的冰河雪水，水量就很丰富，沿途接纳许多条水量也很丰富的支流，终于成为一条名副其实的贯通东西的大河。过了三峡，长江进入中游，同样接纳了水量很大的清水江、汉江以及洞庭湖、鄱阳湖诸水，流量越来越大，一直到烟波浩渺、江天一色、宽达 90 千米的入海口。

第三，与黄河不同，长江自三峡奔腾而出，虽然面临着广阔的江汉平原，易于溃决的荆江河段，但城陵矶以下，两岸都不时出现一些矶石，对河道有所约束，以致河道相对稳定，不会有大的改道。而实际上两岸除去江汉平原以外，城陵矶以下都是一些狭长的平原，直到南京以下就成了平坦的三角洲了。

第四，长江中下游，雨量分布南北比较均匀，气候也比较适宜，因此长江中下游少有大水患，也无大的旱情。灌溉农业比较好搞，农业生产比较稳定，内河航运很发达。目前，中国内河通航里程达到 108700 千米，长江及其支流占了一半还多，而且还在开发拓展中。由于这些因素，长江沿岸也易于繁荣。有年一遇的大水大旱也仍让人印象深刻。

（5）东南诸水。长江下游向南的东南沿海分布着一系列的河流，这些河流大都短小独流入海，其中以发源于浙西山地的钱塘江为最长，有 466

千米。钱塘江以东则有曹娥江、甬江、灵江、瓯江，进入福建境内则有闽江、九龙江、汀江、晋江，更有源于南岭从潮汕入海的韩江。这些河流源于山区，上中游多峡谷急流，下游则受潮汐影响，处于东南季风带，又在夏秋时受台风影响，所以水量丰富。像钱塘江流域面积仅占黄河的 6.2%，而平均流量与径流总量则达黄河的 67%。浙、闽、粤三省水资源丰富，单位面积水资源属整个东亚大陆首位。降水量及地表水径流量都属于全国前列，但由于山地多，耕地少，开发不易。

最早，这一带是百越之地，主要是少数民族活动。春秋以来，华夏族文化逐渐进入。江苏南部浙江北部的吴和浙江东部的越逐渐强大，并在春秋后期先后北上中原争霸。秦汉魏晋南北朝以降，汉族大量进入，百越诸族逐渐退避融合，终于在历史上消失。浙江率先开发，福建紧随其后。到了宋代尤其是南宋，文化也发达起来。而经济开发自不待言，农业手工业不说，浙江的丝绸和福建的瓷器，成为外贸出口大宗。明州（宁波）、泉州也成了国际贸易的大港口。

（6）珠江水系。源出南岭山地以及云贵高原的西、北、东三江下游，在广州以北会合，与珠江三角洲冲积平原连接会合出海。在那以下地势低平，水道常变，汉道众多，又受潮汐顶抵，古代人民筑堤防洪，固定河道，截断河汊，开辟农田，栽桑养鱼，逐渐形成了人口繁茂、经济富庶的鱼米之乡。从公元前马王堆汉墓出土的古地图来看，珠江河道在两千多年前即已成型。秦汉之际，赵佗联合北来屯垦的汉人暨当地少数民族一起建立了南越国，定都于广州。以后中原多动乱，北方居民大量南迁到珠江，五代十国时的南越国也是建立在此。经过几千年的开发，珠江成了富庶之地。东南亚、西亚诸族商人也大多来此贸易。清代海禁，广州成了唯一的对外贸易口岸。欧洲的商人、传教士，也多在此落脚。广州也是西方文化思想最早传到中国的地方。清末欧洲殖民者也是开始从这里打开了中国的大门，清政府被迫割让了香港。新中国成立以后，为了打破美帝国主义的封锁，香港成为我国唯一的对外交往窗口。"文革"之后改革开放，深圳珠海即成为最早的经济特区之二。短短三十年中，广东进步飞速，现已成为年产 GDP 最高的省份。

（7）运河。运河是为交通运输而疏浚或开凿自然水道而形成的人工河流，也用于补充自然水道的不足。江、淮、河、济是古代的四大名川，除了济水从黄河分出，实际上是黄河的支流以外，其他三水互不相通。但黄淮海平原地势低平，又向东南倾斜，下游又多湖泊沼泽，河道多属东西流向，南北水运不便，运河即基于这种情况，用以打通南北方向的水上交通而开凿的。

最早开凿运河的是楚国。为了北上争霸，会盟中原，曾开通过沟通江淮之间的运河。更确凿的记载是公元前486年吴王夫差在扬州西北的蜀岗修邗城，并向北开凿运河沟通江淮，称为邗沟。四年之后的公元前482年，为了与晋会盟于黄池，又修了从江入淮，又由淮入泗，再由泗入济水岸上的黄池的运河。战国中叶，魏国于公元前360年开通了沟通淮水与济水的第二条通道鸿沟。后来楚汉相争，即以鸿沟为中分天下的界线。

秦统一六国，南征岭南，为解决物资运输的困难，又修筑了沟通长江与珠江（湘江和漓江）的灵渠，这条极具巧思解决二水海拔差异的人工运河，经历了两千多年，至今仍可使用。

西汉立国，政治军事重心在关中。从关东转输粮食要过险峻的三门峡，至为不易。西汉政府想了许多办法，想调运四川的粮食，曾经想越过秦岭开凿褒斜运河，但因工程太艰险，只好放弃。东汉定都洛阳，开凿阳渠，沟通伊、洛二水和黄河以避开三门峡之险，洛阳一带粮食转输的困难才多少缓解。

从隋代起，我国运河工程进入一个新阶段，即按照一定的设计方案开凿运河，使其沟通经济富庶地区与国都的联系。隋文帝时，已经开凿广通渠，连接黄河与渭河，打通了黄河到国都大兴（即后来的长安）的水上交通线。隋炀帝即位，更是大事兴作，以洛阳为轴心，开凿大运河，共分四段：一是通济渠，从洛阳西苑引洛水入河，从今开封附近折向东南，利用蕲水注入淮水。608年又在黄河以北引海河水系的沁水等到河北蓟城（涿郡治）。与此同时，隋炀帝整治了邗沟和江南运河。这样，隋炀帝的运河以洛阳为中心北抵涿郡，南迄杭州，连接海河、黄河、淮河、长江、钱塘江五大流域，成为世界上最长的一条人工运河。

元明清三代，均在北京建都，漕粮又主要取之于长江下游，特别是太湖流域，没有直达的水路可通，于是改造大运河，使之南北直向，以缩短运道，避开黄河并解决陆运转输的困难，从山东另辟新道。至元三十年（1293）又引北京西、北诸水，流入大都什刹海达于通州。于是北京到杭州的水路全线贯通，全长 1782 千米。这就是今天的京杭大运河。

明清两朝仍在极力整治山东苏北一段的运河，一是黄河不时决溢，一旦决溢，洪水淹没运河及相关河道，造成淤塞，需要黄运分离，于是修浚尽量避开黄河，或改筑新河道，或多采弯道以缓黄运之间的水头差。二是此段运河本身水源不足，需要对运河及有关河流筑坝分流补充调剂水量，以保障漕运的畅通。

清咸丰五年（1855），黄河在铜瓦厢决口改道，从山东利津入海，正好清廷疲于应付太平天国起义，无法挽河南行。为打通山东运河，只好在黄河穿运河处筑堤设闸，借黄济运。光绪十三年（1887）黄河在郑州决口，山东黄水断流。黄河改道，运河与黄河在山东境内交叉，运河地处山东丘陵边缘，地形不利，水源不足。除几条小河外，主要拦蓄无数泉水，聚汇成水柜（即调节水库）以保证漕运。这样，就陆续形成了济宁北的北五湖和济宁南的南四湖。但这些一连串湖泊与黄河关系纠缠不清，难免被淤塞和扩大。明清以来，黄河屡次东决入运，北五湖逐渐淤塞，而南四湖不断扩大，而后起的微山湖更变成了茫茫巨浸。

新中国成立以后，两淮以北的运河阻塞河段。逐渐打通通航，京杭大运河的全线畅通将指日可待。

北部地区、东北地区、西北地区和西部地区的水系将在介绍各该地区时分别叙述。

（三）海域和海岸

东亚大陆周边的海洋包括鄂霍茨克海、日本海、渤海、黄海、东海、南海以及台湾岛以东以南海域。东部地区的海域包括了后六个，按过去条约规定，图们江口应有一个面向日本海的出海口。除去东北地区的辽东半岛和辽东湾以外，可以全部都包括在东部地区范围内，总面积约为 473 万平方千米。

至于海岸，从鸭绿江口到北仑河口，东部地区海岸线全长 18000 多千米，海岸带达 35000 平方千米。① 基岩海岸分布于山东半岛和杭州湾以南，岸线曲折，岛屿众多，亦多港口。平原海岸系在河流、海流、波浪等作用下由泥沙堆积而成。岸线平直，地势平坦。其中黄河、长江、珠江三角洲由河流所输泥沙淤积而成，历史上经济发达，人口众多。淤泥质和砂砾质海岸由于河流挟带的泥沙粗细不同而相区分。在东部地区各地均有分布，而以黄河为主的挟带的大量细沙粒泥沙的长江三角洲以北的苏北平原作用最为显著。此外，尚有少量特殊的北回归线以南的珊瑚礁海岸和北纬 27° 线以南的红树林海岸。

大海边上，岛屿星罗棋布。大于 500 平方米的海岛有 6500 多个，除已建省的大岛台湾和海南以外，其他岛屿总面积约 10000 平方千米，其中有人居住的岛屿 400 多个，总面积 4000 多平方千米，人口约 35 万人。

东部地区历史时期海岸线的变迁是很显著的，一万年前的冰后期，冰川迅速消融，海水迅速上涨，出现了全球范围的大海侵。五六千年前，东亚大陆东部及南部的几个海盆为海水所充盈，形成渤海、黄海、东海、南海，台湾、海南则被海水分割而成为岛屿。基岩海岸的变化尚不显著，而平原海岸线则出现了很大的变化，变化的动力来自潮流、海浪、风力，也更多来自于挟带泥沙的河流的冲刷。而形成的向前伸展的河口三角洲，由于黄河在河北、山东与苏北之间移动（70% 作用于河北），从黄土高原上带来的大量细粒黄土，淤积后成为最大的淤泥质海岸。一旦黄河改道离开渤海湾入海，海浪把近岸滩底的贝壳冲上岸边，与原来海岸的砂质沉积物混合而成为贝壳堤，由于黄河不时来回改道，这种贝壳堤从远到近，共有四道之多，年代最近的一道于明末最后形成。到 1835 年，黄河铜瓦厢决口北归山东利津入海，贝壳堤的发展才告终止。在苏北地区由于海侵，海岸线出现了若干沙堤、贝壳堤和岸外沙堤。

---

① 这里海洋和海岸带面积和海岸线长度，把东北地区和东部地区一并计算在内。

　　苏北地区 12 世纪之前，海岸相对稳定。12 世纪黄河夺淮以后，受全淮之水，挟带大量泥沙入海，海岸线迅速前伸。16 世纪治河，在河口采"束水攻沙"之策，海岸外涨非常迅速，自 1194 年黄河全面夺淮，到 1855 年黄河改道北归的 660 年间，淮河入海口及附近沿海地区海岸线向前推进了 50—70 千米，并且在岸外形成了许多暗沙。也使泥沙大量沉积在泻湖地区，加高了里下河地面，使之成为肥沃的耕地。1855 年黄河北归，苏北海岸失去泥沙来源，而在来自东北的狂风涨潮的冲刷下，不断后退，一百多年间，海岸退后约 20 千米。从废黄河口蚀去的物质一股北流海州湾，另一股向东南运送，与长江口外向西北运移的泥沙相会，成为苏北海岸淤涨最快的岸段。

　　五六千年前的大海侵使长江河口段成为喇叭口形的三角湾岸，以镇江、扬州为顶点。由于水丰沙多，江中沙洲发育，江岸边滩拓展，随着潮水涨落曲线的摆荡，老沙洲向江岸并拢，新沙洲又不断形成，河口河槽随边滩的淤涨和沙洲并岸日渐缩狭，北岸沙堤自从江都向东北伸展到海安一带与岸外沙堤相合形成里下河滩区。而由于长江主弘道的南北游动，主弘道所经口江岸及岛岸一侧受江流及潮汐的影响太容易发生崩坍，另一侧水流平稳，又易淤积。于是位于江口的崇明岛从唐武德年间（618—626）由两个江心十几平方千米小沙洲，几经涨缩，变成今天的 1087 平方千米。至今北岸逐渐淤塞，而南岸的不断崩坍也受到了控制。南岸沙嘴自江阴以下，沿常熟、太仓、松江一线向东面入海，又由于受到杭州湾强潮和东南季风的影响，产生向西的泥沙流，与钱塘江北岸沙嘴连接使海湾封闭成泻湖，最后葑淤成以太湖为中心的太湖平原。扬、镇之间的早期河口，在海潮和江潮的冲击和顶托下沉积于江口形成了若干沙洲，几经变迁，著名的瓜州晋时已然成陆，唐中叶与北岸相连。清康熙年间瓜州江岸受冲，不断崩坍，到了光绪十年（1884），瓜州全部沦于大江。与此同时，镇江以西的江岸却迅速淤积。道光二十年（1840）前后即与南岸相连，原来孤立于江心的金山岛也与南岸连接，并有与江中焦山连接的趋向。自此以下的长江水道两岸及沙洲也是坍淤无定。

　　钱塘江河口入海杭州湾和长江口一样，也是冰后期海侵之际形成的漏斗形海湾。钱塘江水量丰富，水质清洁，含沙量很低，湾口的变化主要来自海潮和长江口带来的泥沙。这些淤积的泥沙逐渐形成了封闭的泻湖——太湖和杭嘉湖平原，加上海潮的冲刷，使杭州湾不可能发育成三角洲平原，而仍保持着漏斗状的海湾形态以及南岸的宁绍地区的姚江平原。这个大喇叭口出海口从南汇嘴到镇海的宽达 100 千米迅速收缩到海宁盐官仅宽 3 千米，平均深度也从 10 米左右浅到 2 米左右，加上长江搬运来的泥沙在出海口形成一道庞大的沙坎，这样大潮时，大量海水涌入湾口，屡次叠加，形成的波峰高达 3—4 米，陡立如墙举世闻名的钱江涌潮。从春秋时有记载开始，到六朝达于鼎盛，至今不衰。

珠江三角洲原是一些丘陵，在 6000 年前大海侵时，渐为海水淹没，成为以广州为顶点的岩岛罗列的漏斗状浅海湾。北江、西江、东江河口都向北退缩到今天三角洲平原边缘的山口。三国两晋南北朝时期，珠江沿岸滩地逐渐得到开发。唐代以后，南方山地普遍开发，水土严重流失。北、西、东三江沿途挟带的泥沙，一齐汇集到海湾里，海岸线逐渐向海湾伸展，广州船行百里，方始出海。自宋迄清，珠江三角洲逐渐淤积成现在的模样。由于几条河流各自从不同方向注入，泥沙在河口堆积并逐渐向海推移的过程中互相连接、互相穿插，并沿着星罗棋布于海湾内的孤丘岛屿边缘沉积，河道分叉现象相当错综复杂，平原之外，还有广大的山地丘陵和海岛，呈现出参差不齐、曲折多变的海岸形态。

在海岸复杂多变的沧海桑田的历史进程中，古代中国人力图捍卫海岸灾变，主要是海蚀和潮汐冲刷引起的坍塌。其一，在新淤积的陆地上设置郡县，加强管理。其二，在漫长的海岸线上修筑捍海堤堰。其中最有名的是北宋天圣二年(1024)范仲淹主持在苏北修筑的长达 290 千米的范公堤。在杭州湾口兴修的捍海大石塘共有多道，也是工程浩大，蔚为壮观。除了防害之外，古代中国人也充分利用海洋资源兴利。其要者有三：一是近海渔业（包括养殖业）；二是制海盐；三是造船与航运。早在 7000 年前，浙江余姚河姆渡人已驶渔船到开阔的水面上捕鱼。5000 年前，今山东胶县的三里河人，已经以捕捞海鱼为生。《竹书纪年》载夏王狩于海，获大鱼。到了春秋，近岸捕鱼业有很大发展，齐国因有鱼盐之利而富强。由于受造船与航海技术的制约，唐代以前，海洋渔业还只属于近岸作业。宋代随经济发展与造船及航海技术的进步，海洋渔业从近岸向近海发展，并且出现捕捞专一经济鱼类的渔业。宋代杭州湾外的洋山成为重要的石首渔场，每年春天，大批渔船出海捕鱼，所获腌制或冰藏以供长久食用。明清两代禁海，渔业受到影响，一旦开禁，渔业立刻繁荣。一到捕鱼季节，宁波港停泊的各地渔船可长达十里。清代的广东开始用双船围网捕鱼，浙江沿海也兴起钓带鱼。这时人们对海鱼的认识也加多和加深了。清代屈大均的《广东新语》对海洋捕捞鱼类有比较清晰准确的记载，计有鲈鱼、黄花鱼、鲥鱼、鲚鱼、比目鱼、凤尾鱼、鲨鱼等。可食的节肢动物和软体动物有鳌、章鱼、龙虾及海蟹、蚬、牡蛎、蛤蜊、蚌、珍珠贝等。

自从人类进入从事农耕生活，以谷物为主粮以后，缺少了动物性食物中所含的盐分，盐就成了人类生活所必需。由于其在自然界存在的形态不同而分为海盐、岩盐、池盐、井盐、土盐。在古代，海盐、池盐的生产尤为大宗，据说五六千年前的炎帝神农的诸侯宿汐（夙汐）即煮海作盐。成书于战国的《禹贡》载舜命青州贡盐，可知渤海沿岸盛产海盐。《周礼·王官》有盐人掌盐之政令。春秋管仲相齐，设税盐官，以后各朝政府多行盐铁官营专卖，成为财政收入的大宗。海盐产地遍及南北，制作方法也多种多样，或煮或煎或晒，盐的品种繁多。到了现代，由于滩涂多行养殖，盐田缩小。盐除食用，还大批用作化工原料，海盐供应不足，开始被岩盐和池盐所代替。

中国古代的航海事业应当包括三个方面的内容，一是造船和航海技术，二是航线和港口，三是海运内容。

早在 7000 年前的滨海地区的河姆渡文化，已经出现了 6 支木桨。此后，在各地新石器遗址中时有木船木桨的发现。河姆渡遗址中出土的有段石锛，广泛分布于南洋和太平洋区域。其形制与我国东南沿海出土的有段石锛甚为相似，但年代都比河姆渡为晚。这令考古学者推测，这种有段石锛最早出现在东南面沿海，以后随南岛语族居民逐渐循海流分布于南太平洋诸岛甚至南美洲的厄瓜多尔。这说明，新石器时期中国就有了能够航海的船舶和相当的航海技术。除了沿岸和近海航行，也可作远洋航行。春秋以后，大规模的海上航行已现端倪，齐景公游于海上而乐之，六月不归。不仅因随行人员众多而船队规模宏大，其行程也有可观，可能不仅沿渤海环绕山东半岛，而且也可能到达朝鲜半岛。越国大夫范蠡从长江口以南浮海去齐经商而致富。从长江口沿岸航行经淮入济入黄更是长江到中原北方的要路。公元前474年，越国从会稽迁都琅琊，随从有死士八千，弋船三百艘。可见海上船队规模之宏大。秦汉以降，造船技术日臻完善，已见舵、帆、封闭甲板。晋代更有水密舱壁和车轮船（南朝时，祖冲之的"千里船"据说就是根据轮子激水前进的原理造成的）的发明。到了唐代，已经出现了长达20丈载货万斛、载人六七百的大船。《新唐书·地理志》已记有贾耽所录的"登州海行入高丽、渤海道"和"广州海夷道"。其中由扬州和明州（宁波）出海东抵日本的航线尤为发达，也是日本多次遣华使团往来的通道。中国的远洋航线已从汉代的到达波斯湾口而延伸到了波斯湾底，更延伸到了东非南部海滨。由于中国海船坚固完善，阿拉伯来华商人多愿搭乘中国海船。

宋代造船和航海技术又有很大进步，多重水密隔舱之外，还有了舭龙骨、平衡舵，以及可以倒卸的桅杆，船首三角帆及多层舱板。更主要的是运用可以指明航向的指南针和针络图，以及利用夜航时以星辰指向的牵星术和牵星板，给海船远离海岸的远洋航行提供了便利。

这时海运除了捕鱼和运载使节外，从唐朝开始，南方的稻米在运河以外也经海运向北方转输。元朝农民起义，运河一线隔断，浙江、福建海运来的稻米成了供应北方军需民食的大宗。此外，海外贸易很发达。中国出口的货物主要是瓷器，重载百吨十万件以上瓷器的海船在南海和印度海上络绎不绝，深入到西亚、东非沿岸。现存最珍贵的元青花瓷，世界保有量在伊朗及土耳其尚有300余件，以至英文名称瓷器为china（中国）。除瓷器以外，海运出口的大宗尚有丝绸和后来的茶叶。从五代开始，泉州和广州一起成了最繁荣的港口。唐宋在沿岸港口设市舶（使）司征税和管理，成为国家的重要财政收入来源。与此相应，也出现了庞大的船队。元朝阿拉伯人蒲寿庚的船队纵横海上，协助元兵平定南方，厥功甚伟。郑和庞大的船队七下西洋，探访足迹遍及东南亚、南亚、西亚、非洲，早于哥伦布西航发现美洲数十年，成为世界历史上壮举。有的外国人更认为是郑和的船早于哥伦布发现了美洲。明代沿岸大豪汪直等承其余绪，拥有宏大的船队和强大的武力，以至商人海盗沆瀣一气，并与日本浪人相勾结，造成倭寇之乱。在长久的历史时期中，战争频仍，其中不乏海战战例。早在春秋，吴越即有海战。唐初刘仁轨出援新罗与支援百济的日本船队战于白江口，一举焚倭船四百余艘，是海战史上有数的大捷。元初南宋战将张世杰率舰队退守崖山（珠江口外），遇台风至东京湾全军覆没。元朝曾三次出动大批船舰远征日本，但征调的南方船舰不习日本环境，北方将领士兵等又不谙海事，以致遭遇台风而受到极大损失，征服日本之战失败。明末郑芝龙与荷舰在金门海战大胜。其后，郑成功清初收复台湾，赤嵌之战击败荷兰战舰，是近代以前海战的最后两次胜利。

尽管中国有过发达的造船技术和航海技术，也有过辉煌的航海事业，但中国仍是一个大陆集约型的大农业国。在那里，农业是普照一切的光，使各种事物都染上了它的颜色。基本上自给自足的经济形态使得中国古代经济的运转循环，更多的是局限在大陆内部。举国上下都缺乏海洋意识和海权思想，本能地排拒出海通商。即使通商也非获取利润而借助朝贡与赏赐的非等价的形式。郑和的航行，更是为了宣扬国威，炫耀实力，而非通商。清朝乾隆皇帝对英使马戛尔尼请求通商的回复是：天朝一切应有尽有，而不待外来通商。郑和远航以后，明朝政府为了节约资财和人力而消歇了政府组织的远航。前此又因丞相胡惟庸结交倭人而行海禁。之后，虽有松动，但又因倭寇的肆虐而再行海禁。清初也因为防御郑成功而将沿岸居民后撤三十里，片板不许下海。外贸口岸也尽行裁撤，只余广州一处。外贸一切由代理商广州十三行进行。中国的海洋事业大见萎缩。一直到清后期英国走私鸦片和发动战争，打开了中国的大门。

明清以来，中国沿海经济发达，人口繁衍，出现了过剩人口，不少人开始移民海外。河北、山东人闯关东，不少即经由海路。浙闽粤的国人更是竞相"下南洋"。移民先是集中在东南亚，然后伸展到了美、澳，乃至世界各地。至今世界华裔已达 5000 万以上，在经济和文化上成了一支不可忽视的力量。

至于东部地区和周边民族、国家的相互影响，更是丰富多彩。以民族关系而论，居住在台湾的南岛语族居民远航直达南太平洋和南美，中国的文化对周边国家民族有巨大的影响。日本、朝鲜、越南，在制度、习俗、文字、建筑、服饰等诸多方面受东部地区影响至深，而佛教、基督教的传入也有一途来自海路。至于物质文化方面，中国输出的丝绸、瓷器、茶叶，国外输入的棉花、制糖乃是其大者显者。这方面还有很多丰富的内容和需要进一步发掘。

第二节　东部地区的区划（一）——北方和南方

中国历史上从来有南北的区分。这里有两层意思，一是指农区和牧区，农耕民族和游牧民族活动地区的分界，即沿燕山长城一线分开，也就是东亚大陆北部地区和东部地区的分界，也可以称之为大南方和大北方。另一层意思是东部地区又可以淮河秦岭一线分为南北，这主要是地理上的分界线，也是人文上的分界线。

东部地区的南方和北方同处于温带和亚热带，又同属东亚季风区，但年气温、雨量各地不相同。东亚季风区的雨线是从南向北推移，南方雨季来临时间要比北方早两个多月，全年降雨量北方也不如南方丰富，易受地形限制，北不如南，西不如东。

这种差别造成虽然都属连续不间断的大农业区，但南北双方农作物品种及种植制度形成了各自的特色。北方主要是旱作农业，主要种植粟、黍、稷、麦；南方则是灌溉水田农业，主要种植水稻。

一万年以前，原始农业就在北方和南方兴起了。北方最早的农作物是黍稷。黍稷在古代文献中记载虽多，但太简单，解释也很混乱，争论纷杂不断。现在看来，黍稷都属一年生禾本科草本植物，喜温暖，耐盐碱，抗旱力强，适宜推广，适合在北方尤其是西北地区种植。目前比较主流的意见，黍就是黄米或糜子米，生长期需 50—90 天，可以夏种秋收。稷大概就是粟或小米，生长期 60—140 天，只能春种秋收。黍的生命力更强，如果黍稷混种，粟竞争不过黍，长不起来。黍可在夏季播种，那时开始有雨，苗能长得很好。而稷或粟只能在春季播种，那时还值春旱，长势不旺，所以最早粟不如黍种植的普遍，那是可以理解的。随着原始农业向传统农业的转化，粟的栽培技术逐渐进步，利用战国以来的保墒、培垄、条播技术，粟逐渐战胜了黍，成为东部地区黄河流域最主要的农作物。

黍稷和粟以外，原产于阿富汗一带的小麦很早就移植过来，其传播途径大概是经中亚新疆而东抵中原，但它需要的水量多一些。据现在的条件，粟（小米）年需水量160—200立方米/亩，而小麦则需260—400立方米/亩。等到战国，传统农业代替了原始农业，又出现了引水灌溉，小麦种植逐渐普遍可以和粟分庭抗礼。至于小麦的大量种植，是从唐朝开始的。特别是北宋被金所灭，大量北方人逃到南方，把食面的习惯带了过来。麦子水稻轮作，于是从此前的北方麦粟并重与南方的水稻为主，变为整个东部地区麦粟稻三足并立，中国人的饮食习惯也因此改变了不少。

中国的重要农作物还有高粱。高粱是什么时候开始栽种的，其说不一。一说是中国原有，一说是从外边传入。古文献记载直到南北朝时才出现，有人说是随佛教一并传来的。近年考古已在新石器时代遗址中发现了高粱，而且不止一处。看来本土说是有实证的。高粱也适合种在北方少雨少水的土地上，也是非常耐旱的作物，特别是在生芽出苗时需水很少，大概20—30毫米就行了。

菽（大豆）在先秦也是六谷（稻、粱、菽、麦、粟、稷）之一，是一种重要农作物，田边地头到处可种。新中国成立前中国的东北大豆是出口的大宗，大量输出国外。但"文革"期间尼克松访华，随行的专家带走大豆良种，传入美国，大量种植，产量大大超过中国，巴西紧随其后。中国大豆生产萎缩了。现在作为油料，大豆每年输入9000万吨。中国油料资源如铁矿石一样，定价权全操在外国手里。

中国的重要粮食作物还有玉米、土豆和白薯，这些原本产自美洲，是哥伦布发现美洲以前印第安居民的主要粮食。玉米盛产于北美，土豆盛产于南美。哥伦布发现美洲以后传入欧洲，继而传入亚洲，在明朝后半期到达中国。玉米需水量介于小麦和小米之间，每年每亩需水200—300立方米。它的产量比小米小麦高，又是一种高杆作物，秸秆和芯可饲家畜，可作肥料，又可作燃料，还可以编织简便的篱棚栅栏，在北方种植很是普遍。

土豆和白薯也是南美作物，这两种作物对水土肥和气候的要求都较低，而单产高，需水少而生长期短。白薯传入中国的时间与玉米差不多，土豆则稍后一点。

宋朝以后，中国人口的压力逐渐增长，灾荒又多，土豆、白薯这样既好种又高产的作物，对缓解过剩人口特别灾荒年份上起了很大的作用。土豆比白薯更好种。不过南方种植时间长一些，品种很易退化，要从北方输入种薯。白薯更适应湿润的天气，在秦岭淮河以南栽种更多一些，而土豆则更适应秦岭淮河以北比较冷又多山地的地方种植。目前土豆和白薯在中国粮食结构中所占的比重已经大大缩减，土豆已经当菜来吃，白薯则只做点心，只是玉米用作饲料，又是油料，在东北地区产量还是很大。

当土豆和白薯刚传入欧洲的时候，因为欧洲气候不适合种植白薯，土豆则大行其时。那时正当资本主义大发展，农村出现贫困化，工业化也出现了大批贫苦工人。土豆从贵族餐桌上的珍馐，迅速变为贫民大众的主食。19世纪40年代，土豆瘟病病流行，大大减产，给欧洲带来了大饥荒。爱尔兰十年之内人口就减少了200万，也带来了大量欧洲居民移民海外。欧洲出现了严重的经济危机，也带来了遍及欧洲的革命浪潮，多种社会主义思潮包括马克思主义应时而起。这些大动乱、大变化背景就肇源于小小的土豆。今天在欧洲人的餐桌上，土豆还是主要的配菜。

南方的农作物主要是稻米。稻子是一种高产的作物，比麦子、小米的产量高，但是它用水量很大，必须要灌溉。稻子最早大约是从东南亚传过来的，也有种说法，最早是在中国的云南。现在考古遗址中已发现数处栽培稻的痕迹，地点是湖南，时间是1万年前。不论如何，稻子是从南方进入中国的，然后再向淮河长江以南特别是长江以南扩展开来，成为那里的主要的农作物。水稻品种可以分为粳稻和籼稻两大类，前者粒圆，半透明，后者粒长；前者喜温凉，生长在长江以北少部地区，后者则喜湿热，分布在长江以南。宋辽金三朝三百多年间，由于气候变冷，粳稻已南移到太湖，原来的籼稻则退到北纬 29°以南去了。稻子需要灌溉而且是精心的灌溉，它不是简单的浇几遍水就完了，需要把土地划成一块块，要培埂，以便注水蓄水放水。周围要开水渠。稻子所需要适应的土壤不需要很肥，也不用底肥。但底土要厚实，如果土壤层底土不厚，浇水水都渗掉了。

北方的粳稻质量好，但只能在有可供灌溉的地方种植，像河南郑州的凤凰台，天津的小站，都产粳米而且是贡米。北京最早在今顺义狐奴山下由地方官张湛组织种过水稻。明清时利用玉泉山的泉水种过水稻，那就是有名的京西稻。解放后，在大兴利用永定河冲积地区种过稻子。但 20 世纪 70 年代初，水源紧缺，不再种了，改种其他作物，如高粱、白薯、花生等。那时正值"文化大革命"，我去大兴干校劳动，就亲身经历过这一转变。目前，东北吉林、黑龙江一带水源充足的地方仍在种植粳稻。南方的地是不好，但是种稻子可以。稻子是一种高产作物，因此淮河特别是长江以南都种稻子。

总的说来，东部地区南北两部分农业发展是不均衡的，从原始农业到传统农业的转型花了几百年的时间，到了战国秦汉才最后成型。二者的差别是：第一，从粗放耕作转为集约耕作，即精耕细作，以期在更少的土地上投入较多的劳力以得到更多的收获；一系列农业技术的进步如耕耙、垄畦、选种、保墒和灌溉、除草、施肥、除虫、轮作、间作等，商代已现雏形。战国秦汉更臻于完善。从战国开始已从耒耜换为犁锄，材质也从木石骨蚌转变为铁制，并出现了多样化、专业化和小型化的趋向。第二，耕作形式已从带有集体化性质转为个体化，出现了以一家一户为生产单位和经营单位的从事生产全过程的个体小生产农业。在所有制上生产关系上，在从村社式的公社所有制和国家所有制转化为私有制。出现了地主和农民，土地开始可以分配给个人及开始自由买卖。

生产力和生产关系的发展和变化，带来了社会制度的大变革。春秋战国就是明显的分界线。

在北方，由于土地的垦辟和人口的繁衍，传统农业较早形成，人口和耕地的矛盾在有些地方逐渐突出，而耕地的增长却有限度，这就迫使人们在耕地增加有限的状况上投入更多的技术和劳力来提高单位面积产量以期供养日渐增长的人口，形成了一种高投入、高产出的农业。在古代中国，技术的提高一度对传统农业起了推动作用。但这种技术的进步是有限的，而且逐渐衰弛。至于新辟耕地也是有限的，人们所致力的只剩下加大劳动的投入一途了。这样，就形成了一种非良性的循环：投入更多的劳力——增加单位面积产量——供养增加的人口——再投入更多的劳力——再增加单位面积产量——供养更多的增加人口。由于人口的增加带来的人均耕地减少与粮食单位面积产量的提高互相抵销，所以农民人均劳动生产率二千多年来未见提高，保持在一个农业劳力每年产粮 2000 千斤上下。二千多年来这个数字虽有变化，但始终不出 2000 斤这个范围，一直到新中国成立以后还是如此。只有到了改革开放以后的 20 世纪末，粮食总产才突破 5 亿吨，而且比较稳定。

跟欧洲特别是西欧比起来，那里自然条件比我国东部地区要好，土地肥沃，雨水充足，水旱灾情较少，森林草场遍布，是世界上另一个大农业区。那里地广人稀，人均土地面积较多。英国中世纪初每户农民份地有 30 英亩（合 180 市亩），后来人口多了，逐渐减少到 15 英亩（合 90 市亩）。人少地多，又有农村公社传统，耕作也就趋于粗放，农具也就趋于大型化，单位面积产量也就不高了。但劳动生产率却也不一定低于中国古代。欧洲每市亩耕地年产粮约七八十市斤，比中国的一百多斤少了一半左右，但因为人均耕地多，劳动生产率也是每个农业劳动力年产在 2000 市斤上下，跟中国差不多。

这里说的是淮河以北的北方的情况。淮河以南的长江流域土质并不好，一般是红壤黄壤。那是一种酸性土壤，不算肥沃，种水稻倒比旱地作物强。水稻也是一种高产作物。当北方的旱作农业每亩每年只能收一百多斤的时候，水稻每亩每年可以收到二三百斤。宋朝以后，种起了双季稻，一亩地可以顶两亩地用，加上北方的间作轮作的耕作制度，中国的农业区复种指数目前已达到 160%，即一亩地上种的粮食生产可以顶一亩半地。

战国开始，生产力大发展，北方某些地区人口压力增大，开始出现了过剩人口，从而也就出现了移民。这种移民，有的是自发的，但更多的是政府的有组织的行动。战国时期移民更多的是出自三晋，像《孟子》讲梁惠王的移民就是一例："河内凶则移其民于河东，移其粟于河内；河东凶亦然。"其中总的目标是保证和增加劳动人手和士兵。这里做得最成功的是秦国。商鞅变法就是有计划地徕民。当时秦国属于后进，人口较少，土地多未垦辟。秦国专门招纳移民，尤其是三晋的移民。分给他们土地，减免其赋税，让他们能安下心来生产，而征发原本的秦国的国民去当兵。多年以后，秦国富强，势压山东六国。所以《史记》说："关中之地，于天下三分之一，而人众不过什三，然量其富，什居其六。"

与北方相较，南方原来是地广人稀，历来是落后的。《史记·货殖列传》即有记载，但由于北方战乱频仍，不少北方居民南下，形成一个个的移民潮，举其大者即有：秦汉农民战争与楚汉相争；新莽末农民起义；东汉末黄巾起义及随之而来的军阀混战；西晋末流民起义、八王之乱以及五胡十六国南北朝动乱；隋末农民起义；唐中叶安史之乱；唐末黄巢起义；北宋末金人南侵；南宋末蒙古人南侵；元末农民起义；明末农民起义。

这些移民多非政府组织而是自发的逃亡、迁徙，其规模之大、人数之多，都是惊人的。此外，一个朝代中，也有不少政府组织的移民。其中，既有秦始皇的迁山东六国民，也有西汉的迁中原地区民等，即都有充实关中并杜绝当地贵族豪强作乱的可能。秦及西汉移民去河套、河西五岭则是为了戍守边疆、充实人力。到了明清，因为战乱，南方有些地方也空虚了，因此又有北方山西移民河北以及湖广填四川，以及江浙填凤阳之举。明清时，又有了东部沿海地带随人口压力而来的闯关东、下南洋的移民潮。总之，人口压力移民、战乱移民、政府移民这三种移民途径和办法，形成了中国历史上的波浪式加滚雪球式的脉动现象。而一波一波的移民潮，不但开辟了各东部地区王朝的疆域，也使移民地区增加了人口，引进了先进的农业生产技术，对于该地区的发展，特别是农业的发展带来了莫大的好处，以至南方逐渐开发，终于在唐宋之际赶上并且超过了北方。有一点要注意的是，中国五千年历史中气候逐渐变冷，原来南方湿热，居住条件较差。但随着气候的变冷，而南方逐渐变得更适于居住也更适于开发。到了唐宋以后，南方发展超过了北方，北方的政府机构、军民的粮食需求都有赖于南方，南粮北运，以致通过运河的漕运成了一个重大问题，一直到新中国成立初期仍需南粮北运。四川、江西、两湖的大米,曾运输北方,以致北方原以面食杂粮为主的局面逐渐习惯了吃南方运来的大米。也由于南北双方发展的不平衡,近些年来南方经济发展,粮食不足以供北方。甚至广东、江苏这样的产粮大省也需从邻省运输粮食,而北方粮食也逐渐增多,2011年黑龙江粮产超过了四川,成为第一产粮大省,这个格局使历史上的南北不平衡终于有了改变。

原始人群从采集渔猎进化到畜牧业和农业,畜牧业成了农业的另一条腿。古代欧洲中世纪畜牧业和农业是平衡发展的,那时土地资源丰富,耕作很粗放,采用二圃制和三圃制轮换耕种。休耕土地多,又有可供放牧的公共草场。因此,欧洲农村畜牧业很发达,居民肉食也多。但在中国,从原始农业进到传统农业阶段以后,畜牧业就逐渐萎缩,成了"跛足农业"。中国最早的驯化的牲畜是"六畜":马、牛、羊、鸡、犬、豕(今天在十二生肖中占了一半),品种倒还齐全。5500年前,人们已在哈萨克斯坦草原驯养了马,并向旧大陆各地引进,用于骑乘驾车驮物。但古代中国人引进马匹似乎还没有用于骑乘。相传马肝有毒,也不大吃马肉。牛也是很早就被驯养,牛力大,饲养容易,可用于挽车负重,也易骑乘代步,食肉寝皮。但自战国以后牛耕普及,发现牛耕代替人耕的作用之后,牛贵重起来,常常禁止宰杀吃肉。羊也是易于饲养,食肉寝皮。2300年前,巴比伦开始养鸡。狗是最先为人支配的动物,系由狼杂交驯化而来。大约在1.5万年前,在中国的南方开始被饲养驯化,用于看家、警夜、狩猎,更用于食其肉。陕西一座战国墓葬陪葬的铜器中存有最早的肉汤,汤中的骨头疑即为狗骨。西汉的《盐铁论》云祭祀用牲,第一等是家庭用牛,第二等是狗肉,第三等才是鸡和猪。战国秦汉屠狗卖肉不乏其人。最有名的一是朱亥,帮助信陵君窃符救赵,以四十斤铁锥击杀逗留不进的魏将晋鄙;二是刘邦老乡屠狗出身的樊哙,在鸿门宴上有上好的表现。此外,狗在先秦还有一些特殊的用途,那即是拉车耕地。在猫还未养成捕鼠的技能之前,先训练狗用来捕鼠,狗拿耗子并非属多管闲事。到了南宋,羊肉又贵重起来。原来北方人习惯吃羊肉,南方人无此习惯。北宋被金所灭,大量北方人逃到南方,羊肉踊贵,激起南方人的不满,乃至怨恨。猪也是很早就驯化了，大汶口遗址墓葬里出土了大量的猪下颚骨，似乎先民以此来作为衡量财产的标尺。

东部地区的今晋北、陕北一线是农牧分界线。畜牧业主要是野外放养。战国时乌氏倮以牧致富，致以谷量畜群。汉代一牧主畜马牛 250 头，猪羊 500 只以上，即为大富人。这是放养。但大多数中原地区地少人多，牲畜特别是猪都是圈养。此后，中原地方更是如此。只有在甘肃一带，隋唐时还是大养军马，一度放养军马达 70 多万匹。但马还是用于作战、驿传，车挽、乘骑还是匮乏，品种不佳，终是个问题，马只好厩养，牛猪也只好家庭圈养。中国也只好被称为"跛足农业"了。

到了改革开放以后，南北格局又有了变化，历史的主轴方向变了，由南北方向转变为东西方向。现在把中国分为东部、中部、西部三个部分，正在搞西部大开发。所谓东部的概念就是沿海地带。这个地区原来经济就比较发达，特别是近代以后，外国资本主义登岸是从沿海一带开始的，这带动了中国的商品经济，带动了中国资本主义的工业化，带动了中国工业化的发展，因此东部成了中国最发达的地方。从北边的辽宁经过河北、山东、江苏、浙江、福建、广东、海南岛、广西等地，再加上北京、天津、上海三个直辖市，是中国经济最发达最富庶的地方。至于中部就差了，西部就更差了。现在中国的格局是东部、中部、西部，跟历史上的南北是不一样了。

第三节　东部地区的区划（二）——北方之东西

东部地区的南北线以北，即在秦岭和淮河线以北，以太行山、伏牛山作为一条线，又可以有一个东西的观念。在太行山、伏牛山以东，我们称之为山东；以西，我们称之为山西。这个历史上的概念一直流传到现在的省份名里面。山东省、山西省或者换个说法，就是关东和关西。这个关指的是函谷关。这个关在先秦和秦汉的时候是很重要的，后来作用有所淡化，代之而起的是潼关。历史上的关东、关西和山东、山西的概念是差不

多的。函谷关很重要，黄河从北向南流下来，经过这里转折了一个 90°
的直角，就东向进入黄河的下游。黄河折而向东以后，夹在北边中条山和
南边的崤山之间，函谷关就在崤山险道之上，扼控关东、关西的咽喉要
道，形势险要。黄河也要越过三门峡以后，才能流向平原入海。关东人口
茂密，农业发达。关西主要是黄土高原①，有农业，同时也有畜牧业。从
黑龙江漠河一直到云南的腾冲，原来是作为人口分界线，即所谓的"胡焕
庸线"。中国的大部分人口在线的东面，少数人口在线的西面。现在看起
来也是其他方面的分界线。比方说，民族分界线，东边主要是汉族，西边
主要是少数民族。另外，在历史上它也是产业的分界线，东边是农业，西
边更多的是畜牧业。关西地区是有农业也有畜牧业的。在关西的东南边是
关中平原，长安这一带；西南和北面是黄土高原，有草可以放牧，甘肃一
带的草地（山坡和草原），也就是所谓的陇西。

我们常说的中原王朝，就是建立在我国的东部地区的王朝，主要是农
业，畜牧业则是以家养和圈养为主；但在关西地区西北方向的畜牧业是一
种大型的草原畜牧业，特别是养马。前面提过马和中国历史是很有关系
的。中原王朝很重视养马，主要是在关西的西边和北边，因为这个地区的
水草适合养马。早在西周，秦国的祖先非子就在陇西为周朝养马。战国的
乌氏倮是大牧主，在陕北一带，马牛以山谷计数。战国边疆戍卒桥姚以畜
牧起家，有马一千匹，牛二千头，羊万头，粟以万钟计。可知边疆开垦农
田也是一种致富之途。中原王朝在这里养马最多的时候是在唐朝，陇西地
带光军马就有 70 多万匹。这批马主要是来作战，那这个骑兵可厉害了。
对付西北草原游牧民族，可是非常强大的力量，足以和他们相对抗。草原
上的民族，尤其是游牧民族擅长作战。而这里的马不仅数量上可以跟北边
游牧民族相对抗，而且质量上也是非常好的。

中国的马最多的是产于蒙古高原上的蒙古马。蒙古马个头小，跑起来

---

① 黄土高原西起祁连山和湟河，东至太行山和豫西，北沿明长城，南到秦岭北坡，连接
晋、陕、甘、豫、宁、青、蒙七省区，总面积 40 余万平方千米（一说 60 余万平方千
米）。是由多年风成黄土后累积而成，最厚处达 200 余米，是黄河大量泥沙的主要来
源，也是中国远古文明的主要发源地。

比较轻快，耐力强。相反，西北地区的马像西域马、河西马等，个头大，力气也比较大。历史上的世界古文明带，像印度、波斯、中东乃至欧洲，从这些地方北边来的蛮族、草原游牧民族，没有骑兵的话，历史就不是这个样子了。骑兵可以野战、攻城，你要守城可以，要出去打他，要对抗的话，很重要的就是骑兵对骑兵。因为步兵行动比较慢。骑兵冲过来，打得赢他就打，打不赢他就走了。步兵就不行。南边的文明带地区，用骑兵对抗草原民族很重要靠的是高头大马，然后是重装，穿盔戴甲、带盾牌长矛。用重装骑兵对抗草原轻骑兵，列阵出击，退可以守、进可以攻。农业民族不管怎么训练骑马，他的技术和战术还是不如游牧民族。所以只有加强防御，用重装骑兵对抗轻装骑兵，这里马就很重要。它必须很高大，不高大的话，就驮不起来甲士，也跑不动了。西方中世纪的骑士全身装备，从头到脚都包裹在盔甲里，而且是铁甲，不是皮甲。光是一个骑士盔甲的重量就有 40 公斤，合 80 多市斤，笨重到这个程度。有些骑士弄到最后自己都上不了马，要用吊车把他吊到马上去，而他一旦从马上栽下来，就爬不起来了。他的马也要披甲的，比如脑袋上要安个刺，冲锋时用它去冲刺敌人，马身上还要戴甲，连人带马重得很，那个马非得高大不可。而且还有一个好处，因为这种高大的马跑起来以后，刺一枪出去，连人带马冲撞力度很大，一冲就把轻装的敌人冲垮了。

关西是农业区兼畜牧区，跟草原民族接触多，时有冲突，因此民风比较强悍粗犷，也可骑射，是比较能打仗的，这是关西民风的特点。

关东地区是农业区，农业区可分成两方面看。北边的游牧民族，流动性很大，往往以战争、掠夺为职业。特别是在他们刚刚迈过原始社会，进入阶级社会，他们原来的生产不足以满足他们的需要，往往只能掠夺，也就带有掠夺性。像东部地区在他们看来是花花世界，子女玉帛，予取予求，所以经常南下。他们从事打仗跟他们的生产活动时一样的，李白的诗就有"匈奴以杀戮为耕作"之句。他们的游牧的生活方式、游牧的风气、游牧的技术跟打猎往往是一样的，而打猎和打仗差不多，这就使得他们打起仗来战斗力极强。中国农业民族和游牧民族要求不一样，他们有土地，有自己的家园，有坛坛罐罐，他们从事农业劳动生产，不大想去打仗，也不愿别人来打自己。因为人家一旦打来，他们就显得比较弱了，所以农业民族在战争方面很重要的是防御。中国的中原地区和东部地区多修城，修城就是防御。当然人家还是要来打你，但有城有一个好处，因为游牧民族来的是骑兵，而且是轻骑兵，跑得快，战斗力强。但遇到城墙，这样高大的防御性工事就不行了。攻城是不能靠骑兵的，骑在马上，拿着弓箭，拿着长枪，拿着盾牌，是打不下城的。必须要爬上城墙，破坏城墙，打进城去。

历史上的关东、关西比较起来，关西是军事力量很强，反过来文化水平就差得多；关东人口比较多，经济相对发达，文化也比较发达，反过来这个地方军事力量弱。因此过去有种说法"关东出相，关西出将"，这是比较早的说法。关东文化比较强，关西武力比较强。武力比较强，往往政治控制机制能力也较强。这种情况在唐以后发生了改变，唐以后的关东、关西之间也就差不多了。而关东、关西这样的差别也不是自古就有的，是后来形成的，在中国历史上最早的时候，也没有这么大的差别。中国在进入文明时期前后，新石器时期的遗址遍布全国，有各种类型的文化，比如说红山文化、良渚文化、仰韶文化、龙山文化、大汶口文化、齐家文化、马厂文化、青莲岗文化、屈家岭文化、二里头文化等，在中国的黄河流域，这种原始文化是很发达的。这种比较原始的居住地域从黄河上游的青海、甘肃到陕西、河南、山东、河北一路下来都是。中国历史接着下来是夏、商、周三代活动、兴起和立国的地方主要是在黄河流域。现在来看，夏商周三代在时间上是相继的，从夏到商到周，但夏商周三个部落联盟、三个部族实际上是同时存在的。这三个集团同时存在，分布在不同的地方，也差不多是同时平行存在的。商，大体上在现在的山东、河北和河南的部分地区。换句话说，他们活动的地区是在关东，即太行山的东边。历史上的周活动在现在的函谷关以西渭河一带，在陕西、甘肃这片地区，即在关西。历史上的夏则是活动在商周两个集团之间，在山西南部和河南中部，太行山沿线偏东一点。这三种古文化是有交叉的，属于商集团的文化有些进入到夏文化的地盘，夏文化也进入到商文化区域，周和夏也是一样。这三种文化同时兴起，平行存在，异地而又互相影响。三个集团里最早进入文明时期的是夏，建立起了中国历史上第一个王朝。而这时商和周作为部落联盟依然存在，紧接着夏衰落后商取而代之，商衰落后西边的周又起而代之。历史上平行的、不同地域的三个文明就变成了历史上相继的三个朝代。

为什么三个不同的集团中夏先出来呢？这是很有意思的问题，现在我们也难以回答。不过可以从某个角度来考虑，我们知道夏朝的历史一开始就是大禹治水。黄河流域水患很厉害，不仅是黄河闹水，黄河的支流也闹水灾，黄河的下游再往下去决口在当时条件下是没法治理的。但是在黄河中游由北而南垂直而下的这一段是没有什么水患的，因为两边都是高原和高山，黄河在它们的夹峙即晋陕大峡谷中流出来，黄河在这里夹带着黄土高原上支流所冲刷的泥沙滚滚而下，流速非常快，泥沙被冲到下游才淤积，因此水患是从黄河由北向东拐了一个弯出来了后才有的。这个地方是历史上的农业区，水灾包括旱灾都很频繁。黄河的一些支流也同样闹水灾。我们知道古代的文明带是沿着大河存在和发展的，其实更多的，他们的生存地方是在大河的两条支流上，生活在支流的河谷和台地上。这些地方便于生活，取水也很方便。这样一来，治水、蓄水、排洪，疏通水道，修筑堤坝等就很重要，这些地方要发展，治水的问题就必须解决。正好，传说大禹是治水起家的。夏禹是一个治水的世家，他的父亲鲧是尧的臣下，当时发了一场大水，"滔滔洪水分割，浩浩怀山塞陵"，大水漫延得把山都淹掉了。尧让鲧去治水，鲧用堵的办法治了九年也治不好。继尧之位的舜把鲧给杀了，又让他的儿子禹来继续治水。禹最后用疏导的办法把问题解决了。治水不是一个人能完成得了的，它需要组织、需要策划、需要调动各种力量，把这个地区的人民组织起来管理。是不是部落联盟最后变成一个国家，成为早期的国家组织，中华文明的开端，跟这个地方的水患、治水的要求与措施有关系呢？这只是一个推测，还不能形成结论。

山西的南部和河南的东、西部乃至于包括太行山沿线的一带是夏朝兴起的地方，它是最早形成中国的古代文明的国家。继之而起的是商朝，商活动在夏的东面。它取代了夏，也就控制了夏的很多地区，它的势力范围遍及河北、山东、河南和山西。西边仍然是周族，它与商有一种上下级、统率与被统率的关系。商朝的势力逐渐地往外扩展，除了黄河中下游、淮河流域和长江以北的地方外，商朝的影响已经扩展到更多的地域。现在江西的南部、湖南，还有广西的考古发掘都发现商朝(或商朝式样)的铜器。这到底说明了商朝的统治已经到了这些地方，还是说这个地方的民族受了商朝的影响，跟商朝有一种交往、交流？至少我们从中知道商朝影响的地区已经超出了它原来的范围。

接下来的是周。周的地盘本来是在渭河上游，在现在的甘肃东部，后来逐渐往东移，到了现在的宝鸡、西安等地。这里是一个平原，我们称之为关中平原。所谓的关中，就是处在四个关之中①，关中平原北边是北山，南边是秦岭即终南山或南山，东边是黄河。山河夹带之间形成一个平原，这个平原地方不算很大，如果把两边黄土高原的边缘加进去的话，那就不小了，搞农业这里还是一个很好的地方，后来就成了关西。很多早一些的朝代，特别是一些大的朝代，周、秦、汉、唐都是在关中平原起家建都立足。唐以后这个地方衰落了，中国的政治中心向东向北转移了，绕了一个曲线。再说周族逐渐地从西往东，从陇右到了关中这一农业区以后，它的势力就扩大了。在商衰落的时候，周就进到了关东，建立了周朝，后来反被称为西周，那是它受打击把都城慈宁宫从关中迁到洛阳之后的事。西周的版图比商朝又扩大了，而这个时候东西的格局，关东、关西的格局就开始形成了。西周灭商以后，以关西，特别是陕西、甘肃作为自己的基地，往东发展，控制东方。

西周控制东方的办法有两个，一个是周公辅政时在关东经营洛邑，即现在的洛阳。从关西往关东推进的时候，洛阳正在通道的口子上，而且这里又是一块小平原。周公在这个地方建立了一个前进基地，而且把陕西大量的兵力还有人口搬到这里，把它作为周的第二都城。后来西周被西北部落——犬戎打败以后，它实际上就退出了关中，而搬到洛阳，这就是所谓的周平王东迁，史称东周。西周之所以能够这样搬家，是周公对洛

---

① 东边是函谷关、潼关，东南是武关，西是大散关，北是萧关。

邑的经营。凡是以关中作为基地的王朝，多半是以洛阳作为第二都城，特别是在隋唐，其目的就是要控制东部。在唐以后，这种东西的关系也就淡化了。

第二个措施，就更重要了，即所谓的分封制。我们也可以称它为一种军事殖民制度。它实际上是西周分配自己的亲属子弟带着他们的族人家臣、带着他们的兵马并给他们一块地盘让他们建成一个封国。像周公的儿子就被分封到了鲁国，从陕西带着人马，人也不多，带着十几辆车子，几百人，顶多千把人，然后就长途跋涉走向封地。当时的这些地方并不像现在，大部分都很荒凉，都是灌木丛、树林子，已开发的地方不多。到处都有一些当地的少数民族活动，也就是所谓的蛮夷戎狄，他们在关东很落后，没有进行过多少开发。周人到了那里，建立一个据点，一个小小的国家，一个诸侯之国，方圆百里，还没有今天的一个县大。全国分布着这么一百多个诸侯国，在那里安营扎寨，建房子、修墙、建防御工事、挖沟、开路，慢慢发展起来。这种军事殖民、分封往往是封自己的亲属功臣，像姜太公就封到了齐国。

有些商朝旧的诸侯像宋国也被分封，这样周的境内布满了大大小小的封国。然后开始从事农业生产，逐渐发展。当时各诸侯国之间都是些比较原始的树林子，出没着的是一些渔猎、游牧部落，封国之间的联系，道路交通就很重要。当时的路是土路，黄土高原和华北平原的土质松软，晴天风沙，一到下雨天成了泥路，走起来很麻烦。当时的交通工具是车，车轱辘压的印迹就是车辙。秦始皇的时候要"车同轨、书同文"，就是车的轮距全国都要一样。全国道路都要一样宽，车的轮距也要一样宽，这样车循着轮迹即车辙就好走多了，这是很重要的。春秋时期有些诸侯国，如要防御敌人进攻的话，就把大路的走向改过来，让敌方的车不能顺着路辙来，这能给敌人的进攻造成很大的麻烦。

这样，关西的军事政治力量强，通过关西控制关东。但关东的经济文化力量大，这时候也是看得出来了，这些地方一旦兴起后，就会来一个反弹，就是在某种条件成熟以后反过来对抗甚至反抗关西。最早的关东、关西关系的变化始于春秋。

如前所述，西周的基地是在关西，然后前伸到了洛阳。洛阳是关西、关东的枢纽。西周以相当大的精力来经营洛阳，还有殖民。西周以为它的西边，渭河平原是很稳当的。可是没有想到，到了周幽王的时候，西边和北边的一些原始的部落兴起来了，把西周驱逐了出去，周平王只能东迁。西边关中陕西地带就倒退到戎狄的水平。全国原来的重心失去了，这就出现了春秋争霸。一些诸侯国原本是军事殖民，到东方以后，在那里落地生根，融合了当地的少数民族，扩展了农业，扩大了自己的领地，开始争霸。最早起来的是齐国，这就是齐桓公。齐国所占据的地区是在山东的北部，这个地方有山、有海、有平原，物产丰富，而且多样化，有鱼盐之利，航运也很容易。临淄是齐国国都，热闹而繁华，据战国人记载，那里什么都有。像现在什么歌厅、舞厅、夜总会，那里多的是。市场上是人挤人、人挨人、人碰人，呵气成云，挥汗成雨。甚至有些怀孕的妇女就在集市里生孩子，一群人只好围在一起，用衣服挡起来，因为跑都跑不出去。人多到这种程度，如此得热闹。

齐国兴起来的时候，打的旗号是"尊王攘夷"。所谓"尊王"是指尊周王，东周的王。"攘夷"是针对在周衰落后境外和进入周境内的比较落后的少数民族，还有南方的蛮夷。当时有这么一种说法：南蛮和北狄交侵，中原地区系于一线，危在旦夕。周作为中原王朝，包括各个诸侯国只有一片狭窄的地域。齐桓公所谓的霸业，就是把各地的诸侯国联合起来结成同盟，来对付少数民族，来排解彼此间的纠纷。在"尊王攘夷"的过程中间，各诸侯国之间互相结盟、互相分裂、互相争霸，结果是彼此合并、彼此扩张势力，同时打所谓的蛮夷戎狄，以扩张自己的地盘。诸侯国原来是好几百个乃至上千个，一番兼并、争霸，变成一百多个，后来只剩几十个。在争霸的过程中，又联合，又斗争，又共同对敌，又互相攻打、吞并，大的打小的，这样一来，大的越大，小的就越小，到战国初只剩下十个国家左右了。

齐桓公的霸业，没有持续多久。原因有很多，其中有地理方面的原因。齐国的位置太靠东，在这个地方发展起来，要向西南等地区发展比较麻烦。

第二个起来争霸的是晋。晋国的位置大体上在原来的夏朝故地，也就是关东、关西的中间。晋势力强大起来，一方面它面向西，西面是秦国，秦国原是戎狄小国，后来才在关西地区发展成一个大国。强大的晋实际上遏制了秦国的东进。秦晋之间也打仗，也有和平、结亲。秦国就只好往西发展，这使得秦得以强大。因为秦没有在中原称霸，而是称霸西戎。而晋国强大后最厉害的对手则是楚国。楚国是南方长江流域的，不是关东、关西的国家。楚国的力量在春秋时期渐渐壮大，先是占领了淮河，再往北往东，到了河南、安徽，把这个地方的各个小国一扫而空。楚国最强大的时候，它的边界线能北到黄河。黄河以南，河南、安徽、江苏都是楚的势力范围，晋争霸主要对付的就是南方的楚。继楚而来的还有长江下游的吴国和越国。到了春秋后期，吴楚之间进行了多次战争，结果吴国占了上风。吴国也到中原争霸，吴王夫差北上去与齐国等会盟于黄池。没想到他往北一走，背后曾被他打败的越王勾践卧薪尝胆，准备了 20 年后又打回来了。吴国的势力被越国消灭，越国后来也发展成为一流强国，这是不久以后的事。而晋国丧失了霸主地位，被国内的贵族瓜分，分成了韩、赵、魏三国。

战国初期还是三晋势力最强大，其原因有两个。第一个，这个地方的经济强盛，人口众多。这又跟灌溉业的发展有关。中国古代大禹治水还只是防洪泄水，真正的灌溉在当时的北方还是极少的，北方又是旱作农业，即使有灌溉，规模也是很小的。据记载，西周时，在关中修有渠，在华北地区恐怕主要是靠下雨、从河流汲水和打井。提水的工具或抱瓮浇水，或用先进的桔槔（最新考古发现也有用辘轳的）。打的水或供饮用，至多去浇浇小块的菜园子。到了战国，北方已经开始修渠，从河的上游开口修一条渠下来，然后引到田地里来灌溉。现在我们看到的记载中最早的大规模的修渠是在太行山东漳水流域——邺，今郑州以北，由西门豹负责。西门豹两大贡献，第一个是反对迷信，即"惩治"河神（河伯）。第二个就是治邺，将沼泽地、荒地、沙荒地治理为良田。这个地区除了灌溉之外，水利、治河也有一些发展，但治河的办法很简单，就是修堤，免得河堤决口，这个办法还是管用的。黄河两边要防止黄河决口，但两边不是一个国家，各存私心。有时，一边把河堤修得又高又坚，水一来，就会把对面的国家给冲了，自己在那里幸灾乐祸，即所谓"以邻为壑"。反过来，可以看出当时治理黄河已经有一套办法了。既然可以修堤，也就可以防水灾，进而可以修渠灌溉农田，这样农业生产有了保障，这个地方的经济也就发展较快。齐国和三晋就是这种情况。

三晋势力强大的第二个原因，是由于经济的发展，原来的制度不能适应需要，战国时期各个诸侯国纷纷进行改革，这种改革三晋是最早的。因此，战国初期，三晋发展比较快，继续与楚国斗争，三晋里面尤其是魏国发展最快。魏国发展靠的是李悝变法。魏国战国初期范围包括河南东部、山西一带，西边是东周秦国，南面是韩国，北面是赵国，东面是齐国，周围的秦、楚、齐、赵、燕诸国有拓展的空间。魏国的方位是四面来风、四面受敌，到处有问题，处于被围攻的位置，这是非常不利的。魏在改革兴起后，国力强盛，很快受到其他国家的围攻。首先，是齐国和赵国，这里有很多故事，如添兵减灶、围魏救赵的桂陵之战等。魏国很快就衰落了。

关东和关西的接合部，还是处于四面楚歌的地步。齐国可以往东和南边发展；楚国扩张的面积更大，可以向南、向北，也向东；秦国往西边、东边扩展，赵和燕也可向北发展。而魏国只是辉煌了一段，紧接着就是齐国，齐国也只是热闹过一阵。秦国原来是比较落后，但它地盘扩展也很大，不仅往东、往西、往北发展，还往南。往南发展时，首先遇到了楚国，秦国连蒙带骗带打，从楚国夺得了汉江流域。秦国骗了两个王——楚怀王和楚顷襄王，把楚怀王拘禁起来，并把楚顷襄王打跑了。楚原建都于郢，即现在的江陵，只好被迫迁都。楚国都城迁了好几次，最后迁到了安徽。秦国把楚国打败了后，再往南，翻过秦岭，再翻过大巴山，进入蜀——四川。秦国占了四川之后，国力大增，成了六国中最强的，占尽了关中的天时地利人和。关东原来有十几个国家，战国中期以后，只有六国。山东六国要联合起来对付秦国，叫合纵；秦国要拆散它们，各个击破叫连横。秦要连横，就要分头与山东六国燕、齐、韩、魏、赵、楚建立联系，稳住一个，拽住一个，攻打一个。秦国本身的力量大，这样当然有利，这就是"远交近攻"。秦"远交"的主要对手是齐国，"近攻"攻的是三晋，而楚国很大，一下子很难打下来，但相对来说是最强大的，秦国就用外交的手段配合着来对付齐国，齐国却经常上秦国的当。比如说，秦国对齐王说，我们一起称帝吧，我称西帝，你叫东帝。齐国答应了，这下不得了，齐国一下成了众矢之的，因为其他国家对付不了秦国，但它们是可以对付齐国的，齐国后来才明白上了当。齐国就是这样被秦国麻痹，而其他国家最后联合起来支持燕国来打齐国。燕国不强，但有一个很能打仗的将领——乐毅，在各国的支持下，趁着齐国称帝不成，面子大丢，国内又出现问题，正混乱之际，兴兵攻打。据说连下 70 余城，把国都临淄都打下来了，仅剩即墨、莒两城，齐国就等于灭亡了。可是齐国出了一个能人，叫作田单。他很厉害，守住仅剩的两个城，利用离间计，使得燕国用一个草包将军骑劫换掉了乐毅，又用火牛阵将燕军打得大败。齐得以复国，但元气大伤，没有力量再去对抗秦国了。这个时候关西的力量明显超过了关东，尤其在军事方面。

当时关东唯一能和秦国抗衡的是赵国。赵国是三晋之一，地跨山西和河北，都城是邯郸。邯郸在历史上是个名城，是战国、秦汉六大名城之一。有个成语叫"邯郸学步"，赵人文化素养很高，连走起路来都是别有风度，因此别国人都到邯郸来学赵人怎样走路。赵国直接面对北方的少数民族，匈奴南下时面向的是秦、赵，还有燕。赵一方面向北发展，赵武灵王实行改革，即"胡服骑射"。这是一个很大的改革，赵国古代衣裳是宽袍大袖，衣是半长不短的大褂子，裳是裙子，袖子很大很宽。这种衣裳，劳动不行，打仗更不行。中国古代打仗主要是车战，四匹马拉的车，车上三个人，一个人驾车，一个人射箭，一个人拿长矛、戈、戟，主要是用戈作战。戈可以戳，可以割，可以钩。两车交战，侧身交错，车上的人相互对打。车战是由诸侯、贵族进行的，只有他们才能拥有战车。每辆车的后面按通常的说法跟有 72 个步兵，这些人没有盔甲，什么保护都没有，只是扛着矛苃跟着跑，提供粮食，提供掩护。这种军事制度在春秋战国时期社会制度已经改变，土地关系和贵族制度已经变化时，已经不适用了，这种军事编制、车战体系已经不能维持，而且这种打法也很笨。比方说，车战基本上只能在平原进行，而且必须要有车道，地面比较平坦。有些国家地处山地，就没法进行车战，或者地上到处坑坑洼洼，行进就非常困难。而且穿着宽衣大袖，站在车上打一打还可以，但要跑在地上肉搏，或骑在马上格斗，是很不方便的。

赵武灵王在变革中间开风气之先。首先改变原来的服饰，穿胡服，短衣窄袖，脚蹬高统长靴，腰系腰带，短小精干，便于打仗。其次，改革兵制，增加骑兵，减少车兵直至没有为止。有了骑兵，再加上远距离射箭，近距离格斗，战斗力很强。像前面提到的戈在野战和骑战是用不上的。武器最早是用剑，剑是利于刺，不利于砍劈，因此兵器由戈变为矛，至于剑变为刀是战国以后的事。战国时使用的剑越来越长，"荆轲刺秦王"时，秦始皇就佩戴着极长的剑。当荆轲用匕首刺他的时候，他的剑太长，拔不出来，只能躲。最后是赵高提醒他从背后拔剑，剑拔出来后，用长剑对付匕首，有利多了。荆轲最后被刺伤，刺杀失败。考古发掘的剑，有的长到50多厘米。这么长的剑，步兵用起来很不方便，而刀则短得多。而且剑主要用来刺，双面开刃，剑脊不厚，易断；刀主要用来砍，单面开刃，有弧度，有刀背，结构结实。砍的力量带有手臂的运动，相对于刺来说要大得多，造成的伤口也比较深大。因此后来，剑已经不行了，没有人用剑来作战了，它只是起一种装饰作用，或表示一种地位。

赵武灵王"胡服骑射"的改革给社会带来相当大的影响，随之而来的是赵国建立了很强的军队，足以与秦军抗衡。赵国本身在山西地区，其北边历来是游牧区，有足够的好马，又胡服骑射，因此赵国能建立起一支强大的军队，成为战国中期以后真正能与秦国对抗的国家。我们看到战国中期以后的一些故事，像完璧归赵、将相和等，都是赵国和秦国的关系，而且赵国正好封住了秦国东下的大门。因此在魏国之后是齐国，齐国之后是赵国，赵国之后就完了。赵国最后吃了一个大败仗——长平之战，赵国在长平之战被秦国坑杀了40多万降卒。在战国时期，出动40多万的军队来对付秦国，说明赵国兵力非常强大，但却败在一个草包将军——赵括手中。本来态势还很好，廉颇与秦国名将白起对抗，廉颇采取守势，秦国无可奈何，结果就使用离间计，让赵国把廉颇给撤了，换上了赵括。赵括是将门之后，学了不少书本上的东西，但缺乏实战经验，又自高自大，爱夸夸其谈，大讲大话空话。他代替了廉颇后，很急躁，打了一仗没打好，秦兵就乘机断了赵国的后路，断绝了赵兵的粮食供应。赵括战死了，赵兵投降，40多万全部被活埋。这一仗后，赵国元气大伤，再也起不来了，秦国可以说就无敌于天下了。秦国兼并六国，是从关西打到关东。首先是把处在关西到关东的出口处的东周灭掉，然后灭掉很弱的韩国，然后再灭掉赵国，灭掉魏国、楚国、燕国，最后是齐国。这样关西控制了关东，形成了秦始皇的大一统的局面。

关西的政治军事优势驾驭着经济文化发达的关东，这两者结合起来力量非常大。既有军事、政治，还有经济和文化，统一国家的国力是相当地雄厚的。这种结合不但有利于自身的发展，而且有利于对付北方游牧民族的进攻。战国时期北边诸国原来力量分散，对北方的游牧民族只能采取守势，当统一王朝出现以后，对强大的北方民族就可以采取攻势了。当时北亚少数民族主要是匈奴。匈奴的历史很长远，有人说商朝就有了，叫鬼方，西周叫猃狁，到了战国、秦汉时候就称作匈奴。秦汉强大起来了，把中原的边疆北推到了河套，然后越过阴山。修筑了现存遗迹的秦长城、赵长城和燕长城。西汉长城把中原王朝的势力大大地往北推，向西推，越过阴山，越过河西走廊，烽燧关塞一直西延到了天山。汉武帝时与匈奴有六次比较大的战役，取得了决定性的胜利。到了东汉，汉军从内蒙古的高原经过大戈壁，一直打到燕然山。这时的匈奴一部分投降了，归附于塞下，乃至于陕西、山西的一些地方。因此，关东、关西结合起来，"将相和"，力量就很大。

这时的统一的王朝，其政治军事中心在西边，其经济发展中心却在东方。政府结构、官僚、军队部署等都在西边，这不仅仅是为了控制东方，最主要是为了对付西北。西北地区物资、粮食本身是不够用的，需要经济发达地区的支持，在这个时候，运输很重要，需要漕运，即水运。因为用车、用马、用人驮的运载量都是很有限的，水运比较便宜，运输量大。运粮食如果用人驮，路如果很远，那么路上人畜的吃食就能把运的东西吃完了。像在抗战的时候，在国民党统治区，汽油很紧张，结果在玉门得到了石油，就从玉门用汽车拉，一直拉到四川泸州宜宾，支持滇缅公路，一半的油都被汽车自己消耗掉了。从关东运出东西，特别是粮食，用人畜来拉背也是不行的，因此在当时水运很重要。正好，关东、关西的水系是东西流向的。后来中国经济发展变成了南北方向，北方成了政治军事中心，南方为经济重心，南方的粮食要向北方运，也要用水运。但这就有问题了，因为中国水系多是东西流向，南北水路运输就比较困难，运河问题就提到日程上来了，运河在中国历史上成为一个很重要的事情，就在于东西南北的河道的方向的关系。

东亚大陆东部地区的北方地带相当于今天的山东、河北、山西、陕西，还有河南、甘肃的一部分，这个地方过去又被称为华北，这样一些省名是在历史上逐渐形成的。大体上山东、河北，还有河南是属于关东，山西、陕西属于关西。关西主要的是黄土高原和山地，在黄土高原和山地中间最重要的一块地方是关中地带，就是以西安为中心的一块地方，主要是渭河河谷平原。这块平原四面都是山，南边是有名的秦岭，在西安一带是终南山，渭河流经其中。此外还有泾河和洛河，北面是北山。东西的长度大约是五六百千米，南北大约是二三百千米。再扩大一点，可以到北山以北，也被称为所谓的大关中。

这个地方是关西的核心地带，秦始皇统一了六国后，基地就设在关西，尤其是在关中。因此这个地方从西周开始，一直到隋唐，都是多个王朝的政治中心。各朝都城不是在同一个地方，但多都在渭河流域。这个地方统一全国的力量在西周时还不是很强，西周为了控制东方，采取了分封制，向东伸出一只手臂，伸到洛阳。西周后来衰落，它在陕西的都城被犬戎攻破，只能迁到洛阳，称之为东周。洛阳是从关西、渭河流域向中原地带，向关东伸出来的基地。渭河流域在秦以后，它的力量大大增强，很重要的原因是秦国适时地治理。商鞅变法采取了一系列的措施，其结果是发展了农业。同时秦国采取了一个很重要的政策——徕民，以种种有利的条件招徕老百姓，主要是解决土地的分配问题。结果东方的居民，主要是三晋的居民纷纷往秦国迁徙。我们知道三晋主要在现在的山西、河南、河北，这块地方在春秋战国时是继东方齐国以后发展最快的地带，人口也增长得很快，于是，没有足够的土地，面临着人多地少的问题。在人口的压力下，三晋地区相当多的人就移民到关中。在关中地区，除了商鞅变法所采取的土地政策和移民政策之外，还有就是水利事业。我们都知道的郑国渠，用一二十年的工夫把渭水和泾水流域的水利事业大大地建设了一番，结果使得原来的小关中往北发展，成了很大的一片灌溉区，灌溉土地面积达到了 4 万顷。北方很多是旱作农业，旱作农物的收获量是不大的，用水灌溉后，农作物的收成能够大大地提高。由于秦国实行这样的办法，关中地区在战国时期，已经是很发达了，人口增加，农业发展了，经济力量增强了。因此，在秦国之后，关中地区在全国的地位更高了，作为全国的政治中心，作为统一关东、关西的主要力量，基本上还是奠基于秦国。以后从秦到汉，还继续加强和充实关中。主要采取的是一种强制性的移民，由政府强迫关东地区的居民搬到关西、长安去。首先是秦始皇。秦始皇灭六国后，就把六国的贵族强制迁移到国都咸阳。一方面，减少关东的反对力量；另一方面，这些旧贵族本身就有相当多的人口和相当丰富的财力，搬迁可以充实关中。汉朝也是这样，不断地从关东强迫人搬到关中去。这批人都是所谓的富户、豪右，用之以充实关中，削弱关东的力量，也免得关东的一些地方势力会形成一种力量来和中央对抗。这样，秦和西汉的时候，关东地区，无论是政治力量、军事力量和经济力量都有所下降。

关西地区，尤其是其西北地区，还面向着北方的少数民族，那就是匈奴。秦汉时，匈奴是中原王朝的主要威胁，不时南下侵扰中原王朝的北部边疆。方向是北偏西，今天的冀北、晋北、陕北、河西走廊成了中原王朝的国防前线。关中成了这条防御的总后方，物资兵源的大供应基地。

唐以后东部地区已发生了两个变化，第一个变化是经济方面的，历史的轴线从关西、关东的东西方向逐渐偏转为南北方向。原来是关东之粟循东西方向转输到关西。以后淮河流域逐渐繁荣，供应基地逐步南移，唐以后到了江南。经济重心南移，政治重心也开始从关西向关东转移。洛阳、开封作为国都，或重要枢纽城市，就是从这时开始的。秦统一以后，重要的战争几乎都在东西方向上。到了唐以后，东西方向的大战几乎绝无仅有，而南北方向的大战却史不绝书。到了宋朝，北方经济停滞衰退，关东、关西经济文化方面的差别逐渐淡化乃至泯灭。第二个变化是民族方面的。唐以前民族关系的走向是南北偏西，除匈奴族源不明外，高车、突厥、回纥的源头都是阿尔泰山，从那里南下东进，进入到蒙古高原和新疆、河西。中原王朝的抵御方向也是北偏西，双方的斗争从冀北、晋北、陕北之外，一直延伸到河西和天山。但是唐以后，民族关系和民族斗争的轴线发生了迁移，契丹、女真、蒙古、满族都起源大兴安岭西侧的草原森林，南下侵扰的路线转移到了北偏东，而中原王朝的抵御方向也是北偏东。这期间，辽、金、元、清都是建都于北京，一来离其龙兴之地较近，有一个比较巩固的后方；二来坐北朝南也便于控扼南方和广大地区。以国都为代表的王朝政治军事中心，也开始先东移而后北上，最后在北京稳定下来。

第四节 东部地区的区划（三）——南方之长江流域

东部地区的南方指淮河、长江以南的广大地带，从水系上来说，包括淮河流域的南半、长江流域、珠江流域以及东南沿海的一些河流，主要是长江流域。

长江这条河在中国历史上是非常重要的。我们往往把黄河当作中国最重要的河，是母亲河，是中国文明孕育的地带，这是没有错的。但长江绝不是不重要的，现在有人说中国的文明是两条河孕育的，一条是黄河，一条是长江。黄河没有长江那么长，黄河是 5400 多千米，比长江差了大概 1000 千米。这问题不太大，都是大河，问题在于自然条件不一样。两条河的水量相差太大了，黄河每年的流量是 650 亿立方米，长江是 9755 亿立方米，比黄河多了十几倍。这样大的水量是黄河不能比的，另外年降水量也不能比，黄河比长江差了很多。由于气候和水的问题，黄河流域经常是缺水，经常发生旱灾。而长江流域不缺水，水量相当丰富，这对农业生产的影响是不一样的。另外长江流域的总面积是 180 万平方千米，黄河流域是 70 多万平方千米。再看含沙量，长江每年要向下游输送 5.3 亿万吨泥沙，属于中等水平，黄河则平均是 16 亿吨。黄河的泥沙淤积下来，形成了广阔的黄淮海冲积平原。但泥沙淤积在下游也带来了水患，黄河的决口主要就是在下游的泥沙淤积之后，排水不畅，成了地上河，就来回地决口改道。这个问题，长江原来是没有的。从水利、水患的角度来说，长江要比黄河要好得多。这是过去的情况，但现在的问题比较大了，长江的上游自然环境被破坏得很厉害，大量的森林被砍伐，长江的含沙量大大地增加，同样也有下游泥沙淤积严重的情况。看来不加紧治理的话，很可能要步黄河的后尘。但在古代，长江和黄河比起来，长江要好得多，水量大，气候好，流域面积大，含沙量小。这对于长江流域的经济，尤其是农业生产是非常有利的，水害也比较少。旱灾在南方相对于北方也要少一些，中国的灾荒在相当长的时间内集中在北方。因此，长江流域在中国历史上的地位我们绝不能忽视。

细分起来，长江流域可以分成三个部分。作为河源的金沙江以外，从宜宾到宜昌属于长江的上游，包括四川省和重庆市，囊括了整个四川盆地。从宜昌到九江、湖口直抵芜湖是长江中游，包括湖北、湖南、安徽、江西四个省，尤其是江汉平原。从芜湖直到出海口是长江的下游，包括江苏中部和南部、太湖平原和上海。上游的四川，长江支流很多，流域面积很大，有岷江、沱江、嘉陵江三条大河，加上长江本身，"四川"的名称就是这样得来的。三条江都在长江的北面，分别从陕西、甘肃、青海南流进入长江。还有一条由南流入的大支流，就是源于云贵高原的乌江。从三峡出口到宜昌，就进入了长江中游，那里是一条源出陕西的大支流汉水。最早的时候，中国有四大河流——江、淮、河、汉或江、淮、河、济。又曾认为汉水是长江的上源，后来又认为岷江是长江的上源。直到明朝徐霞客经过实地考察，发现金沙江是长江的上源，才否定了传统的说法。另外，长江以南还有一条大支流清水江，它源于湖南的武陵山脉，土家族自治州的所在地，但名气没有汉水大，那是因为汉水与长江之间夹着一块富饶的江汉平原。那在先秦时是一个大湖，周边有许多沼泽地，被称之为云梦，其实现在云梦泽已退化，留下了许多大小湖泊，以致湖北有千湖省之称。长江再往东流，先后进入了两个大湖——洞庭湖和鄱阳湖。云梦泽萎缩，洞庭湖发育，唐宋时成了方圆八百里的大湖，成了调节长江流量的大调节水库。汛期到来，长江水大量涌入洞庭湖积蓄起来。长江枯水期到来，洞庭湖水又泄入长江，缓和下边的用水问题。唐诗咏洞庭湖云："气吞云梦泽，波撼岳阳城"，那是非常壮观的景色。洞庭湖一直到抗战前还是中国的第一大淡水湖，但长江泥沙逐渐壅塞湖面，加上大量的围湖造田，洞庭湖面日渐萎缩，成了一条条河道和港汊，失去了中国第一大淡水湖的地位，现在在努力恢复原有湖面，使之对长江水能继续起调节水库的作用。洞庭湖萎缩，鄱阳湖代之成为中国第一大淡水湖，但也由于同样的原因湖面缩小。近些年水位大大下降，湖口入江处一度阻塞不通，也同样需要整治。洞庭湖的南北是湖南和湖北，环湖有湘、资、沅、澧四条河流注入。沿河一带土地肥沃，物产富庶。环绕鄱阳湖也有赣、沣、修、信四条河流注入，沿河也是大产稻区。湘赣二省兼富有色金属矿藏即铜、钨、锑、铝、锌诸矿，储量产量均居世界前列。

芜湖以下长江就进入了下游。太湖沿岸，农业发达，原是国内最大的产粮区，宋朝就有"苏湖熟，天下足"的谚语。明朝仅苏州一地就占有全国租粮的1/10，并且漕运北京大量粮食。清朝时两湖农业富庶代替了苏湖，民谚也改为："湖广熟，天下足"。

上游的四川也是盛产粮食。抗战时期，国民党政府一路退到西北和西南，它的陪都设在重庆。四川以一省的力量支持了国民党的抗战，这里的粮食主要是供军需使用。四川省的军阀往往采取提前收田赋的办法，甚至20世纪30年代的时候就已经征到了1950年以后的粮食，国民党政府进川以后就一直采用这一方法。解放以后，北方粮食紧张，全国的粮食从整体上讲可以外调粮食的第一大省就是四川省，其次才是东北的黑龙江省，总之基本情况是"南粮北调"。但是后来长江流域的人口密度越来越大，以致"文革"以后出现了随着改革开放经济发展，粮食不足，以致粮食北往南运的现象，北方粮食开始支持南方。在早先古代则是长江流域逐渐发展，成为全国最大、最主要的产粮区。长江很长、水流很大，流域面积宽广（包括支流），而黄河从三门峡出来除了洛河、汴河外几乎没有支流。黄河到下游以后，南北迁徙，形成了很大的一块沉积扇平原，而长江流域中游以下两岸地形逼仄，只有长江和它的支流形成的许多小平原，比较分散，有川西平原、江汉平原、洞庭湖平原、鄱阳湖平原等，其他地带则是浅山和丘陵。在山坡上种水稻，水从山上曲折往下流，经过一层层梯田，非常美观。由于丘陵被开发出来种水稻，使得长江流域比较支离破碎的平原地区就显得很重要，农业区也就扩大了（虽然东汉墓的陪葬陶制明器中就已经发现了梯田的模型，但是实际上梯田是在宋朝才得到大力发展的）。

丘陵地带还可以种植经济作物，其中较容易种的是茶，因为茶最适合种在浅山和丘陵地带。茶最早野生叫荼茶，很早见于记载。魏晋南北朝时已经开始种茶，首先是被用作药材，经过长期使用，到了唐朝以后茶就已经成为人们最早的也最普遍的饮料，成为世界三大饮料(咖啡、可可、茶)之一。再就是油料作物。中国人饮食结构差，缺少蛋白质和脂肪。中国人很少吃肉，油料作物为植物油，山坡上也可栽培油料作物，如油茶树、油菜、花生（有人说新石器时代的考古中已经发现了花生，恐怕是地层被破坏造成的，一般认为是花生原产美洲，明朝以后传入中国的）。另外还有一种是桐油，桐油可造漆、造涂料。这里还可以栽种竹子、杉木等经济林。长江流域的丘陵地带被开发出来，经济效益很高，物资也比较丰富。中国封建社会在唐宋前后社会变化很大，包括了很多方面，经济变化就是其中的一大方面。

长江流域在古代中国历史中的地位还可以从其他许多方面谈。首先是古人类的发源地。我们知道，现在中国已经发现的最早的古人类大概 4 个地方中就有 3 处在长江流域或在西南、云南，我们熟知的元谋猿人就在云南。元谋猿人生活在 170 万年前，“文革”中都将年代缩减，比如北京猿人是 40 万—50 万年或 50 万—60 万年前，“文革”时就将之缩减到 20 万—30 万年前，后来又重新检验证明元谋人是在 170 万年前。还有就是巫山人，顾名思义就是在长江三峡一带发现的古人类遗迹。再就是河北原阳小长梁遗址，在抗战之前就曾经发现过，年代在 200 万年以前，但是没有发现人类化石包括牙齿化石。从上面这些材料分析也可以把中国看作是世界古人类的发源地之一，中国学者这样认为，但是别的国家的学者也有一些不同看法。关于世界文明及人类起源，往往有两种说法：多元说及一元传播说。一元说是指世界上最古老的人类起源于一个地方，然后分布到世界各地；多元说则认为在较类似的情况下，人类可以在不同地方分别形成。关于文化，多元说认为世界不同文化有许多类似之处，比如洪水故事、神的来源，世界各个古老民族传说都很相似，有人据此认为在不同情况下，人类的智力发展到某种程度，出现的东西就会具有共同性，不同地方的人们也可以产生类似的东西。传播说认为文化是从一个地方起源再传播出去的，人类的起源也是如此。这个争端迄今尚未解决，其原因主要是在于考古发掘和分子生物遗传学说相冲突的问题。19世纪达尔文创立进化论前后，人们发掘出了一批古人类遗迹，证明了达尔文的进化论，证明了人是由古猿进化而来的。最早发现的是尼安德特人，发现在欧洲，距今约20万年，但并不是现在人类的直接祖先，人们认为它是我们人的旁支，当时又发现了克罗玛尼人，大概是10万年前，头盖骨、体质形态与现在的人差不多，是现在人的祖先。曾经有这样一件造假的丑闻，有人把一个现代人的头盖骨加上猩猩的下颌骨拼在一起，再染色作旧成一个古人颅骨化石，称之为"皮尔当人"，公布于世，人们对此一直很迷惑，直到在二三十年以后骗局才被揭穿，成为一个极大的丑闻，这是在19世纪。20世纪的时候在印度尼西亚的爪哇发现了货真价实的50万—60万年前的古人类化石，接下来是北京猿人，比爪哇猿人更轰动，更重要，因为爪哇猿人发现的东西不多。北京猿人是在洞穴里发现的，洞穴里的沉积物有很多层，迄今已经挖完，发现了许多猿人骨骼化石、石器以及与当时猿人时代共生的动植物和用火的痕迹，很丰富。北京猿人和爪哇猿人的发现使得世界上的古人类学者产生了一种看法，认为世界上古人类的起源是在亚洲，因为亚洲发现的东西多，也很古老。

东非有条大裂谷，沿此线发现有大量的古人类遗迹，可推至400万年前，发现了所谓的南方古猿，还发现了一个女性猿人的骨骼化石，这被认为是人类最早的老祖母并被名之为露西。从400万年以后到200万年再到100万年前，发现的东西都很多，所以西方学者的视线又全都转移到非洲，根据考古材料认为非洲是人类最古老的发源地，人类在这里完成了从猿到人的变化。这里自然条件好，从猿到人很重要的一点是从树上下地直立行走，这一变化只能在森林和草原的交界地带才能完成。仅仅是热带丛林就不需要下地，仅仅是草原也未见得可以吸引他们，这里是裂谷，地壳是向外分的，两边是山，中间是谷地，森林和草原被分开，古人类被迫下地生活，因为直立行走不能在树上，只能在地上，于是就解放了双手。古人类起源后分散到世界各地，这是 20 世纪后半期至今最流行的说法。十几年前，分蘖生物学兴起，人类间血缘亲属关系可以通过基因分析来确定，基因相类的则为亲属关系。据此，原来的露西以及南方古猿都只是旁支，真正的人类祖先在 15 万—10 万年前离开非洲，很快分布到世界各地，形成各种人种，至少有白种人、黄种人、黑种人和马来种人四种。这些判断完全是基于考古发掘做出来的，所以如果有新的考古发现，这些结论是否会发生变化就很难说。另外一些学者对基因说也有怀疑，因为还可能有其他的测定方法存在。不论怎样，在中国这块东亚大陆上，200 多万年以前就已经有了古人类，而且看样子是从西南方向往东北方向扩散的，元谋猿人、巫山猿人以及河北小长梁遗址等都在这些地方。

从主气候区来看，因为古代猿人下地之处是森林和草原交界处，所以云南这个地方在中国古代比较适合猿人居住。另外中国南方的长江流域、钱塘江流域发现了许多更早的古猿的遗迹。这是同腊玛古猿、南方古猿等还有别的一些古猿一样，属于进化中的人，但是至少说明了这种古老的类人猿在这个地方，毕竟在历史上存在过，它们中的某些种属可能进化成为人类的远祖。再就是传闻中的现代野人，其中闹的最凶的是神农架。巴山秦岭这一带是古老的自然生态区，有大熊猫，有金丝猴，有老虎，也有一些原始的动物，但是没有保存下来。20 世纪 70 年代到 80 年代，曾经在神农架地区做过很多次大规模的搜索调查，因为据说当时有人看见过直立行走、个头很大而且浑身是毛的野人，前前后后看到的超过了 100 人次。据说已经找到了野人的粪便、毛发，包括脚印，但是终究没有逮着一个活的野人，也没有找到一个死的野人，估计可能是什么兽群，包括猿猴之类的，都很难说。而且，毛发之类的东西都不足为证。虽然我们都说眼见为实，但是眼见的东西也不见得就都是真的，还得有确证。解放军和科学家都曾经去过几次，但是后来神农架生态受到了破坏，一是考察的时间问题，另一个是开山放炮伐木，有这两条即使有野人也早就被吓跑了。但是不管怎样，中国这块大陆上确实在很古老的时候就有很古老的猿人，这个地方作为人类的一个起源地不是没有可能，目前我们已经知道的元谋人170万年前，巫山人214万年前，说不定我们还可以找到更早的中国古代人类的遗迹。这些遗迹从年代上看，从南到北依次递减，其中的一支北向追逐鹿群，渡过冰期的阿拉斯加来到美洲，次第南下到南美，就成为美洲印第安人的祖先。到了开始于一万年前的新石器时代，人类文化遗址遍布东亚大陆各地。有名的有东部地区北部的红山文化，河北的磁山文化，河南的仰韶文化，山东的大汶口文化、龙山文化，陕西的半坡文化，甘肃的马厂文化和齐家文化等。长江流域的新石器文化遗址也不在少数。长江下游包括钱塘江流域有浙江河姆渡文化和诸暨良渚文化。长江中游江汉平原上的青莲岗文化和屈家岭文化，澧县城头山文化。长江上游的大溪文化、三星堆文化、金沙文化。岭南也更有不同于其他新石器文化的遗址。考古界原来有个说法，叫它"神农陶"。新石器时代文化遗址表征是磨制石器和陶器，以及随后出现的青铜器。陶器制作经历了一个长过程。原植物类枝条编织的用器沾上黏土烧结成了红烧土，经过火烘烧毁了原来的器物，剩下烧的外壳就成了原始陶器。后来利用植物枝条编成或用草绳缠上泥胎框架来烧，这就有为什么有的陶器表面会有绳纹的缘故。此后又直接手捏成形或用泥条盘着捏摸成型来烧。再后就用转轮成型。世界各种文化的器物都有其自然界的原型，可以为古人所模仿，如刀子、锤子、锯子、铲子等，唯独圆形的轮子没有其自然物体的原型。因此，轮子的发明是人类伟大的独立创意，其最早出现的是纺轮和陶轮，到了车轮、磨盘和滑轮、齿轮等，已是人类开始步入文明阶段以后的事了。

上边这几个地方的文化到了先秦时候（周和春秋战国时期）就形成了中原的东夷集团、华夏集团，而南方则是南苗集团，其中长江下游是吴越文化，长江中游是荆楚文化又叫楚文化，长江上游是巴蜀文化。

前面阐述了长江流域在中国历史上的重要性绝不下于黄河流域，在人类起源和古代文化的形成方面似乎不比黄河流域差，甚至还有过之，比如长江下游地区新石器时期的文化，如良渚文化，也就是良渚类型的文化，它的遗址里出土的玉器之多、样式之精致、艺术价值之高，这是北方一些新石器时代的遗址比不上的。玉是一种石头，一般比石头硬，比石头美丽。玉的开采与加工需要较高的技术水准，出土的那么多、那么好、那么精致的玉器，似乎能反映出这种类型文化在当时的一种先进性。又比如河姆渡文化，其年代比北方仰韶文化早。仰韶文化是 5000—6000 年以前的北方新石器时代的文化，是一种彩陶文化。河姆渡文化则是 7000—8000 年前的一种新石器时代的文化，是稻作文化，主要是种水稻。我们前边提到过种水稻要求的技术水准很高，首先表现在农具上。中国最早出现的农器是耒和耜，耜这种比较高效的工具最早是发现在河姆渡文化遗址中，用牛和羊的肩胛骨或其他骨头（如马背上的大骨）做成，时间比仰韶文化还要早一二千年（北方文化产生最早的要属仰韶文化、磁山文化）。河姆渡文化发现的水稻是人工栽培的，而非原始野生的水稻。野生水稻原先长在沼泽地里，和芦苇很相似，后来人工培育的水稻穗就变得越来越大，稻粒也越来越多，越来越重。甚至当河姆渡的水稻已经处于人工育种栽培很长时间了，小米那时还是和狗尾巴草差不多，品种还没有改善。看来水稻是从东南亚经西南的云南，向东传播，甚至也有人认为水稻的起源是在云南而非东南亚。不管怎样，传到长江下游的水稻品种上已经适合人们食用了。另外种水稻需要灌溉，就要修渠灌水蓄水放水，至于汲水工具如水车、辘轳等何时最早出现就不得而知了，不过至少应该有一些运水工具。这种水田因为土质比较特殊，加上水稻特有的性质就要求有时要灌溉进水，有时又要放水晾田，然后再进水灌溉，这样对技术的要求就比较高了。

水稻的栽培技术、农业生产技术包括工具都要高于北方的旱作农业，另外在河姆渡还发现了一种新技术。中国的古建筑都是木结构，把木头梁与柱子连接起来，一种办法是用绳子绑，另一种是用钉子钉，过去用金属钉，还有一种方法被称作榫卯结构，中国很多大建筑就是靠榫卯结构建成的，如应县的木塔、蓟县的独乐寺观音阁。北方最早的木结构建筑也有用皮绳细扎或毡子覆盖而建成的，如北方草原民族的帐篷。

四川的巴蜀文化是相当先进的，而且非常特别，四川三星堆和金沙遗址发现有很多东西，其中铜器形状古怪但很精美，还有很多东西和其他地方出土的不一样，反映了它的工艺水平已经相当高了。但是这些文化都未达到真正的文明，仅接近其边缘。文明的形成应该有国家机构和防御组织如城墙、壕沟等反映阶级分化、阶级关系的东西，有文字来形成文明，巴和蜀文化都有类似文字的符号，是刻辞还是文字还有待破译。似乎南方这几个文化一度都非常先进，但最终并未形成国家。为什么黄河流域能更早地形成文明呢？北方的民族先进入文明期，经济、生产、文化、国家力量和军事力量等都有很大的发展，结果北方逐渐形成一个个民族，很多民族融合形成了今天所说的汉族，汉族是因汉朝而得名。汉朝建立的时间较晚，北方民族融合却比较早，所以之前被称为华夏族。后来，北方的影响逐渐到了长江流域乃至钱塘江流域，商朝就已经可以看到。江西、湖南、广西的墓葬里边就已经有商朝形式的东西，商朝形式的铜器来源有两种，一种可能是商朝从北方直接传过来的，一种可能是当地仿制的商朝样式的铜器。不论哪一种都说明了北方商朝的文化，甚至政治力量已经进入了长江流域，甚至已经深入了江西、湖南和广西。到西周时，南方民族有称之为苗蛮集团的，形成了一个很大的力量——楚。楚国力量原来是在江汉平原，跟西周形成对抗，双方在汉水流域展开大战，其中有一次把西周打的大败。周康王南征而不返，据周人记载是因为楚人的计策。楚人请康王坐船渡汉水，在船的连接处涂一层劣质胶，至江中心船散架了，康王淹死了，所以周人失败。但究竟是否有这一仗，周是否打败了不可知，但总的说来是西周势力未南下到江汉平原而被楚国阻止。西周分封制是一种军事殖民，亲属、贵族和各种有关系的人一支支地被派出去占领一个个东方据点，比如齐、鲁、燕、晋、郑、卫等国，甚至又分封了当地原来部落的首领，又形成一系列的国家，如宋国国君就是商朝后代，以这种方式组成网络来统治国家。这些贵族建立的封国原来很小，后来慢慢扩展，就把封国之间的地方占领了，这些地方的渔猎、游牧民族和一些原始农业民族也都慢慢地归属到各个封国里去。但往南情况就不一样了。楚王当时自称：我蛮夷也。承认自己为蛮荒之地，后来楚国文化发展以后，又与北方王朝拉关系，又说自己已经汉化。楚国最早与北方民族接触，所以它的华夏化和汉化也比较早，相应地后来楚国的文化也就相当发达了。当时西周的军事殖民也曾到过长江下游，这就是吴国。但是实际上这一地区仍在当地势力的控制之下。南边的越国主要是在浙江东部，在钱塘江以东、以南，核心则是会稽（今绍兴）。越国比吴国还要落后，但它们的语言族系是一体的，后来到汉朝时被称为"百越"，其语言系属是汉藏语系的壮侗语族，属南方系统，不同于中原乃至楚国的汉语。这一语族与我们讲的官话不同，官话那是汉语，是属于汉藏语的汉语。战国时楚国有非常好的文学作品，北方代表作是《诗经》，南方当时文学代表作就是《楚辞》，是战国时期楚国的歌词。将《楚辞》与《诗经》比较会发现二者很不一样。这一时期，北方文化总体上高于楚国。有一个成语叫"邯郸学步"：据说赵国人走路姿势很好看，所以楚人到赵国学走路，但是"画虎不成反类犬"，学了以后走路反而更难看了，更让人笑话，只能爬着回去。战国时候齐国文化水平比较高，楚王想让儿子学说齐国话（就像广东人学说普通话一样），专门从齐国请来一位师傅，结果效果很差。一齐人傅之，众楚人咻之，根本就学不了，就像在国内学外语不如在国外学的效果好一样。楚国和齐国虽然语言不同，但只是方言不同，而楚越语言完全不通，得靠翻译。春秋时有一首著名的越人歌，楚人用汉字将其读音记录下来，完全不知所云。但是请翻译译出来后，发现是一首非常好听的歌，非常美。古代吴越汉化的历程落在了长江中游的后面，但是终究还是赶上来了，于是古代那种操壮侗泰语族的民族从东南沿海退出去，一直退到广西、云南，广大的东南沿海一直到珠江流域全成了北方汉族文化的天下。

然后就是巴蜀（四川）。巴蜀分成巴和蜀两个部分，蜀就是现在以成都为中心的平原地区，巴在东边，在重庆往东，包括三峡再包括湖北西北部。两个族、两种文化在西南这个地方表现得很不一样。三星堆文化为蜀文化，发展程度很高，但不是很清楚的，而我们对于巴人知道的情况就更不多了。如悬棺葬就是巴人的习惯，将棺材放在悬崖上，这种习惯不止是在四川，在东南也有，甚至在南韩也有。战国时秦国占领了巴蜀，汉文化的影响也就到了这里。蜀人后来消失了，巴人到东汉、三国乃至西晋时为賨人，五胡十六国时期成汉的建立者李特、李雄两兄弟就是巴人的后代賨人。长江上游是黄巾起义的重要地点，巴人信仰天师道，这里也是天师道的重要据点。但是经过了一段时间以后，巴人也消失了。通过对历史进程的分析可以看出它与黄河流域的汉人文化慢慢融合，本身具有的文化特色被融入到汉文化中去了。

分析《楚辞》与《诗经》，我们可以看到《楚辞》中明显的地方特色，南方特点突出。又比如绘画和雕塑，如果看到古代像战国时候的漆画和帛画，会发现南方的画形象无论是人是兽，是灵是怪，乃至云雾，都非常灵动、飘逸，不像北方的画都比较凝重、淳朴，而是线条清晰、动感极强，并且里面有许多奇奇怪怪的东西，有各种鬼怪形象，这些都是南方的特点，甚至道家的著作《庄子》也可以算是南方的东西。

在新石器时代，黄河流域和长江流域的发展水平差不多，甚至长江流域还要高些。但是进入文明和形成国家是在北方，这时北方发展已经超过了南方。在南北关系上，从先秦到隋唐，一直是北方占优势，北方文明进入南方并且改变了南方是在中国历史的前半段。从宋朝开始，就明显地出现了南超北的发展趋势，首先是由于南方经济的发展，以后是文化，北方只在政治和军事上是强项，经济文化中心则逐渐南移，于是中国南北关系的重要性渐渐地已经超过了东西关系。唐以前，东西关系很重要，但是唐以后，尤其在宋以后，南北关系更加突出，"南人""北人"的名词已经叫开了。这种变化首先是表现在阶级关系、民族关系、文化关系上，这种趋势早在东汉就已经出现了，隋唐逐渐明显，宋朝时就十分明显了，经济重心已经南移。这里也有历史原因，因为汉王朝首都在北方，少数民族建的王朝也在北方，北方的民族矛盾和民族斗争更加集中，汉族政权就必须要采取抵御政策。少数民族政权辽、金、元、清的政治军事中心在北方，也有几次想把都城迁到南方，比如南京，均没有成功。因此南北的隔阂、互相轻视乃至仇视都是很自然的了。

南方多矮山丘陵，与北方不同，而且河流含水量远大于黄河。南方雨量大于北方，原则上说不像北方那样缺水，是一块好地方。古人类发源地之一就有可能在西南方向的云南、四川一带，渐渐扩展到全国，甚至渡海到了美洲。这里是古人类的发源地，各级人类的遗址都有发现。在新石器时代形成了 3 个比较发达的地区，一个在四川成都附近是蜀，一个是在今江汉平原(湖北)即楚，另一个在长江下游和钱塘江即吴越，都有代表性。吴越的良渚、河姆渡为新石器时期的遗址，长江中游有青莲岗以及在湖北地区的屈家岭，四川地区则有三星堆、金沙，这都是在文明以前的一些有代表性的文化，其中唯独三星堆特别，那里已经有了大量精美的青铜器。在先秦，这里是蜀国，但是文献记载的并不详细，而且还缺乏地下遗物的互相印证，在考古发掘中虽然出现文字、刻符，但还不能释读，所以先秦蜀的情况还搞不清楚，是否进入了文明时期也不知道，与长江下游平原的情况不一样，似乎进展得更快。随后到了春秋战国时期，巴蜀、荆楚、吴越这三个地方受汉族文化南下的影响，以至于原来文明的征兆如三星堆文化后来都消失了，楚和吴越地区的古文化后来也中断了，看来这三个地方已经被汉化了。到了春秋战国时期，首先是楚国汉化，其次是蜀和吴越。这个地区的文化和北方地区的文化仅已是地区的差别，而非两个不同文化了。

而后，这个地区的文明南扩，从长江流域渐渐深入长江以南地区，到了东南沿海和闽粤地区。这个地区到了秦汉，不仅版图上属于中原王朝，在内涵和文化上也是汉文化占了优势，经济生活方面，新石器时代就已经进入了农业时期，某些地区的农业发展程度和技术发展程度已经超过了北方，尤其要提到河姆渡，它在水稻耕作上的技术已经超过了北方的旱作农业。但是不管怎样，还是北方的黄河流域最先进入文明期，也就是夏商周时期。春秋战国乃至秦汉时期这个地方虽然得到了开发，但是仍然落后于北方。这一时期，对各地经济情况做了最好的描述的是《史记·货殖列传》，记载秦岭淮河以南地区，人口多，经济发展和商业发展都比较快，尤其是关中地区(从先秦到隋唐，关中指陕西泾水、渭水两侧)。关中"沃野千里，以为上田"，此地战国时修了郑国渠，可以灌溉 4 万顷田地，加上商鞅变法以后采取的徕民政策、耕战政策(简而言之，就是分配土地吸引来的关东移民，让他们固定在土地上从事生产)。战国时地少人多的三晋地区，很多人都移民到了关中地区，但是打仗一般仍用原来的秦国本地人当兵。这样，秦国背后有雄厚的农业作为基础，又有一支很精干的军队可以征伐别国。秦国最大的一次出兵可达 60 万人，这在古代是很少见的。当然类似的情况也有一些，比如赵国就曾经出兵 40 万人（包括一些老弱病残的士兵），不过长平一战，40 万军队全部被秦将白起活埋，赵国从此一蹶不振。在《史记·货殖列传》中，司马迁说，关中之地不过相当于天下的 1/3，人口不过 3/10（最多也不过 1/3），但财富却相当于 6/10。黄河流域的其他地方据司马迁记载，财富也是相当多的。

司马迁写道："江南卑湿，丈夫早夭，多林木，豫章出黄金，长沙出连锡，然堇堇物之所有，取之不足以更费。"这里的豫章指的是江西，长沙产锡，锡是冶炼青铜的必需品，产量太低，投入和产出差不多，没有多大的经济价值。"楚越之地，地广人稀，饭稻羹鱼，或火耕而水耨。……地埶饶食，无饥馑之患。……是故江淮以南，无冻饿之人，亦无千金之家。"长江中下游地区因地广人稀，开发不足。这里司马迁讲的是秦汉时期的南方情况，完全不能与北方比。此后江南渐渐得到了开发，开发的重要因素是北民南迁，移民往往是因为北方有大灾荒、大战乱。北方是政治军事重心，国内的许多矛盾都集中在这里，北边蒙古高原上的游牧民族南下首先也是到达这里。民族战争以及统治阶级内部的混战如军阀混战，还有农民起义，三者都会在某一时期内给北方经济带来破坏。如果三者搅在一起破坏性就更大。像西晋统一也只有仅仅十几年的时间，就爆发了统治阶级内部的战争——八王之乱，又在湖北爆发了流民起义，农民大批移动流散的原因主要由于灾荒和战争，再就是北方匈奴、鲜卑、羯、氐、羌等五个少数民族起事，三类战乱结合使西晋灭亡了，整个北方出现了一百多年的动乱。在战乱中，北方民族当时都比较野蛮，杀人很多，有时甚至屠一城或一国。羯族建立的后赵被汉族冉闵建立的魏打败后，一次就被杀了 20 万人，甚至一些长相相似的人也被连累。羯族属西域民族，长相一般都是高鼻梁、深眼窝、卷头发、多胡须，大概是从阿尔泰山方向来的，与今维吾尔族人一样属突厥系统。经过这次大屠杀，羯族在历史上消失了。北方战乱带来了人口损耗以及严重的经济破坏，引发了人口向南流动。西汉和东汉之际，赤眉、绿林起义，大批北方人向南方迁移，形成了移民的浪潮。到东汉时，北方人口减少，南方人口增加已经非常明显，江淮以南的人口占到全国人口的 40%，比西汉多了许多。大批的南下人民在南方进行开发。东汉末三国时许多人也迁往南方，如诸葛亮原籍山东，后来他随刘备去了四川，他的哥哥诸葛瑾随孙吴到了江东。西晋末年的八王之乱，流民起义，加上所谓的"五胡乱华"，北方一片残破，人们大量逃往南方。从西晋末年一直到南北朝时期的 200 多年间，就有 5 次大规模的移民浪潮，人数说法不一，有说 100 多万人的，有说 200 多万人的。这批人在北方有家有业，从事农业生产又有技术，组织起来南下，对开发南方很有利。在农业技术上，秦汉时期，南方远不如北方，比如犁的效率就远高于脚踏的耒或者耜。铁在青铜时期是否用于农耕，现今仍有争论，但是使用青铜确实不如用铁便宜，而且在冶炼技术发展后，铁在性能方面也超过了青铜。战国时已经有了铁器如铁犁和牛耕。秦汉时据《淮南子》载江淮地区仍然用脚踩耒来种地，非常落后。另外，南方种植水稻的技术原来颇落后，不翻地而且用草木灰作肥料，用放水来淹死野草，仍然是火耕水耨（当然现在也有人认为火耕水耨是更适合南方的一种耕作方法，一点也不落后，这种说法尚待证明）。北方人口大量迁往南方，带来了先进的农业技术，这样南方经济发展，开发的地段也就多了。经过东汉尤其是三国两晋和南北朝的几次大的人口迁徙，南方变化也就大了。《宋书·孔季恭等传论》中把江南与关中做了比较，"江南之为国盛矣，……自晋室迁流……以至大明之季，年逾六纪，民户繁育，地广野丰，民勤本业，一岁或稔，则数郡亡饥。会土带海傍湖，良畴亦数十万顷，膏腴上地，亩值一金……荆城跨南楚之富，扬部有全吴之沃。"江南开发后，江浙一带富庶已经超过了残破的北方。楚原本是在江汉平原，后来发展了，把淮河以南的地方都控制了，这带地方就出现了"三楚"，即东、西、南楚。将《史记》和《宋书》两段话做比较，可以发现，虽然《宋书》所言有些夸大，但 300 年间的变化是明显的。

江南种植桑麻，家庭手工业与农业相结合，男耕女织，种麻养蚕，种植水稻，织布纺绵。南方经济发展渐渐赶上乃至超过北方，从江淮到长江以南再到珠江流域，人口增加，生产水平提高得非常快，到了唐朝，南方得到了很大的开发。当然，越往南开发的还是不够，对南方的彻底开发是在宋元明清。宋朝时，生产发展，经济繁荣，商品经济兴盛，于是，全国经济重心南移完成，特别是到了长江中下游地区。原来关东地区主要是经济文化中心，关西地区主要是政治军事中心，关东接济关西，关西控制关东。唐朝以后，南北关系逐渐超过东西关系，东西差别渐淡，南北差别扩大，最后北方成为政治军事中心，南方则成为经济乃至文化中心。这一变化在中国历史上很重要，这一南北差距一直延续到近代，之后就又变成东西关系。今天我们国家主要形成了东部、中部和西部的关系，这三部分差距很大，尤其是西部地区虽然资源丰富，但是落后，因此就有了今天国家大力推广的开发西部的大战略。这其中主要是一个交通运输的问题，近代工业技术首先是在沿海地区登陆的。

唐宋时期南方经济超过北方，除南方的人口增长和产业技术的因素外，还有气候的原因。新石器时代以及以后的一段时间内，东亚大陆总的趋势是气候变冷，变干燥，五千年前北方气候要比现在温和湿润，降水多，生活生产条件要比今天好。相反的，那个时代的南方，江淮以南地区，天气炎热，地势低，降水多，湖泊多，比较潮湿，原始丛林比较多，居住条件较差，开发不易。但是几千年来，中国气候的总趋势是北方变冷变干、南方则是比较温热，不像原来那样特别潮湿闷热，因而有利于居住和开发。原来长江两岸有许多湖泊沼泽，如江汉平原上就有一个很大的云梦泽。后来天气变干变冷，云梦泽收缩，让位给南边的洞庭湖，原来的江汉平原有许多大的湖泊，后来逐渐收缩成为若干个小湖，解放初统计过，大约还有 600 多个湖。世界上千湖之国是芬兰，那么千湖之省就是中国的湖北了。但是新中国成立以后，因为围湖造田等原因，湖水变少，一些湖泊甚至都消失了。更往南过幕阜山与九宫山，东面是鄱阳湖平原，再往东可以到巢湖、洪泽湖、高邮湖、宝应湖、丹阳湖、石臼湖等。湖泊多，水利开发就足，相反湖泊减少，就有些困难。

唐宋以后，经济重心南移，南方的主要经济作物是水稻，这是一种比较高产的作物，比北方的玉米、小麦、小米产量都高。小麦亩产一百多斤的时候，水稻已经亩产 200—300 斤了。在南方原始农业时期，也种植水稻，但是由于水太多，沼泽湖泊多，原始丛林多，各种杂树乱生，藤萝纠缠不清，开发起来相当麻烦，最好的办法是用火烧去杂草小树，再放水种稻和淹死野草，也就是所谓的火耕水耨，但是树根仍然残留在地里，不易清除。南方的土壤主要是酸性红壤和黄壤，土地不肥沃，不适合种粮食，加上黏性很大，雨后不易渗水也不松软，开垦困难。在南方雨后走路滑极了，一般下雨都要穿钉鞋，也叫油鞋，很象木屐，下面有钉子防滑。另外还有厚实的蓑衣等都是北方没有的。这样的环境，早期的耒耜开垦起来就比较费劲，到铁器和牛耕使用以后，情况就发生了变化。人口在古代是一种重要的生产力，人口增加、劳动力增加、开发区域扩大、产量就高，引发了更多的人口增长。良性循环是有限度的，因为过多的人口会导致压力过大，拼命开垦，提高产量，需要更多的人去劳动，精耕细作，于是出现东亚的传统农业文化。中国人口的增长和自然资源之间有一种适度的比例关系，在唐朝以前，北方是人多地少，南方则是人少地多；唐时得到适度的开发，其国力强盛与此有关；宋以后，渐渐的成了人多地少，人口压力大，一直是个大问题，甚至延续至今，粮食能用于积累和扩大再生产的比例不算大。

气候在唐宋之际发生变化，人口、经济也都发生了变化，南方成了经济重心，优势逐渐表现出来，很重要的一条是靠技术。第一是铁犁和牛耕。最早两汉时是直辕犁，这种犁辕长而且笨重，走直线容易拐弯难。此前是两个人并排用耒耜倒退着走挖土，挖出的沟很长，可以建很长的垄，但费时费工，用牛拉的直辕犁可以一往无前地直犁过去。南方是小块的水田，需要一块块平土、开渠，直辕犁在这里走不了两步就要拐弯，这样一块地四个角有三个角都犁不到，而且非常费事。这样很快就出现了曲辕犁。犁变短了，耕作起来就方便多了，尤其是在水田里耕作就更容易，所以又把它叫作江东犁。关于这种犁的发明时间还有争论，有人认为是在唐朝，也有人认为是在南北朝。

第二就是双季稻。一年中种两季稻，需要技术水准很高，从育秧、插秧到抢时间收割，要有一整套方法。南方地区从宋朝以后，水稻可以一年种两季，相当于一亩地变成两亩地。过去有一种误识，认为宋朝时从越南进口的占城稻，对中国水稻栽培有很重要的作用。实际上，占城稻确实是一种新品种，但作用未见得就很大，因为它并不高产，而且没有得到推广，说它对宋朝水稻栽培有着重大意义有些夸大，不过实际上，它是比较好吃的，很类似于今天的泰国米、越南米。真正解决问题的是双季稻。水稻产量本来就很高，加上可以种两季，产量一下子就上去了。双季稻在南方有时候是种两季水稻，有时是种一季稻、一季麦子，产量都很高。

第三就是梯田。长江和珠江中下游平原本身并不大，之外有很多丘陵、小山坡，在上面可以种水稻，形成了梯田。水从高处流下来，辗转流到梯田中，这样很多小山坡和丘陵都可以种水稻。一方面甚至可以种三季稻，一方面又向丘陵发展。这样江南可开垦的地方就越来越多了，水稻种植面积一下子扩大了许多。梯田开垦和灌溉还需要汲水工具，南方的水车、筒车等各种各样的工具技术复杂，梯田陶制模型从东汉墓中陪葬明器中可以看到，但梯田真正开发是在唐后期尤其是在宋朝以后。

第四方面，我们要提到圩田。也叫围田或者湖田，就是围湖筑堤造田和护田，旱时来水不缺，涝时又可挡水，但却放弃了圩外土地的防护。往往结果是那些土地旱时缺水，涝时被淹，过分破坏当地生态，对农业同样会造成不利的影响。甚至向河湖泊面要粮食，用竹子、木头搭架子，装上土，像筏子样浮在水面上，在上面种植，这种方法叫作葑田，这样湖面就更小了。但前三种措施在当时对南方经济产生了很大的促进作用，农业发展起来后，水稻高产可容纳更多的人口和劳动力投入到农工商中去。

粮食作物之外就是油料作物。中国过去很少吃肉，油和菜也不多，平民佐食只有粮食加咸菜和加酱。油料在西方的希腊和罗马主要是橄榄油。中国过去是麻油和豆油，后又有菜籽油和茶油。在南方丘陵地带种有油茶树，上面结的果实是油茶籽，这种油在南方至少到新中国成立前还是很重要的。不论是做饭还是点灯都要用它，豆油灯和茶油灯在过去比较普遍。但是大豆的含油量较低，加上当时的榨油技术也很低，大豆的亩产也不高，所以价格比较贵。唐宋时期出现原来当蔬菜吃的芸薹——油菜可以榨出菜籽油来。油菜有很多好处，可以种早田，又早熟，冬天种，春天开花结籽，不影响大田里的粮食作物（因为是换季时的作物）。油菜籽出油率比较高，但质量最好的是橄榄油，此外还有玉米油、花生油、葵花籽油。

橄榄油中国没有，葵花中国人又不大种，花生玉米是明朝以后引进的，油的质量虽好，当时还没有传进中国，所以当时油菜种植普遍，菜油胜过了麻油。

小麦种植要求比较高，需要较多的水，小米就好种多了，需要的水比较少，但小麦里面含的蛋白质高于小米。唐宋时期，北方的栽培习惯发生变化，小麦占的比重增加，多于小米，南方小麦种植也得到了推广，主要是与水稻轮流种，一季水稻一季麦子，冬春种小麦，春夏种稻子。

中国古代穿衣也困难，古代的衣料为丝、麻、毛。丝是中国独有的，但是比较高级，成本较高，不是所有人都可以穿的；其次是麻，中国的衣料很多是麻布，一般平民穿未染色的麻布，称"白衣"，即白色的麻布，"白衣秀士""白衣卿相"就是来源于此。中国毛纺织业不发达，是因为畜牧业不发达，皮毛不大普遍，好的皮毛是从塞外进口的，"五花马，千金裘，呼儿将出换美酒，与尔同销万古愁"是李白的诗，这里的千金裘是贵重上等皮毛，一般人穿不了，尤其是在南方。毛纺织品中国不太发达，西方衣料用毛却很普遍，一般农民都可以穿粗呢衣，都是自己家织的，纺的毛线和呢绒。中国的毛更多是做毡子，轧成厚厚的毡子做毡鞋和毡垫。后来西方与中国通商贸易，西洋的毛纺织品受到了中国上层的欢迎，比如《红楼梦》中贾氏家族用了很多西方进口的商品：自鸣钟、呢绒（包括哆啰呢、孔雀裘）等。中国冬天很冷，皮毛呢绒都很少，能絮衣保暖的只有毛和丝绵，在当时都较贵。古代人尤其是穷人冬天穿衣服仅仅是麻衣，可穿到十几层来保暖，也有把芦花絮进去的。唐时妇女为打仗的亲人做绵衣絮进丝绵"长安一片月，万户捣衣声"，是用棒槌砸丝绵，使之变松软，漂洗去蛋白质后再煮，"万里寄征衣"，"慈母手中线，游子身上衣，临行密密缝，意恐迟迟归"。古代交通不便，送衣服的时间很长，在当地买也不容易，家里要寄绵衣，绵这里指的是丝绸面子再絮上丝绵。麻在全国都有，丝在唐宋以前主要产在北方，"齐纨鲁缟"。北方的山东河北主要是产丝的地方。南方唐以后丝织业开始超过北方，特别是江南的丝织业，最好的产品出在江南。汉朝时候，重要的宫廷丝织品产在山东，西汉官营的丝织品水平很高，一个大作坊就有 5000 人。到宋朝的时候，丝织业大作坊在开封和四川，明清时候的皇家作坊在江南。电视剧《雍正王朝》中有一个叫李卫的是雍正的宠臣，职务为"江宁织造"（江宁指的是南京，专门为皇帝做衣料），曹雪芹的祖父曹寅任"苏州织造"。清朝时，北方唯一有名的是潞州的绸，这种绸子结实耐用，但是并不精美和精致。另外，柞蚕丝做的绸子在当时也很有名，如山东的蚕丝就是柞蚕丝，柞树上长的蚕就是柞蚕。南方成为丝绸重要产地是在唐宋时候发生的，除了其他原因外，先秦秦汉以来，桑树确实是大树，乔木长的很高，与柞树差不多。男耕女织，妇女需要爬树采桑叶，汉朝古诗"陌上桑"就写到罗敷爬树采桑叶，人们走过时往上看，并和她说话。唐宋时开始流行矮桑树，到处都可以长，田埂上，河边到处都是，妇女就再也不用爬树了。产量高，品种好，养出来的蚕也就好，这个时候，蚕的品种也发生了变化，南方丝织业发展也与这种矮桑树有关系，到宋以后南方丝绸已经超过北方。

唐宋以后，棉花被引进，普遍种植以后，中国人穿衣服就得到了改善。因为棉花到处可以长，产量也不低，棉布质量高于麻布，吸湿性好，加上耐用又舒适，棉花可以絮被子和棉袄，比丝产量高、便宜、保暖也不差，平民过冬条件就得到了改善。

松江在明清是棉纺织业的中心，商品化的程度在85%以上。松江的布是全国知名的。后来，松江受种种条件的限制，而上海工商业特别是棉纺织业迅速发展起来，成为中国第一个国际大都市，原来的松江府下降为上海的一个区。松江到现在仍然很富庶，但是它由统率上海变为上海统率它了。

棉花开始更多地取代麻，成为中国的一种普遍衣料，麻没有消失，但衰落了。这是一个很大的变化，这个变化对中国人生活质量的改善非常重要。

与这个变化同时的在唐宋时候还有一个，就是制糖。糖的生产在唐朝主要是甘蔗糖。甘蔗糖的制法传自印度，后来才在中国流行起来。之前中国没有蔗糖，中国人吃甜食很少，主要有两种：一是蜂蜜，蜂蜜产量非常有限，而且很贵，一般人吃不起；还有就是饴，即麦芽糖。麦芽糖很黏嘴，不算很甜，还带有酸味，但在古代能吃上已经算很不错了，一般是给老年人吃的。关于麦芽糖还有个故事，寓言说具有不同价值观念的人对麦芽糖看法不一样。《庄子》说战国时代的贤人柳下惠和盗跖是两兄弟，品行很不一样，一个是君子，一个是强盗。柳下惠看到麦芽糖就说这是个好东西，可以养老，送给老人吃。盗跖也说它是好东西，可以用它来黏开门闩好偷人家的东西，麦芽糖成了作案工具。说明古代饴很重要，但麦芽糖产量也不高，质量也不好。到了唐朝就开始用甘蔗制糖，蔗糖比以上二者都好，它对中国人生活质量的改善也有很大作用。

唐宋还有一个进步就是酒。中国人很长时间以来喝的是黄酒、米酒，是粮食发酵酿造出来的。最原始的是带米粒的酒——醪糟，后来学会把酒过滤一下，把渣滓过滤掉，酒就变清了，叫作清酒，过去叫釂酒。这种酒是用粮食做的，度数不高，人们可以喝很多，动辄"饮酒数斗"。古代的斗不大，两汉时一斗酒大约相当于现在 2 斤 7 两，唐朝时斗增大了三倍，相当于七八斤，"李白斗酒诗百篇"，那酒量已是很大了。但这种酒不是蒸馏酒，也就是几度十几度，喝多了关系不大。蒸馏酒就是白酒，例如中国的茅台、五粮液和西方的白兰地、威士忌，它是通过把发酵得到的酒加热，蒸汽经过容器冷凝后得到的。其前提是要有蒸馏器，把蒸汽收集起来然后冷凝。过去人们认为中国到元朝才有白酒，因为是阿拉伯人首先发明了蒸馏器。阿拉伯人搞炼金术，才发明了蒸馏器，然后用它来造酒。中国造蒸馏酒的方法是元朝时从西方学来的，这种说法很流行，李时珍的《本草纲目》就是这样写的，李约瑟的《中国科技史》也一样。但人们从文献记载看，唐宋时中国已经有了蒸馏制成的白酒，人们又从考古发掘中发现宋乃至唐已经有了蒸馏酒的工具。现在看来，中国白酒出现的时间可以提前到唐朝。

总之，唐宋时候中国无论是农业生产还是其他方面的生产都有了变化发展。战国时中国农业生产有一个飞跃，其标志就是铁器的广泛使用和牛耕，尤其是铁器。唐宋时中国农业发展虽然不如战国明显，也有飞跃，表现的方面很广，这是唐宋时候社会变化的标志，也是引发唐宋时期社会变化的一个原因。中国历史唐宋这段值得注意，中国封建社会从前期转向后期，由中古时期向近古变化。不管怎么说，社会各方面的变化，很明显的标志是农业，或者说中国社会变化的原因恐怕也是从农业开始。人们往往注意到这个时期的变化，例如科举制、三省六部等，但没有考虑到生产力、经济、农业。南方经济的发展超过了北方，这是决定唐宋时期社会变化的一个非常重要的原因。有人讲宋代中国实现了一次农业革命，也许过了些。

前面讲到南方（秦岭、淮河以南的地区）早期开发不如北方，到了唐宋特别是宋南方经济发展超过了北方，经济重心也随之转移。中国形成了政治军事重心在北、经济文化重心在南的格局，南北的关系，代替以前的关东关西关系成为中国历史上的一种重要关系。

南方的繁荣和商品经济的发展还在于城市的兴盛。除了扬州、成都这些老城市之外，当时在交通沿线兴起了很多新城镇。从长江下游算起，包括了运河线（两淮地区）。苏州春秋时是吴国的都城，这时成了一个商业城区，苏州的纺织业主要是丝织业。还有杭州，"上有天堂，下有苏杭"。还有越州（绍兴）、明州（宁波）、镇江、南京。南京是个老城市，明朝时南京手工业商业都非常发达，过去的政治中心逐渐加上经济的职能，然后有洪州（南昌）、江州（九江）、常州、鄂州（现在的武昌一带）。孙权曾经定都武昌，但不是现在的武昌，原来鄂州在现在武昌的下游，后来才把鄂州搬到现在的武昌去的。湖南、四川的货物集中在武昌转运出去。现在武昌在汉水、长江的交汇处。武昌在长江南岸，后来北岸发展出汉口镇。城市的迁移与工商业的繁荣有很大关系，汉口原先是一个镇，清朝成为四大镇之一（其他三镇为：景德镇、佛山镇、朱仙镇），超过了武昌。加上汉阳（兵工厂所在）共成了一个大城市，统称武汉。

沿江的城市还有江陵（荆州），这也是一个老城市，春秋时是楚国的国都，它地处南北交通要道上，经济色彩也大大加强。唐宋时期从广东往北去有两条交通线。一条大致与现在的京广线南线走向相同：从广州出来，到长沙，走洞庭湖西岸的常德、荆州，到襄阳，然后到南阳，再循汉水到汉中入长安，或北上洛阳。杜甫有诗："即从巴峡穿巫峡，便下襄阳向洛阳"，就是说可以从江陵到襄阳，再到洛阳。五代十国有九国在南方，其中有一个叫荆南，是南方几国中最小的，它割据的地方就是现在江汉平原这一带。它向北方、南方诸割据势力称臣纳贡，以保持自己的地位，它的财政收入就靠南北转运包括抢掠商旅来维持。这是第一条路线，另一条走江西，从广州出去后，经过大庾岭、梅岭，再沿赣江北上，经过赣州、洪州（南昌）、江州（九江）出江西境，沿长江往东，或从江西沿新安江东下，到杭州经扬州北走运河。这是当时的两条主要的南北交通线。中间还有一条是经武汉郑州再向北。唐定都长安，东边这条线还不是特别重要。明清定都北京，南北交通线不再往两边岔开而直南直北了，它到达长江后，到武汉，再到郑州，然后可能往洛阳去，也可能沿京广线北上绕一下由开封循今天京九线直抵北京。

唐宋以后，南方有很多城市兴起，多数是沿着重要交通线，而且经济色彩浓重。另外就是商业，我们知道唐以后到宋朝中国出现了第二个商品经济发展浪潮，第一个浪潮是在战国西汉时期。这次浪潮与第一次有不一样的地方：首先是随着商品经济的发展，国家对商品经济的控制或限制开始放松了。以前说在秦汉的时候严格规定商品交易只能在规定的区域内进行。在一个城市里专门划出一个地方，叫作"市"，修上围墙，只许在市里面做买卖。每天定时开关门。日中就是正午的时候开门，交易半天，日落关门。设有市官管理市场，物价有限制，不允许商贩谋取暴利。有假冒伪劣、缺斤少两的商人会受罚。这种状况直到唐朝仍然如此，到了唐后期这种限制开始放松了。城市里不再限于某个特定的区域从事商业活动，店铺随处可开。到了宋朝，首都开封街上到处都是店铺，还有走街串巷的小贩，晚上还有了夜市，张灯结彩，打破了过去政府的一些限制。

另外还有专卖。过去一些重要的物资由政府直接经营，也开始转变为专卖或由包卖商来经营了。商业经营的控制放松了，商业也就繁荣了，这种繁荣主要在南方。

这时商业还有一个特点就是长途贩运。商品的流向，市场的界限在过去受到限制。有很多商品只能就地交易，无法向远处输送，其中的原因一个就是沿途有许多官府设置的关卡的限制；还有一个原因就是交通运输的费用太高，做长途贩运贸易往往乏利可图。长途贩运局限于少量的各地稀有土特产，大宗货物贩运很困难。《史记·货殖列传》说"千里不贩籴"，运输距离超过千里以上就不要从事粮食贩运。因为粮食是大宗货物，很沉，运输费用较高，很难通过地区差价赚钱。长途贩运只限于少量稀见品和奢侈品，最普通的就是丝绸，它比较贵重且重量较轻。唐宋以后，长途贩运已不限于这些货物，一是粮食可以长途贩运了；二就是瓷器贩运，瓷器很沉，且运输损耗大；三就是茶叶，茶叶不重，但体积很大。这样一些长途贩运多走水路，粮食走陆路长途贩运是很困难的。历史上的漕运，简单说来就是政府用水路运输供应政府所需的粮食。我们知道，汉朝时候漕运路线是东西方向的。从山东淮河的产粮区经济河、黄河运到关中。总之，过去水运比较发达，除了政府的漕运之外，商人的运输业也非常发达，以下几条水运线都十分发达，也很重要。一条是长江，也是当时最重要的水运线，这时候热闹极了。按照唐朝时候的记载，千万条船在长江上航行，日夜不停，没有休止的日子。大船小船都有，据说有的船能载一万石粮食，合现在的 150 万斤（七八百吨），一船上有好几百水手操作。第二条就是运河航线，然后是长江的几条支流航线：汉水、湘水、赣水、钱塘江航线，这些航线都是相通的。北宋的时候南方的航运往北去，都集中在开封，所以开封不仅是首都，还是重要的经济城市。开封当时城里的人口达到了 40 多万，算上郊区大约 100 万。南宋的杭州被钱塘江、吴江、西湖所限，城圈很小，但城区也有 40 万人，郊区大约七八十万人。世界历史上人口超过 100 万的城市西方有罗马和君士坦丁堡，13 世纪时，巴黎才 3 万人，中世纪的威尼斯才几万人，大火以前伦敦的人口为 13 万。中国的长安在唐朝最繁荣的时候人口超过了 100 万，开封、杭州如果算上郊区人口都超过了 100 万，后来北京、南京的人口也超过了 100 万。这样中国历史上人口超过 100 万的城市就有相当一批，前半期的都在北方，到了后半期，除了北京、开封以外，都在南方。城市中有这么多的人口，粮食供应就不能依靠周边地区解决，需要远道运输。

汉朝长安的粮食需要由关东经济水、淮河、黄河运输。唐朝以后，南方大城市的粮食同样需要从很远的地方运来。这种城市经济色彩比较重，这种运输不可能像漕运那样是政府行为而需要加上商业行为。商人们有利则来，无利则去，可见粮食的长途贩运基本上是商品流通，不是带有政治色彩的强制性漕运。它需要讲经济效益，粮食贩运必须有利可图。水运的经济效益较高。南京杭州的粮食可以从江西运过来，沿着赣江，出鄱阳湖，然后进长江，经过运河或钱塘江到杭州，有两千里路程。杭州城的上百万人口就靠这种长途运输粮食，以后还加上海运，路程就更远了。

粮食海运唐朝就有。杜甫《前出塞》诗："渔阳豪侠地，击鼓吹笙竽。云帆转辽海，粳稻来东吴"。我国现在发现了很多北京房山当年密藏的石经片，其中记载了大量的米行，那是来自大运河的永济渠和海路。元朝以后，利用玉泉山水在今天的颐和园一带种植水稻，叫京西稻，但产量很小（北京的米多半是长途贩运来的）。其中海运很重要。元末农民战争时，元朝首都北京与南方的运河运输线被起义军切断了。如刘福通、朱元璋在开封、安徽一带的起义军就切断了南北运河线，元朝的军需供应靠东南边割据福建的方国珍。方国珍忠于元朝，与中间地带的起义军对抗，他就利用海运送米到北京去。清朝除了运河漕运以外，还有海运。当时北京东城的东四北大街东面和朝阳门内大街的北面有很多粮仓，例如东门仓、南门仓、北门仓、禄米仓，还有海运仓，可以知道粮食的来源。南方的粮食经海路北运有一个很大的困难，黄河夺淮入海后，在近海留下了很多沙洲，叫黑水洋，风浪特别大。到了清末镇压太平天国时，太平军又把漕运切断了，所以清朝北方的粮食紧张了。当时已经有了轮船，很多粮食就用轮船运到北方。

商业繁荣的表现一是市场的繁荣，二是长途贩运的发展，三是坊市制度的瓦解，这些都是南方超过北方的表现。政府对商业的束缚放松了。下面我们看一看商业中还出现了若干变化。这些与南方经济超过北方没有直接的关系，但整个说来，至少也可以反映南方经济超过北方的大背景。第二次商品经济浪潮中，原来领先的北方落后了，原来相对落后的南方赶了上去。首先是关于金融方面的问题。金融一词是近代才出现的，但在古代已经有了金融活动。我国唐后期到宋朝出现的金融活动，一是放债，二是柜坊，三是飞钱，四是便换。战国已出现高利贷者，称为"子钱家"，不再多说。柜坊就是当时储存、寄存商品的场所，就是仓储。飞钱和便换用现在的话讲就是信用制度。将钱放到柜坊，到存钱的地方领一个凭证。依据凭证到另一个地方取钱，等于开支票、汇票。当时的钱是铜钱，做长途贩运如果带着钱买东西非常不方便，而且路上还有安全问题。中国后来用银子，银子重量也不轻，做长途贩运也很麻烦。用比较轻便的方法转运钱对商业的发展非常重要。从这里发展下去，就成了后来的钱庄和票号，存、取、转、汇钱。接下来很自然的结果，这种凭据既然可以做转输钱、银子的凭据，那么它本身也代表了若干钱。一张纸可以成为钱的代表，可以到各地取钱，它就成了流通的手段，纸币就出现了。

最早的纸币——交子，五代时首先在四川出现，飞钱、交子之间有一些渊源。商品经济繁荣发展，货币要周转，要采用信用凭证。交子以后在四川地区首先流行起来，这跟四川的特殊情况也有关系。在这些地方铜钱很缺，流行铁钱，铁钱比铜钱更重且贱，需要用更轻便的东西代替它。至于铜钱为何稀缺说法不一。总之，从唐朝后期开始出现钱重物轻的现象，也就是通货紧缩物价下跌。到了宋朝缺钱的问题依然存在，交子可能就是在这种情况下出现的。此外还有一个现象，宋朝开始银子作为货币进入流通领域。中国货币史上有一些奇怪的现象，其中一个就是在世界历史上其他地方，金银长期就是主币，铜币是辅币。中国长期以来使用铜钱，金银反而是次要的。铜是贱金属，用起来很笨重；另一个是世界使用金银做货币时用的都是铸币，而中国银子进入流通领域后采用的还是它的自然形态而不是铸币。买东西时要称重量，非常麻烦，不像铸币有面值，使用时不用检查质量和重量。过去中国人出去要带些碎银子在袖袋里好零花。从宋朝到清朝，一直用这种自然形态的银子，中国开始铸造银圆是在光绪末年，称为"龙洋"，而明朝后期从西班牙、墨西哥、菲律宾进入中国的铸币称为"洋钱""大洋"。

不论如何，宋朝银和铜钱一起流通，反映了商品经济的发展的浪潮和南方经济的繁荣。可以说商品经济的发展促进了南方经济的繁荣，南方经济的繁荣与第二个商品经济浪潮同步出现。跟商业发展联系在一起的还有城市和交通。在这时候，陆运看来没有大的变化，南方发展较大的是水路交通。水运的发展与南方经济的发展关系密切。

中国最早陆路交通在北方，就全国范围来讲，一是修路，至少在春秋就开始了。秦始皇大规模修路，从咸阳到全国各地都有驰道，由于政治军事需要，商旅交通、货物运销同样是重要原因。陆路交通的大问题是运输量不大。陆路运输一是人背，二是畜驮运输量有限，三是车载，运输量稍大。陆路运输人畜要吃，要消耗粮草，而船是没有消耗的。长途陆路运输耗费太大。汉武帝时打匈奴，一个士兵在前方作战，后边要二十个运输兵保证供给。商业运输要计成本，赔钱就不划算了。

长久以来，中国车进展不大，始终是两轮。从先秦的单辕四马（六马八马）进展到汉代的双辕一马、二马、三马，但始终都是双轮。而西方的马车，则从双轮进步到四轮。前轮多了一个轴架转向装置。后来还装置了减震的弹簧。中国的马车始终缺乏这样的一种转向减震装置，不仅跑起来不够轻快灵活，而且载物时如果配置不当，重心不在轮轴的垂直线上，马拉时就会受到自上而下或自下而上不等压力，因此负载量受到了限制。

至于造船和航行，中国有悠久的传统，并且大大超越了世界其他地区。早在春秋战国，中国船已经有了封闭甲板。西汉时，中国已经出现了升降转向方便的平衡式斜桁内加撑条的四角式纵帆，出现了兼具推进和掌握方向功能的橹（西方 12—13 世纪才出现）。唐时已出现了水密隔舱（欧洲是 18 世纪）。立舵尾柱舵出现于唐甚或唐以前（阿拉伯在 10 世纪，欧洲在 13 世纪）。到了宋代，造船和航海技术更有迅速的进步。一是出现了平衡舵。二是帆的进步和数量的增加。郑和船队中最多的曾有九桅二十二帆。在迎风面大有助船速而不免操作笨重的世界通行的横帆之外，更多了便于操作的纵帆。据说利于调节方向的三角帆也是从中国传到欧洲去的。三是宋时海船水密舱已分隔为十几个，一舱进水，其他舱货物不致受损，船也不致因此沉没。四是船板之间用铁钉连接增加船身强度，而阿拉伯、欧洲船在船板间打眼用绳绑扎。五是船舶吨位增加，大的可载货百吨以上，甚或千吨。郑和宝船最大吨位众说纷纭，有说达七八千吨甚至上万吨，当然，以当时的木制船体结构是否能够承载这样的重量尚属疑问（欧洲 18 世纪以后最大的海船载重量可达 4000 余吨），但也有论者认为这并非不可能。这比哥伦布发现美洲时的三条帆船（最大的一条 120 吨）大了许多。六是创造了更适合远洋航行的底尖舷阔的福船（另一种更好的广船造价过昂，数量较少）。七是从唐朝开始出现了人力踏动转轮以前进的车船（一说这就是南朝祖冲之发明的千里船），到了宋朝运用更广，但此船可在内河湖泊航行而不适合于航海，以后未见广泛使用。八是至迟在宋代已经建筑了船坞用以造船，早于欧洲五百年。

此外，航海技术已突破了只能沿岸航行和阴雨无法观测天象只好盲目航行的局限，而采用了指南针后，深入到了南海和印度洋。明代的牵星术和观侧仪器牵星板可以更便利地观星辰以指引航行方位。海图也发展起来，称之为"针路"或"更路"。在欧洲地理大发现和航海时代以前，欧洲常用的还是桨帆船。15世纪以后，造船和航海技术才开始有了一个飞跃，可见欧洲人往往自诩为他们的独立创造，或者说是受了阿拉伯人之赐，但从发明时间的先后顺序来看，这些创造恐怕最早还是来源于中国，辗转传入欧洲，而善于航海经商的阿拉伯人则从中起了桥梁和中介的作用。不过有一点可以肯定，在15世纪以前，中国是造船和航海技术最先进的国家，直到17—18世纪，欧洲帆船的性能和效率跟中国帆船还是差不多。

隋唐以后，南方经济的发展已经超过了北方。这个过程是在宋朝完成的。这个时候南方的文化发展也很快，特别是长江下游，就是现在的安徽、江西、苏南，还有浙江。长江下游的经济发展水平在当时是最高的，长江下游的文化发展也是最快的。在南方有些地方原来是很落后的，从文化上讲水平是很低的，可是后来发展得非常快。

如福建。福建这个地方原来是相当落后的，到了南宋成了一个文化非常发达的地方。南宋福建的北部成了一个文化的中心。这个地方印书业非常的发达。印书业发达就会读书的人增多，读书的人多，社会文化就高了。念书在唐朝以前是官学，到了宋朝以后私家的学校多了起来，这就是书院。当时全国的书院，在宋朝有所谓的四大书院，这四大书院有三个是在南方。嵩阳书院在现在的河南的嵩山，跟少林寺离得不远，现在的名声比少林寺差远了。多年前这是一个很有名的地方。另外白鹿书院在庐山。还有长沙岳麓山的岳麓书院，衡山的石鼓书院。这四大书院里有三个都是在长江以南。北宋的时候，儒学主要还是在北方。但是宣扬儒家思想的书院，比较大的都在南方。到了南宋的时候，南方因为受经济的影响，文化也兴盛起来。南方的书院多得很，像朱熹在福建讲学的紫阳书院，大概还不能列入四大书院里面，但也是很有名的。中国的雕版印刷术是一个很大的贡献，它对于文化的传播有极大的作用。对于文化的传播有极大的作用的第一个是纸的发明。书写载体有了纸以后就容易普及了。在这以前，书写传播是非常麻烦的。像中国人的字，以前是刻在龟甲、兽骨上的或者刻在石头上，或铸在青铜器上。我们可以想象一下，这是很麻烦的，而且成本也很高。写在绢帛上，这些东西都是很贵的。另外写在竹子和木头编在一起的简牍上，这种办法就非常的笨重。因此读书是很麻烦的事情。我们现在拿一本书是很轻的。古人念书，是一捆。很大，一根根的木片拿绳子编起来。拿起来很重的，运起来很麻烦。中国有句成语叫作"学富五车"，就是形容战国惠施学问很大，出行要五辆马车随行装书。这个五车书在现在不得了，最起码有成千本上万本，可在古代是很少见的。在中国读书有很多习惯跟书的结构是有关系的。当时读书需要一个长长的几，一个小桌子，把书卷起来放在上面，念的时候一只手打开，一只手卷起来，一边念一边卷。念完以后，整个书就翻过来了。再要念的时候就要反卷过来。另外写字要写在卷上。中国人写字是从上到下，从右到左。其他许多的国家是横着写的，写法是从左到右。写字的时候，由于有墨汁，从右到左就免不了沾到墨水。中国人的写法是很不方便的。这个跟中国人的书卷是有关系的。在甲骨文里没有这个现象。这个跟书写工具、格式有关系，很不方便。纸发明以后书写就方便很多了。有了纸以后，再一个就是印刷术。这样的话书籍就广为流传开来了。

这个印书的发明权韩国跟我们争。他们认为是他们发明的，因为在他们那有最早的印刷品。他们为此还专门召开国际学术会议，认定他们的发明权。后来查明中国最早的印刷品确实比他们早，他们发现的印刷品的年代不但比中国的要晚，而且大概是中国传过去的。到了唐末五代，雕版印刷大大的发展了，因此印本书籍的普及在宋朝是一个很大的关键，能读书的人多了。这个时候的印书业很发达。北宋和南宋的印刷业普遍是南方比北方强。北宋时候的印刷业主要的有几个地方比较突出，一个是开封、一个就是杭州，再一个就是四川。开封国子监印的书被称之为监本，实际上是杭州这个地方印的。两宋有一个习惯就是很多的衙门都印书，大家对弘扬文化兴趣很大，凡是有点钱的衙门都印书。到了南宋，南方的印书业大大的发展。有名的地方一个就是杭州，一个就是四川，第三个就是刚才说的福建建阳，是私人商业印书的基地。建阳的本子又被称为麻沙本。这个麻沙本是成本最低，价钱最便宜，印得最多的本子，也是最坏的本子，它的好处就是便宜。有点像现在的盗版书一样。当时的知识分子念书的出路就是做官，学而优则仕，这是唯一的最高的出路。所谓书中自有黄金屋指的就是这个。科举制使得官员的选拔能在更大的范围内来进行。在以前这种出身、门第、血缘对于做官有很大的影响。从唐以后，科举制度普遍，通过考试来选拔官吏，出身门第就不那么重要了。就看你考试成绩的好坏。加上书籍的普及，教育文化的普及，中下层的人们有机会读书、考试、做官。这是中国封建社会的一个很大的特点。科举考试里面，唐朝有很多科，其中最高的是进士科，还有就是明经。还有其他的科目比如明法，专门培养法律人才。明算，培养算术人才、财务会计。唐朝的进士科名额比较少，大概每年考一次，录取名额少的二三十个，多的三四十个，因此这个门坎是很难进去的，大家都往里边挤。到了宋朝，进士科更加重要，后来干脆把明经取消。进士科的名额增加了，增加到七八百人，最多的时候千多人。念书的人多了，考进士的人多了，通过科举做官的人多了。在唐朝时候，科举考试中进士的，大部分是北方人，到了宋朝，南方人就多了起来。当时南北的区别在人们的观念中还是有。特别是五代十国的时候有九个国家都是在南方，与北方对立。北方的五代以及后来的北宋则立国北方与南方对抗，后来把南方的国家消灭了，因此五代、北宋最初的许多将相官员都是北方人。南方来的人是投降的，他们是很看不上的。可是考进士，南方人比北方人文化高，录取比例大，北方人就不愿意了。特别是北方的一些大官，比如很有名的宰相寇准，他对于南北的界限是在意极了。他就是不愿意南方人中进士，当官。有一次有一个南方人中了进士，寇准简直气愤极了。第二次又有一个南方人考进士中了状元，寇准就想尽一切办法换了一个北方人当状元。结果皇帝想了一个办法，就是分区考试，南北分卷，把北方考试的难度降低。这样有人就认为太不合理了。南方人来赶考差不多是一百个里面取一个，北方人，特别是西北方面的人考的十个里面可以取一个，录取的卷子里的水平比南方人的要低多了。与现在的高考也有一些相似。比如北京和边疆的考生录取考分就有差别。宋以后一直是这种趋势，元朝把科举废了，知识分子没地方去了。知识分子的地位是很低的，一僧二道，九儒十丐，读书人的地位仅仅在乞丐前面一点。读书的人没有出路了，只好去唱戏编剧本，因此元曲那么发达，与元朝的社会情况是很有关系的。到了明朝又恢复科举，还是南方人占了绝大的优势。明朝从明太祖洪武到万历，从 1371 年到 1616 年，这个中间是 245 年，进士考试分成赐进士及第、赐进士出身，还有赐同进士出身三等。进士及第头三名，就是状元、榜眼、探花，进士出身就是二甲，同进士出身则是三甲，实际上这是殿试成绩。科举考试最理想的是就是连中三元，举人考试第一名是解元，就是各个省的考试第一名，然后到北京进行会试，第一名就是会元，会试之后就是殿试，它是皇帝亲自主试，第一名称为状元。过去说的连中三元就是连考三个第一。殿试的时候名次会有一些调整，皇帝还要点状元。他这个点有点莫明其妙，比如他觉得你的名字比较好，就把你点为状元，他要是觉得你的名字比较差，就把状元换成另外一个人。有人统计，在明朝洪武到万历的 245 年中间状元、榜眼、探花、会元这前四名总数是 244 人，南方人占了 215 个，为总数的 88%，北方人只有 29 个，占 12%。还有一个统计就是清朝，康熙和乾隆的时候举行过一个考试叫作"博学鸿儒科"，它不是三年一考的考试，是皇帝特别召集的一次考试。乾隆这一次一共选出来 267 个人，其中江苏 79 个，浙江 68 个，江西 36 个，安徽 19 个，这四个省就占了 202 个，是总数的 75%。因此南方的文化是很发达的。考上以后，当然就是做官，南方人占的比例也是越来越大，北宋初年时候重要的大臣，文官武将都是北方人，这是很自然的。但是不久情况就变了。按照寇准他们的说法，这简直就是国家的重大的危机。南方下国之人来当宰相糟极了，这些人是狡猾坏透了，他们来当宰相，国家就要大乱。甚至编成这种故事，说有一个有名的术士，到洛阳的天津桥，听见有杜鹃叫，杜鹃是南方的鸟，杜鹃跑到北方来叫，这是一个不吉祥的兆头，南方的坏人要到北方来统治了，这是攻击当时来自南方的宰相。可是这个趋势是没有办法遏止的。后来南方人当宰相的越来越多。唐朝的宰相记载有 369 个，绝大部分是北方人，南方人没有几个。到了北宋时候这个趋势还没有很大改变，北宋的宰相有 134 个人，南方人占 25%。明朝宰相有 189 个，南方人占了 2/3。只有清朝例外，清朝有一个满族和汉族官员的比例的问题。文化、读书、考试、做官，南方人的比重加大。其他方面也是这样。比如儒学，宋明的理学兴起最初是在北方，所谓关学、洛学都是在北方，程灏、张载都是北方人。后来就转到了南方，朱熹、陆九渊、后来的王阳明等都是南方人。明朝也是南方人占优，学术如此，文学也是这样。南宋的词人主要是南方人，宋朝的画主要也是南方画，这时的南派与北派已经有了区别，唐朝就有，南派是大写气势。这其中的背景就是南方的经济优势超过了北方，政治优势还不一定。

这种南北的差别很早就有，但是它突出起来是在唐朝以后。

随着南方经济的发展超过了北方，南方的文化也超过了北方。在南北的关系上就出现了与过去不同的情况。唐宋这个时期是中国历史上封建社会变化的一个很重要的交替时期。在这前后，变化是很明显的。我们国家的史学在"文革"以后趋向于一些很具体细致的研究，最近时期则比较注重一些比较综合性的研究。关于社会性质的问题，社会结构的问题又提到了日程上来，其中很重要的一个原因就是现在的古代史许多人是着重研究唐宋时期的社会变化。看来天下大势分久必合，合久必分，这种研究的趋向也是有这个特点的。

下面再讲一下南方的各个地段，一个是长江流域，一个是珠江流域。长江流域又分为长江下游、长江中游、长江上游。再一个是珠江流域，也就是岭南和福建。

第五节 东部地区的区划（四）——长江下游

　　长江的下游有两个说法，一个是从九江湖口以下，再一个说法就是从芜湖南京以下。这两个说法指的长江下游范围就有很大的不同。我们大体上按九江以下这个比较大的地段来说。这个地区在中国的沿海在上古是属于所谓的蛮夷之区，我们今天的汉族在历史上是形成于黄河流域，最初被称之为华夏，所以有人把先秦的汉族称之为华夏族。汉族最早的称呼来源于汉朝。当时在长江流域是另外的一些民族，这里边有吴、楚、越，还有其他的一些，主要是楚和吴。吴和越就是在现在的长江下游，吴主要是在长江三角洲，太湖的周边。越在南边钱塘江以东的浙东就是现在的绍兴一带。吴在北边，越在南边，都在长江的下游，在长江和钱塘江流域。吴和越的族源现在看起来和北方是不一样的。有一种说法是当时北方的周的后代，这和周的分封制有关。但是吴的民族成分主要还是当地民族的成分多一些。越更是这样。越的习惯与北方就是不一样，所谓断发文身，就是他们是剪头发和文身。中原地区古代男女都是一样，都是不剪头发的，只不过发型不一样而已。但是越国的人就把头发剪了。北方的游牧民族的习惯是梳辫子，男人女人都一样，都是梳辫子。越人是断发，在身上文身，与华夏族不是一个民族。他们的语言与中原地区是完全不一样的。现在把它称之为壮傣语。但是后来这个地方慢慢地被汉族同化。到了春秋的后期这个地方就发展起来了，成了一支重要的力量。首先是吴国强大起来。它在与楚国的战争中曾经多次打败楚国。打败楚国以后就要北上去争霸。原来争霸的对手是晋楚两国，因此在春秋很长的一段时间内，是晋国联合北方的一些小诸侯国与楚国对抗。中间互有胜负，主要是遏止了楚国北上。在这个争霸中间双方兼并了许多小诸侯国。黄河以南的许多小国都被楚国兼并了。这个时候东边的吴国崛起跟楚对抗，最后把楚国打败了，吴国的野心膨胀，吴王夫差就北上与晋国去争霸，大约在现在的江苏的徐州一带跟晋国会盟。但是很快吴国也垮了，其原因是越国抄了他的后路。越国本来是一个比吴国还要落后的国家。但是越国起来了，把吴国灭了。灭吴以后，越国也曾经一度要去争霸，又被楚国灭了。我们讲战国七雄那是稍后的事情。战国的早期国家比较多一些，比如宋、鲁、越等。在这个过程中间，这个地区就逐渐的汉化了，原来的语言、断发文身的风俗就慢慢地丢掉了。这个地区的古代的吴越语跟今天的吴越语是不一样的，今天的吴越语是汉语中间的一种方言，比如苏州话发音是很美的，所谓的"吴侬软语"，但是不好懂，至少北方人听不懂。像上海话、杭州话、宁波话，这都是吴语系方言。我们现在讲的普通话是中原系属于蓝青官话，范围是相当广的。在长江下游镇江以东就是吴语区。镇江话与我们北方话差不多。以至于湖北话、湖南话、云南话、四川话、贵州话都是官话区。腔调虽然不一样，听起来不像苏州话那么难懂。再往南，到了福建、广东，那就更难懂了，就与外国话差不多。现在的吴语虽然不好懂，但是它只是汉语的一种方言，与过去的吴语是不一样的。春秋战国以来，长江下游地段一方面是逐渐地汉化，一方面是汉化逐渐地往南发展。这个地段原来是百越的地盘，这种汉化就逐渐地扩大到东南沿海。原来的百越或与汉族融合，或者向更南的地方退却，也有退入山区的。这个地段从东汉特别是到了东晋、南朝的时候开发是特别快的。前面讲《史记》说这里是地广人稀的地区，后来就大大地开发了。

　　长江下游的水稻是一种高产作物。从东汉以后特别是到东晋南朝以后，水利灌溉事业有很大的发展，这个发展对水稻的增产起很大作用，因此很长时间这个地方的粮食产量在全国是最高的。到了清朝，这个地段的水稻的亩产量最高可达 1600 多斤。南方经济的发展中是带头的，也是最富庶的。这个地方的文化也是最高的，读书人最多。从考进士到当宰相来看，这个地段是人数最多的，乾隆时修《四库全书》，一共抄了七部。北方保留了四部，这四部都是在皇帝的手里，在宫苑里。故宫一部、圆明园一部、热河行宫一部、沈阳故宫留一部；另外三部专门供天下知识分子看，这三部全部放在长江下游，扬州一部、镇江一部、杭州一部，作为全国性的公共图书馆，因此这一带的文风最盛，念书的人最多。可惜在太平天国战争中，扬州、镇江两部全部被毁了，杭州的一部还留有半部。新中国成立前，又开始抄配，马马虎虎将杭州的那部配齐了。现在国内的《四库全书》的影印本就是这种。最好的一部是原保留在北京故宫文渊阁。圆明园的那部在英法联军时被毁，因此北方留有三部，沈阳、热河、故宫各一部。原故宫中的那部被运到台湾去了。后来把热河那部四库全书调到北京，沈阳的那部搬到甘肃。长江下游域的经济发展是在全国带头的，上海及苏南的发展很长时间都是龙头。

东亚大陆的东部地区是东亚大陆主要的核心地区。中国历史上的所谓中原王朝所在地黄河流域、秦岭淮河以北的北方地带前面已讲过。秦岭淮河以南南方地带的总体情况前面也已讲过。我们所讲的长江下游范围有时比这还要宽一些，它包括现在的江苏、浙江、安徽、江西四省。严格地说，江苏、安徽有一部分在淮河以北，即苏北、皖北，情况跟淮河以南的情况有所不同，应该算是中国的北方地带。历史上中国的行政区划的划分大体上也是这样，无论是汉朝、唐朝、宋朝，行政区划淮河南北是一条分界线。但是到明朝有一个变化，明朝把淮河以北的现在的江苏、安徽中北部跟淮河以南的地带苏中苏南皖南划在一块。明朝有两个国都，即南京、北京。以北京为中心的地区管辖一大片地方叫北直隶，以南京为中心的地区管辖的一大片地方叫南直隶。南、北直隶都管辖很大一片地区，差不多双方要连在一起了。南直隶包括安徽、江苏，其目的是南京和凤阳即朱元璋赖以起家的地方有一个比较大的辖区，因此现在的江苏、安徽都包括了淮河以北、淮河和长江之间和长江以南的地区三部分。在江苏为苏北、苏中、苏南，在安徽为皖北、皖中、皖南。从这个区域的划分和历史的因缘来看，这个界限的划分是不合理的，以上四个省——江苏、浙江、安徽、江西在长江流域是一片地方。如果说从宋朝以后，或者说从唐宋以后，南方的发展超过北方的发展的话，最突出的是这里所讲的长江下游的四个省，无论是从经济上、文化上都是突出的。乾隆时开博学鸿儒科，全国有267人入试，苏、浙、皖、赣四省中就有210人，占全国应选的78%。明朝时的进士、状元、探花等集中地出在这四省，尤其是出自浙江和苏南。前文所述乾隆时所修的《四库全书》三部颁发下去供民间士人阅读，全部集中在长江下游地区。扬州一部、镇江一部、杭州一部，可见这里的文风之盛。

从政治上讲，南方的政治中心是在长江一带，主要是指在南京。从三国时的吴开始，东晋南朝都把国都建在南京。这个地方被称作龙蟠虎踞之地，到了明朝朱元璋修南京城，是当时全国最大的城圈，周长22千米，超过北京的内城。南京城在繁荣时人口超过100万。杭州是南宋的都城，当时非常繁华，杭州城在城内人口有40多万。如果包括城周边的地区大约有100万，连整个临安府在内达500万。中国历史上的城市人口超过100万的有唐朝的长安、北宋时的开封、南宋时的杭州、明清时的南京还有北京。在世界历史上，超过100万的大城市中国占这么多是非常少见的。在世界历史上超过100万人口的，据先前所知的仅有罗马和君士坦丁堡。以后在世界古代历史上没有超过100万人口的。如伦敦城在16世纪相当于我国明朝末年，才有6万人口。13世纪时巴黎相当于我国的元朝才有人口3万，著名城市威尼斯在欧洲中世纪也才有3万人口，因此在世界历史上近代以前像中国超过100万人口的城市是极少的。在东部地区的南方长江流域就占有两个——杭州和南京，那是在宋朝以后人口才超过100万的，成都的人口将近100万。在宋朝以前，人口超过100万的城市几乎都在北方，南方没有。唐宋以后，南方的城市逐渐增多，且逐渐形成一种城市群。城市群主要表现在运河沿线，大运河的南线。比方像淮阴等，它是一个交通枢纽。宋以后黄河决口后南流夺淮入海。后来淮河下游淤塞，黄河经过运河，从长江入海。至清朝中期以后黄河又改道回到现在的河道。两淮（淮阴、淮安）正好是在黄、淮的交界处，这个地方是运河的一个很重要的枢纽，运河的运输在某种程度上说在这里是一个分界线，南边来的货物、人员、船只到这里要越过黄河，北走运河，成为中转站。淮河入海口的一带的盐场是全国最大的，这里的盐质量比较好。这一带盐的输出也要通过扬州这个江淮交通枢纽。扬州在历史上很古老，但作为最繁荣的商业、经济城市是在唐朝，当时有"扬一益二"之称。扬州是长江、运河往南的交界处，同时在唐朝是一个重要的对外贸易港口。扬州的物产非常丰富，如丝绸、粮食、绢、布、盐等，这些东西往往由南方各省经长江及其支流运往扬州，再由扬州运往北方。我们知道，中国封建社会的后期即唐宋以后，南方经济的发展超过北方，南方的物资大量供应北方。我们从很多史料包括小说中可看到，如《红楼梦》等。从长江以南的运河沿线可看到一系列城市，有镇江、苏州、杭州等。后来还加上常州、无锡、上海等。上海的繁荣是在近代以后，近代以前还是东部地区的松江府，松江府不仅是当时粮食产量最高，而且它还是全国有名的棉布产地。黄河、淮河、长江夹杂的泥沙逐渐往南推移形成的湖泊也很多，洪泽湖、高邮湖、宝应湖、太湖、阳澄湖、丹阳湖、石臼湖等都很有名。

长江下游的政治格局在中国历史上占有一席之地，但也只是一席之地，并没有在历史的全局上起过多少决定性的作用。

春秋争霸，吴越后起，但为期很短，旋即落入楚国的掌握。秦末农民大起义，故楚地是起义率先爆发的地区。陈胜吴广于安徽大泽乡揭竿而起，项梁、项羽叔侄成了起义的中坚力量，应了"楚虽三户，亡秦必楚"的预言。各支起义队伍推楚国破落王孙为楚怀王，一时起着起义军共主的作用。东汉末年，孙坚孙策孙权父子起兵江东，打败曹操南下大军，建立吴国，割据一方。西晋灭亡，东晋南迁，江南是一个重要的基地，与中游的荆州集团成对峙之势。建立在京口的北府兵，素称强悍。北府兵出身的将领，左右了东晋南朝近二百年的政局。唐末五代，长江下游是吴和南唐及吴越割据政权的地盘。剥削虽然严重，但社会相对安定，经济相对繁荣，与北方的混乱局面形成鲜明的对比，在对促成南方经济超过北方的进程中起了相当大的作用。到北宋被金所灭，宋主南迁到江南。军民的抵抗多少阻扼了金人南下的势头，使南宋偏安小朝廷多少维持着繁荣安定的局面。元末农民战争，朱元璋与陈友谅、张士诚先后两次大战，江南仍维持着多少繁荣的局面，以致朱元璋能够以此为基地，兴师北伐，驱逐蒙元，统一全国。历史上强大的政权建立在江南的不止一个。以建业、建康、金陵（南京）为国都，频频北伐，最后也是达到山东河南，只是到了元末，红巾军大举北伐，一路如入无人之境，直达上都，并加以焚毁，直到朝鲜才势尽被阻，朱元璋北伐，中国历史上才第一次成功，并统一全国，南京也第一次成为全国的首都。人们常以江南人文弱又缺乏军事锻炼，组成军队战斗力不强为辞。但明初的军队却改变了传统看法。到了清朝，初入关南下，江南的明朝军队力仍旧薄弱。但19世纪中叶太平天国从广西起兵，直入南京，腐朽的绿营兵如摧枯拉朽一般溃败。南京又一次成为天京，继而组织偏师北伐，一直打到天津城下。辛亥革命，南京最后定为中华民国首都，终于摧毁腐朽的清朝。此后军阀混战，最后 1928 年国民党二次北伐，结束了军阀割据混战的局面，形式上统一了中国。这是中国历史上第二次北伐成功，也是南京第二次成为全国的首都。经过国民党政府的建设的"黄金十年"，继之以八年抗战，中华民国首都两次迁回南京。四年之后，共产党在内战中取得了决定性的胜利，大举南下，终于又在 1949 年建立中华人民共和国，再次统一全国（除台湾外）。

南方长江下游是一个很繁华的地区。苏州在春秋战国时期是吴国的国都。在明清时，朱元璋把天下十分之一的田赋都让苏州来承担。其原因如下：苏州是一个商品城，又是其对手张士诚的基地，朱元璋为了惩罚此地，便加重此地的负担，可见其经济力量之强大。镇江在南北朝时被称之为京口，当时南北大运河未开通，京口当年是东晋南朝的军事基地。京口兵又被称之为北府兵，在东晋或南朝是一支非常强有力的军事力量，以建康为国都的东晋、南朝都靠它支持，但东晋也正好垮在京口兵的手中。南朝的宋、齐、梁、陈大体上依靠京口兵或与京口兵有密切联系的军事力量。唐宋运河开通以后，镇江的经济地位突出起来。它位于长江与运河的交界处，因此镇江在经济上也成为一个重要城市。原来扬州是一个非常繁华的城市，唐朝以后衰落，其原因在于：自然条件发生变化，长江夹杂的泥沙比起黄河小，但长江的水量很大，泥沙在长江下游发生淤积，使得长江河道发生变化，河道慢慢地靠南移动，因此在扬州泥沙淤积，使扬州离开了长江、也离开了最好的出海口。现在的扬州已经离开长江相当远了。运河远远地离开长江的主航道，海船也不再经过扬州停靠，而是到明州（现宁波）去了，扬州作为一个国家的海港在中国历史上基本消失了。唐朝从扬州出发前往日本的海船不少。有名的和尚鉴真从扬州前往日本。扬州另外还有一些所谓的胡人，这些胡人包括阿拉伯人、波斯人、东南亚人等，特别是阿拉伯人、波斯人经过海陆路到达扬州。这批人带来了海外的珍宝，从事奢侈品贸易。可从唐人的记载，特别是从唐人的笔记小说看到扬州的胡商从事一些信用贷款。扬州的海路运输经唐朝以后退出，镇江的地位上升，沿运河的一连串城市如淮阴、淮安、扬州、镇江、苏州、明代的松江还有原是松江府下属的一个县的上海。沿运河的一连串城市最后还剩下杭州。杭州在唐以前并不太有名，到唐朝时才开始繁荣，到宋朝时成为一个重要城市，以致当时有"上有天堂，下有苏杭"的说法，但却没有扬州，其原因有：扬州此时处在抗金的前线，被破坏得很厉害。宋高宗在归德（商丘）即位后，被金兵打得一直往南逃跑到扬州，金兵一直攻到扬州，扬州被破坏得很严重。其实扬州在五代时已经遭到很大的破坏。明清以后，扬州又有很大的变化。由于长江航线、运河、盐的缘故，扬州又繁荣起来。因此，扬州在历史上曾几起几落。明清时曾有一句谚语：生在苏州、吃在扬州、穿在杭州、吃在广州（扬州）、死在柳州。

江南地区的经济是商品经济。美国经济学家施坚雅创造了一种市场模型，他以江南的苏南市镇为研究对象，大小城镇包括农村集市形成一种六边形网络，小六边形中心有一个小型集市，四边的商品通过这个集市集散，集市和集市之间有一个大一点的六边形，这里面的中心是一些市镇，再大一些中心则是城市。这种像蜂巢形状一样的六边形，它的最大好处是使所需的资源最少、流通量最方便、结构最坚实。用经济学的话来说，商品流通中所消耗成本最小、运输期最短，且结构紧密。这种模型是根据江苏南部的市镇结构形成的，它对于苏南比较适合，但对于其他商品经济不发达的地区并不见得有那么整齐。

沿着长江及长江支流兴起许多大大小小的城市，如长江沿岸的九江等。九江在唐朝以后兴起，在附近的安徽、江西是中国的重要产茶区和产粮区。九江成为粮食、茶叶的贸易中心，另外还有瓷器贸易。中国的瓷器最早发展起来的是在北方和浙江。唐朝景德镇后来居上，到明清以后景德镇成为全国最发达的瓷都。其原因有：景德镇近挨着原料产地——瓷土，再加上明清时制瓷技术达到最高峰。九江在唐朝的发展还有一个原因就是南北交通线，我们现在所理解的南北交通线是京广线：北京至河北沿太行山边上南下，到郑州、武汉、长沙到广州。这条线路是清朝后期的一种改道。在唐朝时南北交通线经过湘水到武汉，但更重要的是从广州向东北走，经过梅岭（大庾岭）到赣州，到南昌九江，沿长江东下到扬州，从扬州走运河到洛阳，然后到达长安，因此赣江两岸的城市像赣州、吉安特别是南昌（洪州）相当繁荣。后来还出现一些重要城市，像安徽的芜湖，在清朝是四大米市之一，成为重要的三大湖区中的粮食集散地。中国的老的产业特别是铜矿和银矿，主要是集中在长江以南，铜矿在这一带占很重要的地位。银矿是制造货币的原料。中国很长时间里的主要货币是铜币，从唐朝开始以后，在河西、广东一带流行使用银币。其主要原因是国际贸易从东亚、西亚来的商人所带来的和广东地区本身出产银。长江以南的江西南昌等地方的铜矿的产量很大。中国的很多冶炼技术是从这里发明的，因此南方地区从唐宋以后到明清，从经济上占了很大优势，支持北方主要靠这里。明朝时有"苏湖熟，天下足"的说法。苏南、浙西的粮食跟全国粮食供应特别是官府军队粮食供应，还跟运河线的漕运有关。明朝苏州的田赋占全国的十分之一，这对于全国的财政、粮食供应也占很重要的地位。江西、安徽的粮食供应对全国粮食供应同样占很重要的地位。这一带的粮食作物主要是水稻。水稻需要灌溉。这里利用河水、湖水进行灌溉，大概是在春秋时就有了，到宋朝时得到大大的发展，出现了所谓的"围田""圩田"，又称之为"湖田"。南方的水车在灌溉中起很大作用。"围田"能够旱涝保收，但它也破坏了水资源，造成不利的影响。从宋朝以后，梯田在安徽、江西丘陵地带发展很快。双季稻的推广大大提高了稻米产量。除此之外，有时冬天还可种大豆、麦子，因此田地的复种指数大大提高了，粮食产量也大大地提高。这地区的商业是全国最发达的。在明清时有所谓的"徽商"、扬州的商人、宁波的商人、松江的商人。到了近代，长江的下游特别发达。因为外国帝国主义势力从沿海伸入长江。长江流域是中国最大的流域也是最富庶的地方，外国的经济侵略是从五口通商开始的。上海的发展最快是因为有了长江流域作为腹地。如在十里洋场开洋行，收购中国的农产品包括丝绸、生丝、茶叶、桐油、猪鬃、棉花等初级产品，因此长江流域是外国经济侵略势力最强大的地区。长江的航运曾经被外国公司所垄断。英国、法国的势力遍及长江流域，包括他们的租界从上海开始，有九江、汉口、长沙、万县等。中国的经济大动脉被外强所垄断，因此对外贸易在近代长江流域占有非常重要的地位。外国经济侵略势力的主要孔道以上海为龙头，当然商业也相当发达。长江流域的下游在东部地区的南北格局中占很重要的地位。南北的变化是从唐朝开始的一直到近代，唯独长江流域南方占优势的是经济。

第六节　东部地区的区划（五）——长江中游

长江中游从三峡至九江段，包括现在的湖北和湖南两个省。

长江出三峡后，加入了大量的水体，包括汉水形成湖泊和沼泽。在先秦、秦汉，长江荆州以下一直到武汉，包括北边的汉水和南边的湖南的几条河形成一个巨大的云梦泽。云梦泽是河道、湖泊、沼泽、湿地、山野的混合地带，它位于长江和汉水之间，伸展出去几乎遍及湖北全境。现在的湖北是湖泊最多的省份。50 年前，湖北还有 152 个湖泊，现在仅剩 83 个。湖北的生态受到很大破坏。第二个湖泊群在九江一带、在安徽长江沿岸特别是北岸又形成一大串湖泊，现留下的有巢湖。到南京以下南面又形成一串湖泊，如太湖、丹阳湖、石臼湖、阳澄湖等，因此长江中游沿岸的湖泊之多是少有的。

长江中游最早的繁荣地方是在江陵（荆州）一带，它位于长江与汉水之间，是春秋战国时期楚国兴起的地方。楚国的国都是郢，相当于现在的江陵，现在荆州的楚城遗址还保留着。考古发现了相当多的楚国墓葬、简牍、死人等。长江与汉水之间的江汉平原是楚国兴起之地。楚国的势力从江汉平原向东、向南、向北扩展，也向西进入三峡一带。到了战国，楚国已经把黄河以南、长江沿岸地段差不多全占领了。这些地区的一些小国如蔡国、陈国等国全被消灭。另外把一些大国如越国也消灭了。淮河以南的地方差不多全都是楚国的势力，楚国的势力甚至到达黄河流域。在战国七雄中，楚国的国土面积最大，但楚国的国内的旧贵族势力相当强大，战国时进行的几次变法都未成功，楚国的实力不是很强大。后来秦国势大，控制了汉中巴蜀，从四川、汉中南下，把楚国的郢都攻破，楚国国都从江汉平原搬到河南。在战国时期，楚国四次迁都，最后搬到宿县，终于被秦所灭。楚被灭后，被一分为三，即东楚、西楚、南楚。西楚是在现在的长江中游，东楚是淮河流域原来的一些蛮夷之国被楚国征服的地方，南楚在长江以南。秦末农民战争的爆发和发展的地方主要是在原来的楚国。首先陈胜、吴广的大泽乡起义，这一带是在原来楚国的国都的地方。继之而起的是项楚项羽叔侄，他们是原来楚国将领项燕的后代。项羽成为灭秦的一支主要力量，项羽的最终根据地建立在原来楚国的境内。他自称西楚霸王，把国都定在彭城，与西边的刘邦对抗。项羽进入咸阳后东归，在秦故地封了十八个王，把刘邦封为汉王，即在汉中地区。项羽已经占领了关东，关东是当时全国的政治、经济要害之地，在秦汉时期关东的经济相当发达，但刘邦控制的关西终于打败了项羽。

在很长一段时间里，长江中游的繁荣地带还是江汉平原。现在长江中游最繁荣地带是在武汉，当年的武昌不如荆州。三国时期，曹操统一北方，南方有三大势力：孙权势力在长江下游直至武汉，刘备是在荆州，刘璋主要是在长江上游的四川。曹操先集中力量对付荆州，再对付孙权。东汉末年，名气最大的是刘备，势力最小的也是刘备。刘备始终没有自己的地盘。后来刘备与孙权联合攻打曹操，即历史上有名的赤壁之战。刘备这才有了自己的地盘荆州。刘备首先把荆州南部攻下，结果成为孙权、刘备、曹操三家分占荆州。曹操占领荆州的北面襄樊，刘备占领江陵和湖南的一部分，孙权占领武昌及湖南的东部，因此可知江汉平原在历史上是一个相当重要的地段。到东晋南朝时，南方政权实际上是两个集团：一个集团是以南京镇江为中心的京口集团，又称北府集团；另一个是荆州集团。东晋势力的消长实际上以京口兵和荆州兵势力的消长为标识。荆州集团在与京口集团的对抗中处于劣势，因此东晋的几次北伐都是由荆州集团发动的，最后京口集团的刘裕灭亡东晋，建立南朝的宋之后，荆州集团和京口集团还是有冲突的。后来梁朝被陈霸先所灭，梁朝王族萧詧建立后梁，控制了江汉平原，主要是襄樊地区，萧詧投靠了荆州集团。隋代北周后南控后梁，又控制了四川，用四川荆襄的力量循长江而下。历史上循江而下获胜的王朝是从秦始皇开始。秦兵先攻打楚国，占领江汉平原，再乘江而下灭楚。隋朝也是先控制江汉平原，然后控制四川，乘长江而下灭陈。北宋时也是控制了江陵、四川，乘长江而下灭掉南唐，最后统一全国。南宋时，元朝也是控制了四川，攻打襄樊，沿江而下灭了南宋，中国人历来讲究城坚池高作为防御，但深池高城作为防御力量来说，在中国并没有辉煌的历史，比方像南京，历史上曾多次失陷，在抗日战争时期，轻易地被日军攻下。1949 年解放大军渡江时，南京几乎是不战而下。中国重要的关口潼关，从来未打过好仗。但襄阳是一个特例。襄阳地势险要，两河交汇，中间是一小坚城，南宋蒙古交战，襄阳坚守五年。解放战争时，襄阳城被解放军很艰难地打下。江汉平原的重要性，北面是襄樊，进可攻退可守。江汉平原和长江以南到洞庭湖的西边，历史上向来都是很发达的粮食产地。

在中国古代的一条南北交通线是从广东经过梅岭，经过赣江出长江，经运河、洛阳然后到长安；另一条是走湖南，沿湘江北上经长沙，然后往西到常德一带，从常德到江陵，从江陵襄樊到河南。再一条是经过襄樊走商洛或南郑入长安，走当年刘邦入关的路线。唐文宗迎佛骨，韩愈上谏书被贬官到潮州，他所走的路线是蓝田，也就是经商洛入江陵的道路。唐朝时对南方财富的征收是分区的。运河线是一区，由盐铁使征收；两湖、四川是由另外一套政府机构户部征收。五代十国时，南方九个国家中最小的国家是南平，只据守小小的一块荆州，从来不与别国打仗。原因是此时的江陵是南北商业转输的中心，南方的茶叶等都经过此地运输，北方物资由此南下。江陵的商业地位很重要。

长江中游又是历史上的一个重要文化区。先秦时期是楚文化。有人说楚文化是先于黄河流域的一种文化。我们知道得比较多的是在春秋战国时期。当时长江中游的重心是在江汉平原，特别是在江汉平原南边的江陵（荆州）为中心。历史上荆州有过很突出的时期。主要是两段，一段是三国时期的蜀国，蜀实际是先以荆州为根据地，后向四川、汉中发展。蜀后来丢失荆州，这是具有成败关键性的一战，从此蜀国很难发展。实际上蜀国只占领荆州的一半还不到。当时荆州大体上包括现在的湖北、湖南。蜀国只是占今洞庭湖以西的荆州，今洞庭湖以东还在吴国手中。刘备占的荆州是有限的，但在这里奠定了蜀国的基础，后来丢失荆州，这对蜀国的成败起了关键作用。另一段是在东晋，东晋有京口集团和荆州集团，他们互相斗争，后来荆州集团势力衰落，襄阳的萧詧后梁依附于北朝。从北周到隋朝开始向南方进攻，先灭后梁，打败四川，最后全线发动进攻，把陈军逼到长江以南直至统一全国。在这以后，长江中游的形势发生了变化，这变化是由于自然条件和经济条件引起。我们知道古代中国的气候逐渐变冷。在早期新石器时期乃至商、周，中国的气候比现在的气候温暖。如华北地区，很多亚热带、热带动植物都有生长，像小熊猫、大象、犀牛、竹子、梅花在秦岭、淮河以北都有生长，这对于中国文明的形成，其条件是很有利的。中国文明首先出现在黄河流域，这跟当时的气候有相当大的关系。其后气候慢慢地变得干燥，这对黄河流域带来的影响是不利的，相反，对长江流域中游带来的影响是有利的。因为秦岭淮河以南基本上是亚热带气候，气候较热、潮湿多雨，古代的人们的发展条件比黄河流域要差，但随着气候的变冷、变干燥，长江流域的条件改善、气温下降。古代长江中游地区有大片湖泊、沼泽地带，其中最大是云梦泽。随着气候的变化，长江中游的湖南、湖北地区有很多的湖泊、沼泽变的干燥，人们可以开始垦辟。随着农业向原来的湖泊沼泽地区垦拓，长江中游的经济原来以江陵为中心的农业经济逐渐向东移到洞庭湖周围地区。人们的开垦在古代没有自然保护、生态平衡的观念。这种开垦往往靠填垦、滥垦、围垦原来低洼的沼泽地带，最后造成开发过度。本来长江出三峡后水量是很大的，涨水时往往会泛滥，特别是湖南地区的几条河如湘江等，在涨水同时流向长江，在洞庭湖及以西地区容易泛滥，这在古代有很大的程度与云梦泽是分不开的。开垦以后，农田多了，居民多了，湖泊少了，长江流域发生洪水时容易形成水患。中国的灾害是严重的，最严重的是黄河流域，但长江此处河段非常弯曲。公元以后，特别是到东晋南朝以后，这个地方开垦很厉害，云梦泽消失了，出现很多的小湖泊，再加上气候条件的变化，关中的衰落，从广州出发的南北交通线放弃了走江陵，而径由长沙出武汉北上，武汉的地位才开始突出。武汉原来不在今天的位置，在今天武汉的东边的鄂州，它对面是长江边上的黄冈赤壁，苏东坡写过《前后赤壁赋》，他所说的就是黄冈赤壁，不是三国时候大战的赤壁。三国时候的赤壁之战在今天武汉的西边。杜牧也写过一首有关赤壁的诗，他所指的赤壁也是黄冈赤壁。三国时候的孙权曾一度迁都至武昌，那不是今天的武昌，而是鄂州，但后来鄂州又搬到现在的武昌，它是长江与汉水的交汇处，有军事优势，也在重要的交通线上，由于农业区中心往东移，交通线也随着往东移，不再沿江南下到运河，也不再走长沙往荆州，而是沿今天的京广线一线北上。交通线往东移有一个原因是中国的政治和军事中心从关西往关东移。首先移到洛阳和开封，然后又往北移到北京。中国封建社会后期东西线的政治中心逐渐向南北方向转移，成为从广州、长沙经武汉市到郑州、开封到北京的交通线，它的缺点是从武汉以北要走陆路，在这条交通线中武汉占了枢纽的地位。中国古老城市最早的作用是政治军事职能，其他的经济职能往往后来才开始发挥，因此很多商业区都在城关。历史上武汉三镇，汉阳是一个县，武昌是一个省会，但真正发展的是汉口镇。在明清时，汉口镇是所谓的四大镇（汉口、景德、佛山、朱仙）之一，它是唯一仅靠商业维持下来的城市，后来把汉口称为"九省通衢"，说明其交通枢纽的地位。

从此，荆州襄阳一带地位就比下去了。其原因一个是南北形势发生变化，关东、关西关系下降，关中也停滞了，南北的交通枢纽——荆襄地区就不那么重要了。这以后逐渐衰落。在历史上还值得一提的只有两件事情，第一个就是北宋时期，辽国曾打到了黄河边上，宋真宗后来和它订了澶渊之盟。当辽国打到了黄河边上时，北宋朝廷非常的恐慌。当时有几个大臣主张要迁都，一派是要往东南跑到南京去；一是往西南跑，到襄阳、跑到长江中游，看到襄阳当时这个地方，它背后是江汉平原，另外它本身的防御力量比较差。宋真宗本人也是害怕极了。当时的丞相是寇准，坚决不让搬，决不后退，只能打。结果硬逼着宋真宗御驾亲征，从开封到黄河边上。其中这一小段路，从开封到黄河很近的，宋真宗紧张得很，随时想开溜，老派人去打听寇准在干什么。一会儿太监回来报告说寇准在睡觉呢，大打呼噜；一会儿说在听曲子，自己还在唱，打拍子。这样一来，整个营地军心得以稳定，宋真宗也不想跑了。宋真宗又被寇准逼着到黄河边上亮了一下相。当时所有宋军的将士听到皇帝御驾露面，士气大振，都高呼万岁，把辽国给吓了一跳。又打了一个小仗，打胜了，于是双方开始谈判。谈判之间，宋真宗又害怕了，说赶紧签约吧，给他多少算多少，然后就签了约。后来，打得赢就打，打不赢就往南跑。这样形势就发生变化，襄樊、江浙地位上升。

　　然后是南宋，南宋初期金兵南下，遭到军民抵抗，其中岳飞声势最大，一直打到了开封附近。山西河北抗金的农民军主要与岳飞互相呼应。因此岳飞的声势最大。长江中游以武昌为中心地区的交通线就非常重要，岳飞的基地在鄂州，鄂州成了全国性城市，主要是经商。中国有个习惯看法：务农的人老实，经商的人聪明、狡猾。因此汉口这个城市商业比较发达，"天上九头鸟，地上湖北佬"，说的就是湖北人精明、狡猾，经商的花样多。我是湖南人，那里的人很羡慕湖北人，动不动就说到汉口去，就像今天去出国看看差不多，有点去花花世界观光的感觉。20世纪20年代湖南农民运动起来后，农村震动，乡下的土豪劣绅一等的跑上海，二等的跑汉口，三等的跑省城长沙，四等的只好留在乡下。而两湖地段不久也成为全国很重要的粮食供应地。宋朝时谚语是"苏湖熟，天下足"，说是太湖周边、长江三角洲的粮食可以供应全国，漕运到北方。到了明清，这句谚语变成了"湖广熟，天下足"，两湖地区成了天下的粮仓。洞庭湖南北包括江汉平原，还有洞庭湖东西都被大量开发出来，土地肥沃，粮产丰富。到了近代、民国以后，特别是到了新中国成立之初，北方的粮食都要依靠南方供应，两湖、江西特别是四川成了产粮大省。但"文革"以后变了，现在四川人口多，又是养猪大省，猪肉输出大省，粮食只够自己吃，供应不了别处；反过来有些地区如江浙广东经济发展快，外来务工的多，广东粮食却不够了。湖南的粮食运往缺粮的广东，北方则自给自足。而东北则有大量余粮，整个粮食产销结构发生了变化。

　　中国近代史很重要的一个部分是工业近代化。洋务派搞了不少工厂。张之洞搞的汉冶萍公司就是在湖北大冶开采铁矿，在江西萍乡开采煤矿，运到汉阳去炼铁、炼钢，包括军工，是近代第一个配套的重工业体系。另外，这个地方正好处于两广和北方之间，中国最早开通的地区是在广州。新思潮很自然地从广东传到两湖，近代两湖地区思潮先进，风气开先，传播维新思想、改革思想、学习西方技术等不一而足。洋务派还在长沙开办时务学堂、办《时务报》等。张之洞等也比较重视文化，湖湘文化一度比较辉煌。有旧学（曾国藩等），也有新学（维新派），两者结合了起来。很多的革命者都是从维新派转变过来的。近代的革命、革命思潮都开始于广东，接下来就延续到两湖武汉等地。洪秀全、康有为、梁启超、谭嗣同、孙中山、黄兴都是这样。

在西方思潮的冲击下，这个地方风气开始西化，也就很自然地存在革命的因素。改良派到了最后，被上层政权压制，很多改良派、维新派都转变成革命党。近代的革命思潮是由广州传进来的，从广州传到两湖，然后再往北。像洪秀全，他接受了西方的基督教，又进行改造，形成拜上帝教，这是很重要的。然后在广西发动起义，其进军路线就是从湖南打到湖北，再从湖北顺江而下，打到南京，再往北打。再往回打就又打到湖北、安徽等地。

再说孙中山，孙中山是广东人，接受了西方革命的思想和民主的思想。他在广东发动革命，一共发动了 10 次起义。发动起义最早是在广东、广西和福建，这些地方大抵革命力量很弱、规模很小。他往往是跑到国外找华侨去募捐，发动一些人，筹到一笔钱，偷运一批军火，就在某处发动小规模起义，很快就垮了。最大的一次就是黄花岗起义，有上百人，去攻取广东的官衙。壮烈牺牲的有名有姓的共 72 人——"黄花岗七十二烈士"。孙中山后来发现搞不下去了，他要联合国内的一些力量，于是联络会党，在湖南、四川发动起义。当时，清政府打了很多败仗，军队不行了，八旗兵、绿营军都不行了。镇压太平天国靠的都是曾国藩的湘军和李鸿章的淮军。到了甲午战争和八国联军的时候，湘、淮军也打不了了，于是依靠国外的模式来练新军，也就是西式军队。北洋军阀就是这个时候起家。在其他省份像湖北、广西、云南等地，也练新军。新军本身的成分跟老兵不大一样，另外，新军要学很多新的东西，像操练外国的枪炮等。最后辛亥革命就是靠武昌的新军发动起来的，其他地方新军包括北洋六镇里也有起义者，那就是滦州起义，冯玉祥就是那次起义的小领导者之一。

因此说两湖这个地方在近代，是近代工业、近代革命思想发展的重要地方。再后来，孙中山死了，国民党继续北伐。北伐中最主要的一条路线就是要经过湖南，这儿打得最凶、危险最大、牺牲也最大。而战果非常辉煌，其主要原因就是湖南农民发挥了强大的作用。农民运动兴起，群众起来越多，支持力量越大，战果就越大。在革命高潮失败后，共产党到处发动起义，最厉害的起义就是在两湖地区。解放军将军的籍贯，绝大部分是湖南、江西、湖北、安徽。其中第一号的、开国将军最多的就是湖北红安县，出了62位将军；其次是江西永新县，出了53位将军；然后就是湖南平江，出了52位将军；我的老家是浏阳排名第四，出了28位将军。将军之多，说明这个地方革命的形势之激烈。而在这后面，不知牺牲了多少人，浏阳县经过多次拉锯战，人口损耗了大约2/3，斗争是非常残酷的。在这个地方还出了一位中央领导人，那就是胡耀邦。总而言之，在近代史和现代史上，两湖地区是非常辉煌的。但在改革开放时，两湖好像就不怎么起眼了，这是长江中游的情况。

第七节　东部地区的区划（六）——长江上游的四川

长江上游——主要是四川，在中国历史上自成格局。它的独立性有时候相当强，但依附性却更强。相比之下，它对中国历史的影响却不算太大。它想左右全国历史的时候不是没有，但是事实上都不行。

为什么会出现这种情况，从地理的角度来看，是四川本身带有一种封闭性。它内部的环境很不错，尤其是成都平原，那是很富庶的地方，经济力相当强，被称为"天府之国"。但整个地区带有封闭色彩，整个是一个盆地，四面都是山，把它围起来了。从外面进去，有一定的困难，所谓"蜀道难，难于上青天"，从里面出来，困难似乎更大。从外面进入四川盆地，在历史上有很多很多；从四川盆地打出来的、扩展出来的，可以说绝无仅有。

这个地方所以叫四川，可以想得出来，那就是四条河。一般讲是这四条——长江、嘉陵江、沱江、岷江。除了这四条河之外，还有一条河——

乌江。长江的上源叫金沙江，到四川宜宾以下，就叫长江，经过三峡可以到湖北。嘉陵江是长江的大支流，流经甘、陕、川三省在重庆流入长江。沱江由泸州入长江，岷江经过成都，到宜宾入长江。还有一条是乌江，源于贵州，北流经涪陵入长江。红军长征时曾两次渡过乌江。

四川有一个特点，重要的城、镇往往是在两条河的汇合处。像重庆、泸州、宜宾、涪陵，一直到合川、南充。这反映了这里的水路交通运输是非常重要的，两河汇合的地方往往形成了商业聚集点。反过来，这个地方陆路交通相当不好，道路险峻，是比较糟的。北边是秦岭和巴山；秦岭、巴山之间有个汉中盆地；东边是巴山和巫山，都是比较高的；南边是乌蒙山、苗山，云贵高原；西边是横断山脉、川西山地、青藏高原。

这个盆地与其他地区的联系很重要的一个途径是长江。长江上的三峡是非常险峻的。长江之外，这个地区的河流大都是南北走向，唯独长江，先往南流了一段，在云南突然转了个急弯，又往东去了。有人说这是由于地质变化，长江本来也是往南流的，后来才改向东。说到长江的源头，中国最早曾经把汉水当作长江的源头，后来又把岷江当成了长江的源头，再后来往西南找到青藏高原，才知道了长江源头是金沙江。

河流的两岸形成平原，河流之外是丘陵山地。这个地方的产业中除了农业外，成都蜀锦闻名全国。这个地方还有盐。盐有五种：海盐，主要是在沿海地区，拿海水来晒或煮，结晶成盐；池盐，主要在山西运城及其西北，古代的一些湖泊，含盐量很高，也是用蒸发的方法析出盐来；岩盐和井盐；此外还有硝盐。现在来看，当时的产盐量不算高，但在古代却非常重要。以致有的日本学者认为中国的文明肇端于解州盐池，与盐有密切关系，没盐不行。中国古文明环绕盐的产地而形成，中国民族的关系与盐池的分布运销有密切的关系。为什么三代都发展在黄河中下游、运城周围，这与此地产盐是分不开的。这个说法可能有些绝对，但确实说来盐在中国古代是非常重要的。在中国古代的农业生产区，往往是自给自足；但有两样东西本地是不可能有的，要靠外地输入：一是盐，一是铁。盐铁矿不是全国各地都有，而这两样东西关系到国民生计，一是生活必需，一是生产必需。需要盐铁专营，引发了西汉《盐铁论》一场大辩论。

　　浅海湖泊由于地质变化干涸，盐分沉积石化藏在地底，称为岩盐，主要在四川、云南、贵州一带，可以像开矿一样采出盐块来。井盐实际上是溶解在地下水中的岩盐。大规模井盐开采是在四川。在四川地下盐层的盐渗透在水中，打井抽出浓度很高的卤水，再用天然气打出来的火井来煮盐。随井盐而来的发明了很多独特的技术，比方首先要钻一个石井，世界历史上的钻探打井技术最早最高的就是中国。能打上千米，不仅要把井打下去，而且要把卤水抽上来，这是很高的技术。井盐的燃料是火井，也就是天然气。现在四川天然气还是全国重要产地。新中国成立后，一心勘测石油，苏联专家原认为四川是最好的石油产地，特意去找，结果没找着石油，却找到了丰富的天然气。天然气长期以来没有被好好利用，现在天然气比石油还好，热值高，没有污染。天然气藏在地底下，一打井，压力就使天然气被释放出来，形成火井，用火井来煮盐。四川井盐东边在三峡北面，还有的在四川西边南边。

　　四川资源很丰富，本身就自成一个体系，有农业、手工业、矿业等。四川有铁、有煤，还有一个很不错的产品就是漆，后来漆的生产逐渐转移到了东南的福建。漆器比起铜器趋向于轻巧，这很自然，用起来方便，而后来出现的漆器则更加精巧方便。当时有一个说法"江南金锡、巴蜀丹青"，江南产铜，丹青就是漆器上的图案颜料。在秦汉时期，四川的漆是非常重要的产业。以前的漆有很多用处：装东西的用具，吃饭的用具，喝酒的用具，全是漆器。后来都改用了陶瓷，瓷器很漂亮，很好使，不粘东西。如果用木器来吃饭，最后洗不干净，我在藏族同胞那里吃饭，他们就用木碗。木碗发黑，因为水少，他们也不洗，用袍子衣角把木碗一擦，擦的油光锃亮，盛上一碗酥油茶给你，那也得喝。漆器当然比这好，瓷器当然更好，有釉质，非常光滑。秦汉时期，漆器最为风光，以后就慢慢衰落，四川有一种很特别的漆器原料，因此它的漆很有特点。

　　四川的物产非常丰富，虽然闭塞，却自成格局。像三国的诸葛亮，依据四川一个地区，加上汉中，就可以对抗北方的魏。魏比蜀大多了，四川这时的人口才 60 多万，而且还老打仗。当时国家主要的财政收入的支柱产业就是锦，靠锦的输出贸易来支撑这样一个很小的地区、但很大的一支军队来对抗曹魏。

四川这么一个地方实际上可以分为两个部分。西边以成都平原为中心，称为川西或西川、剑南，成都平原是四川最富庶的地方，也是有名的一个大灌溉区。都江堰就在这里，相传是 2000 多年前秦国地方官李冰父子所建，到现在还保留着，是中国水利工程的典范。东边以重庆作为中心，嘉陵江、长江这一带地方，称为川东、山南东道。四川在古代历史上实际有两个民族：一个是巴族，巴人生活在重庆，包括三峡及湖北西边陕西南部的部分地方，这个地方现在还有很多与巴有关的地理名称，像巴山、巴县、巴中、巴东等。另一个是蜀族，活动的地方是成都平原。巴人是历史上很古老的民族，我们现在发现他们的遗址有不少巴人特有文化。古代南方的很多地区有一个习惯，人死了之后，把人葬在山崖上。在峭壁上找一石缝，把棺材放进去。棺材被称为船棺，葬式被称为悬棺葬。

蜀文化看起来在当时比巴文化要先进，考古发掘中蜀文化的代表就是三星堆和金沙遗址。在成都附近发现了大批形状怪异的铜器，样式很古怪，像妖怪似的，但制作很精美。也发现有文字或符刻，但还未被释读。一个文明史的形成与文字的发明分不开，没有文字就不好办了。史书上有关于蜀的记载时间已经很晚了，大概是到了晋代常璩的《华阳国志》中才有关于蜀的最早记载，已经是 1000 多年以后了。蜀文化虽然我们知道的多一些，但它还是有许多未解之谜。它的族源是什么，从何处来，精美的技术渊源在何处，最后怎么突然消失了。战国后期，秦国占据了四川，灭了蜀国，这主要是张仪、司马错出的主意。这里还有一个传说，因为道路难通，因此秦国耍了一个花招，弄来几头石牛，说这些牛能拉金粪。把牛摆在山路上，第二天早上后面就摆上金块，使人相信牛能拉金粪。蜀国派 5 个大力士拉这 5 头牛，沉极了，一路拉下去，这路就开通了。最后是一个悲剧结尾，他们发现了一条蛇，就去逮这一条蛇，蛇一下子钻进石缝里去了，他们就去拉蛇的尾巴，没想到一下子天崩地裂，他们都被埋在里面，都死了。但路却开通了，秦国就从开通的路打过去，这路后来被称作金牛道，是从汉中盆地到四川很重要的道路。在秦国南下之后，当年的蜀国消失了。怎么消失的，后文如何，都没有了。这么一个相当辉煌的文明突然中断，一点痕迹都没留下，到现在还弄不清。反过来巴文化相当落后，后面还留下了一些东西，像賨人。汉魏晋的賨人就是早时的巴人，巴人的很多习惯，像信巫鬼什么的，都残留下来。其特产巴賨布也颇有名。五胡十六国之乱最早起兵的就是賨人李特、李雄，打进成都建国，号曰"成"。道教的一支——天师道的起源大概是在山东，后来传到西边的汉中四川。张道陵张鲁等人都在汉中，称"五斗米道"。道教的很多习俗和賨人的习俗之间很有关系，但搞得太邪乎。魏晋南北朝时，对道教来了一次大整顿，不过慢慢地五斗米道不再是正宗的道教了。秦以后巴人的文化和民族后来在历史上还有延续，但文明更高的蜀人结果却没了。

四川比较开发、开化的地方是在平原地区。成都平原和巴中平原，即历史上的川东和川西是分开的，后来合在一起了，但实际上还有川东、川西的区别。新中国成立后，也是这样。重庆就很不服气，因为那时四川的工业主要在重庆。这与抗战时国民党跑到四川，将很多重工业，像钢铁厂、煤矿、军工厂等迁到重庆一带有关。四川整个财政收入中，重庆的贡献最大，但重庆拿到的好处却不多。因此重庆的一些干部很不满，认为重庆进贡成都，不干。历史上又本来就有点区别，于是将重庆经济计划单列，后来干脆成立大重庆市，把三峡全包进去了，成为中国最大的一个直辖市，人口达到3000多万，大大超过北京和上海。原来打算建一个大三峡省，后来改成建大重庆市，在世界上，从人数上来说，重庆不是第一就是第二。第一是墨西哥城，3500多万，重庆比东京和伦敦的人口都要多，成了一个超大城市。

四川边缘地区就比较穷了，山区相当穷。最穷的是川北、大巴山，一直到三峡，包括青藏高原东沿的藏区羌区。那是完全不能与成都平原相比的，川北那个地方我也去过，那确实穷，一年四季主要的食物是红薯，大米饭是吃不上的，可是在成都一带红薯是猪食。还吃一种东西叫牛皮菜，就是甜菜的一种，它的根可以做草药，叶子很长很大。我吃过多次，比较难吃，带苦味，平常也是喂猪的。这就是川东川北山区的情况，比较落后，人口也少。这一带真正的开发很晚，大概是到了明朝。明朝有些移民、流民从河南、陕西、湖北、还有其他地方经过汉水迁到这里。因此武当山西北包括大巴山一带是最落后的，都是在明清时才开发的。

在明朝历史中要注意这一方面，明朝几次农民起义都与荆襄流民有关，像张献忠、李自成起义。在清兵入关以后，张献忠余部走四川，李自成余部到了荆襄，又进入到重庆以东。明末农民战争起家都在川东，最后回来，也是这个地方。陕南、川东北、湖南、湖北西部，大巴山一带，在明清历史上，特别是明朝历史中有重要的地位。大巴山西边横断山脉以西，就是青藏高原了，它的一部分今天划归四川。那也是人烟稀少，相对落后的地方，主要是藏人。当年红军长征，红一方面军与红四方面军会师的地方就是在青藏高原边上。然后张国焘分裂红军，主张往南跑，打的是在青藏高原建立根据地的主意，红一方面军北上，也是沿青藏高原边缘往北。张国焘把川陕苏区丢了，跑过嘉陵江，就跑进了青藏高原，想在那里建立根据地。那个地方是不好待的，几万红军在那里待不下去了，因为没有吃的，只好回头北上与红一方面军会师。四川的大体情况就是这样。四川自成格局，有相对的独立性和封闭性。

其所以如此，我想是有两个原因。第一是它的地理位置，它处于东部地区，也就是我们说的东亚大陆西南侧面，我们讲到东部地区的北方，关东和关西的关系，讲到东部地区南方和北方的关系，四川是在南方最靠边上的地区，因此中国历史上一些重大的历史活动，有声有色的斗争，四川都参与了，但它只是一个配角。第二个是这个地方本身带有相当的封闭性。它的北边与中国古代历史上一个最重要的地域——关中之间隔着很高的秦岭，中间有一个缓冲地带——汉中。从关中到四川要经过秦岭汉中，还要越过巴山，东边是巴山、三峡。这些地方也是交通不便。东边、北边是比较闭塞的，西边和南边对着青藏高原和云贵高原。四川曾是全国人口最多的一个省，连同重庆曾达到 1 亿以上。世界各国人口在 1 个亿以上的有 10 个国家。四川一个省连同重庆的人口就相当于世界上的一个国家的人口。它的面积也不小，相当于一个德国。四面环山的盆地中人口众多，物产丰富。像成都一带被称为天府之国，具有相当的独立性。从西汉开始，全国性的大城市就少不了成都，人口最多时，据说达到 300 万，实际上恐怕不到那么多。

唐代中后期第一繁华的城市是扬州，第二个是益州，即所谓的"扬一益二"。成都大概也可以算作是全国的六大都市或者十大都市之一。这个地方的粮食产量很高，特别是成都平原，它有一个很好的灌溉系统，就是有名的都江堰。另外，它的纺织业很发达。成都的锦很有名，成都就被称为"锦城"。另外这个地方出产铜、铁、盐，中国盐的生产主要是海盐，成都离海比较远，主要出产的是井盐。抗战时期沿海盐区被占，国民党统治区的盐主要靠四川生产，支持了抗战。但胜利以后，四川的盐业衰落了。现在盐的供应有了变化，除了食用，还有工业用盐，沿海盐场由于海岸养殖业发达，已经缩小了，现在食用盐主要是岩盐和池盐。总之，这个地方历史上无论是农业、手工业、矿业，基本上都不缺。

这个地方在历史上往往就自成一个格局。历史上这个地方最早的文化是巴蜀文化。战国时，秦国灭了蜀后，国力大增，利用蜀地雄厚的人力、财力、物力，从西向东全面出击，终于完成统一大业。新莽末年，全国动乱，农民起义，这个地方又是一个可以独立割据的地方，最后，东汉光武帝把这个地方拿下了。东汉末年，三国对立，这个地方为有名的蜀国所控制。蜀国维持了50年，后来被曹魏灭了。继魏而起的西晋后来全面进攻吴国时，它最主要的兵马是从四川出发，顺流而下。三国时荆州丢了，关羽被杀，刘备出兵打孙吴，结果被孙吴大将陆逊打败了。司马氏在灭了蜀之后，建了晋朝，晋出兵顺流而下攻打孙吴，势如破竹。一路东下，一直打到南京，吴国就投降了。这个历史又重演了一次。到了南北朝后期，北周也是先把四川拿下来，再把江陵的后梁打了下来。然后也是从四川出兵，连同其他路线，一路打下去。南朝最后一个王朝是陈，有一个很不争气的皇帝——陈后主，就这么给打掉了。陈后主南京城破时还不太甘心，跳了井，北周的兵攻进来后，他又在井里大叫救命，给拉了出来，当了俘虏。

唐朝时关东地区经常受到危害，不断地有势力进来，安史之乱是其中的一次。唐玄宗从关中跑了，杨贵妃也被乱兵杀了，自己跑到了四川，在成都呆了下来。在安史之乱开始平息、安史军队退出了长安之后，唐玄宗才回去做了太上皇。后来的唐德宗时期，关中又出了乱子，又往南跑，这次没有到四川，而是跑到了汉中。唐朝末年僖宗时期，黄巢起义打进长安，僖宗也是跑到了四川，当然最后也回去了。到了五代，这个地方先后建了两个地方政权：前蜀、后蜀，北宋时才重新归入了中原王朝版图。这样我们就可以有这样一个感觉：这个地方既是关中地区的后方和避难所，也是往东发展的起点站。秦始皇统一六国，首先就是灭蜀；隋平南方，平陈，也是先把四川拿下来。这个地方离关中最近，先拿下来，而且对于整个长江流域来说，它处于上游，顺流而下，这种打法是很痛快的。这种情况以后还有。蒙古统一中国，先是把北方的金灭掉。蒙古的打法就是从关中、从西北南下，先打四川云南，接着再顺江而下，攻打南宋。

四川这个地方是北方力量控制南方的一个起点。另外，北方特别是关中地区力量如果受到打击，它的退路就是往四川跑。最突出的就是唐朝，皇帝两次跑到四川，一次跑到汉中。因此这个地方既是北方特别是关中地区力量征服南方的起始站，也是关中地区势力受到威胁打击时的后方，它是后院。元朝末年、明朝初期，全国动乱，四川也是一块起义的地方。到了明朝末年，张献忠也是在四川待了相当时间，他的活动最突出的地方就是在四川。辛亥革命，头一枪是在武昌打响的，但是，真正开始闹起来的，是在四川，即所谓的"保路运动"。四川人要自己集资修建一条铁路，从成都到重庆，叫川汉铁路。开始修了，清朝却宣布铁路国有，四川人不干了，就闹了起来。湖广总督端方调动军队去镇压四川，武昌空虚了，武昌的新军就乘机发动了起义。武昌起义之前真正乱起来的是四川。四川历史上的农民起义也是相当多。西晋末年的賨人李特、李雄起义，声势是很大的。宋朝初年，有王小波、李顺起义，明末有张献忠起义，这个地方的农民也是相当厉害的。最后，有这样的一句话"天下未乱蜀先乱，天下已治蜀后治"。因此这个地方虽在历史上显得比较偏远一些，而且有自己的独立性，要闭塞一些，但在中国历史上还是出现了很多有声有色的事件。不说别的，一部《三国演义》就使多少人对四川有那么深的印象。四川这个地如果搞割据，形成一种势力，很容易。但四川要往外发展不大容易。打进去不容易，打出来也不容易。因此它在中国历史上往往大家是很看好，很有兴趣，但它却处于辅助的地位。

第八节　东部地区的亚地带（一）——汉中地带

讲到四川，还有一个地方也值得注意，就是汉中。那是秦岭和巴山之间的一小块盆地。位于四川和关中之间，因而在中国历史上也是一个引人注意的地方，可以经此入川，循汉水又可到长江中游和河南。它是关东和关西进出的一个通道，是关中向南、向四川发展的一个口子，也是四川向北进入的通道。因此在中国历史上，特别是唐宋时期这个地方很值得人们注意。关中的势力要往东、往南就只有汉中一条路。在战国时，楚国一度力量强大。战国初期，最强大的是三晋，特别是魏。经魏文侯、魏武侯的改革，再加上军队征伐，魏成了最强大的国家。这样一来，魏与周围的国家发生了矛盾。最后，齐联合赵打败了魏。中国古代的第二个大军事家孙膑（第一个是孙武）参与了大战，魏国的势力衰落。

此时本来齐国可以称霸，结果却是秦国出来了。秦国面临的最大一个对手就是楚国。楚国是战国七雄中疆域最大的一个国家。秦对付楚的办法主要就是从汉中顺汉水东下。楚国的中心在江汉平原、云梦泽以西，也就是江陵一带。秦从汉水出来，正好直接威胁着楚。此时楚国的国王是昏庸无能的楚怀王和楚顷襄王，秦国就连打带骗带逼一直打进楚国都城郢（荆州即江陵）。楚国被迫东迁。秦国由汉水顺水而下，把郢都拿了下来。楚人屈原对此忧愤不已，投江自杀，他死的地方在湖南汨罗江，洞庭湖的东边。秦国经营四川，也是经由汉中南下，开通了汉中到四川的山路。

到了秦灭亡的时期，关东起兵反秦，他们立了一个楚王的后代，称他为楚怀王。此人到底是不是楚怀王的后代，很难说，好像找到他时，他是个放牛的，把他找出来，当了一回王。当时他宣布：先进关中者，先为王。当时，几大势力中，项羽是一支力量，刘邦也是一支力量，但相比之下，刘邦差的多了。项羽打正面，在洛阳、潼关、函谷关一线与秦兵主力对抗。刘邦就钻了个空子，他从河南以南，进入汉中，然后入关中。在这条线有个关，叫武关。过了武关就进了咸阳。秦二世已经被杀，继立的子婴投降。按说，刘邦应在关中为王，但项羽在消灭了秦主力后，也进了关。进了关后，把刘邦赶跑了，这里还有鸿门宴、火烧咸阳等故事。刘邦自己跑到了汉中。那时项羽在全国封了 18 个王，他不想搞一个统一王朝。他封自己为西楚霸王，把国都建在彭城（徐州）。在关中封了三个王，刘邦在汉中，另封为汉王。刘邦就以汉中作为基地，很快北上，又打回了关中。然后以关中为根据地，与项羽对抗了三年，将项羽打败。因此，陆游写到"汉中开汉业，问此地，是耶非？"汉中是刘邦起家之地。

汉中这个地方也很不错，它基本上属于南方。汉中在秦岭南边。这个地方气候温和，种水稻，有竹子、橘子。有一年秋天，抗战时期，我从贵州经过四川，过巴山到西安去。在汉中吃的橘子，过了秦岭就没有橘子吃了。从汉中到关中必须经过秦岭。秦岭在东部地区是一个很高的山，南北方的分界线，其中的路很难走。历史上可以看到，秦岭有很多往南去的路。东边的有子午道、傥骆道等都比较难走，因为正好要过秦岭的最高处，其好处是成一条直线，比较短。子午道就是一条直线，方向比较直，但很难走。因此三国时期诸葛亮北伐，蜀国大将魏延曾主张用奇兵从子午道偷袭长安，从东边打。这是一招险棋，确实可以出其不意，问题是非常危险，弄不好要全军覆没。诸葛亮用兵向来非常谨慎，他很小心，否决了魏延的建议。这是有道理的。因为蜀国就那么点力量，不谨慎点的话，受点损失是赔不起的。靠西边的褒斜道、故道，比较好走，但路线曲折。好处是这几条道对着汉中平原的中心，但离长安远了。出秦岭后要拐一个弯。最出名的是褒斜道，还有旁边的陈仓道，陈仓道是最好走的。

褒斜道之所以出名是因为它有栈道。秦岭山间的河床是很陡峭的，有时候开路遇上了峭壁，就麻烦了。峭壁短一点的还可以打隧洞，长的就没法打洞了。中国古代的人民采取了一个非常聪明但是工程浩大的方法，即修栈道。在峭壁上钻洞，洞里插上木头，木头上铺木板，就像走廊一样，人在峭壁边上的木板上走。但这些路不是全部都是栈道，只是一段一段地修。这些栈道的遗迹现在还有，有人要把它们恢复起来，但这个地方现在要修公路、铁路，没别的办法，就是把峭壁炸开。以前从四川到陕西的公路走的就是陈仓道，现在的铁路从陕西出发，一直顺着河往南，不再转弯。有句成语：刘邦平定关中时明烧（修）栈道，假装走褒斜道，实际是暗渡陈仓，出其不意，讲人们声东击西，耍些花招。

汉中往南，经过大巴山就到了四川。大巴山不像秦岭那么险恶，但也不好走。这里有两条入川古道，金牛道和米仓道。米仓道靠东，从汉中直接南下，直接到川东。更重要的一条道是金牛道，在西边，是现在铁路大体上走的路，过了大巴山到了广元，过了广元就是极险的剑门关。爬过这山就是朝向成都平原的斜坡。剑门关是入川的要塞，直接打下剑门关的不是没有，但入川的道多半是迂回的。像三国时邓艾入蜀，他走西边迂回，姜维还在守着剑门与钟会对峙时，邓艾已经偷渡江油打到川中来了。因此从关中入川要经两条险道：一条是秦岭，一条是大巴山。其中最主要的线路是陈仓道和金牛道，直接进入成都平原。

金牛道这一段也修有栈道。这样的险道对交通来说是很大的阻碍。因为所修的栈道，车基本上是不通的，只能马驮、驴驮和人背。所以才有诸葛亮北伐时的运粮问题，粮食过不去。金牛道还好点，往北过秦岭很困难，因此有"木牛流马"的发明。什么是"木牛流马"现在还说不清楚，历史书上有其尺寸的记载，有人试着做过。用木头做了一个牛、马，让它们走路，这是很困难的。其中的机械装置应该是很复杂的。让它们在山路上走，走不了几步就走不动或者就坏了。还有另一种说法，可能比较实际一点。这种说法认为诸葛亮发明的实际上就是独轮车。一个轮子的手推车，可能前面还有人拉。在南方的山路上比较实用。它还有一个很漂亮的名字，叫"一轮明月"。也有一个较土的名字"鸡公交车"。我小的时候坐过，一个独轮车大概可以推 300 斤以上。可是这个恐怕不是诸葛亮的发明，也许古已有之吧！

从四川、汉中到关中，再从关中、汉中到四川，交通线就是这样。四川要往北去，首先要得到汉中。因此刘备、诸葛亮拿下荆州以后，他们还要拿下汉中，然后才可以北上打关中，东向可以呼应荆州往河南打。结果关羽大意，把荆州丢了。从汉中东出河南的这条线被封锁了，诸葛亮只好往北打。以后的各个朝代、各个时期，从关中南下争夺四川，汉中是一个咽喉地带。从四川北上争夺关中，要首先占领汉中。这种情况到了南宋初年更厉害。金人南下，很快就拿下了关中，但秦岭这一条防线金人却没有突破，汉中还是南宋的。这种局面持续了相当长的时间，南宋抗金名将中有岳飞、韩世忠、刘琦，还有两兄弟吴玠和吴璘，他们活动的地区就在汉中。凭借大散关（今宝鸡一带）这条线保护四川。他们在这个地方堵住了金兵。后来，蒙古骑兵南下，这里就未能守住。

四川和汉中，在历史上扮演一个比较重要的角色引人注目，是在宋以前。宋以后相对就不那么重要了。在中国历史上，关东和关西的关系在历史前半期（唐宋前）相当突出。关中是全国的中心，长安是军事、政治中心。四川正好是关中地区的后院，与关中地区势力的强弱很有关系，跟关中地区统一全国也很有关系。

但中国的政治、军事重心在逐渐东移。东移的原因有两个，一个是从唐宋以后，关东与关西的关系已逐渐淡化。在北方地区关东、关西的差别已经消失，关中也不再是全国的重心。另一方面是南方经过开发经济已经超过了北方，南方发展最快最突出的是长江的下游。南北物资的交流，商业的交流很重要的是东南往西北，就是沿大运河的路线。这条交通线是由隋炀帝开通的，其作用越来越大，在唐后期是东南物资运输到关东的主要路线。这条线一断，关中地区的粮食等就接济不上了。几次运河交通线被切断了，都带来了唐朝中央政权的危机。有些还是很严重的。到了宋朝，定都汴京，关中地区作为军事、政治重心的地位不再有物质力量的支撑，也就大大下降了。

唐朝前半段，当关中粮食供应不上、青黄不接时，皇帝带大批文武官员甚至是军队搬家到洛阳去，到洛阳来吃饭。因为洛阳正好处在运河东线，东南的粮食运到这里很方便，再进长安就比较麻烦。后来干脆把国都往东搬，特别是五代。朱温建都开封，其中一个原因是他本来就是军阀，是宣武节度使，这儿是他的地盘。还有一个客观上的原因，即物资和粮食的供应比较方便。这样，国家的政治、军事中心往东移，其一个原因是这样就更靠近东南。因为这个时候北方需要依靠南方的物资供应，南方的经济发展已经超出了北方。

国都的东移还有另一个原因，就是北方的少数民族问题。东部地区建立的封建王朝很大部分力量要处理与北方的少数民族的关系。唐以前，北方民族活动地区，南下点多半是北方偏西，像匈奴、突厥、回纥等。可是从唐中期以后，北方民族活动地区偏向东北，就是契丹、女真、蒙古、满族。这些民族从北偏东方向进攻中原。一个国家的国都，一个国家的政治、军事中心不宜于紧靠国防线，但它也不能离国防线太远，因此在北方民族的威胁来自于北面和西北的时候，关中地区作为全国的政治、军事中心是适合的。到唐中期、宋朝以后，民族威胁主要来自于东北方和北方，军事中心东移也就很自然了。

东移后紧接着是北移，从开封到了北京。在中国历史的前半期，长安是最长期的国都；在后半期，国都就多半定在北京了。北京正式成为国都是在金世宗时，时间是公元 1153 年，现在已经有 800 多年了。辽国时燕京是它的南京，不是主要的国都。从金世宗开始，把国都正式定在了北京，称中都。经历了金、元、明、清四朝，一直持续到现在。这是有它的道理的，民族问题的方向主要是在北方和东北方，把国都迁到这个地方，比较合适，它离国防第一线不远。把国都定在北京的金、元、明、清四个朝代中有三个是少数民族政权。金、元、清是女真和蒙古族，他们的活动地区都是靠北和靠东北，他们从这个方向南下，最后控制了中国的一半乃至全部。他们定都时很自然地要选择一个背靠老基地，面向新征服地域的地方，这个地方很自然就成了国都。因此这四个朝代都把国都定在了北京。这样的话，全国政治重心从关中往东移，先到了开封，再从开封北上，到了北京。南北方的关系变了，运河线也就改了，历来是从东南到东北一线，现在则是南北一线了。

本来是历史上中国最重要的关中地区，这时就脱离了中国历史的主轴线，现在的主轴线从东西方向移到了南北方向了。关中被破坏得越来越严重，打仗有它的份，建设却没有它了，关中就慢慢衰落了。与关中有密切关系的四川，它在全国地位也不像过去那么突出了，不论是政治、军事形势上，还是从经济上，都没有了过去的地位，甚至也没有过去那么多的故事了。一讲到刘邦、刘备都是有声有色的，后来就不行了。但在抗战时期，国民党政权最后是靠西南主要是四川撑住的，说明了四川地区的潜力之大。

第九节　东部地区的亚地带（二）——岭南地带

下面讲另外一个亚地带——岭南。这个地带大体上是今天的广东、广西，我想历史上它也可以包括福建，这是我们讲的东部地区最南边的地带，当然应该还有海南岛和南海诸岛礁。

所谓岭南的岭是指五岭。五岭介乎江西、湖南跟广东、广西交界的地方：大庾岭、骑田岭、都庞岭、越城岭、萌渚岭。五岭并不很险峻，与秦岭、太行山不一样，比较平缓，是从丘陵地带高起来的一些山区，从交通上讲倒不是很大的阻碍。岭南就是五岭之南，但五岭这条界线在地理上还是相当重要的，因为很简单，这条线以南天气比较热，包括最南边的北回归线以南则属于热带，多数是亚热带与热带过渡的一个地带，年平均温在21—24摄氏度，常年是夏天，没有冬天，只有短短的秋天和春天。这样一个亚热带气候，又靠着海，是东南季风最活跃的地带，因此降水量很大，每年有1100—2000毫米（长江流域是1000—1500毫米，黄河流域是400毫米，而一些西北地区则是0—20毫米，基本上没有雨）。这个地段属海洋性气候，温暖、潮湿。最南边的海南岛和南海诸岛礁，那就完全是热带了，甚至是赤道带气候。

岭南这个地方物产是很丰富的，有很多的动植物，还有很多珍稀的物种。这个地方稻子一年可以种三季（长江流域一般种两季），产量是很高的。而且还可以种一些所谓的反季节作物，夏天冬天都可以种西瓜、吃西瓜；蔬菜一年四季都可以种，我们现在所吃的菜中反季节的蔬菜不是大棚里产的，就是从海南来的。另外这地方还适宜种一些热带经济作物，像甘蔗、咖啡、橡胶树等。在中国古代这些东西倒不怎么要紧，甚至都没有，所以这个地方在中国古代并没有什么优势。这地方是东亚大陆南端，开发比较晚。在很长时间里，这个地方居住的民族被我们称为百越，这是很笼统的称呼，泛称长江以南的一大批少数民族。他们的族类，彼此的关系现在还不是很清楚，在历史上也有各个时段的名称。现在知道，大概汉族力量最早进入这个地方应该是战国和秦朝时期。秦始皇开疆扩土，北边进攻河套，南边派 50 万人去戍守五岭。紧接着北方动乱，秦二世而亡，这时一个汉族军人赵佗，在这个地方建南越国，因称南越王，从此岭南逐渐地开发。汉族的影响也逐步进入和扩大，但相对于长江中下游，它的开发还是比较晚。经过两汉三国六朝唐宋，这个地方基本上开发出来了，基本上成了汉人的天下。原来当地的少数民族有些与汉人融合，有些就退到西边，退到山里去。这样倒出现了个很有趣的现象：一些中原地区古老的风俗习惯，包括语言倒在广东、福建保留了下来，而在黄河乃至长江流域却没有被保存下来。原因是北方黄河流域是中国古代的政治、军事的核心地区，也是中国动乱、变乱最多的地区，特别是北方游牧民族南下的时候，首先就是到中原。由于这些变乱，包括农民起义，北方民族南下和统治者内部的混战，北方地区经常受到破坏，在北方居住的人就南下，找一个比较安稳的地方居住。北方的动乱是一波一波、一阵一阵的，因此北方汉人南下到长江流域，再到珠江也是一波一波的。

像语言就有很大的变化，我们现在讲的官话、北京话、普通话，中间已经混杂了很多北方民族的语音，特别是契丹女真尤其是蒙古语音，因此，它跟这以前的汉话已经不一样了，变化了。一个很突出的变化，就是四声。中国古代声韵讲究平上去入，我们现在讲的普通话没有入声，现在讲的四声是阴平、阳平，把平声分成两类，上声、去声，这跟古代中原地区已经不一样了，但是早期的那批移民，在岭南地区还保留了当时中原地区的特点，语音中不但有入声，还有很多音是摩擦音、轻唇音。我们知道中国字都是单音节的，但是在广东话里有很多是双音的，不过它的第二个音很轻。比方像"蒋介石"，英文"石"的发音就是广东话，后边有一个很轻的"k"音。另外"孙中山"在英文中的发音是"孙逸仙"，英文发音也是广东话，"逸"字尾巴上有一个很轻的"t"音。还有我们念带 n 的音，像我们念东南西北，广东话里这个南要闭上嘴发出很轻的 m 音。这些现在是广东话的地方特色，当年可是中原语言被早期的移民带过去。从中原地区去的移民不止一个浪潮，从语言上讲它还有不同，早期的就是现在的广东话、福建话，还有一批后来去的，老广东人就看不起他们，称之为"客家人"，客家话又是一种语言系统，它比较接近我们现在的普通话。客家人也不少，因此我们现在听广东话不太好懂，客家话要好一些，这是不同时代民族的移民带去的结果。还不止是带去这些语音，还带过去很多词汇、用语、习惯，甚至过去的某些语法也带过去，我们现在讲的喝茶，广东人不叫喝茶，叫饮茶，这个"饮"在现在我们讲是个文言词，古代它当时是口语，吃饭我们现在叫吃饭，广东人、福建人叫"食饭"。饮，实际上是古老的语言，现在属于文言词，白话文叫吃、喝，这些东西还保留在广东话里面，比较文的。

因此岭南具有这个特点，一方面它开发比较晚，但另一方面，由于一层层的移民前往开发，又沉淀了、集成了中国很多早期汉族的东西。

岭南地带再一个特点是临海，经过海洋跟外面交往贸易是很频繁的，这种经过海洋跟外面交往很早，我们现在已经发现东汉以后广州的造船工厂，当时已经能造比较大的船。这种船是否用于航海呢？至少沿岸的航行这种船是可以做得到的。到后来，能适用于远洋的航行船也开始制造了。中国的造船技术和航海技术在很长时间里在世界上领先，而且传到了西方，首先传到了阿拉伯，再由阿拉伯辗转传到欧洲。这些技术像帆和舵大体上都是在中国沿海特别是长江以南地区，也包括了福建和广东所创造的。我们现在看起来很简单，可当时都是一种很重要的发明。我们现在知道靠舵掌握航向，舵是以后才有的，以前没有舵，利用桨，转弯什么的比较麻烦。舵是中国的一大发明，原因是舵用起来比较省力气，作用也比较大。别看西方的有些有声有色的海洋活动，什么金羊毛航行、特洛伊之战的希腊船队、奥德赛航行，还有后来埃及女王克利奥派特拉与奥古斯都打海战，维京人的航行，那些船都是没有舵的。船的动力靠桨靠帆，中国在帆上面的改进是纵帆或三角帆，便于调整航向。传到阿拉伯，然后从阿拉伯传到欧洲，有了这种帆，西方的帆船才能够远渡重洋。否则，它只能做近海航行，在地中海可以，在欧洲沿岸一带可以，要远渡大西洋、在太平洋和印度洋上它不行，利用很多小的帆，利用风力来保持和改变航向，和舵一起活动，就灵活多了。这样的一些航海技术都是在中国的东南沿海产生的。还有一个东西是中国人发明的——灯塔。现在我们从古船的考古发现来看，这些东西都有。比方说福建的泉州。

　　古代中国对外交往的路线，除了陆上的丝绸之路以外，就是经过沿海的港口，走黄海、东海到朝鲜、日本，再就是走南海，到印度洋、阿拉伯和非洲。当中国的历史的重心偏在关中，中国北方的民族与东部地区的中原王朝对抗的时候，重心在北偏西，中国陆路交通是主要的。但是随着中国政治军事重心的东移和南方经济的发展，陆上丝绸之路渐渐不行了，被北方民族隔断了，甚至废弃了，南方的海路运输在中国的对外贸易上和对外交往中就起着越来越重要的作用。这个时候可以说从唐宋开始。唐朝时候重要的贸易港口很多，像扬州就是一个非常重要的海外贸易港口，还有山东地区的登州，它是面向日本和朝鲜的。再往长江以南明州（宁波），面朝日本，再往南的泉州和广州则面向东南亚、印度和阿拉伯。过去历史上有所谓东洋和西洋的区分，东洋和西洋的分界线是台湾海峡、巴士海峡，在台湾、巴士海峡以北的像日本、朝鲜、琉球，这些地方都称之为东洋，日本人被称为东洋人、东洋鬼子，日本货称为东洋货。菲律宾、台湾海峡和巴士海峡以南的地方，包括东南亚和以西的地方被称为西洋。像越南、柬埔寨、泰国、马来西亚、菲律宾、印度尼西亚，这都是西洋，包括再往西去的印度、斯里兰卡、阿拉伯，一直到欧洲，那更是西洋了。海上贸易从宋朝开始以后就非常发达，东洋和西洋都有大量的船只远航，所载的货物，唐以前主要是丝绸，宋以后丝绸之外很重要的是瓷器，瓷器作为一种生活用品，当时来讲也是高级的货物，对外贸易的需要量是比较大的。这种瓷器，经过陆路运输是比较困难的，因为运输量很小，又比较重，用马、驼驮，驮不了多少，又容易碎，所以主要靠海运。后来还有茶叶，在宋朝还有铜钱，中国的钱大量地出口，从国外进来的一般是香料、犀角、象牙、药物，还有珍宝。对外贸易是不平衡的，中国有大量的贸易顺差。这些海外贸易在唐朝宋朝的时候沿海都有，但是到宋朝慢慢地就集中到了南边，到了泉州。元朝时候泉州已经是一个非常重要的港口，甚至于可以说是一个国际性的大商港。扬州不行的原因一个是它太靠北，由于战乱频仍，那里不安定，而东南地区繁荣以后，很多货物需要从南边的那些港口进出口。另一方面扬州的水道发生变化，当年是大海湾，但长江由于淤塞，扬州不再是一个大港口，海上大船通过扬州的越来越少，扬州相对地衰落了。"扬一益二"神气不起来了。明州这个地方，当年主要是对日贸易，对日贸易中间受到很多的干扰，并不是很畅通，后来对日贸易跟倭寇结合在一起，很麻烦。泉州是五代开始兴起来的，宋元非常繁荣，明朝也还可以，后来郑成功的父亲郑芝龙，也是一个商人兼海盗，有大量船队，还有郑和下西洋就更不用说了。总之，从宋朝、元朝以后，海外贸易的重要的港口就渐渐转往南边去了，从扬州到明州，从明州到泉州，从泉州到广州，因此到了明朝的后期和清朝的时候，广州就成为中国最大最重要的对外贸易口岸。这里还要加上一个原因就是所谓的"海禁"。本来在清朝初年很多港口都是可以通商的，后来实行海禁，最后七弄八弄，只剩下一个广州可以对外进行贸易，从西方来的贸易，差不多都要经过广州，而且当时按照中国政府的规定，他们是不能直接和中国商人进行贸易的，要经过广州的"十三行"，也就是要经过政府批准的代理商。

这种贸易是不对等的，因为从欧洲可以输入中国所需要的东西量不算大，而他们所需要的中国货物却是大量的，最主要的是丝、茶，还有瓷器。而他们能出口到中国的东西一般中国是不需要的或者是奢侈品。鸦片战争以后，英国以为贸易机会大增，拼命往中国输入货物，他们输入的商品中有钢琴，还有刀叉，这些货到了中国全都卖不出去。中国人需要的洋货一般是呢绒。中国的毛纺织水平较差，外国的呢绒很需要，《红楼梦》里很多的东西是外国进口，像晴雯拼了命补的那个孔雀裘，还有哆啰呢，那是西洋进口的毛织品。还有自鸣钟，钟表这个东西中国很需要。但国外进来洋货中国是需要不多的，是奢侈品，贸易对中国是顺差，而对外国是逆差。结果每年的贸易差额西方要用白银来补，这样有些国家就受不了，像英国，只有它赚人家钱的，哪有它自己倒贴银子的，所以后来没有办法它就发展鸦片贸易，从鸦片贸易又发展到走私贸易，这下中国就吃了大亏，这个贸易的不平衡就倒过来了，原来是中国可以进来大量的白银，现在中国要流出去大量的白银来填补这个贸易逆差，主要就是鸦片，而且是走私来的，结果成了一个很大的社会问题。这个鸦片问题不只是鸦片毒害人，而且还有一个当时影响到中国的经济财政的严重问题，每年要拿大量的白银来填补这个缺口，结果银价飞涨，最后就爆发了鸦片战争。于是引起中国社会一系列的变化，这个重大变化就是从岭南开始的。从鸦片战争开始，中国近代史上的广州那是非常显眼的，由于对外贸易，在中国近代史上广州成为非常重要的地方。

另外广州也是国外的新思想、新东西进来的地方，中国当时有一些革新思想的差不多都是广东人或者跟广州有密切关系的人。像早期利用基督教教义起义的洪秀全，后来讲维新改革的康有为、梁启超，后来讲革命的孙中山，都是广东人。广东是当时新思想、新潮流的开创者和引进者、传播者。在近代史上，广东和广州就成了一个非常重要的地方，地方的思潮往北扩散，中国近代的革命运动也从这个地方往北扩散，一直到 1925 年国民政府北伐。原来是北方政治和经济占优势，北方控制南方，现在反过来，南方的经济发达了。以后，南方的政治和军事力量也开始上升，早期的有朱元璋，后期的有洪秀全、孙中山等，南京后来又开始建都了，但后来又都搬到北京来。一次是明朝初年，还有一次是辛亥革命，后来则是国民党政府。从这种趋势可以看出来，南方的新东西中不仅有新思想的力量，有文化的力量，有经济的力量，而且还有政治的因素和军事的因素，在这中间，广州、岭南地区就非常重要。在近代史上的很多战争都从这儿开始打起来的，像第一次鸦片战争、第二次鸦片战争、中法战争，都从这儿，从南方打起来，然后往北打。但到了后来就不一样了，因为日本起来了。日本甲午战争打赢了中国，势力到了福建，占领了台湾。一直到了现在，广州还有它的特殊地位。因为新中国成立以后，这个地方可以说是我们唯一一个对外窗口，唯一一个经过香港与外界联系的地方，改革开放以后又是从这个地方首先打开的局面，当然现在的情况有些变化。广州在很长时间它的经济发展速度是全国第一，国内生产总值一度也是全国第一，后来一度被江苏赶过去了。不仅广州，整个珠江三角洲都起来了，这个地方的经济实力比广州还要雄厚得多，现在广东又超过了江苏，上海现在看起来比广州也好，比深圳也好，香港的地位和作用也不如原来了，有些变化。在近代史上，社会发生变革的时候，广东有很特殊的地位，这就是东部地区的一个亚地带——岭南。

第十节　东部地区的南北关系

讲东部地区的最后一点，即南北关系。东部地区的南北关系，在中国历史上还是一个非常重要的问题，总括起来有以下几点。

（一）文明起源和扩展

中国文明最早起源和国家形成一般认为是黄河流域，但考古发现却显示它最早萌生于黄河流域的周边地区。北方和南方的农业起源都比较早，可以追溯到八九千年乃至一万年前。但就在这个时期，内蒙古的红山文化、山东的大汶口文化和大河文化、浙江的良渚文化和河姆渡文化、四川的三星堆文化都已经高度发达开始步入文明时代。这些周边的前文明文化，似乎向心聚会，终于在黄河流域形成了灿烂的中国古代文明——夏商周。华北地区后来居上，也许和当地的原始农业特点有关。华北是旱作农业，在原始农业时代，旱作农业有它的优越性，那就是投入较少而产出稍多。换句话说，比较有条件生产出稍多的剩余产品。这对文明的形成和发展是有利的，而且文明从山区高原走向平原，也是文明进步的动力。至于南方，以水稻种植为主，技术虽然比较先进，但投入过多，而剩余产品也就相对要少一些。这多少又放慢了历史前进的步伐。

这样，中华民族的最主要的民族——汉族就形成于黄河流域。最早我们还不能把它叫作汉族，有人把它称之为华夏族，因为汉族的"汉"和汉朝的汉是联系在一起的，而汉朝的建立是公元前不久的事情。因此这个最早形成的族我们可以把它叫作华夏族。当时在黄河流域的华夏族或汉族就是一个先进的文明，这个比较先进的文明向四外扩散，当然，它首先要把黄河流域内部的一些比较落后部落、部落联盟和部族联合起来，同时它也要向外扩展，扩展的方向东南西北都有，看起来主要的方向是朝南。经过上千年的时间，汉族扩展到了南海，一直到了广东、到了海南岛，分布到了东亚大陆的东南西北。南方原来也有很多原始民族，这些民族多半都在

汉族的发展、扩展过程中间跟汉族融合，也有一些退到山里面去，或许是
跑掉了，跑的方向是往南和往西南，现在南方少数民族还是很多。特别是
广东、福建，包括贵州、四川，少数民族也不少，大概仅次于云南。这种
汉族的移民、扩展，是一种政治的、经济的扩展，然后也带来文化的扩
展。这个过程一直延续了几千年，最终就形成了一个极大的汉族，与原来
的华夏族已大不一样了。汉族在自己扩展过程中间不断地吸收新鲜血液，
不断地吸收新的民族融合进来，也不断地吸收这些民族的文化融合进来，
这样，就形成了现在占全国人口最多也是世界人口最多的汉族。从使用同
一语言的人数来看，汉语是当今世界上人数最多的，大大超过了英语、法
语、阿拉伯语、西班牙语。因此汉族的形成、汉族的扩展在世界上是少有
的，而且维持了这么长的时间。第二点就是汉族的扩展，汉族文明的扩展
首先是政治的和经济的影响，而不仅仅是军事征服和统治。

（二）人口从北向南的流动

汉族的扩展与其说是靠政治统治和军事征服不如说是靠经济和文化，
而文化有一个很直接很重要的载体，就是移民。移民在中国历史上还是很
值得注意的。在过去的封建社会，移民往往是封建王朝的一种政策。中国
封建社会的移民大体上有这么几类。第一类就是把一个地区的人有组织地
迁到另外一个地区，这在战国时已现端倪。像梁惠王就是这么干过。秦
始皇统一六国后，为了充实关中这个地方的力量，增加这个地方的劳动
人手，他把山东六国的豪强、贵族大批地强制地迁到了咸阳，来充实咸
阳，同时也把这群旧的六国的豪强、贵族，从当地拔出去，以削弱山东六
国原来的力量，同时放到京城一带也便于控制管理。这种移民去充实京师
的政策从秦始皇经过西汉一路下来直到明朝，差不多都是这么做的。第二
类就是实边，把内地的人民带有强制性地迁徙到边疆地区。这也是从秦始
皇开始的。秦始皇为了控制河套地区以对付强大的匈奴，从内地迁移了大
概 70 万人去充实那里，另外他又派了 50 万人去南戍五岭，直到南海。征
发带有强制的性质，有些就是军队，在那里长期驻留下来，屯田戍守，也

有一些是把老百姓强制迁到那里去开垦，充实这些边疆地区。这种政策也一直延续下来，一直到今天。像汉武帝时开河西四郡，移民实边屯垦，是非常有名的。此外，像三国屯田、隋唐营田以及明朝卫所都是这种情况。还有第三类情况，是将人多地少地区的老百姓向人少地多的地方迁徙开发。最早形成的也可以说是秦国，就是商鞅变法。那时，三晋地区经济比较发达，人口比较稠密，但土地相对来说比较不足，秦国所占领的关中地区当时亟待开发，而且可以开发，也很好开发。因为不久以后在这里修建一个大型灌溉工程郑国渠。秦国用徕民政策来吸收主要是三晋的移民往秦国来，来了以后，分配土地、耕具开垦，使秦国的经济力量增强了，而秦国原来的居民就可以去当兵去打仗。秦国之所以富强，乃至于后来统一六国，和这种徕民政策是有相当的关系的。这种做法以后各朝也有这么做的，有些是有计划地迁徙人口，有些就是要人们自然地流动，特别是有些地方，因为战乱、天灾等缘故，人口少了，地荒了，其他地区的人口就流进来，封建政府往往是鼓励这种人口流动，甚至是组织这种流动。像清朝，经过了多年战乱，很多地方破坏很厉害，四川就是这样，清朝组织人移过去，叫"湖广填四川"。还有北方地区的这种人口的流动。现在有一种传说北方很多人都是从山西洪洞县老槐树下面搬出来的，这事情当然传得太厉害了，但实际上是有这种情况，明初"靖难之变"，河北战事惨烈，人口大量损耗，因此政府组织移民，通知到山西洪洞县所谓的老槐树底下集中出发。这种人口的流动在中国还是很经常的。中国是一个农业国，中国农民是一种个体小生产农业。农民一般追求一种稳定温饱的生活，一般来说是安土重迁，小块聚居互相依存，是不愿意流动的，但是农民又是很脆弱的，随时都可以破产，一遇到灾荒、战乱、生病、死亡，它就垮了，垮了以后，它有时多半是被迫与土地分离，或许是逃亡或许是把土地卖出去，它一旦与土地分离，就成为流民。就要离乡背井到另外的地方去谋求活路。中国传统封建社会本身就有人口流动的问题，而封建政府的政策又是鼓励组织这种流动，因此移民的问题在中国是很重要的。这种移民对中国古代经济的发展，对中国古代政治和社会的变化都有相当的关系和作用。有很多的农民起义就是同这种流民或者移民有关的，像西晋末年三大动乱，一是统治阶级内部斗争，就是所谓的"八王之乱"；二是少数民族起事，就是所谓的"五胡乱华"；三是流民起义。在明朝的荆襄地区，就是现在的湖北、四川、陕西交界的大巴山、神农架这些地方，原来明朝是要开发的，因此很多的移民或是流民都集中到这个地方来，这批人也就是起义的力量。这个地方曾经发生过一次这种移民的起义。第四类情况是过度开发的地方人口饱和乃至过剩，向外流动。像清末民初内地农民的闯关东、走西口、下南洋。

　　因此，移民问题对中国的经济和政治都有相当的关系。最主要的还是从北往南大规模的移民。北方的汉族大批移到南方去，到南方开发，形成了一股很大的力量，这个比政府的行为要厉害得多。这些北方人去了以后把劳动力和先进的生产技术带到南方。中国国家形成以后，南方生产技术原来不如北方，人口也少，开发不够，生产水平比较低，但资源很丰富，社会秩序也没什么大问题，大家都可以活，但活得不够好。北方的移民去了以后，从事土地开垦、把先进的生产技术带过去，同时也把先进的文化带了过去。这批人对周围的当地人影响是很大的，少数外来人去了，当地人可以把他赶跑，但去的人多了，带过去的这种比较先进的生产技术、比较先进的文化，对当地有很大的影响，慢慢地他的经济生活乃至于文化语言等都向外来人靠拢了，然后双方慢慢地融合了。所以汉族移民到了南方以后，对于南方的开发、发展起了很大的作用。结果汉族融合了很多当地少数民族，本身也就越来越大，形成了极大的族群，现在已是 13 亿以上了，是世界上最大的民族，而且也最稳定，两千多年不见衰落，更没有灭亡。世界上很多古老的文明都消失了，但汉族没有，几千年一直延续下来。汉族这种向南方的移民当然很早就开始了，但它不是零散的渗透，而是往往形成一个个的浪潮，大规模的一群群几十万上百万的南下。这样大规模的移民，不是靠政府的政策，也不是由于人们运动的自然流向。这种情况主要出现在北方，当北方出了严重的问题，大量的汉人就往南跑。北方的问题主要是四个，第一个是统治集团的内战，一打起来，当然很多人就要往南跑。第二个是大规模的农民战争，也会促使很多人往南跑。还有第三个就是北方民族入侵，北方的民族打到中原来，打到关东、关西这些地方来，北方的民族相对比较落后，屠杀抢劫是相当的残酷。这三个因素中间有一个就可以造成大规模的移民。如果这三个因素全加在一起，那就会造成更大规模的移民。还有第四个就是天灾，如果这些人祸、战乱、再加上天灾，对社会的破坏就更厉害了，死的人更多，跑的人也更多。由于这样一些因素，像这样一些动乱问题多半都出现在北方。当时北方人口众多，经济又比较发达，又是政治军事的核心地区，也是北方游牧民族首先要进攻的地方，这些地方的社会矛盾常常又是比较严重的，各种矛盾爆发起来，造成了大量人口逃亡。最早是西汉，西汉末年社会危机已经很严重，到了王莽代汉，他是想解决西汉的社会危机的，但他胡来，他那一套针对危机的对策完全是错误的，结果搞得社会更乱。西汉末年的社会危机主要有三个方面，第一个是土地问题，土地兼并非常激烈；第二个是奴婢问题，当时奴隶制问题发展很快；第三个就是工商问题。王莽的王田、私属、五均六筦都是针对这三大问题来的。但是叫他全搞乱了，结果来了个社会大动乱。这个动乱主要是推翻了在北方的新莽王朝，结果有相当一部分人跑到了南方去。

如果看两汉时候的人口统计数字，可以知道，东汉以后南方几个地区的人口绝对数是大大增加了，占全国人口的比例也大大增加了。这里面有荆州，有扬州，也就是现在的长江中下游地带人口都上去了。这说明南方的经济发展了。东汉末年农民战争爆发，黄巾起义以后加上军阀混战，又是大量人口往南下。这样，南方就更加充实，结果最后形成三国时候南方与北方对抗。诸葛亮原是北方人，他的老家在山东琅琊，结果族人跑到荆州去，他也跑到南阳卧龙岗去耕地了，"臣本布衣，躬耕于南阳"，这是他《出师表》里的话。这样的情况非常多，诸葛家族也不光他一个人跑到南方去，还有一支也跑到东吴去了，他的哥哥诸葛瑾，跑到孙权那儿做官了。一说诸葛亮种地的南阳卧龙岗不是在今天河南的南阳，这个地方是在现在湖北襄阳的北郊，离城大概 20 里，那个地方汉朝的时候属于南阳郡，所以称为南阳，现在河南南阳跟那没关系，现在河南南阳搞了古迹，什么卧龙岗呀、什么茅庐呀，搞得很热闹。真正的卧龙岗是在湖北。三国以后的西晋进行了一次短期的统一，实际上稳定的时间只有 16 年，接着就是八王之乱，然后就是流民起义，五胡乱华，一下子乱起来了，北方这回乱得更厉害了，结果又引起一次巨大的移民浪潮。从五胡十六国到南北朝时候，据研究，大规模的移民浪潮至少有五次。这时候中国门阀世族制度已经形成，人们以宗族血缘关系形成的群体力量是很强大的，因此这种移民往往是举族迁徙，有些是非常有组织的，跟行军一样，男女老幼带着家当往南走，沿途有组织，有搞地方住宿的，有搞饭吃的，还有看病的，一站一站往前跑，几百人上千人地往南跑。东晋南朝以后，南方长江以南经济有一个非常大的发展，这个前面我们已经讲过了，那就是《宋书·孔季恭传论》。这样，南方的经济就在多次南下移民发展的基础上逐渐赶上了北方，以后到了隋朝末年，隋末农民战争时南方相对也是比较安定的。唐朝的安史之乱和后来的黄巢农民起义，往南方去的人也不少，再加上原来的积累，南方的经济发展就超过了北方。以至于在黄巢起义之后，全国出现分裂的局面，南方先后形成九个国家。要形成一个国家维持一段时间，下面要有经济实力，要不然很难维持。像四川、江陵、湖南、广东、福建、浙江以及江苏、江西、安徽这些地方，先后分别建立了九个国家，那就是说这些地方的经济原来都有基础，后来也有发展。到了宋朝，就明显看出来南方经济上超过了北方。到了北宋末年，北方的金人南下，北方的老百姓又是大量扶老携幼过江逃到长江以南。这时突出的是江西福建一带。江西和福建原来在唐以前算不了什么，可是在南宋时候的江西和福建不得了，经济文化非常发达。然后是元朝，军队南下一直打到了南海，中国北方民族第一次统一了全国。以后则是清朝。中国由少数民族建立的统一的王朝就是蒙古族和满族。以前少数民族进来多半是在北方黄河流域，控制了东部地区的半壁江山，即以秦岭、淮河为界的北边的一半，成了所谓的南北朝。但是后来少数民族第一次统一全国，建立了元朝。然后第二次统一了全国，建立了大清朝，现在演出的辫子戏都是清朝时候的故事，什么乾隆雍正康熙啦，所谓的康乾盛世。还有后来的西太后、光绪啦，都是演清朝的历史，有声有色的这样，随着北方民族一波一波地而下，包括北方的动乱一波波地起来，南方就一步一步地开发，汉族就一步步地往南发展，最后就到了南海，就到了天涯海角了。

明朝以后中国的人口的压力增加了，南方的开发也差不多了，南方的人口增加得也很快，最后汉族就开始向海外移民了，从东南沿海出去到海外，首先到了东南亚，然后到了美洲，加拿大、美国、中美、澳大利亚，这样华人、华裔就遍布了全世界，最集中的地方是东南亚，华裔有几千万人，还有些他原来的祖先是华人、华裔，但现在已经成了当地国家的居民。这样的情况很多，因此移民是特别值得我们注意的。从移民我们可以看到中国历史上的一种现象，这种大规模的从北向南的移民是一波一波的，而这种波浪主要是来源于北方的动乱，来自于北方游牧民族与汉族的矛盾。这样移民的频率好像有一个周期，实际上是和中国封建王朝的盛衰好像是联系在一起的。中国一些大的封建王朝大体上能够维持二百多年，很少有超过三百年的，西汉二百多年，东汉二百多年，唐朝接近三百年，宋朝北宋一百多年，南宋一百多年，加起来也就三百年，但实际上应该分开，另外明朝不到三百年，清朝也不到三百年，大体上二百年到三百年中国大的封建王朝就有一次更替。这种封建王朝的灭亡往往是由于三个方面的原因：第一个是统治阶级内部的斗争，第二个是农民战争，还有第三个是北方民族入侵，这三个都加在一起的话，战乱最厉害。为什么这个王朝的兴替呈现出这样一种周期律呢？看起来它后面可能反映着一种历史规律，也就是说封建的经济、封建的生产方式到一定时候它会出现危机。现在资本主义社会有这种周期性的经济危机，现在不叫经济危机，叫经济衰退。然后又复苏然后又兴盛，然后再衰退，它是有周期的。封建社会似乎也有这种周期性地出现的危机。经济的危机具体到政治上就反映了很多问题了，比方政权逐渐地腐败，阶级矛盾逐渐尖锐，在民族关系上，北方游牧民族，汉族王朝强大的时候可以把它打败，而且可以把它赶出去，但汉族王朝力量衰落的时候，它就会进来，因此到了一个王朝的末期，往往是这个王朝力量衰弱比较严重的时候，北方民族就很容易进来，经历一个周期。

这种汉族的发展又是滚雪球之外的一波一波的，两者结合起来可以称之为中国历史脉动式的发展。而且中国历史上疆域和民族也逐渐形成和现在基本保持一致。这种脉动式发展的背后可能也有一些规律性。这种情况在世界历史上一个国家、一个民族中间好像也不多见，那往往是膨胀，然后一下子垮了。这是我们要讲的第一点关于文明。第二点关于移民和脉动，第三点我们还要讲讲文化和心态。

（三）南北文化和心态

关东和关西原来是有差别的，这种差别到了唐朝以后慢慢就消失了。因此北方人就成为一个笼统的观念。而后南方和北方的差别的观念就比较多了。这种南北界线有文化的差别，还有一种民族的差别。北方不断有少数民族进来，少数民族多半融合在北方，因此南北问题过去一直有，早点的不多说，后来的五胡十六国、南北朝，北方的政权上除了少数几个，都是由北方民族建立的。但南方人看不起北方人，骂北方人是梳辫子的"索虏"又被称为"伧夫""伧子"。不知道为什么，北方游牧民族往往把头发剃掉一半，梳成辫子，清朝就是这样，但也有整个留着，不剃头的。这个发式成为一种文化的表征。北方人进来以后，认为他们已经控制或是融合了中国黄河流域的古老文明。南方是后来开发的，北方黄河流域的人包括少数民族，他们认为是黄帝的子孙，和汉民族一样，而且是正统的汉族，骂南方人是"岛夷""蛮子"。北朝的统治者很羡慕南朝的文化、南朝的制度，可又认为南方的文化、南方的制度是从北方带过去的，那才是当时的正统，他们很欣赏。当时的情况很复杂，南北两方一方面互相看不起，一方面又觉得人家不错。到了唐朝，那是一个开放的时代，也是一个多民族的国家，唐朝时候南北的区别不算太大，但到了北宋经过五代十国的分裂，南方的经济有很大的发展，南方的文化也有很大的发展，而北方占有的政治优势，因为五代梁唐晋汉周一直到北宋，它们都认为北方、黄河流域是正统，南方各国则是僭伪。而确实南方的各国后来都被北宋一一消灭了，成了所谓的亡国之臣、亡国之民、亡国之君。可事实上在北宋逐渐出于政治需要，从南方出来的人势力越来越大，老北方人就很不满，认为这帮人狡猾奸诈，不能重用，从北宋开始重北轻南的风气就很盛。北宋有一个很有名的丞相叫寇准，寇准就最看不起南方人，前面我们讲过，他就坚决反对南方人做事当官，甚至想法子不让南方人当宰相、状元。后来到了王安石变法，一批保守的官僚官员还认为是南方人使坏干的。因为王安石是江西人。闹到最后，北宋被金灭掉了，北方人的政权完结了，北方人大量跑到南方去，这时候还有南北区别，但这时候不是北方人看不起南方人，而是南方人埋怨北方人。北方人来了以后，麻烦，文化水平又低，南方人自认为他们的水平高。还有一些小事，比方说一个认为就是北方人来了以后，把南方搞坏了，首先大吃大喝把南方物价搞上去了。对北方的一些生活习惯，南方人也相当的不满，北方佬的习惯吃羊肉，南方人觉得那是又膻又腥的东西，很看不上他们，觉得野蛮，缺乏文化素养。中国肉食里面，马、牛、羊、鸡、犬、豕所谓六畜中，马肉是不吃的，马太贵重了，而且据说马肝有毒，不能吃。其次是牛，牛肉中国人也是不大吃的，而且对牛很尊重，牛是耕畜，它的地位绝不比西方人宠爱狗来得低，牛是非常宝贵的，所以不能杀牛。皇帝、政府经常发布不许杀牛、不许卖牛肉，民间有传说，宰完了牛以后就要受到报应，来生就要变成牛，甚至变成比牛还不如的什么东西。但是在战国到秦汉这一段，吃狗肉则很流行，而且狗肉价钱也比较贵，狗肉作为肉食地位比猪和羊要高，不知什么时候狗肉又贱下去了。到了北宋的时候，北方人把重羊肉的习惯带到南方，南方很不满意，第一南方没有很多羊，第二把羊肉价钱搞贵了。因此南方人从此看不起北方人了，贬称为侉子，北方人也照样看不起南方人，贬称为蛮子。这些现象一直到现在还有。到了元朝，把全国统一了，南北差别实际变成一种社会等级的差别。元统治者把人分成四等，有大的分法和小的分法，一僧二道，最后是九儒十丐。有另一种分法。第一等当然是蒙古人，最高。第二等是色目人，就是从西域、波斯、中亚、中东这些地方来的，蒙古成吉思汗兴起的时候基本上是先打西边，然后再打南边，成吉思汗和他的后人三次西征一直打到现在的巴尔干，就是现在的波黑、克罗地亚这些地方，直到威尼斯附近。威尼斯把蒙古骑兵堵住了，要不然还能再深入，大军回去呢，就带了很多中亚、西域的人，然后南下，统一整个中国，建立了元朝。先跟蒙古人一块过来的就比后征服中国东部地区的金和南宋的人地位要高。第三等是汉人，汉人指的是金原来统治的地方的人，就是北方人，实际上蒙古所谓的汉人，它不只是汉族，它包括了整个北方民族，这里有女真人、契丹人、渤海人，都称作汉人。汉人在元朝时候是一个等级的称呼，也是一个地区的说法，就是黄河流域的人，但这时候北方的女真人、渤海人、契丹人，已经都慢慢地汉化，和汉人差不多。最后第四个是南人，就是它最后征服的南宋，就称为南人，欧洲人把它称作蛮子国。南人的地位是最低的，在汉人之下。这种等级实际是一种地区的划分，按蒙古人征服的先后来划分，汉人的地位很低，南人地位就更低了。我们现在流行的说法称男人叫汉子，你是一条好汉，男子汉大丈夫如何如何，现在变成一种褒称，其实这是从蒙古时候留下来的，当时是一种卑称，这个仅加一个子作卑称，蒙古的时候把北方人称为子汉或是倒过来叫汉子，就好像我们称人为崽子一样。什么伢崽，妹崽，是一种卑称。汉子这个词原是男女都有的，后来为了区别开来，就叫男子汉，男的子汉，男子汉大丈夫就是这么来的。现在有些妈妈鼓励教育三岁小孩说你是男子汉你得怎样怎样。这个作为一种好的称呼，当年则是一种卑称。中国这种语汇方面的变化，从低到高、从高到低的变化是很多的，有些词语出处现在想起来有些可笑，比方说我让你吃一个闭门羹，这个典故是出自于唐朝，唐朝妓女待客的规矩是这样，她愿意接纳你，就请你进门，不想接纳你，就把门关着，由下面丫鬟送给你一碗汤，喝了你就知道你不能进去，这就叫闭门羹，这个典故是这么来的，我们现在随便用了，给你吃个闭门羹。这样例子还有很多。

　　从宋朝开始，文化经济是南方人占上风，但政治上一般还是北方人控制着。这就发生了一些问题。为了缓和南人和北人间的矛盾，搞了一些平衡，科举考试，就要分地区录取。宋朝时候北方人文化已经不如南方了，一考试的话，常是南方人考中状元、进士的多，北方人老考不上，像现在的高考一样，录取总分太低，考不上，干脆分开，跟现在一样，现在每个地区不都有一个录取分数段吗，据说新疆录取分较低，内地有很多家长就把孩子转到新疆去读高中，从那儿考，就较容易考上。反过来像河南这些地方就很难考，因为人口太多，考生太多。过去也有这种情况，北宋干脆按地区分开录取。明朝也是这样，分南榜、北榜，中间还有一榜，录取比例都不大一样。但是随着三个统一王朝元朝、明朝、清朝，长时间把南北搞在一起，慢慢地南北的心理差别就小一些了，直到现在还残留着。抗战时我辗转流亡到湖南、贵州、河南，湖南乡下人很恨也很怕"北兵粮子"或"粮子"，说他们烧杀抢掠无恶不作，后来知道那是民国初年北洋军阀张敬尧的第三师驻在长沙，军纪很坏，人民又恨，又称北方人为"侉子"，也有看不起的意味。到了贵州、四川，当地居民把逃难来的北方人和长江中下游的人统称为"下江人"，认为他们有钱，把物价买贵了，又狡猾，尽占本地人的便宜。到了河南，听同学谈起"南蛮子"，也是很不满。他们虽说什么什么地方，哪座哪座庙里有一个什么什么宝贝，但后人不识，南蛮子来了，设计把它诓骗走了。风水外泄，河南就受苦受穷了。一直到了今天，北方人还认为南方人特别是江浙人狡猾，而南方人则认为北方人憨傻。近几年，又说河南人的不好。总之，地域的界限、文化的差别和心态的不平衡在南北方的对待上仍不免有差别。

（四）南北交往

中国历史上东南西北各方没有什么严重的地理障碍，各方交往是很频繁的。虽然有秦岭、淮河和太行山、伏牛山的天然界限，但这条线不是一个很大的障碍，还是比较便于交往的。实际上南北双方、东西双方都需要交往的。大体上，唐朝以前关东关西的关系比较突出，关西是政治军事的重心，它本身的经济不足以维持这个重心的，要靠关东的经济资源主要是粮食来接济，以维持关西的庞大的官僚机构和军队。对应于北方游牧民族，这个地方是国防前线，人民的负担也很重。简单地说，就是关西从政治军事上控扼关东，关东在经济上支持关西，唐朝以前的中国国都主要在长安一带，另外沿东西方向的界线边缘的太行山来回移动，如洛阳、邺城乃至许昌等。交通线也以东西方向为主，这涉及粮食运输的问题，从山东、江苏、江淮往西去。这里最突出的就是汉朝。东汉和西汉可以清楚地看到关东和关西的这种关系。因此这时候中国政治经济轴向大体是东西向。

从唐朝以后，这条轴线基本上变成从西北到东南的方向，原因就是南方的发展逐渐赶上和超过了北方。关西的政治军事的重心需要靠东南地区来支持，因此运河的作用很大。随后可以看到，长安的地位和作用到唐朝末年开始淡化，关西的作用也淡化了。五代国都在开封和洛阳之间来回变化，最后到了元明清时期就定在了今天的北京。运河线也成了南北方向的交通线。唐朝以前北部地区的游牧民族和东部地区的中原王朝及汉族之间的交往主要是在上层统治者之间，但是从五代以后，北部地区的民族与东部地区的交往民间的成分更大。契丹建立的辽，女真建立的金，蒙古建立的元朝，还有满族建立的清朝，都是从北偏东或东北方向来的。中原王朝抵御北方民族的军事国防线，辽、金、元、清都是少数民族问题不大，只是中间有一个明朝是汉族建立的，但最后国都还是从南京迁到了北京。第一个是国防需要。当时明朝建立以后虽然把蒙古赶到了蒙古高原去了，但是蒙古还是一个很强大的力量，以后还要打仗，不好把国都放到那么远的南京。第二是明成祖朱棣曾被封为燕王，封地就在北京，此后当了皇帝迁都到北京，那里原是他的势力范围，好对南方掌控。至于南北方向的交通线，除去北京到江南的这条运河线外还有一条。运河主要偏向于长江下游，第二条交通线，就是从北京经过长江中游直下广东，即现在的京广线，这条交通线也很重要。但运河作为交通线有些问题，山东地势高低起伏比较大，水量不足，运河要开通，只能修很多船闸。元朝的运河一直修到北京城里积水潭，现在从通州到天津以南还有一条河道。但由于黄河改道，运河缺水，山东苏北的运河已经壅塞不通了，只有淮阴以南到扬州过江到杭州还可通航。后来南北交通线就变成了陆路，这即是京沪线、京广线。海路从北到南最早是唐朝，从扬州、宁波一带沿岸北行，当时诗文记载海船运载很多货物到河北。后来元朝时，红巾军起义把运河线切断了，江淮的粮食过不来了。割据在福建的方国珍就是用海运粮食来接济大都。到了清朝镇压太平天国的时候，李鸿章用轮船来海运兵和物资。现在南北海运仍然是很重要，特别是南方缺煤，主要是要从山西、陕北、内蒙古这些产煤大省区运煤。修了好几条铁路，一条是从大同修到秦皇岛。还有一条是从南边，从衡水那边修到黄骅。铁路运煤运到海边上，然后装船水运往南去，因此现在南北的轴线已经不是一条了。但不管怎么样，南北关系还是很明显，北方离不开南方，南方也离不开北方。

（五）南北政治形势

第五点我们看看南北政治形势的情况。这个政治形势包括军事形势一直是北方优于南方，当然南方经济势力还没有完全辉煌的时候是北方控制南方，当南方的经济文化实力强过北方的时候，政治上还是北方控制南方，那么这个原因是什么呢？可能有两个，一个是传统的力量，因为北方历来传统上是中原王朝主要势力所在地。这个地位很难改变。尤其是还有一个北部地区的民族问题，北部地区的民族对南方的压力使得中原王朝把主要军事力量集中在北方，统一多半是北方来统一南方，只有极少数例外是南方统一北方，因为南方本身不大容易形成一个很强大很集中的力量。即使形成了，它在与北方的对抗中往往也处于劣势。这里包括一般的认识：南方人比较文弱，北方人比较强悍，南方人不大会打仗。另外，南方人多少年不打仗也缺乏训练。据说唐朝叛军打进江南，守城的没几个兵，老弱病残，也没有受过什么训练，不知道怎么打仗，对方一擂鼓、一吹号角、一发起冲锋，他们就吓得掉到城墙下去了，根本不能打，这种说法是否有夸大的成分，不好说。但话又说回来，这并不是说南方人都不能打仗，任何人都不能打，当然也有例外。这样我们看到中国有统一，也有分裂、割据的时候，中国分裂割据的时候往往南方分裂割据的状态比北方严重。三国时，曹魏统一北方，但是南方有两个势力蜀和吴，两家虽然有对抗曹魏的共同利益，但彼此间还有矛盾，自己消耗力量，所以孙吴始终没有野心去统一北方。而蜀汉刘备、诸葛亮打着光复汉室作为旗号要去消灭曹魏，可是也不成，这仗越打越窝囊，关羽把荆州丢了以后，蜀国基本上也没法打了，诸葛亮六出祁山，有人说他的目的并不是真的要去消灭曹魏，而是以攻为守。而这仗越打越窝囊，六出祁山进军路线越来越靠近西边，离长安越来越远，离曹魏的中心河南更是越来越远，但他没办法，这里有军事的问题，有交通的问题，有粮食的问题。东晋南北朝的时候，南方的政权东晋包括南朝也曾经几次北伐，曾经取得一些暂时性的胜利，但是东晋南朝的北伐军队过不了黄河，几次都打到接近黄河边上，或是在陕西渭河这一带，以失利结束。

反过来，北朝的压力越来越大，东晋南朝从秦岭淮河这条线退到长江这条线，到了宋齐梁陈的陈已经很惨了，四川丢掉了，荆州丢掉了，就剩下长江下游，包括中游一点地方，以长江为界，最后被北方的隋灭掉了。本来从唐朝后期，统一局面就开始出现分裂割据的趋向，即藩镇割据。藩镇割据是在北方，主要是在河北和山东，当时多少还保留一个打着服从中央政权的旗号。黄巢起义失败以后，藩镇割据扩展到了全国。这时候出现了很有趣的事情，就是最早出现藩镇割据的那些老藩镇如河北三镇，在北方的各种势力斗争中间全给消灭了。老藩镇没了，出现了一些新藩镇，打来打去，实际上是变成两个割据集团打，一个是开封这一块，一个是太原这一块。五代十国的五代梁唐晋汉周实际就是这两个地方集团之间的斗争，朱温的后梁占据了河南，李克用占据了山西，打了四十年，李克用父子胜利了，把后梁灭了后建立了后唐。随后山西军事集团石敬瑭又把后唐灭掉，建立后晋。然后后晋又被山西集团出来的刘知远消灭了，建立了后汉。到了后汉，山西和太原的两大势力的对峙告一段落，继之而起的是后周，后周就不是从太原集团来的，是后汉军队内部，所谓的禁军中的兵变。禁军造反建立后周，这以后，禁军里再有人造反，就是赵匡胤，把后周消灭，建立了北宋。北方打来打去，看起来比较简单。但南方确确实实形成了几大块，割据五六十年，最后都被北宋灭掉。这段时期史称五代十国。北宋被金灭掉了，宋政权到南方建立王朝，史称南宋。南宋几度北伐也没有打过黄河，最后退到秦岭、淮河一线。最后元朝出来了，又是走北方统一南方的老路，先把四川拿下来，打下襄阳，然后顺江而下灭掉南宋。到了元末，有一个变化，红巾军起义的地方主要是在河南和长江流域，这些起义军之间也互相攻打互相兼并，最后集中到朱元璋那儿，这回朱元璋进行北伐，他成功了，把北方的元朝政权赶跑了。我想这可能跟当时的民族矛盾有关系，如果当时不是元朝蒙古族统治，可能南北矛盾还得不到解决。到了明朝末年，历史又翻了个个儿，起于东北的清朝进关了。

明朝的势力又退到南方，也就是秦岭、淮河以南这条线，史称南明。然后清军南下把它灭掉了。前后也花了几十年的时间。最后是利用汉族的吴三桂，还利用清朝所掌控的汉八旗和绿营兵把南明灭了。清兴起时，原在东北的汉人也组织起来归附于八旗之下。像曹雪芹就是汉八旗，祖先是汉人，他有旗籍。最后南明灭亡以后，出现一个吴三桂，一个耿精忠，一个尚可喜，即所谓三藩。吴三桂是彻底的汉人，耿精忠、尚可喜是汉八旗，他们在南方形成割据势力，又折腾若干年，最后清朝算是把它消灭了，北方的力量一直达到了南方。到了清朝末年，辛亥革命从武昌发动，很快扩展到全国，建立中华民国，推孙中山为临时大总统。建都南京，清朝派袁世凯率兵南下讨伐，后来双方妥协。清帝逊位，由袁世凯担任大总统。国都还是在北京，这以后就是中国的北洋政府。

中国近代实际上是一个军阀混战的割据局面，各省都有军阀，北方的军阀势力最大的有所谓直系军阀、皖系军阀、奉系军阀。南方则有川系军阀、桂系军阀、湘系军阀、滇系军阀。军阀要有两条，第一是要有军队；第二是要有地盘，有兵有地盘，就成为军阀，就可以割据。中华民国初年，地方上的军阀纷纷割据，战事不断，南方北方虽然几次想武力统一都统一不成。南方力量也很厉害，像袁世凯称帝，后来是由蔡锷在云南发动的护国运动一举把它拔掉的。以后北洋政府又是与南方势力特别是以广州为基地的国民党对抗，南方包括国共合作时期和以后国共分裂时期经过反复斗争，南方政治军事方面的力量逐渐地加强，终于北伐成功，全国实现了表面上的统一。抗日战争时期，实际上日本把华北、华东就是把中国的北方除了陕西以西的地方，像山西、河北、山东、河南都占领了，还有华东和华中，就是长江下游和长江中游的一半以上的地方也都占领了。国民党政府就是靠着长江上游的四川，还有西南和西北地区来对抗，居然也顶了八年，差点儿完蛋，有一段局势非常紧张，蒋介石政府在四川重庆，日本1944年一直打到贵州，当时我是中学生，原来上的学校在贵阳就这样解散了。那时重庆也很紧张，国民党计划要迁都到西昌去，青年从军，口号非常壮烈："一寸山河一寸血，十万青年十万军"。我的同学中间有很多都参加了远征军。后来日本战略有变化，军队从贵州撤回去，他要是再往前打，那真是如入无人之境。不管怎么样，国民党还是顶了八年，也不容易了。因此看来南方逐渐地从经济发展然后文化发展最后政治和军事的力量也逐渐地强大。这个过程并没有走完，中国共产党从南方起来，然后经过长征跑到北方，在北方建立根据地，然后再打回南方，统一全国，总的来说，从唐末五代开始南北问题代替东西问题成了中国历史的大局。现在已经不是南北问题了，现在中国的发展沿海和内地成了东部、中部和西部。跟过去我们说的这个东西南北的关系不大一样了。这是新中国成立以后的事情。南北的关系就讲到这里。

东部地区的东西南北的关系很重要地会牵扯到另外一个问题就是北方民族问题，大北方和大南方的关系问题，主要症结是在蒙古高原。历史像波浪式的运动，滚雪球似的运动，二者结合，就是脉动，这里都有民族斗争的因素、民族关系的因素。在东亚大陆的最重要的民族关系、民族问题就是北部地区与东部地区，后来还加上东北地区。北部地区对中国历史的影响是非常非常巨大的，可以说和中国历史的发展是分不开的。

第七章　东亚大陆内部的历史地理区域之二——北部地区

第一节　北部地区概貌

北部地区北到萨彦岭，东延到大兴安岭，南到燕山长城，西到阿尔泰山西麓。地跨今天的俄罗斯联邦共和国西伯利亚的图瓦自治共和国（即清朝外蒙古的唐努乌梁海）及贝加尔湖以南的布里亚特蒙古自治共和国，以及黑龙江上游的石勒格河、额尔齐斯河之间的地方。包括西伯利亚之南的蒙古国以及我国的内蒙古自治区，总面积在 300 万平方千米以上。

全区分为西部山地、中东部高原和南部的戈壁以及更南部的内蒙古河套及鄂尔多斯等四个地带。这个地区的地形，西北最高，向东南逐渐降低，西北山地的最高顶点是萨彦岭阿尔泰山形成哈尔乌苏、吉尔吉斯和乌苏湖等高山湖泊为中心的大湖盆地，许多内陆河纷纷流入这些高山湖，并在山地与湖泊周边形成高山草原带，多属高山草甸。萨彦岭之北是一条绵延数千千米的森林带，当地称为"泰加"，主要树种为落叶松，山地和林带之间也杂以草原，从森林带再往北就是直达北冰洋的茫茫苔原了。

阿尔泰山自西北向东南绵延 1600 千米，海拔在 3500—3660 米之间。历史上有名的都斤山就在中、俄、蒙三国交界地区，从阿尔泰山往东就是一条东西向的较低而相对平缓的山脉，叫杭爱山，长约 700 千米，一般海拔在 3000 米左右。蒙古的主要河流色楞格河就发源于此，汇合主要支流鄂尔浑河以后向北流入贝加尔湖盆地，再经贝加尔湖的出水口安卡拉河入勒拿河，再入北冰洋。色楞格河与鄂尔浑河因此都属于北冰洋水系。（杭爱）山成了北部地区内陆河流流域与北冰洋流域的分水岭。处在杭爱山的燕然山也在历史上很有名。

从杭爱山再往东去就是地势更低的肯特山。杭爱山与肯特山的山地、河谷宽广，水草丰美，宜于放牧，也可种植谷物。在山脉南坡较多森林，又是高山草原带。山地以东偏南，地势逐渐下降，是广阔的波状起伏的高原。靠北边的鄂嫩河、克鲁伦河和额尔古纳河流入黑龙江，靠南的西喇木伦河——西辽河，还有滦河流入渤海，已属太平洋水系。这里的最高峰的海拔降到 600—700 米，但其南面的大戈壁又形成高原，海拔升到 1000—1500 米。戈壁并非全是沙子构成的沙漠，荒芜一片，寸草不生，而是多石床和石砾，间有水草，可以通行。但古代中国人一律称之为大漠，并把被称之为大漠的大戈壁分成南北两块，分别称为漠南和漠北。因此蒙古高原严格地讲是指杭爱山、肯特山以南的这片地区，并非包括北部地区的全部。

大戈壁之南、大兴安岭西侧是有名的内蒙古大草原，它一直延伸到燕山之北，阴山南北的河套，包括鄂尔多斯高原。这里是历史上有名的牧区。

北部地区远离海洋，属温带极端大陆性气候，具有显著的大陆性与干燥性；这种大陆性气候的特点就是夏热冬冷，昼热夜冷，一年之中冬夏温差很大，一天之中昼夜温差很大，这是大陆性气候。因此在中国西北当地有这样的谚语，"早穿皮袄午着纱""抱着火炉吃西瓜"。夏天午晚冷暖不均，要勤换冬衣和夏衣，冬天生火炉取暖还可吃秋天保留下来的瓜。总的来说，这个地方的气候是偏冷。北京大概最冷的时候我的印象是零下十几度，在蒙古地区一月份的平均气温是零下 25 度，我查了另外一个材料还要低，是零下 34 度，但还没有去核实。总而言之，这个地区冬天很冷，这是北边。南边即漠南，冬天平均气温大概是零下 15 度，比北边好一点。大戈壁上人们生活的条件是很差的，基本上不能在那里久居，因此大戈壁成了东南西北交往的障碍。夏天这个地方又很热，尤其以大戈壁为最热，白天最高气温，在不是太阳直射的地方，大概 45 度。这种大陆性气候不只是北部地区，西北地区也是这样。我去过的吐鲁番，那个地方夏天白天的温度就是 38—39 度，41—42 度，甚至于 43—44 度，非常热。人们在中午这段时间是不好出来的，住的房子过去很多都是半地下室式像地窖似的。那里面倒是相当凉爽，人在里面吃点西瓜甜瓜，那更是舒服了。但是吐鲁番室外，像吐鲁番北的火焰山，中午太阳直射时，石板表面的温度可以达到 70 摄氏度，人可以在那上面摊鸡蛋。我没有试过，太热了，我没敢出去。他们有的做过，大陆性气候就是这个样子。像戈壁滩这样的地方，夏天到了晚上温度立刻降到零度，因此从这个角度看，可以知道蒙古族人穿衣服的习惯。不管冬夏，他们都穿袍子，不要以为这个袍子穿起来热得不得了，在这个很热的天气里，宽松的袍子一穿，身体和外界反而可以有阻隔内外的气温，袍子里头空气也好流通，反而不那么热，就跟阿拉伯人习惯穿的羊毛斗篷一样。

第二节　历史格局

北部地区是一个民族活动的大舞台，历史上不计其数的民族在这个舞台上演出一出又一出的活剧。此起彼伏，时常出现大爆炸似的膨胀和向四外扩张，不仅对中国历史有极大的影响，对世界历史也有很大的影响。像匈奴、突厥、蒙古就是这样。

北方地区的民族活动在历史上具有以下特点。

（一）牧猎战结合的生产形式与生活方式

游牧生活。北方地区的气候和环境一般不宜农业，又多草原，游牧是生存和发展的最好方式。北部地区有很好的大草原，尤以大兴安岭以西及阴山北面和南面的河套为最，古谚云："敕勒川，阴山下，天似穹庐，笼盖四野。天苍苍，野茫茫，风吹草低见牛羊。"那里牧草高度可达 100 厘米，而羊的高度低于 100 厘米，牛则高于 100 厘米，达到 125—145 厘米，"风吹草低见牛羊"确实是很壮观的景色。有草还要有水，羊需水较少，而牛最需水，马次之。所以，北部地区的东部草原地带水草丰美，养牛马多，羊次之。北部地区的西部草原草质较差，气候干燥，又多戈壁荒漠，牛马渐少，羊和适于食粗粝草叶的骆驼渐多，而骆驼数量则由西向东逐渐减少。

放牧牲畜需要大量草地，大量畜群不可能在一地久居，需要逐水草而居的游牧生活。冬天酷寒，畜群要转移到山谷避风处过冬，时遇大旱大雪，大量牲畜往往冻饿而死，造成大灾荒。

畜牧之外，还进行狩猎。草原上狩猎对象很多，包括黄羊、麋鹿和狼。草原森林交错地带，更包括了熊、虎乃至野鼠。狩猎和放牧的工具与装备是一样的，组织训练也差不多，主要是骑射、围猎，等于作战，反之亦然。一旦战端开启，平时从事畜牧的族人立刻集中起来组成一支强大的善战的军队。史载，匈奴秦汉时，"控弦之士，一百五十万。"战事一起，成年男子悉数从军，举国为之一空。历史上强大的北方民族，莫不如是。

（二）族群分散、聚散不定，缺乏中心地区和核心力量

北部地区虽然辽阔，有广大的草原，但草原载畜量有限。要 40 亩草地才能养活一头羊（一说是 6 亩）。草场牧草虽可再生，但牲畜吃尽牧草，新草需时在一年以后。资源损耗大，形成一地草原枯竭后，需要转移牧地，即所谓的"逐水草而居"，过着迁徙不定的游牧生活。族群和畜群一样，需要有广阔的生存空间，因此北部地区容纳人口有限。有的学者称今蒙古共和国这个 160 万平方千米的国家，10 世纪（北宋初）人口才 50 万，13 世纪成吉思汗出兵征服世界时为 80 万，经过 1000 年，到了 20 世纪初，人口也才刚刚超过 70 万。今天也只有 300 多万人，平均每平方米人口数只有 2 人。①

由于迁徙不定，特别是冬夏要转移牧场，因此聚落分散，又是内部资

---

① ［英］科林·麦克伊韦迪、理查德琼斯：《世界人口历史图集》，东方出版社 1992 年版，第 189—190 页。

源单一，缺乏经济比较繁荣的核心地区，也缺乏一种共同的文化渊源和心理状态。分散在广大草原上的各个族群，就缺乏一种凝聚力和向心力。历史的大趋势也就趋于分散而非统一了。草原上的强势民族即使建功立国实现统一，也不免要建立适应这种迁徙分散的习惯而建立某种制度。像渤海、辽、金的五京，辽的四时奈钵，蒙古的上都、中都、大都，清朝的木兰秋狝，都是这种逐水草而居的旧习。这也能说明一些北方民族能作大规模的长时期的远徙。如匈奴之远徙欧洲；鲜卑的支族能远徙河西、青海；突厥的西迁中亚；辽国被灭后一支远出新疆中亚，立国西辽；蒙古的远征欧亚大陆；直到清朝康熙准噶尔部失败，一支土尔扈特部西迁伏尔加河流域几十年后又东归新疆内蒙古。

（三）民族众多，关系复杂

北部地区是一个民族活动的舞台。历史上有数不清的民族此起彼伏，聚散无定，更代迅速。一霎时一个原来无声无息的民族骤然爆炸式地崛起、扩张和征服，在历史上留下重重的一笔，对世界历史也有巨大影响。不多时，旋又迅速衰落消逝，几乎完全抹去了历史的痕迹。

民族是一个很复杂而麻烦的问题。一是它与种族如何区别，一是它的起源和发展的途径是怎样的。

种族是以体质特征的差别来区分的，例如区分欧罗巴人种（白种人）、蒙古人种（黄种人）、赤道人种（非洲人）等。它是由不同的遗传特质而带来的，是属于自然生态环境即生物因素的区分。而民族则是人类社会文化群体与生态环境（包括自然生态、经济生态与文化生态）之间的互动关系而形成的。换句话说，种族的区分，主要考虑生物学因素，而不考虑社会因素、文化因素。民族则主要考虑文化因素、社会因素，而不多考虑生物学因素。

民族是一个历史范畴。什么是民族，斯大林给它下了个比较完整的定义："民族（Нация—俄文，Nation—英文）是人们在历史上形成的一个有共同语言、共同地域、共同经济生活以及表现在共同文化上的共同心理素质的稳定的共同体。"①这里斯大林指的是一定时代即资本主义上升时期的历史范畴，即指现代民族。在此之前的原始社会、奴隶制社会、封建社会的民族，那些形成民族的因素并非完全具备，或显示得不那么明显强烈。民族—社会学家林耀华认为，可以称之为原始民族——古代民族，以示其与现代民族的差别。过去苏联对民族的形成过程可区别为氏族——部落——部落联盟——部族——民族等几个阶段。由于外文和翻译用词问题，国内对此说法也颇不一致。这里我们采取一种笼统的提法。氏族部落之上可视情况或称部落联盟，或即追称民族或古代民族。

在形成民族的诸因素中，语言可说是最重要的。只有在具备共同语言的前提下，才会形成种群的内聚力（民族认同感和民族排他性）。这是维系民族内部联系最有力的纽带，也是人们区分不同民族的最明显也是首先使用的标志。语言之所以成为民族的主要特征，在于民族的其他特征一般要通过语言才能实现，语言是民族诸特征中最稳定、变化最缓慢的一个特征。当然也不能太绝对，还应当综合考虑其他显现民族特征的因素。

东亚大陆的民族语言，可以分成五大语系也是今天中国的 56 个民族分属的语系：

汉藏语系——东亚大陆大部分地方使用

阿尔泰语系——北方地区、西北地区、东北地区一些民族使用

南亚语系——云南边地一些民族使用

马来—波利尼西亚语系（或称南岛语系）——台湾原住民使用

印欧语系——新疆西部边陲地方一些民族使用

北部地区的民族语言属于阿尔泰语系。阿尔泰语系突厥语族。源出北部地区西部阿尔泰山一带。这和这个地区的人的种属有一些关系，在北部地区的西边是白种人，而东部则是蒙古利亚人种（黄种人）。阿尔泰语系之下又分成三个语族，历史相继的顺序是：月氏人（祁连山，后迁到中亚）——乌孙（伊犁河谷）——丁零（敕勒、高车）——铁勒——突厥——回纥——黠戛斯。

---

① 《马克思主义和民族问题》《斯大林选集》（上卷），人民出版社 1979 年版，第 64 页。

阿尔泰语系蒙古语族，源出大兴安岭西侧呼伦贝尔，南进到西拉木伦河——西辽河一带，历史上相继的顺序是：东胡——乌桓——鲜卑——柔然——契丹——鞑靼——蒙古。

阿尔泰语系通古斯语族已不在北部地区范围内，而属东北地区，源出松花江、长白山一带，历史上相继的顺序是：肃慎——扶余——挹娄——靺鞨——女真——满族。他们的历史活动主要在东北地区，但势力强大起来后，也可以延伸到北部地区。

这些历史上的民族，多数已经消失。他们在北部地区一般各有地盘。在相同的语族中，各族语言多有相通之处，比较易于彼此沟通。

这些历史上的民族也有文字，计有突厥文、回鹘文、黠戛斯文、契丹文、西夏文、蒙文，此外还有女真文和满文。但这些文字有些没有流传下来，需要后世的学者们努力地去释读，其中有些如突厥文、契丹文等已经成了绝学。

（四）战争频繁，倏起倏灭

游牧民族物质生活简单，所需资源单一，且又匮乏，生活水平低下、艰苦，又常多天灾，往往难以赓续生产，不能保障最低限度的生活需求。因此形成了一种贪欲和掠夺的愿望。又由于是游牧生活，私有观念不强，各部落之间常因争夺畜群、牧地和水源而争斗不休。一旦他们南下接触到农业民族地区，往往会为那里相对丰足富裕稳定的生活所吸引，以掠夺抢劫代替了生产，以得到"子女玉帛"。特别是当他们步入阶级社会的门坎时，贪欲掠夺的欲望从贵族到平民就陡然膨胀起来。以致"以杀戮为耕作"。由于作战无需训练，骑兵流动性强，机动灵活，因此，北方游牧民族几乎唯一的作战力量是骑兵，而作战形式主要是野战。

马是一种群栖性的动物，行走快捷，灵活机动。马群中的马有服从领头雄马的习性，因而形成马对人的驯服效忠。马肉马乳也可食用。野马群原来游徜于中亚和中国的北部地区。其驯化最早在 6500 年前。用途最早是用于乘骑，用于追逐野兽和驱赶牛群羊群。以后才逐渐用于负载和拉车，这样由狩猎发展而来的骑兵也就成了北方游牧民族的主要作战形式。这一是他们畜有大量的马；二是北方民族几乎人人都会骑马，可以在短期内动员大量的骑兵；三是运用马匹作战需要对其进行严格的训练。骑手的坐骑不仅要高速疾驰，还要求按骑手的指挥跳跃、卧伏、渡水、登山。要求在战场上千变万化的情势中最熟练地听从骑手指挥。遇到巨响烟火等变化之中保持镇静，不受惊扰。

最早用于驾驭马匹的马具是马衔（马嚼子）、马络头（笼头）和马辔（缰）。但只用马衔和缰绳骑在光背马上难于控制马的动作，也难于持久骑乘。所以以后在马背上出现了鞍垫这种原始的鞍具。在秦始皇二号兵马俑坑中的战马俑和陕西杨家湾西汉初年骑兵俑战马的背上均铺有这种鞍垫。但阴山北侧巴彦淖尔北侧岩画中骑马人的马背上的鞍垫，前后略微高起，大概为了疾驰稳定身躯。论者谓系 5000 年前的匈奴骑者（有人说画上还有马镫，但从画上看不出来）。汉文文献中有关乘马的记载已是商周以后的事。至于马鞍、马镫和蹄铁这些重要的马匹装具的出现已是北方游牧民族进入文明期以后的事了。

乘马所用的主要武器是弓箭。利用弓弦张开有弹性的弓臂搭上箭以积蓄势能，然后释放弓弦化为动能将箭射向目标，速度快，射程远，准确性高，穿透力强，杀伤力大。再辅以乘马，速度快，转向易，机动性强，是一种较之投枪、绊兽索、飞石索等更有力的远射武器。弓箭的发明是在 30000 年前旧石器时代（山西峙峪遗址已出现 28000 年前的石镞）。5000 年前的新疆洋海墓地已出土了复合弓，是在弓臂上以骨角等硬质材料粘上或缠上骨片角片兽筋，以加强弓的强度和弹力，以期射得更远和更有力。箭先是用削尖的竹木箭杆，以后加上石镞或铜镞、铁镞，并进而出现多棱镞以提高杀伤力。箭杆尾部也加上硬翎毛以定向和加强准确性。此外，短矛和直刃刀以及小型的木盾也是常用的武器。

北部地区的骑兵由于自然条件的限制也有自己的特点：一是驯养的马匹是蒙古马，体型较小，虽然奔驰迅速、耐久，但不宜过度负重；二是由于北部地区的物资匮乏，很难配备甲胄及一些重型装备；三是因为进攻性强和作战的需要，所以这些游牧民族的骑兵主要是轻装骑兵，而非像波斯、欧洲那样的重装骑兵。

北部地区游牧民族主力是骑兵，作战无需训练，流动性大，作战方式又主要是野战，所需装备粮食物资也少，更可用抢掠征发的方式来补充，不像步兵作战，需要随行大量的粮草辎重。困难时甚至可用刺马喝血，杀马充饥。据记载，蒙古骑兵征战，常常一人带几匹马，轮流换乘，一旦攻下居民点或城市，立刻发动兵士屠城、抢掠，来去如风。据说成吉思汗侄子拔都西征攻打伏尔加河口的城市阿斯特拉罕，当地贵族听到消息蒙古骑兵还在千里之外，于是他们晚上举行盛大宴会玩乐。不料，当夜，蒙古大军袭来了，饮宴者全被俘虏。蒙古人说，你们不是好玩乐吗，就让你们玩乐个够。于是做了一对大桌面，把700名贵族压在桌面下面，蒙古人在桌面上饮宴唱歌跳舞。结果下边的贵族全给压死了。他们所需的粮食草料就地征集，就是抢掠。他们住的是毡毛帐篷，也就是"穹庐"，即蒙古包，装拆方便，用车运载，用便于跋涉和适合地形的大轮子牛车拉着(也叫"勒勒车")。甚至大汗的行帐也这样拉着走。吃的也简单，粮食有一些，但主要是肉乳制品，后者有牛马羊乳和炼制的酥油，还有奶酪，嫩的成"奶皮子""奶豆腐"。喝的是马奶酒，更有炼制的奶酪，叫"奶渣子"，热量和营养价值很高。我在内蒙古吃过，很硬很韧，嚼不动。蒙族同志说那是他们常备的干粮，出远门时骑上马、带上一袋奶渣子，一个月的食物就够了。喝水用皮袋，装了挂在马上。出门带"马扎"，也称胡床，折叠起来挂在马鞍上，用时取下坐下，可以避免草原的露水把衣服打湿。后来传到汉地加以改进，成了交椅。穿则是皮衣、毡子，但少毛纺品。这样一支庞大的骑兵远程攻袭，遇村屠村，遇城屠城，把人几乎杀光，只留下对他们有用的工匠。这样一支不知从何而来的骑兵令信奉基督教的欧洲人大为恐慌，被称为"上帝之鞭"。是他们有罪，上帝借此来惩罚他们。20世纪初，德皇威廉二世更称之为"黄祸"，这种论调一直差不多延续了一个世纪以上，改头换面称为"中国威胁论"，至今未戢。

草原上的诸多部落相互冲突，相互攻伐，从无已时，给人民带来了极大的痛苦，也使生产受到了很大的破坏，发展受到了很大的阻碍。《蒙古秘史》254节记载"星天旋转，诸国征战，连上床睡觉的工夫也没有。互相掠夺、抢掠。世界翻转，诸国征战，连进被窝睡觉的工夫也没有。互相争夺杀伐。没有思考余暇，只有尽力行事。没有逃避地方，只有冲锋打仗，没有平安幸福，只有互相杀伐。"（谢再善译本）

战争频繁的情况对整个草原是不利的，因此广大民众希望有一个强有力的首领来统一各部，不再互相攻杀掠夺和影响生产及生存。

草原各民族经济生活相同，生活方式单一，语言也不是太大障碍，交往也非不方便。当一个部落或小的民族略为强大，又或出现了强有力的领袖（如匈奴的冒顿，鲜卑的檀石槐，突厥的土门可汗、木杆可汗，契丹的阿保机，蒙古的成吉思汗，乃至女真的阿骨打，满族的努尔哈赤），这些领袖具备他人所不可企及的高超素质。像对成吉思汗的评价是"杰出的军事家，精明的政治家，迅捷脱颖的思想家，奸诈狡猾的谋略家，不可思议的野心家，恣睢暴虐的暴君等等。"在这些领袖的统率征战和纵横捭阖的谋略下，短短的几年、十几年，至多几十年的时间里，征服、臣服和联合了草原上许许多多的其他部落，组合成一个新起的强大的民族，形成了一个统一的新起的强大国家。而这个原来的部落或小民族的名称也就成了新的民族的共同名称。那附近一带同语族的部落种属语言相近，也就成了这个新兴民族的共同语言（如鲜卑语、突厥语、蒙古语。另外，印欧语系各族也是从中亚一直延伸到了欧美）。

由于草原上这些民族具备个性与林林总总的文化传统，历史也许悠久，但传承下来的文化与传统却不算多而且相对薄弱。也少有自己的文字，即使有，记载也少和凌乱，往往只凭代代口耳相传，缺乏共同的向心力和凝聚力。迁徙无定的游牧生活，又使得他们缺乏一个经济文化和政治的核心地区。因为这些崛起民族的庞大，统一帝国只是暂时而无法消戢各个民族之间的特有个性和内部矛盾。统一强大帝国只能是一种不稳定的军事和政治的联合体，一旦这个强大新民族帝国内部出现变故或者巨大的天灾，或者主要领袖人物的丧亡，这个外表强大的帝国的统一局面立刻土崩瓦解，原来已被征服或压服的各个小民族又纷纷反叛独立，大草原上又出现了割据纷乱互相攻伐混乱的局面。这里最明显的是公元前4世纪，亚历山大的马其顿帝国和15世纪的帖木儿帝国。而原来强大的帝国崛起往往不过几十年至多百年，强大一时的新兴民族在一段时期中，震撼了东亚乃至世界的历史，又纷纷湮灭，于是新兴的民族又开始崛起，形成了一种历史循环。

（五）民族兴衰的波浪式起伏

在北部地区的南边，即东亚大陆东部的北部，那是汉族聚居区，人口稠密，经济发达，财富丰足，制度先进，文化优美，成为北部地区诸民族觊觎的对象，掠夺的目标。草原民族一旦崛起强大，中原的花花世界立刻进入他们的视野，也成了他们羡慕的对象和攻击的目标。东部地区倒成了北部地区诸民族的向心力和凝聚力的所在，也使得中华民族多元一体的格局具有了动力。

在北部地区诸民族兴衰的过程中，影响最大、历时最久的是匈奴，其身份起源却不大容易弄得清楚。匈奴到底源于何处，属于哪个人种和语族，由于年代久远，遗迹不多，又没有自己的文字，关于它的记载，只见于汉文文献，而当汉文文献对之有正式记载的时候，已是战国秦汉时期了。那时，匈奴已经遍布大漠南北，关于它的族源和活动已经不太好追溯了。中国更早一些的关于北方民族的记载见于殷商甲骨文中的是"鬼方"，有人说这个"鬼方"就是匈奴，但找不到确证。西周的《诗经》记有"猃狁""獯（荤）粥"，有人说这就是"匈奴"一辞的汉语音译。战国以后才出现"匈奴"一辞，也称为"胡"，还有称为戎狄的。这些"猃狁""獯粥""胡"的活动地区包括了东部地区的北部，即今天河北、山西、陕西的北部，也包括漠南乃至陕西甘肃。这个情况今天看来并不奇怪。不要以为商周这样的早期国家跟现代国家一样，疆界分明，到处都有人烟，那时的王朝除了都城和近畿人口较多以外，封国实际上都是一个个群居的聚落，其附近有农田，再以外就是草莱榛莽和原始森林，在那里活动着许多原始的零散氏族和部落，有的游牧，有的渔猎，有的从事原始的农业，乃至从事采集，装束古怪，看来跟野兽差不多，被中原王朝居民称为蛮、夷、貊、戎、狄。匈奴就是这样活跃在北部、东部北方和西北这样的氏族、部落群体。

以致有人说匈奴一族原本就是在黄河流域的草莱榛莽中诞生的，以后向北发展，越过燕山到了漠南，更越过大戈壁到了漠北，也活动到了东北和西北地区。但匈奴究竟怎么回事，说法很多，至今没有定论。

北部地区各民族与东部地区民族关系至为密切，但不能说这就是北部地区民族与汉族的关系。因为东部地区的中原王朝建立者并不全是汉族，也包括了北部地区和东北地区南下的民族。这些政权一旦建立并且立足于东部地区，他们同样有一个和北部地区民族的关系问题。

北部地区游牧民族的兴衰大抵遵循以下轨道。阿尔泰语系突厥语族的民族大抵兴起于北部地区西北的阿尔泰山、萨彦岭一带，如丁零、突厥、铁勒、回纥等。而阿尔泰语系蒙古语族的民族大抵兴起于北部地区东北的大兴安岭西侧的呼伦贝尔西喇木伦——西辽河一带。如东胡、乌桓、鲜卑、柔然、契丹、蒙古等。在北部地区西北和东北两角兴起的游牧民族越过戈壁沙漠进入了南边的草原地带。其移动路线有三条，最主要的是从阴山以北的大草原越过阴山山脉中的大青山、乌拉山、狼山以及西边的贺兰山诸山口，可以很方便地进入宜农宜牧的河套地区，尔后再进入鄂尔多斯和雁北。这里就成了向南拓展的北方游牧民族与向北拓展的汉族之间的中间地带。第二个途径是经过蒙古高原南缘和贺兰山口越过腾格里沙漠和巴丹吉林沙漠，到达水草丰饶的祁连山下的河西走廊。那里绿洲相续，是放牧的好地方，也是农耕的好地方。匈奴、鲜卑、突厥、回纥都曾朝这个方向扩展。第三个途径是翻越阿尔泰山，进到西北地区的准噶尔盆地，那里虽然也有戈壁沙漠，但是其中也有固定沙丘的植被。而阿尔泰山西麓与天山山麓的高山草原也宜于放牧。越过天山诸多山口，又进到塔里木盆地。盆地中心的塔克拉玛干大沙漠虽然气候干热，不宜居人，但天山南麓仍有森林草甸和绿洲，匈奴、突厥、回纥、契丹、蒙古都曾在那里活动过。北部地区的游牧民族如果再从此处往西扩展，也可越过阿尔泰山、萨彦岭以北西伯利亚大森林边缘的草原通道和阿尔泰山、天山之间的通道向西再作大规模的迁徙进入中亚，一直西入里海以北的草原进入欧洲。这就是匈奴、突厥、回纥、契丹曾经走过的迁移路线。另外越过祁连山的诸山口向南，也可以到达青海，南通西藏。由于这里是古代中国的草原地带，北方游牧民族向这里迁徙也是颇为方便的，这里比较突出的是鲜卑——吐谷浑和后来的蒙古。

当新的游牧民族从北部地区的东北和西北两角悄然或勃然兴起，经过征服、结盟等手段统一了大约300万平方千米的地区之后，南下到了阴山以北一线，并且开始越过阴山跟中原王朝争夺河套地区。由于活动地带的扩大，并开始频繁接触先进的汉族经济文化，军事力量与经济力量往往陡然增长，社会制度变化的速度也加快了。往往就从原始社会末期飞速地进入阶级社会，建立了国家。随着经济军事力量的飞速增长与社会制度的剧烈变化，也由于汉族地区先进经济文化的吸引力，这些民族的上层贵族的野心和贪欲急剧膨胀，掠夺性加强，军力四向扩展，而这些民族的下层也同样抱着对财富的渴望跟随其上层从事征战。西到准噶尔盆地和河西走廊，南到河套，东到辽东都成了他们征战掠夺的地方。其中特别以丰饶的河套为最。这时如果南面的中原王朝处于弱势，或内部陷入纷争，矛盾尖锐的分裂战乱的情势下，河套和鄂尔多斯就被北方民族完全控制。中原王朝势力退到陕北、雁北、冀北、燕山一线。北方民族势力如果再向南进，如隋末突厥之控制刘武周、宋金刚、刘黑闼、高开道、梁师都一样，东部地区北方藩篱尽失，通向关中、晋中、冀中的门户就打开了。一旦北方民族由此进入关中河洛，这就出现了胡骑入主中原的局面，遭到重创的中原王朝只好再向南退，据守秦岭淮河一线，而南下的北方民族也因此动能势头减弱，又需要消化与适应所占领的土地和人民，这样就出现了南北朝对峙的局面。如果北方民族南进的势头仍然强劲，就可以一直打到南海甚至进军南洋，再次形成了强大的统一新王朝。元朝即是一例，清朝也是如此。

另一方面，北部地区游牧民族南下时，如果南面东部地区的中原王朝的经济和军事实力够强大的话，则先守住陕北、晋北、冀北、燕山、辽东一线，继而积累国力向北攻击。先挺进河套地区，以阴山为防线，封锁阴山的各个山口，再向北推进，控制整个漠南，进而越过大戈壁向漠北发动攻击。实现勒石燕然、封禅都斤山的壮举。与此同时，中原王朝的军队也向西北进军，驱逐盘踞在河西走廊的北方民族势力。汉武帝与匈奴作战，就是循着这样的路径。匈奴在失掉阴山之后"过之未尝不哭"。汉军驱逐河西走廊的匈奴之后，匈奴发出这样的悲歌："失我祁连山，使我六畜不蕃息；失我胭脂山（焉支山），使我妇女（嫁妇）无颜色。"可见匈奴失去这些水草丰美地段的悲愤。当中原王朝势力越过阴山、大戈壁扫荡漠北的时候，处于弱势一方的北部地区游牧民族需要撤退。撤退的去向有三个：

第一是投降，入款塞下，被安置在当初中原王朝的河套、陕北、晋北、冀北一带。

第二是向北退却到他们的发源地去，也就是北部地区的西北角和东北角。

第三是沿蒙古高原西缘西行，经过或避开河西走廊进入准噶尔盆地。再进一步，越过天山、阿尔泰山之间的山口和伊犁河谷，进入中亚阿姆河锡尔河、咸海之间的地带，即所谓七河或河中地带。或更向西进发，越过黑海北端，湮没在欧亚之间茫茫的草原之中。

第一条道路入款塞下，在北部地区和东部地区之间的中间地带河套、陕北、晋北、冀北宜农宜牧的地方定居下来，保持原来的部落组织与游牧生活方式，但渐渐进入农耕生活，与汉族融合，南匈奴、东突厥、契丹、蒙古、女真、满族，都有这样的经历。一旦汉族王朝衰落或内部矛盾尖锐化，这些地处边疆的北方民族就纷纷进入内地，到达黄河以北的地方。由于中原的纷扰与汉族的歧视和压迫，他们也就纷纷起事，造成东部地区黄河流域的极大动荡。最著名的就是西晋末年的"五胡乱华"。

当北方民族在汉族压迫下循第二条道路北退时，大草原的统一格局已经崩解，部落民族之间重又纷争不已，在原来南下民族发源地阿尔泰山和丰饶的呼伦贝尔又兴起了新的民族，或者在他们东北方向的白山黑水之间即长白山与松花江之间的森林草原地带也兴起了操阿尔泰语系通古斯语族语言的新起民族。这些新起的民族也使原来民族回不了故乡。前者如东汉三国时的乌桓、鲜卑之于匈奴，唐代铁勒诸部的薛延陀、回纥、黠戛斯之于突厥、回纥；后者如契丹之于回纥，女真之于契丹，蒙古之于女真。几经周折，北部地区大草原上终于又为那些新兴民族所统一，继续重复历史划定的轨道南下西进。虽然这种统一往往只是短暂的，但这也有例外，那就是被明军赶到北边的蒙古族仍然在相当长的一段时间内继续强悍纵横草原，先后有鞑靼、瓦剌与明军对抗，造成对明朝北部边防的严重威胁。

第二个途径是循着当年草原民族强大时的发展路线向西退却。只要避开河西走廊而沿蒙古高原南沿和阿尔泰山西麓进入准噶尔盆地。如果中原王朝力量强大，就像两汉控制河西走廊，打开向西域中亚进军的通道，再前出伊吾和吐鲁番盆地，切断北疆与南疆塔里木盆地的联系那样，中原王朝的势力就循天山南麓和北麓进入准噶尔盆地和塔里木盆地西侧，这时势弱的北方民族只好再越过天山和阿尔泰山之间的山地，进入中亚，建立新的王国，或者再向西去，消失在茫茫的欧亚大草原上。

然而，就在这些民族从历史上消逝以后，经过一段或长或短的时刻，他们又重新出现在欧洲的历史舞台上，震动了整个欧洲。这里最有名的就是匈奴。当匈奴被东汉大将窦宪驱赶出大漠以北之后，经历了三百年不为人知的漫长岁月，陡然出现在东欧，国王阿提拉率大军击败了活动在多瑙河、莱茵河以北的日耳曼蛮族，迫使他们纷纷南迁，东歌特人、西歌特人、法兰克人纷纷进入罗马帝国的疆界，造成了西罗马帝国的灭亡及东罗马帝国即拜占庭帝国势力的东移。七百年以后，崛起的空前强大的蒙古汗国经过三次西征，席卷了亚洲大片土地，又像突发的霹雳一样，出现在东欧，建立了横跨欧亚的世界最大帝国。在匈奴与蒙古之间，突厥的一支塞尔柱突厥建立的奥斯曼帝国进入小亚细亚攻下君士坦丁堡、巴尔干、中东和北非，一度进军中欧，又一次震撼欧洲，改变了世界历史。

这样，北部地区游牧民族的兴起、扩展与衰歇在与东部地区民族的关系上就呈现出了波浪式的运动。从北部地区西北角和东北角兴起的新兴民族像波浪一样地向南推进。当中原王朝无力或无法遏制他们时，他们就继续南下，形成南北朝或统一整个中国。当中原王朝势力足够强大，对他们进行抵抗和驱逐时，他们就或是北退或是西迁，或是留下与汉族融合。一个浪头起来了，到了岸边或是进入或是退去或是转移消失，而背后又是一个新的浪头打来。这种态势与东部地区民族滚雪球式的移民浪潮相结合，就造成了空前巨大的南向移民浪潮。尤以西晋五胡十六国、南北朝和宋金对峙时期为最。北方民族波浪式的南下浪潮与中原王朝滚雪球式的南向移民相结合，就形成了中国历史上一种周期性的脉动现象，大抵从一二百年到二三百年为一个周期。对这种历史上膨胀——收缩——再膨胀——再收缩的情况，我们可以称之为：中国历史上的脉动现象。

第三节　东部地区农耕民族对北部地区游牧民族南下的应对

（一）守御和长城

当北方游牧民族的骑兵南下到东部地区北方的农业区域时，长久固定在一个地方从事农业生产生活安定的农业居民（主要是汉族）受到极大的困扰。他们平日缺乏军事训练，无论是数量或质量都不足与来往倏忽的强大骑兵抗衡。而骑兵的进袭必然会严重干扰和破坏农业生产。特别是在秋高马肥庄稼收获后的秋天和初冬，损失尤重。北方民族骑兵小股南下，抢掠新收获的粮草兼以烧杀，契丹人谓之为"打草谷"。一旦中原王朝衰落或出现动乱，北方民族大股骑兵就如潮水一样涌入中原颠覆原来的王朝，甚至直抵南海。在中原王朝(主要是汉族)与北方游牧民族的长期角力中，前者往往处于被动和防御的地位。

面对骑兵的冲击，最好的办法是野战。但中原农业民族野战实非其所长，而北方游牧民族的骑兵攻掠又有冲击猛烈而为时短暂一如暴风雨般骤然又片刻止歇的特点。因此，守御骑兵突袭的最好形式是修建长城。早在原始社会后期的部落往往在聚落周围修一道土墙，甩一道注水的壕沟，以保护其核心地带。但四周的农田和庐舍仍然暴露在外。由于聚落人口不多，垦田有限，因此往往在农田的外边再加筑一道低矮的土墙，或培植一圈灌木，以资保护，称之为"墉"。居民平日在田野耕作，农忙时或者在田野中简陋的庐舍中过夜，有警时撤到城内从事防御。筑城的材料多半就地取材，多以土砖垒筑或夯土修筑，再以条石作基底，或在上用石片堆砌。城防工事也逐渐完善。春秋战国以后，城上逐渐出现了雉堞、敌楼、马面和瓮城。除了注水的城壕以外，也修有长长的沟堑、陷阱，木制的拒马鹿砦和散布的蒺藜，已经有了防御战车和骑兵的设施了。

春秋争霸，有些诸侯国因为兼并小国而变成大国，或者为了抵御周边的少数族，因此把边境地方断续的封闭的城圈伸展开来，连接成一线防御工事，这就是长城。最早见诸记载的是楚国的方城。方城建于河南中部，主要是对付北面来的晋国等诸侯国的军队。原来春秋的主要的作战方式是车战，作战双方几十辆上百辆甚至上千辆战车在开阔地段一字排开，互相冲突，往往一次冲击，一天时间就决定了胜负。楚国的方城看来吓人，也许是徒有其表。到了战国，步战开始突出，楚国的方城扩大了，齐、魏、燕、赵、秦、中山等国也修筑了长城。长城的功能有二：一是防御他国的攻击，二是国外扩张领土后防御落后民族的攻击。战国最早修长城的是齐国。齐长城在山东中部面向南方，这是因为它的北面东面是海，西面是黄河，都是天然的防御工事，只有南面需要对付莱夷，所以长城面向南方，有名的孟姜女哭长城的故事就发生在这里。说是孟姜女的丈夫杞梁被秦始皇征发去修长城死掉，尸骨被埋在城下。孟姜女千里寻夫，在长城下痛哭，城墙崩塌，发现了丈夫的尸骨。今天山海关还有孟姜女庙。其实故事起源于齐而不在秦，孟姜女的姜是齐国的姓，孟就是行大，姜就是齐国姜家的大女儿，她哭的是齐国的长城。现在的传说把时空都超越了。齐长城的遗迹现在还可以找到。齐长城以后是燕长城。原先也是面向南方的，也是防御南边的敌人。魏长城修了两道。战国初年魏国一度很强大，占有山西南部和山西一部，一直到西河。它就在黄河边上修了一道长城防御秦国。然后再在国都大梁（开封）东面修了一道长城防御齐国。至于赵国，它在国都邯郸南面修了一道长城防御魏国，战国七雄之外，北狄所建的中山国也修了长城，位置在今河北保定、石家庄一带。战国诸雄中唯一没有修长城的是韩国。那是因为韩国小，力弱，四周又无险可守，被别国包围，没有发展余地，就算把国土全围起来也没用，所以也就没有修城。秦对山东六国多采攻势，不断向东扩张，不需要再向这个方向修长城。秦的长城在西面是对付匈奴的。战国时期，不但中原诸国互相攻伐，而且处在周边的国家也都向外扩张领土，也需要筑城防守。像燕国到了今天的辽东一带，秦国向北往西，赵国往北，楚国往东、往南、往西南，一直到达了现在的南海和云南。原来匈奴的活动地区在雁北即大同盆地和陕北、陇西一带。赵武灵王实行改革，胡服骑射，把匈奴压迫出去，并在河套和阴山修了两道长城。燕国在燕山以北修了长城，在辽东一带也修了长城，不仅用来抗御匈奴，还可以对付来自东面和东北面的威胁。现在人们有一个错觉，以为长城始于山海关，终于嘉峪关。其实不然，燕国、秦朝、汉朝的长城都始于朝鲜半岛，位处辽西走廊、辽东、鸭绿江乃至更南的一线。从战国后期开始，长城就从楚国、齐国的对内防御工事转化为东部地区的对外防御工事了。像燕国的长城就从燕山以北一直南下延伸到朝鲜平壤附近的清川江。秦始皇统一六国以后，继续修筑长城，并且把燕、赵在燕山阴山以北的几段不相连的长城连接起来，从辽东朝鲜半岛清川江口一直到甘肃的临洮县。而原来燕、赵、齐的长城没有很大变动。不过秦长城有一个大缺口，就是现在宁夏的黄河河套和鄂尔多斯。因为，秦已经把匈奴赶到河套以北的地方去了，阴山已经成了国防第一线。河套及其以南的地方布置了大量的士兵和移民垦辟成了后方，已经不需要再筑长城了。长城修得最长的一个朝代是西汉。秦朝灭亡，匈奴突起，猖獗一时，南侵到了雁北、晋北、冀北一带。西汉初年，战乱初平，经济亟待恢复，对于匈奴的侵扰穷于应付。七十年后，休养生息，国力充沛，汉武帝开始发动对匈奴的进攻。经过六场大战，把匈奴驱逐到了阴山、祁连山以北，并且开通西域，在河套、河西走廊、吐鲁番盆地一带屯兵戍守，移民垦辟，防线一直北伸到河套额济纳和伊吾轮台。为了守住这条防线，西汉继秦之后大力修筑长城，从鸭绿江口西边一直延伸到敦煌、玉门关、阳关两个关口，其遗址至今可见。西汉长城是历史上最长的，而且修筑了几道，燕山、阴山以北烽燧壁垒相望。河套以西堡垒线也沿蒙古高原边缘西行，超越了腾格里沙漠和巴丹吉林沙漠，并且深入到阿尔泰山迤东边上，在目前蒙古境内南戈壁省还残留着一段所谓的"成吉思汗"长城。这与内蒙古额齐纳河的汉代凸形长城烽燧体系相对，构成了西北方向的第一道防线。玉门关以西的长城的构筑多是就地取材，或石块、石片垒筑，或夯土所筑，或泥土杂树枝茅草筑成，敦煌以北的一段长城干脆以戈壁滩上的沙石夹芦苇筑成，层层叠叠达十余层之多，日久盐碱化，质地十分坚硬。

此后，各朝也修过长城，修的时间在北朝。北朝政权多为从东北和北方南下的少数民族，他们一旦进入东部地区，也要防御来自北方和东北方的另一批新的少数民族的进攻。起先是柔然，后来是突厥。北魏、东魏、北齐、北周都修过长城。北齐和北周的长城不是修在阴山，而是在雁门关一线，因为那时突厥已经很强大。最猖獗的时候，北齐和北周的统治者一方面修长城防御，另一方面又多方结好突厥，交纳大批财帛。当时的突厥可汗就说："但使我南边两个儿孝顺，什么都有了。"可见长城的修建和选址跟中原王朝与北方少数民族势力消长大有关系。中原王朝强大，长城线就向北推移，北方民族势力大了，长城就向南退缩。更北的地方只好放弃了。隋朝统一全国，力量强大，对突厥具有有利态势，所修长城就向北推移几乎恢复了秦汉长城线的地方。隋以后，唐朝大力向外扩展，势力强大，没有必要修长城。安史之乱以后，唐朝北方藩镇割据争战不休，北方少数民族势力向南渗入，没有力量修长城。五代十国的后晋石敬瑭，把雁北、冀北的幽云十六州割让给了契丹，汉族政权势力再度退到雁北、冀北一线。北宋建国，两次出兵攻辽（契丹）失败，燕云十六州收复无望，国防线退到雁门关和冀中平原。冀中平原无险可守，除了一些城堡之外，北宋只好利用一连串的河流、湖泊、湿地建立了一道水上防线。春夏水多时倒是可以阻隔契丹的骑兵。秋冬水涸结冰就不成其为防线，至多是一道沟，再也无法阻扼秋高马肥的契丹骑兵南下"打草谷"，掠夺粮食、草料、财物了。北宋西部宁夏河谷和陇右被新起的西夏占据，北宋疲于奔命，除了建立重重堡寨外，再也没有力量和勇气修筑长城了。被金赶到南方的南宋自不必说。金是否修筑长城，史无明证，但大力修筑了一条几乎纵贯内蒙全境的界壕，辅之以大批城堡，构筑了一道疏落的防线，主要是为了防扼西面兴起的蒙古骑兵。元朝没有修长城，是因为用不着修。明朝是中国历史上最后一个大规模修建长城的朝代，主要是北方的蒙古族对南边的明朝的压力太大。朱元璋北伐，赶走了元朝，但元朝并没有灭亡，最后一个皇帝元顺帝跑到蒙古草原上还是自称元朝，史称"北元"，力量还很强大。明成祖迁都北京的一个原因就是要对付北方的蒙古。他率军亲征五次，声势浩大，但战果不彰，并没有把它消灭掉。此后，蒙古内部发生了变化，出现了一个鞑靼，一个瓦剌，不断跟明朝打仗。明英宗曾率兵五十万"亲征"瓦剌，但土木堡一役大败，全军覆没，英宗也当了俘虏。瓦剌进围北京，于谦赶紧立英宗弟景泰帝为帝，经抵抗这才转危为安。

此后明朝更积极地修建长城，加固边防，特别是嘉靖末年从广东调抗倭名将戚继光来修筑北京北边长城的那一次。从嘉靖到隆庆，戚继光用了大约十五年时光修建了这段长城。城墙沿山脊蜿蜒而建，险峻处几乎是直上直下，其坚固程度在历史上是空前的。墙体一律包砖，敌楼、烽台络绎不绝，可以防止敌骑的攀越冲突。从山西再往西去，长城避开阴山、鄂尔多斯一带，沿鄂尔多斯高原西南边缘而折下，经过宁夏河谷沿贺兰山麓进入甘肃，直抵嘉峪关。这一线全是黄土夯墙，把河套、鄂尔多斯和额尔吉纳隔在了长城之外。现在把长城的起点放在山海关，终点放在嘉峪关，其实戚继光之前明长城还从山海关向东延长了很长一段，经过辽西走廊、辽东到达鸭绿江口的虎山。到了清朝，在东北地区的关外修了一道柳条边，那不是长城，不过是阻隔中原汉人进入满洲腹地的篱笆。

由于明朝西陲被信奉伊斯兰教的少数民族所占，明朝的防线东缩到嘉峪关。其实，明朝还在太行山山脊修了段内长城以防御蒙古骑兵越过山西向河北进攻。有名的娘子关、平型关就在内长城上。

总起来看，不要误以为历史上的长城就是一条线，而是一种多层多样的防御工事体系。包括墙体、壕沟、单体建筑和关堡以及相当设施等。可知历代长城总长度经国家文物局公布为21196.18千米，明长城总长度为8851.88千米，都大大超过了"万里长城"习惯说法。长城又是一个很大的工程，往往要修几年、十几年乃至几十年，动员的人力、物力动辄上万甚至十几万。耗费人力、财力、物力之大，有时难于想象。今天，人们常常把长城看成是中华民族精神的见证和象征，动不动就是"不到长城非好汉""把我们的血肉筑成我们新的长城""钢铁长城"，等等。可见长城在中国人的心目中是多么重要。另一方面，长城也是人民的苦难和血汗的象征。关于长城的故事，特别是世代相传的孟姜女哭长城的故事，反映了中国古代劳动人民在修长城中付出的代价和辛酸。

修筑长城代价确实很大，但是对古代北方游牧民族的骑兵确实是一种很好的防御工事。骑兵虽然跑得很快，但遇到那么高和厚的墙，只配有冷兵器的骑兵是翻不过去的。进攻的办法或是绕道，或是突击打下一个关口，甚或拆掉一段攻陷的城墙，好为骑兵的突击开辟一条道路。明朝的长城经常在双方的攻防中被拆掉一段，但敌人却又不一定冲击这个缺口。不管怎样，长城总是敌人进军的一个障碍。因此，长城不仅是一个防御据点，而是一条防线，并且多重配置，掩护着南面广阔的农业地区，在历史上曾经起过很好的作用。

（二）戍边和士兵的职业化

应对游牧民族光修长城是不行的，还须派兵戍守。游牧民族的袭扰长期不断，戍边的兵也就只好长期化、常备化、专业化。戍边的兵需要大量开支，不仅要耗费大量人力，而且要耗费大量物力、财力。

农业民族与游牧民族有一个根本的不同，游牧民族是牧猎战合一，随时可以集结强大的兵力作战。但农业民族生产和作战是两回事。农业生产的工具、装备、技术和训练并不适合作战的需要，遇有战争，只能分出一部分人进行训练，专门用于作战。春秋以前，战争规模较小，主要作战形式是车战，时间不长，频率较低，对手又多是力量不强和分散，打仗更是贵族的事，作战时征集农业生产者成军，战争结束后再解散去从事农业生产。兵役和力役不分，实际上是兵徭合一。战国以后，战争规模扩大，次数和频率增加，亟需形成一支脱离农业生产、充实武器装备、训练作战技术的职业兵、常备兵。加上边疆民族压力强大，侵扰不断，北方的齐、秦、赵、燕，开始修筑绵连的长城，使得北方防线大大延长，需要大量士卒戍守。于是，征调农夫与职业兵常备兵的矛盾突出起来，而国家财政与浩大的军费的矛盾也突出起来。秦汉以后，这两对矛盾几乎贯穿了整个的中国兵制的历史。而其中的趋向，则是军队的日益常备化和专业化，更突出的是出现了军队的世袭化。

汉代仍行兵徭合一，每人每年服役一月，谓之"卒更"，可以出钱募人代役，谓之"践更"。又需每人一年戍边三日，因路远不便往返，改为一生戍边一年。也可募人代行，谓之"过更"。实际上戍边时间很长，又兼屯田，戍边的士卒遂成了专业化的常备兵、职业兵。应征者出钱雇人应役，义务兵也就成了雇佣兵和募兵。三国两晋，战乱频仍，为了解决大量士兵的军食问题，魏蜀吴三国都实行了士兵屯田制，而且由于战争绵延，把一部分士兵从农民那里分割出来专门当兵，而且子继父业，世代为兵，称为"士家"或"兵家"。南北朝时期赓续原来的少数民族部落兵制，指定部分人平时务农，战时征调，称为"府兵"。到了隋唐，府兵制度延续下来，在国内一些要害地区设置折冲府，确定一些人农忙时从事农业生产，农闲时训练，定期到京师和各地番上宿卫和戍边。番上期为一个月，戍边期为六年。但国家承平，宿卫流于形式，被讥为"侍官"，边情紧急，戍边时间一再延长，府兵生活苦不堪言。杜甫的《兵车行》描写一个老年戍卒："或从十五北防河，便至四十西营田。去时里正与裹头，归来头白还戍边。"府兵出行需自带衣甲粮食，生活艰苦，死后遗物又被边将吞没，苦不堪言。民间乃有自断手足以避兵役，谓之"福手福足"。从白居易诗《新丰折臂翁》可见一斑。府兵制度腐败，唐朝为了维持局面，实行募兵，谓之"彍骑"。终唐一代，养兵之数多达七十余万。经过五代时的混乱局面，宋朝算是重新澄清军制，一律招募，成了终身军士。国家养兵最多达到空前的一百几十万，耗费了大量的军费，但士兵战斗力却是历史上最低的。逮至明朝，又建立了卫所制度，军户世袭分田耕种，但最终也形同虚设。在少数游牧民族入主的朝代，则有部落兵制，如金的猛安谋克，清的八旗。原来意图是专业为兵，世兵之制，但最后也融入了东部地区的农业社会之中，根本不能用于作战。

（三）作战方式的变化

北方游牧民族对东部地区历史的影响还有另外一个重要方面，那就是中原王朝作战方式的变化。即从车战车兵转为步兵和骑兵的战斗。

轮子很早以前就已经发明了（美洲印第安人好像除外）。最早见的是陶轮和纺锤。后来在轮子上加轴造出运物的车辆。更后来发明了牛马拖曳的两轮车。车最早见于五千年前的赫梯人，中国的马拉车辆至少在商朝已经出现了。有一匹马拉的马车，也有作战用的单辕二马拉的和三马四马拉的大小战车（骖和驷）。至于周穆王西游时的八匹马拉的车（八骏），还只是见于传说。

这种单辕（又作辀）四马拉的战车，有一个扁方形的车厢，乘员甲士三人，左方甲士是一车之长，指挥战斗，持弓矢；中间甲士是御者，右边甲士持戈、矛，并负有下车为战车排除障碍之责。作战时，双方战车按左、中、右列阵，相向冲击。两车轮毂交错，双方用长柄戈、矛钩啄刺戳，近身缠斗中则用长剑互击。每辆车后配置一群步兵，持短矛、芟或梃。行军宿营时，背负给养饲料、装备营具，战时一哄而上。这是一群缺乏装备和训练的乌合之众。春秋时，战争不断，车战是一种主要的作战形式。车兵是低级贵族"士"的专责，要自备车马兵器装备。伴随的步兵则从农业劳动者中征调。

这种战车比较笨重，运动不大灵活，只适于平原草地作战，遇到山地、林木、沟壑、溪河，行进就很困难，甚至不可能。

西周春秋时利用未耜垦田，修成长条形的畎亩（亩为垄，畎为垄下的沟）。畎亩的方向多为西北向或东南向，即《诗经》所谓的"我疆我理，南东其亩"。以利日光照射的时间较长，提高土温，增强光合作用。春秋时，齐国被晋军战败，双方议和，晋国要挟齐使，要求"齐之封内，尽东其亩"①。这样双方如果作战，晋国的战车循着攻向齐国的方向前进，比较容易，避免了越过畎亩垄沟的颠簸之苦。别的条件齐国使者都答应了，独这一条坚决不同意，因为畎亩方向一致，齐国就等于撤防了。因此不惜拼命一战，而晋国最后也就让步了。

春秋及以前的西周，以车战作为主要作战形式，战争基本上是贵族之间的事。因为装备、战车、马匹、兵器、甲胄，需要很高的付出，战争成本高昂。农业劳动者出身低贱，且又贫穷，他们付不起打仗的负担，所以

---

① 《左传》"成公二年"。

诸侯国的兵力有限，车最多不过几百乘，少至几十乘十几乘。甲士不过几百人，加上步兵也只几千人。而且驾车打仗有一定的规则，要经过训练。孔子教学生必需习六艺——礼、乐、射、御、书、数。御和射就是驾车射箭的技术，这也都属于"礼"的范围。也是当时培养低级贵族"士"的基本要求。"五礼"之一种是"军礼"，即一些车战的规范。所谓"成列而鼓"，"逐奔不过百步，纵绥不过三舍"，"未济不击"，"既济而未成列不击"，"不重伤，不擒二毛"，等等。战斗一日而止，跟欧洲中世纪的骑士战斗风格很相类似。

但是，春秋是一个诸侯争霸的时代，战争规模日渐扩大，战争频率增加，车战的弱点充分暴露出来。这时就开始出现了真正的步兵。这种"真正的步兵"的战法，是从北方民族学来的。当时晋国北边（今河北的东部）是北狄，也就是战国时的中山国的地方。北狄已经农业化了，在山林里种地，根本不习惯车战，也没有能力供养战车。北狄的人跟中原诸侯国的农业生产者不一样，有人身自由，有作战技术，也能打仗，就是也只能步战。晋国军队也就被迫下车学会步战。于是出现了步兵，实行了车战和步战结合的打法。只有车兵，只能正面列阵冲击，有了步兵，车步结合，可以以弓箭、盾牌、戈矛布阵，还可以从两面包抄。战术的变化也就多了。就像现在坦克突击，包抄奔袭，机械化步兵跟进，扩大战果一样。战斗的形式多了，内容也丰富和多样化了。

到了战国，七雄并立，战争规模大大扩大。两国或几国之间一打仗，动员兵力动辄几万、十几万，甚至几十万，杀伤动辄几万、十几万。秦赵长平之战，秦将白起坑赵降卒达四十万。秦国灭楚，王翦请兵六十万。战争时间也延长了，几乎无日不战。这时秦、赵、燕向北开疆拓土，陆续占领了燕山以北的蒙古高原、河套和鄂尔多斯一带地方，碰到了对手匈奴。匈奴以骑兵为主，装备轻简，来去如风，机动灵活，剽悍善战。利用人和马合起来的冲击力胜过单凭人力的阵势，令燕、赵、秦很伤脑筋。这时依靠筑城防守已经不能满足拓地的需要，进攻、野战可能成为主要作战方式，于是引进了骑兵。这时，赵武灵王进行军事改革，实行胡服骑射，组织骑兵。从此作战形式乃至服饰发生了重大变化。其实，赵国之先，秦国已开始用了骑兵，只不过赵武灵王的名气大些。

中国贵族的衣服一般较宽松，上衣下裳，宽袍大袖，身上还要佩带许多玉饰。平时起居活动动作徐缓，作战时站在车上，动作简单，也还可以应付。但遇到紧衣窄袖、穿裤着靴、以带束腰的匈奴骑兵就无法应付了。赵武灵王不顾大臣贵族的反对，坚决推行胡服骑射，训练组织一支善战的骑兵，骑在马上冲击用弓远射。果然，战斗力大大加强，成为战国七雄中仅次于秦国的强大军队。从此，车兵逐渐淡出，车步结合的战法也改成骑步结合了。自然整个变化是一个缓慢的过程，从赵武灵王开始到秦国时才最后改过来。

（四）兵器和装备的变化

随着作战形式从车战到步战和骑战的变化，兵器的种类、式样和质量也发生了变化。由于生产力的发展，铁兵器代替了铜兵器，也促成了这个变化。

车战的兵器主要是利于勾戳啄刺的戈矛长剑，到了骑战和步战结合的时候，戈类兵器已经不大适用了，取代戈剑的，长矛和加尖刺的戈——戟之外，就是新出现的刀。

刀之有利之处在于：第一，它利于劈、砍、刺，刀身有个弧度，挥动时手臂力度加上腰身的旋转，加大了刀身运动的力度，而且可以利用弧形的刀身的动能加大砍削的力度，更有利于切割砍削敌人的甲胄和肌肉，不像剑只利于对身体某一点戳刺，砍削切割方面的效果就差多了。第二，剑两面开刃，最厚的部分是剑身中部的剑脊，在对敌人兵刃进行托、格、挡时，剑身承力不均，刃部易缺口甚至折断。刀则是一面开刃，一边是较厚的刀背，在托、格、挡时更易于承受敌刃的打击，也不易于缺口。第三，战国后期剑身越来越长，更易在较远的距离上刺击敌身，但佩带时却不易拔出，荆轲刺秦王时就出现过如此场面。刀则刀身较短，利于近身格斗，挥动时角度大，多变换，利于两骑纠缠，也利于近身缠斗，当然后来也有把刀身装上长柄，双手使用增加重量，用于骑战，称为陌刀，或斩马刀。

也有在刀头装上长木柄，以利于长击和短打，称为朴刀，用于步战。

　　这样，剑，特别是长剑就渐渐退出了战争和兵器舞台，只限于随身佩带，成了一种自卫武器，或带有装饰性。只是后来武侠小说里仍把剑写成主要兵器而已。只是最早的刺客或侠客在记载中用的不过是短剑或匕首。

　　随着骑战的发展，弓矢也有改进。一是弓的拉力增强，以利远射。战国时已有用两种以上材料制成的复合弓（如用弹力强的竹木和坚硬的兽角组合而成），也发明了利于集力张弦增强势能，以期引发出更大动能的弩。弩的出现加强了弓的力度、灵活性和准确性，可以在远处贯穿重甲，击倒健马，实际上敲响了车战的丧钟。初期的弩从战国开始一直发展到能多次发射连弩和强劲的床弩、神臂弓，箭镞的形状也有改进，从单一的三角形箭尖发展到了三棱多棱乃至带倒钩的尖镞，杀伤力大为增加。

　　兵器的质量也有很大变化。商、西周和春秋都是青铜时代。西周中期以后，冶铁发明了。到了春秋，铁器的制作开始普遍，先是制作农具，渐渐用于制作兵器。制作技术也大有改进，从硬脆的铸铁进而为利用掺碳量的增减铸造锐利的柔性铸铁，最后发明了钢。乃至经过多次锤炼的既有韧性又兼具锋锐的百炼钢。橐橐（风箱）的发明提高了冶铁的温度，焠火的技术又增加了铸料的硬度。高炉的建造更加大了铁水的温度和体积。这类进步的冶炼技术，中国的发明要比欧洲早了两千多年。铁器和铁兵器的发明和使用，以及技术的进步自然大大促成了战争形式和作战技术的变化。

　　由于骑兵的出现和兵器形式的改进，对马匹的质量、乘骑的形式和马具装备也发生了很大的变化。

　　马，大概是从徜徉在蒙古高原和中亚草原上的野马驯化而来。中原地区最早不是用于驮载和乘骑，而是用于牵引车辆。从西周墓葬殉车马坑来看，挽车的马一般是二至四匹。挽具也有发展，牵引方法一般是在辕的前下方置一可以转向的短横木，其下置数个人字形木架驾辕，把车身的重量移置于小木架下马的身上，再用各种皮绳牵引以控马。由秦始皇陵前俑坑铜车马模型可见一斑，其佩件种类繁多，身上的小件装饰品也不少，不及一一备述。战国时的车马出现嵌绿松石和金银错的马具、车饰。用辕杆前短横木令马承受车的重量和向前拉曳，重量全在挽马的肩上，不易受力，反过来其牵引力也不足。后来发明了马套即套包子，用一圈垫套在马颈后和胸前，利用马的胸部力量拉车前进，更易发挥马的力量。但这已是魏晋以后的事了。

这种马车堪称完美，可是最大的局限是缺乏像欧洲的四轮马车那样前轮轴上少了一个转向架，始终限制了两轮不能改为四轮以增加承载重量。尽管从单辕车改为双辕车，用辕马驾辕，再添马在一旁拉边套以助力，但车辆承重终要受到限制，而且车辆重心的调节也颇费周章。另外，车上也缺少一种减震的弹簧装置，使得它在崎岖的道路上难以平稳行驶。这都是它不如欧洲四轮马车的地方。

自从战国赵武灵王实行胡服骑射，学习北方游牧民族乘马和控马的技术以后，中国骑兵的装备和骑术有了很大的变化，马的装具由前到后、由上到下逐步地改进。在草原民族最先出现的马辔和鞍垫的基础上，中原民族发明了另外三种重要的乘骑装具，那就是高背马鞍、马镫和蹄铁。

草原游牧民用的鞍垫，驱奔时骑手的位置仍旧不好固定。后来出现了马肚带，皮带可以从马腹下和臀后绕过去，使鞍垫固定下来。后来又在马背上装上固定的马鞍，最初是木制，前后高耸，后来才逐渐变成现在的样子。这已经是到了东汉三国两晋南北朝了。

马具最大的改进莫过于马镫的发明，这使骑手在马背上有了"立足之地"。骑行和上下马时便于松掉缰绳用足控马，作战时则可立于马上转动腰身以便双手挥舞兵器，以及屈身、弯腰，乃至"镫里藏身"等，可收"人马合一"操控自如之效。

最初的马镫只是一边有的单镫，只是利于上下。后来出现了双镫，可以以镫跨马、控马，骑乘和作战就方便了。

至于马镫，欧洲学者认为最初发明于伊朗和以北的中亚草原，后来才向东或向西传到欧洲和东亚。现在中国国内考古在古代塑像中已经出现了马镫，最先是单镫，后来才有双镫。用材也改为金属，工艺繁复，装饰精美，时间可上溯到东汉即公元前后，已经超出伊朗之前了。

另一个重要的马具是蹄铁。马在长途行走中，蹄甲容易磨损，中国很早就有削蹄修甲的工作，其后有了蹄铁，这对于保养马匹长途行走有利。

其发明时期也在两晋南北朝中原动乱长期混战的时候。

随着骑兵的大量使用，兵器马具和骑术的进步，战马的质量、数量、养育和训练问题也提上了日程，这就是历朝所谓的"马政"。

经过驯养的马匹，古代中国是来自北部地区草原的蒙古马，那是体型较为矮短，速度和耐力都相当不错的马种，用于驮载相当不错，乘骑作战也还过得去。但由于个头小，承载力不免差一些，待到传到内地，品种不免有些退化。

顺便提一下盔甲与盾牌的变化。这也与骑兵的出现和使用有关。保护头部的胄又称"盔""兜牟""兜鍪"。最初以皮革和藤制成，殷商曾出土过大量范制的青铜胄。此后，铁胄出现或范制，可以小甲片缝制，式样繁多，不一而足。

最早用以保护身躯的是藤甲和皮甲。藤甲系编织而成，皮甲用整张皮革不便，于是切割成一条条穿孔用牛皮条扎结而成，有的是多层。商代墓葬中已见皮甲残片。以后也有用纸做甲的，称为纸甲。或用丝绵絮里垫厚做甲的，因为这类材料，轻而坚韧，沾水不失其坚韧，而且造价便宜。纸甲的记载最早见于南朝，宋代相当流行。在青铜出现以后，考古曾发现有西周时期缀在皮甲胸前的青铜兽大面胸甲。另外，也有若干青铜小圆泡，周围有小孔可以穿系，估计是缝缀在甲衣或战袍上以起防御作用。

由于皮甲难于抵御新锐的铁兵器，战国以后逐渐被铁甲所代替，当时也有在皮甲上加上铁片以保护要害部位的。汉代已有较大扎片缀成的扎甲，也有用较小铁片缀成的鱼鳞甲，每领扎甲用甲片数百片，鱼鳞甲则在三千片上下。南北朝时更从西域传入锁子甲，每领甲的重量从 5 千克到 10 余千克不等，再重就不利于骑乘了。至于防护全身的铠甲只有骑兵才用，因为前后左右都可能受到攻击。汉代铁甲一般只有身甲和披膊。南北朝时增加了腿裙或膝裙，唐代又增加了吊腿。秦始皇兵马俑坑军官和骑兵都着甲，步兵有着甲的，也有不着甲的，不像中世纪的重装骑士浑身上下都用铁甲包裹，连头盔下也有面甲防护。这种甲士全身防护周密，甲重 40 千克，有时上不了马，只好用吊车吊上。骑上高头大马几乎刀枪不入，人马冲击力也很强，但活动太笨重，一次冲击中，如果人马倒下，那就几乎丧失了战斗力。侥幸还能站立，也会被敌方用重剑砍斫。我国南北朝时也有这样的重装骑兵，身披重甲，给马也带甲，一度盛行一时，不过隋唐以后就消失了。

另外，北方游牧民族曾有毡甲。河南西周到春秋虢国贵族墓地曾发现排列整齐的长方形骨札，由穿孔的骨片组成，也可能是一种卫体的骨甲。明清时期，更有以棉花水浸用脚踹实密缝，晒干收用，是为棉甲，效果也不错。人铠之外，马也披铠。春秋行车战，驾车的马就要披马甲。此后改用铁甲，重量可达 40—50 千克，特制的重铠可达 100 千克，其中最有名的是金代的"铁浮图"。①

另一种护身的武器就是盾，或曰干、吴魁、吴科。多以木板或木框蒙皮革为之。大盾曰"橹"或"卤""彭牌"。盾的功用，一是竖立以遮障敌方射来的箭簇，较为长大，多呈长方形或尖顶长方形。二是一手把持挥舞以格挡敌人刀枪，并与另一手持的刀枪配合。等到火器出现，盾的作用就大大削弱了。

但是，对抗北方游牧民族还是有问题，问题就出在战马身上。古代汉族是个农业民族，农业是主业，畜牧业只占次要地位。古代中国马匹的驯养很早，4000 年前城子崖遗址就发现很多马骨。以后，马匹更用于牵挽。先秦的马匹大概来自于蒙古马和河西马。从秦始皇陵兵马俑坑出土的战马体短，颈粗，头耳大，胸廓宽，四肢短，大概比起匈奴剽悍的马来有所不如。但马匹的模样、繁育、征调、采办、使用、管理等一贯受到统治者的重视，称之为"马政"。战国诸雄中，兵车动辄万乘，乘骑达万匹以上。西汉初建，刘邦被匈奴骑兵包围在白登，几乎不能脱身。此后，放任民间养马，于法无禁。文帝行马复令，民间养马者可免除本身或全家徭役。景帝二年（公元前 155）在全国设马苑 36 所，由国家养蓄。武帝即位，国力充沛，出现了"众庶街巷有马，阡陌之间成群"的盛况。武帝决心打击匈奴，于马邑集结 40 万骑兵，计诱匈奴入伏，被匈奴觉察，突围而去，汉马力弱，追之不及。此后，汉匈大战，汉军出战马动辄十余万匹，战罢

---

① 《宋史》卷 366《刘锜传》。

归来几乎战马折损大半，只剩下三四万匹。此后，汉武帝锐意搜求名马，用于配种。先是在敦煌渥洼池畔寻得良种野马，护送入朝，朝野轰动，尊之为"天马"，作"天马歌"以资庆祝。后来又寻得伊犁河谷一带的乌孙马，也称"天马"。后来又听说大宛汗血马品质更好，又称其为"天马"。乌孙马则去掉"天马"名号，改称"西极马"。据说汗血马奔驰迅速，急奔时皮肤会渗出血汗来。大概是快跑时皮下毛细血管破裂，血水随汗液渗出，皮肤就像出血一样（据说前几年哈萨克斯坦也发现了这种汗血马，但未见后续报道）。汉武帝派使节去大宛求马被拒，使者被杀，汉武帝乃命李广利为贰师将军，率众击大宛，大败而归。在敦煌休整了几年，聚集力量，再次出击。大宛求和，大宛王被杀，李广利带了三千多匹种马回朝。汉武帝大喜，令择良种母马与之杂交，汉骑声势大振。甘肃武威雷台东汉墓出土的铜奔马，造型独特，头小，颈长弯曲，躯干粗壮，但四肢细长，不类中国本土马。跑步姿势独特，是对侧快步，即奔跑时同侧两蹄为同一方向。这种步伐，使马的重心在运动中左右摆动，避免了来自于地面的反冲力，减少了骑手的颠簸感。只有经过调教的良马才有这种步法。据畜牧专家研究，世界上只有产于青藏高原北部的浩门马与东汉雷台铜奔马有较多的相似之处，而浩门马正是中国良马与大宛马杂交的后代，以善走对侧步著称。

从此，直到魏晋，改良的"天马"逐渐取代了本土马种。北魏在河西地区养马即达200余万匹。唐朝国力强盛，在林木茂密、水草丰美的陇西开辟马场，大规模养马，一度多至70万匹，唐律中的《厩库律》堪称马政法律的典范。马政机构太仆寺设兽医达600人之多。大唐的铁骑遍及蒙古高原、天山、青海，越过帕米尔，直抵中亚。武则天以后，宦官逐渐掌握了马政，负责北军的调度使用，势力越来越大，掌握了最精锐的骑兵，大肆干预政事。然后吐蕃的强大，占领了河西陇右，唐朝大规模的马场失去，被迫每年和回纥以帛易马。宋朝国势孱弱，边疆牧场悉数失去。北宋初年，算上边疆购来的马，全国官私马匹才17万，被迫延续唐朝在中原、两淮地区设置的马场——牧、监养马。另外，从吐蕃控制的陇右、川北设茶马司，以茶易马。唐代民间已有组织马社、集体养马的做法，王安石变法，立"保马法"，废除牧监，把国营马场的马包养到户，分给有条件的民户饲养，免除养马户的赋役，有用时再征调。但是，此后弊端丛生，民情汹汹。结果在党争中，几废几立，终成弊政。此后，直到明清，川滇马匹仍受重用，但品种矮化，不复当年"天马"盛况。也是由于中国的现代化、工业化、机械化的进展，骑兵建制终于在前些年撤销，甘肃大黄山的军马场结束了，只留下在边疆小道上巡逻用的一些骑兵小分队。

第四节　北部地区的亚地带——河套和鄂尔多斯

在北部地区和东部地区之间有一片农牧两宜的土地，是两地区之间的中间地带，或者过渡地带，也可称为亚地带，这就是河套和鄂尔多斯。如果再扩大一些，也可以把宁夏谷地和大同盆地一带包括进去。

黄河从第三级阶梯的青藏高原奔腾而下，到了青铜峡进入了有"塞上江南"之称的宁夏谷地，在贺兰山与鄂尔多斯高地夹峙下向东北流去，然后穿过贺兰山余脉成 90 度角，在阴山山脉与鄂尔多斯高原的狭长地带缓慢地流入河套盆地。河套盆地分为前套和后套，以巴彦格勒为界，以西至石嘴山称为后套，以东称为前套（呼包盆地）。黄河东流到托克托，再成 90 度角折向南流，进入晋陕大峡谷。

河套盆地海拔 900—1200 米，它的西面、北面、东面都是海拔 1500—2300 米左右的高山，它的南面是海拔 1100—1400 米的高原。黄河干流在河套盆地曾有过 5 到 6 次大改道，残留下不少规模不等的湖泊，并伴随有不少遗弃的古河道沼泽、牛轭湖等。内蒙西山咀北面的乌梁素海便是这样形成的一个湖泊。受黄河水位限制，它的面积时有变化，最大时达 700 多平方千米。现在由于灌溉和引水南入黄河，其面积已经缩小到了约 200 多平方千米。

河套前套黄河及其支流大黑河的冲积平原水源丰富，农业发达，是内蒙有名的粮仓。黄河东行经过包头便进入方圆八百里的呼包平原——土默川，南北朝时称敕勒川，有名的敕勒川歌的所在地，是水草丰茂、牛羊成群的大牧场。

黄河三面围绕之中，是地质构造一直很稳定，由内陆湖泊沉积形成的富藏煤、油、气的鄂尔多斯高原。北面黄河的南岸是库布齐沙漠，再往南是毛乌素沙漠，后者腹地沙丘分布稀疏，前沿地带沙丘总集，年降雨量稍大（400 毫米），地表水和地下水都很丰富，有滩地和湖泊，而前者沙漠中心活动沙丘密度最大，而年降水量又少（不足 250 毫米），气候十分干旱，地表水和地下水都十分贫乏。毛乌素沙漠中的滩地形成很多规模不等的牧区和农区，人口密度相对较大，而库布齐沙漠几乎没有人烟，只在边缘的固定、半固定的沙丘上有人小规模放牧。沙漠边缘靠近黄河的地方则有小面积农耕区。

历史上鄂尔多斯高原农耕畜牧都有发展，但后来开发过度，植被破坏，草原退化而被沙化。沙漠一旦形成，便会在主导风向的推动下逐渐南移，侵蚀陕北黄土高原北缘的耕地，使明长城一带的农区后退。只是到近几年才开始大规模整治，但效果尚未彰显。

河套北面绵亘着东西长达 1000 千米、南北宽 50—100 千米、海拔1000—2000 米的阴山，从东到西由大青山、乌拉山、狼山组成。阴山以北到蒙古高原边缘是牧区，以南的河套则是农牧交错区。

黄河大河湾的东西两侧，出现了迥异景观。西面在贺兰山、鄂尔多斯高原的夹峙下，从青铜峡到磴口，北东流向的黄河冲积了丰厚的沃土，形成了银川盆地或宁夏谷地。这里灌渠纵横，盛产水稻和春小麦，有"塞上江南"之称。晋陕大峡谷以东，以大同盆地为核心的雁北地区，又是另一番景象。这里在古代山地纵横，森林密布，居住着许多原始的部落，也是北方游牧民族活动的好舞台。

河套和鄂尔多斯的历史就是北部地区的游牧民族和东部地区中原王朝关系的历史。其标志是双方疆界的进退，也就是农耕牧地和国防线的南北转换。

早在二十万年以前，河套和鄂尔多斯就有古人类的遗迹，长城一线南北更多处发现了一万年前的旧石器和赛西安式铜器。阴山北面的巴彦淖尔岩画显示了古代游牧民族的丰富生活。到了春秋战国，强大的匈奴进入了历史的视野，他们不仅游牧在蒙古高原，而且在河套、鄂尔多斯和宁夏河谷以及甘肃，显现了他们的活力，其别支北狄（赤狄白狄）活跃于冀北，并且建立了战国时林立的诸雄中唯一的北方少数民族国家——中山国。同样是匈奴别种的林胡、楼烦大多活跃在雁北，促使赵武灵王变法图强，实行胡服骑射的改革，并且把国土从恒山以南扩展到了阴山之下和鄂尔多斯高原，并且修筑长城。比赵国稍后，秦国版图也伸到了鄂尔多斯高原东部。赵武灵王北逐匈奴以后，设立云中郡，秦始皇把匈奴驱逐到阴山以北，在河套地区设置了云中郡和九原郡，也兼管鄂尔多斯高原一部。秦在鄂尔多斯以南本来就有北地郡和上郡，此时两郡辖地更向北扩展，各辖有鄂尔多斯高原的相当大的部分。与此同时，秦行徙民实边。西汉中叶，在此处共设朔方、五原等六郡。在汉代，河套和鄂尔多斯被称为"新秦中"，与关中相提并论，可见其农业相当的发达。

东汉初期，匈奴分裂，南匈奴受到东汉的保护南迁入长城线内。魏晋南北朝时，北方游牧民族大举南迁，河套和鄂尔多斯高原重新恢复到原来的草原，变为牧场，重现了"风吹草低见牛羊"的风光。匈奴人赫连勃勃建的夏国，都城是白色统万城，以空前坚实著称。唐时，突厥退到阴山以北，河套和鄂尔多斯又垦辟为农区。唐代后期，契丹兴起，终于在后晋建国时割去了冀北、晋北的幽云十六州。与此同时，吐蕃势大，逼迫党项迁到鄂尔多斯南部，建立西夏，在西夏与宋对峙中，契丹占据了河套和鄂尔多斯。金和元继之也统治了这个地方。除了少量农业，其他地方大概都已复归草原。清代前期，仍然禁阻蒙汉往来，但后期禁令松弛，人们逐渐到鄂尔多斯边缘开垦土地。明代长城原属防御设施，这时成了一条人为的农牧分界线。到了清代后，河套平原土地垦辟速度加快，水利设施大大发展，阴山之下一线已全为农田，而牧场已移到阴山之北去了。

鄂尔多斯最早是一处丰美的森林草原地带，但森林被破坏，草原载畜量过度，农田的滥垦却造成了土地的沙化，形成了越来越大的沙漠。近来发现丰富煤藏，开发迅猛，但也带来突出的生态问题。至于河套地区由于原来大水漫浸，地下水位抬高，水流宣泄不畅，出现了土地盐碱化问题，这些问题此后只有大力采取退耕还牧、造林治沙、合理灌溉等综合分配措施来加以解决了。

第五节　周边各民族对中原汉族的影响——胡化

由于北方游牧民族与中原民族有着几千年甚至上万年的关系，包括战争、移民、贸易、交聘、传教和王朝的更替，对双方的政治社会乃至思想文化、生活和民俗都留下了不可磨灭的印记。而且变成自身文化的血肉相连不可分割的一部分。这里先介绍北方游牧民族对中原汉族的影响——胡化。所涉及的不仅仅是北方游牧民族。因为，中国古代对周边各族虽然各有专称，但常笼统地称为"胡"。这就不仅包括了北部地区，也包括了东北地区、西北地区、西部地区、西南地区的主要民族，更包括了朝鲜、日本、越南、东南亚、南亚、中亚、西亚，更远及非洲、欧洲、美洲。由于这些地方对中原汉族的影响远较中原汉族对它们的影响为深，其中有些影响虽只限一时一地，有些却流传久远，并为中原汉族加以改造，不太好区分，也就一并笼统的概略的介绍，称之为"胡化"。至于中原汉族对周边各族的影响，也循例称之为"华风"。

我们先从物质生活层面讲起，次及社会风习和制度层面，再到精神生活层面。这些层面互相纠结，不大好区分，又是涉及面太广太多，难免疏漏，所以这里只好是举例性质，约略介绍一下了。这里，先从古代中国人的日常生活起居饮食开始。

（一）胡床胡坐

我们现在的坐姿是在大概齐膝高的椅子上坐下，大腿平搁，双膝弯曲，小腿下垂，以足蹬地，这种坐姿就是"胡坐"，是从北方游牧民族那里传过来的。

先秦时，中国人是席地而坐，没有椅桌，屋里地面铺上席子跪着，（或者叫跽，上身挺直，也称长跪），即所谓的正襟危坐，比较正式和恭敬。还有一种坐法不那么的正式，是半休息式的坐姿，上身放松，腰不必挺直，可以弯一点，大腿弯曲下来，臀部可以垫在自己的脚后跟上。不管是哪一种坐姿，站着时都要弯膝伏下，才能坐下。如要表示恭敬畏惧，跪下以后俯下腰，双手曲肘前伸，上身伏在地上，再进一步，就要以头触地，这就是磕头，或叫叩首、顿首。跪着要往前去，也不用站起来，只要移动双膝趋前就行，这叫膝行，以示亲切或恭敬。再进一步就是在地上爬行了。古代中国人还有一种坐式，跟现在差不多，即臀部着地抬膝①或两腿前伸，张开形似簸箕，叫作踞坐，又叫箕踞，是一种很不礼貌的坐法。因为那时下裳没有裆。还有一种坐式，是屈腿张开双膝盘足或举膝交足，前者可从古代砖石刻画像中看到②，后者当系推想，还没有找到实物或图像。席地而坐使先秦中国人屋里没有什么家具。床是没有的，只是铺下些茵褥，像日本屋里的榻榻米一样。后来有了矮榻，可供坐卧。吃饭无需桌子，只用盘子盛放酒食器具。后来在盘下添短足，称为"禁"或"棜"。没有桌椅板凳，只有靠肘的短小的几。读书的木简、竹简编成一札卷起来保存，打开来摊放在几上阅读。至于写字是手举着简来写。握笔的姿势非同现在的握毛笔，而和手握铅笔书写时的姿势差不多。中国早期书法多用偏锋，以后才用直锋，就跟拿简的角度和握笔的姿势有关。后来禁、棜变成了案，加上短腿变得跟后来的小炕桌差不多，这种变化是就着坐姿而来的。不过后来汉朝从匈奴传入一种新的坐具，那就是胡床。它不是床，而是一种可以折叠起来的凳子，一如今天的马扎。这种胡床后来又演变成为交椅。匈奴是一个骑马民族，几乎一生都生活在马背上，从马上下来坐在草地上聚会，短草很舒服，但长草不好坐，湿了麻烦，于是发明了胡床，用起来很方便，上马时收起来，挂在马身上就骑走了。在狭小的穹庐里不用时，也可以挂在壁上，不占地方，成了很新奇的家具。随着胡床的传入，中国人的坐姿也发生了变化。坐在高出地面一截的胡床上，膝和小腿不再折弯，是自然蹬地，比较方便，也易于着力。这种新的坐姿也被称为"胡坐"。史载，东汉末年灵帝好胡舞胡坐，魏晋南北朝时风行一时。胡床

---

① 如徐州铜山洪楼村 1956 年出土的纺织画像石；河南密县打虎亭出土海岱画像石庖厨图；山东诸城前凉台西城出土的庖厨图。当然还有比较晚出的五代名画《韩熙载夜宴图》。

② 东汉庖厨图，见于徐海荣主编：《中国饮食史》第二卷，华夏出版社 1999 年版，第 480 页。

简称为"床"，后来又改称为"交床"。文献如《世说新语》中多有记载。有名士不想见讨厌的客人，说移吾床让客。如果是有腿的床怎么好移呢。又有客来访，吩咐仆人把床拿下来招待客人，有腿有架的床又怎么会挂到墙上呢。那其实不是床，而是胡床。更早另有床，很矮，名之为榻。有了"胡床"，这样坐起来比跪着要舒服多了，也方便多了。胡床后来又加上靠背和扶手，就成了交椅。但胡床或交椅在结构上也有弱点，即交叉的部位中心要打洞，用轴穿接，以便开合，结果所有的受力都集中在这个交点和轴上，重量太大就不好承受了。苏东坡是个大胖子，就闹过把交椅压塌的笑话。结果，交椅的四条交叉的腿分开固定到椅子的四角，就成了真正的椅子。随着坐具的升高，短矮的几案腿也升高，成了桌子，卧床也因此升高了。隋唐时期，已经看到这个变化，到了宋朝，就成了今天桌椅和床帐的样子了。

汉朝佛教传入后，佛祖和菩萨的坐像流行起来。僧人信徒坐禅模仿佛祖的坐姿，称为"结跏坐"。据说是佛祖在菩提下正觉成道的坐姿，叫"吉祥坐"（另一种坐法叫"伏魔坐"），是一种盘腿曲膝双手打出手势的坐式。各有颇多讲究，如两脚掌要掌心向天等。这些坐姿也可以是一腿盘曲，一腿下垂，或双膝下垂又或交足，这些自然也属于"胡坐"。

到了宋朝，桌椅的高度就和现在差不多了。中国文明有些发展是超前的，但是家具不仅不超前，而且似乎有些滞后。现在热炒古代的家具，特别是明清的家具，说那艺术价值很高，一套据说是汉朝的妆台玉凳，拍卖到两亿元，但不少人说那是假货，炒得沸沸扬扬，满城风雨。而出鉴定书的专家始终一口咬定，那就是汉朝的，似乎完全违背了常识。其实，据我看来，中国古代宋明清家具不如同时期欧洲家具，一是线条虽然洗练，但结构简单，花样不多；二是坐起来不舒服，太硬。像清朝皇帝的龙椅也是硬邦邦的，又宽又深又高，只在朝会时加上一个垫子和两个肘垫，让人联想起中国古代的两轮马车，不如欧洲四轮马车前轮有转向架和全车安有弹簧一样。当然，现代欧洲家具又有一个流派，从复杂又回归于简单，返璞归真，那就是北欧家具。

这样，古代人起居坐姿和坐具逐渐发生了变化，坐具从胡床进化到桌椅，坐姿也从跪坐进化到了"胡坐"。

（二）胡服胡妆

现今汉族所穿的衣服都是胡服。西装、西裤、领带、夹克衫、T恤衫、衬衫、裙子、连衣裙，等等，都是从欧洲传入的。最早叫"洋服"，后来才称"西服"。跟"胡坐"不同的是，胡坐已经有了上千年的历史，而欧美西服的传入不过是近百年的事。此前，中国还有自己的传统服装。

中国最古老的传统服装是上衣下裳。衣是一件过膝的半长褂子，当中开襟或斜着开襟，裳是一幅围在下身的裙子。女服后裾可以很长拖到地上。到了春秋战国时，出现了一种时髦的服装叫深衣。深衣前襟敞开，成为一个三角形的下摆，要包到身后去结起来，男女都穿。长沙马王堆汉墓女尸就是穿着这种深衣。后来上衣加长，成了长袍或长衫，原来两截的衣裳是正服，深衣是常服。两种样式后来变成了长袍，长裤（男）和分成两截的衣裙（女）。长衫一直成了中国的正式服装。变化虽多，但基本上保留这种形式，成为中国服装的主流。

中国服装中还有一种，一般为比较下层的劳动者的穿着，上身是褂子，称为衫子或袄；下身是一条短裤，类似今天里面穿的内裤，称为犊鼻裤。顺便说一下裤子。裤子在古代的服装中最初似乎没有占很重要的地位，最早的服装除犊鼻裤外，好像就没有裤子，有裤子也仅仅是穿在里面的内裤。据文献记载看，这种裤子是从下往上发展的。最初是置在鞋上面以保护踝骨和小腿的，大概类似于后来的鞋罩和裹腿，称为"足衣"。后来大概是下裳里面太空荡，为了保护和保暖，这种足衣向上发展成为"蔽膝"，再往上发展成两个腿套。上及腰部，就像后来赶马的牧人或老年人穿的套裤一样，是没有裆的。后来才在裤腰上用带子束起来，就像现在小孩穿的开裆裤。后来秦汉妇女用带子把裆部系起来，称为"穷裤"。最后把裆部缝起来，就成了今天的裤子了。先秦秦汉文献曾记有男子"解衣箕踞而坐"的记载，可以想知，那是很不雅的。

先秦的衣裳很宽大，无论起坐行走都有雍容威严的气概。打仗是站在车上，一两个回合就结束战斗，不需要大力转动身体和疾速跑动。这和北方游牧民族的衣着习俗很不一样。北方的匈奴是骑马民族，为了便于骑乘，衣着短窄，上身为短衣窄袖，以皮带束腰，下身着长裤厚靴，为避免马上磨损，裤子是死裆。战国时赵武灵王为了对抗匈奴进行改革，胡服骑射。不仅是在军队中应用，也要求朝野上下都要推行。虽然遇到很大阻力，但终于成功，赵国成了强国。胡服跟中国古代劳动者的装束差不多，秦始皇墓坑兵马俑步兵也是短款打扮。从此，中国服装分成两类款式——长衫短打。长衫适于文士和上层，短打适于武人和下层。三国两晋南北朝战乱频仍，北方少数民族活跃在历史舞台上，胡服也就大为流行。这时兴起的带有胡风的服装式样有裲裆（无袖背心）、裤褶（长筒连裆裤，裤脚系带）、半袖衫。在胡风浸被下，妇女上身穿衫襦，下身穿着有褶宽大往往曳地的长裙，腰部结长带以增飘逸之状。不过忙于清谈的汉族士大夫仍旧尊尚宽袍大袖。到了隋唐，这是一个相当开放的社会，胡服大为流行。唐朝妇女衣裙逐渐趋于宽松，流行半露胸的裙装，并加上帔帛（肩巾）。唐初为了遮蔽脸容，不让路人窥视而出现了羃和帷帽。羃唐初是用皂纱全幅缀于帽檐上，称为"帽裙"，使之下垂以障蔽面部或全身，类似披风。到高宗永徽（650—655）以后，帽裙缩短到颈部，称为"帷帽"。帷帽四周裹绕一圈网子，可不妨碍视线。德宗时又兴回鹘装，妇女着翻折领连衣窄袖长裙，下长曳地，腰系束带。男子也多着翻领窄袖束带长袍。这时，北方民族服装已一改短袄长裤的习惯，而行窄袖长袍、束腰。长袍前襟宽大，便于御马，也可以放小件物品。后来的蒙式、藏式长袍更有着装时褪下一边袖子，让手臂肩胛裸露或只着内服。到了宋朝，民族意识强烈，思想受儒学中道学的影响非常大，虽然上层男子仍着袍服，但妇女却回复到了上衣下裙、两截穿衣的旧习。元朝民族众多，着装多样，但似乎并没有影响到汉族服装的变化。明朝仍是宽袍大袖，衣襟内设襟袋，大袖中有袖袋，可以装一些零碎东西，如散碎银两之类。清朝服装又出现了重大变化，为了骑马方便，满族男袍下襟开了四片，上套背心演变来的长袖马褂，袖口有可以翻上翻下的马蹄袖，平时翻上，两手活动方便，出行骑马时翻下便于保暖和控马，行礼表示尊敬时也翻下。汉人沿袭了长袍马裈，但没有使用四片开襟和马蹄袖。从此直到民国，成为中国人的正服和礼服。汉族妇女仍沿袭明代样式，两截穿衣，但满族妇女却是旗装，即旗袍，两边开衩，大把头，花盆底鞋。民国以来，改进的旗袍代替两截衣裙，也成了妇女的正式服装乃至礼服，一直到现在。

再看鞋子。古代中国人的鞋子各式各样，从材料上看，有皮鞋、草鞋、布鞋、麻鞋、丝履、木屐等。从式样上看，有平头的、尖头的、翘尖头的、圆头的，还有靴子、拖鞋、凉鞋等，宋以后缠足流行时还有弓鞋即三寸金莲。战国的皮靴，隋唐的丝履，考古都有发现。军队的皂靴，皂隶的快靴，官员的官靴，都有流行。靴子不仅用于打仗办事，还有别的用途。古代官员离任，为了显彰政绩博得官声，往往送别时由父老乡亲送万民伞，并当众被脱靴悬挂在衙门里，以示百姓的留念。但不仅往往流于形式，而且常是出于本官的示意请托。

中国古代男女都留长发，除去男人受刑或出家剃发外，男子成年束发加冠，以簪固定，女子则梳髻。但北方游牧民族却有剃发结辫的习惯（大概是为了骑马和活动方便），以至南北朝时被南朝人讥为"索虏"。清朝满族把头发剃去一半，留下的结成长辫，入关以后，强迫全国雉发，政令严苛，杀人不少。当时有"留发不留头，留头不留发"，"死留生不留，女留男不留"之说。欧洲人也有辫发的习惯，主要是军人和水手留短辫，但却讥笑清朝人留长发辫，称为"pig tail"（猪尾巴）。满人强迫汉人雉发结辫，引起汉人的民族仇恨。辛亥革命"驱逐鞑虏"，新政府明令剪辫子和放足。这才把几百年的陋习改变了过来。

头上的帽子也是多种多样。从束发加冠到帝王的冕旒，到唐朝的帷帽、胡帽、席帽（风帽）。但游牧民族的帽子似乎并未在汉族中流行。宋代官员戴有翅的官帽（乌纱帽），明代以后流行便帽（六合帽、瓜皮帽），清代官员卒隶则着笠式顶戴。民国以后欧风盛行，帽子式样也多样化了，有大礼帽（高顶）、常礼帽、盔式帽（或铜盆帽）、鸭舌帽、干部帽、大盖帽、船形帽、各式军帽、贝雷帽、棒球帽、遮阳帽等，几乎可以说是清一色的"胡帽"了。

至于妇女发型和头饰，一般是梳髻、插笄和饰物。发式更是多样，有园鬓、堆髻、嫩髻、坠马髻、双丫髻、三丫髻等。除了堆髻、椎髻、螺髻几种以外，仍多不失为汉妆。

至于衣服上的装饰，先秦宽大的衣上缀有长串玉饰，行走起来琳琅有声。胡服金属带钩很贵重，时常镶金银错，带上可系刀剑、匕首、箭袋、水囊、餐具等。唐宋官服多用玉结，清人腰带更系上扇袋、荷包、烟袋、鼻烟壶、钱囊，多成为现今收藏的珍品。至于妇女，尤重头面装饰，争奇斗艳、花样百出，尤以隋唐时为盛，竟为胡妆。宪宗元和年间，一度流行吐蕃妆和回鹘妆，赭面黑眉，"乌膏注唇唇似泥，双眉画作八字低"（白居易《时世妆》）。好在这只流行了一时，没多久就改变了。

到了今天，中山装、西装、衬衫、连衣裙等都是胡服，算是彻底"胡化"。

中山装被外国人称为"毛氏服装"，去掉翻领，改为下直排扣，其实是从西服演变来的，是一战前一个叫作弗朗奇的英国将军发明的，到了俄国就成了列宁式服装、俄式服装，孙中山学了这个服装，拿过来略一改动就成了中山装。就这样七改八变，最后成了"毛式服装"。这种服装很简单的一条就是无大翻领、一排或两排直扣。所以我们今天在服装上是彻底"胡化"了。如果说胡坐是经历了相当长的时间（一两千年），影响了中国起居的习惯，那么胡服则很长时间里并不是中国主流服装，而且汉装还不断回潮，如宋朝、明朝。近百十年来又彻底地胡化。清时全国人民剃发成为民族压迫的象征。辛亥革命爆发后，大家反满、反民族压迫、反封建都剪辫子，但是辫子虽然剪了，还是没有回到过去的束发。不论分头、平头、寸头、长头发、卷发，都是胡发，不是中国人原来的发型，很快就西化了。

至于制作衣物的纺织原料，古代中国是利用丝和麻，植物茎皮纤维以及动物毛纤维。植物茎皮纤维属于我国原生的有大麻、苎麻等以及少量的葛麻、苘麻、焦麻等，至迟在唐代已经引进原产东南亚的黄麻，大约更晚的清代才有用亚麻织布的记载。

棉花的引进是古代中国纺织的大事。中国古代文献中关于棉花的记载多数含混不清，多称棉花为"吉贝""白迭"或"木棉"。其实真正的棉花有一年生草棉与多年生树棉两种。这种树棉系旧大陆棉种中的亚洲棉，古代中国又称为"木棉"（海岛棉）。原产南亚及东南亚。福建武夷山悬棺葬中已发现了 3200 年前的棉织物残片。到了汉代木棉从海南岛进入了今云南、两广、福建，已用于织布。到北宋时海岛棉已进入江南，种植方式也从多年生改进为一年生，植株变得低矮，利于密植和畦植，有助于提高单位面积产量，以及人工选种以改良品种。到 12 世纪时，这种棉花的种植已遍及长江流域，13—14 世纪又推广到黄河流域一直到东北。

另一种一年生草棉系旧大陆棉种中的非洲棉（又称草棉），从北非传入印度再经中亚传入今新疆，也可能中国的西北是其原产地，或是与从外传入的非洲棉杂交而成。

草棉约在汉代传入今新疆，称为"搨布""白迭"。吐鲁番汉唐墓葬中曾发现多起棉织物，并且有北魏时借贷 60 迭（布）的契约，和内地的绢一样当作货币使用。新疆巴楚县 9 世纪晚唐遗址发现过棉籽，经鉴定为非洲棉，此后陆续从新疆经河西走廊到元代传入陕西，但由于纤维短，强度不够，纺织时易折，只能纺粗枝纱及粗布，后在南方优良棉种的竞争下退出。后者则逐步占领西北，终于代替丝麻成为中国人特别是中下层百姓衣料尤其是便宜衣料的大宗。

还有一种陆地棉，亦称"美棉"，本由外国来华传教士带入种植，但屡遭失败。1919 年，改良种植方法，大获成功，推广开去，成为中国棉花的优良品种。

动物毛纤维有绵羊毛、山羊毛、牦牛毛、骆驼毛、兔毛，以及飞禽羽毛，其中主要是绵羊毛，这是北方游牧民族常用的衣料，更多的是做成毡和毛毯，也织成毛纺织品。毛纺织品早期新疆考古虽有发现，但数量不大，技艺也不精。本土毛织品的产量和质量也不及丝棉织品。此后一直靠欧洲西域传入的呢绒制品，而中国只是到了近代洋务运动才开始有了毛纺织工业。总之，毛纺织品在古代中国服装材料上与丝、麻、棉不可同日而语。至于纺织技术，值得一提的是唐代从中亚波斯传入的织锦及毛纺织品的异国绫样，也曾在唐代流行一时。

（三）胡食胡饮

1. 中国饮食的特色

中国饮食世界闻名，中国餐馆遍布全世界，堪称第一。中国饮食文化肇源至少已有 4000 年，迄未中断，而且承传有绪，与时俱进，不断创新。虽然中国饮食文化的特点很难概括，但似乎也可以提出几点：

第一，中国人很重视吃。"食色，性也。""民以食为天"。《尚书·洪范》六政"一曰食，二曰货。"过去中国人见面问候的第一句话北方人是"吃了没有"。广东人则是"呷办（吃饭没有）""呷保（吃饱没有）"。中国是个大农业国，又是具有精耕细作传统的古农业国，人口众多，以较少的耕地力求容纳更多的人口，又兼之而引起的畜牧业的相对薄弱，这就使得中国人重视吃饭，力求温饱，向往小康。另一方面，也使得中国人吃饭以植物性食物为主，即多素食。《孟子》记载理想的农家，足够耕地之外，要有五亩园宅地，种桑养蚕，好让五十岁以上的老者可以穿上丝绸衣服，圈养着五只母鸡，二头母猪，七十岁以上的老人就可以有肉吃了。秦简记载士兵和服役农民每日口粮，除定量粮食外，也只有一点盐和腌菜（《管子·禁藏》也有类似的标准），可见肉食不易。不像游牧民族和欧洲人那样，有相当丰富的肉乳制品。西欧中世纪庄园农忙时劳役农奴餐桌上总有大量的肉食。17 世纪欧洲工业化之前，易北河一带的居民每年吃肉可达160 磅左右。至今美国人均年消费肉类达一二百磅，而面粉则不到 100 磅。

在植物性食物的结构方面，古代中国人又是以淀粉类的粮食作物为主，称为主食，蔬菜瓜类称为副食（这种说法似乎是从 20 世纪 50 年代以后开始流行的）。由于人口众多，资源相对不算丰裕，又兼早已出现了贫富分化，下层民众饮食简陋粗粝，缺少脂肪和蛋白质，量也不足，需要寻找其他食物来源。野菜槐花榆钱树叶虫蚁都成了食品，荒年甚至要去吃草根树皮和观音土。饥饿到极点，不惜吃人肉和易子而食。上层豪富之家则注重享受，尽力搜罗食料，膳食力求丰盛。这样，无论贫富，古代中国人都要追求食物品种的丰富多样。最大贡献之一是发明了美味的豆腐与各种各样的豆制品，以弥补中国人饮食中蛋白质和脂肪之不足。几千年下来，几乎任何可吃的东西乃至不好吃不可吃的东西都要寻来入口。相传神农氏遍尝百草，甚至不惜以身试毒，固然是为了治病，但也有改善人们饮食的意图。就像广东人那样，天上飞的，地下走的，水里游的，地面长的，不管什么都要拿过来吃，品类据说在一万种以上。就连毒蛇、毒蝎、毒蜈蚣、毒蟾蜍也不放过。恐怕是世界上任何国家任何民族都比不上的。

第二，重视烹饪技术。"食不厌精，脍不厌细"。从最早的粗糙简单，进化到后来的细致精巧，就连衣食不周的贫家也有不少创造。据说新中国成立前，冀中的巧媳妇由于肉菜难得，就在主食上下功夫，一口气能做出二三十种花色不同如发面饼、金银卷之类的主食来。至于钟鸣鼎食、高贵豪奢之家，每日伙食费达一万个铜钱，那就更其注重烹饪的品种和技术了。北宋奸相蔡京厨房里甚至有专司擘葱别无他长的婢女。据说，中国人的烹饪方式至少在50种以上，记得起来的有：

蒸、煮、炖、焯、汆、涮、熬、烩、煨、羹、煲、酿、夹、包、撕、裹、拽、拉、拔、揪、切、拌、炒、炸、焖、溜、煸、焗、煎、烧、糊、团、烤、烘、焙、燎、炝、爆、炙、烙、糜、熏、腊、腌、渍、泡、拌、串、叉、卤、酱、醪、醉、风、鲜、糟、酵、酥、镇、拍。

各种做法层出不穷。对菜肴的选料、加工、调味、下锅、翻炒、火候，各色悉具。做出的菜，要形、色、香、味，口感俱佳。有时还要伴以音响（如清炒鳝糊、锅巴虾仁），乃至以鲜活鱼虾直接上桌。

第三，很注意味道的混合，"调和鼎鼐"。把各种主次食料和配料调料一起下或先后下，"五味俱全"，互相融汇，似乎深得儒家"中庸""中和""和而不同"之道。外国菜例如欧美西餐，往往采取原汁原味。像猪排、牛排或煎或炸或烤，来上一块放在盘上摆出来，旁边搁上一点配菜，如土豆、胡萝卜、洋葱、圆白菜之类，顶多再加上一些调味汁，切成一块一块，分开来吃。中国人吃饭，即使肉食，也不是单独出现，而是跟各种配料混在一起做，即如红烧肉、回锅肉、木须肉等，各种味道互相融汇、混合，有时颇难形容。

第四，尤其注重调料。欧洲的调料有辣酱油（一般不用）、盐、糖、胡椒、柠檬汁、西红柿酱、芥末酱、色拉酱、调味汁（Dressing）等几种，但不如中国之多样。中国菜肴调料品种之多，几乎不可胜数。像用大豆制成的酱油，堪称调料之王，不仅可增菜肴的鲜味，而且富含氨基酸的营养；同样由大豆发酵制成的豆豉，也可起着与酱油同样的作用。用粮食制成的醋，酸度浓郁清淡各异，香味别致，也非外国化学白醋所能望其项背。另外，北方菜肴的勾芡，增肉食的滑嫩程度，以及做菜时浇上些熬制好的上汤、高汤、鸡汤、肉汤、火腿汤、骨头汤等，以增加适口度。照食谱所载，广东菜的顶上汤，是用 10 只老母鸡、10 斤火腿，加上 20 斤水，用文火慢熬煨 20 小时而成。这大概也算是中国菜的一个特色。

最后，中国人还把饮食和政治相比拟，宰相治事喻为"调和盐梅"，"调和鼎鼐"。君王治国，比之为"治大国若烹小鲜"。中药多为草药，服时多熬成汤剂，这就使得中国更有将饮食用于医疗保健的传统。许多食物多可入药。本草中的许多药物也可食用，食疗更是风靡一时。烹调不仅满足口腹之欲，兼可治国，更可治病保健，这也是中国饮食文化的又一个特色吧。

2. 胡兽一般为非食物品种

中国饮食中也有一个从简单到复杂、从粗糙到精致的过程。其中"胡食"占有相当重要的地位，但也未必就盖过了本土菜肴。"胡食"中动物性的食物只占了很小的地位。驴肉虽然不错，但很少见。马、骡、骆驼作为肉食更是稀缺。中国传统的"六畜"中，唯独马不用于食用。相传马肝有毒，更是忌食。牦牛产于青藏高原，内地罕见。这里所介绍的，不限于肉食，也包括了大部分域外引进的用于役使、祭祀和观赏的动物。

野生动物的驯化从中石器时代开始，先是犬。然后到了新石器时期，是驯鹿、绵羊、山羊，再是猪、牛。最后是马、驴、骡、骆驼。还有一些少见珍稀动物如象和长颈鹿，另外还有图腾化和神化的动物龙、凤、狮。

犬——由狼驯化而来的狗是人类最早驯养的动物，其时间在一万多年以前，其起源地说法不一，或说在欧洲，或说在中国南方，又有认为是多种起源的，但以中国起源说较为有力。在中国新石器时期遗址中，曾出现大量狗骨，其数量大过了猪骨。先秦时，犬已列为六畜之一，其功能有守舍、田猎和食用。个别文献也有其先于家猫捕鼠以及拉车和耕田的记载。

更晚的小型犬，也有用于狎玩的。战国秦汉时流行吃狗肉，也有专业的"狗屠"，在饮食次第上，狗肉超过了鸡豚（《盐铁论》）。魏晋南北朝以后，北方食狗肉之风渐戢，狗就更多地用于守舍警夜和狎玩了。

家猫——由野猫驯化而来的家猫，其起源有多种说法，其中包括了中国。近来分子生物学的研究，趋向于家猫起源于中东。中国古代农业以种植谷物为主体，故驯养狸(野猫)用于捕捉田鼠，后来逐渐用来捕捉家鼠。隋唐以后，驯化的狸被称为"狸奴""狸猫"，也就是家猫了。

马（见第七章第三节（四）兵器和装备的变化）

驴——和马一样，野驴的原产地在中亚及东亚大陆的北部地区与西北地区，其驯化的历史亦有 4000 年左右，在中原本是稀罕之物。西汉中期以后，随着中原与西域交通日益发达，驴大量进入中原成为"骡驴骆驼，衔尾入塞"（《盐铁论》）的壮观场面。东汉末年，驴已成为民间常畜。三国两晋南北朝时期，养驴已遍及长江流域及东南沿海。唐代养驴遍及全国，深入到了贵州。其数量超过了马匹，因其饲养容易，除肉食祭祀外，亦成为农业区域的重要役畜，或驮载或骑乘，亦有用于耕作的。

骡——马和驴杂交所产，是北部地区古代游牧民族所创造，至少有3000 年以上的历史。汉代随驴大量进入中原地区，其繁育技术一般与马相同。很早就成为车挽、骑乘和工作的主要役畜，亦用作军事行动。在北方，其数量甚至超过了马匹。

骆驼——双峰骆驼原产于美洲，已有数百万年的历史。1.4 万年前的最后一个冰期，经过亚美大陆桥到达亚洲，随即在美洲灭绝而在北亚和中国的西北地区繁衍。其驯化亦有 4000 年以上的历史。骆驼体型粗壮，能吃苦耐劳，能食粗粝的植物，耐饥渴，适应沙漠地区的恶劣气候，宜于在流沙上行走，可用于驮载和骑乘。但因客观条件所限，从西到东逐渐稀少，以至在东部地区成为罕见之物。

大熊猫——中国最早的大熊猫化石发现于 800 万年前，过去认为中国就是大熊猫的原产地。近来西班牙发现了 1160 万年前的大熊猫化石，因此西方考古学家认为大熊猫或原产于西欧。但其原产地是否从欧洲迁徙到中国，当未得到证实。①

此外，域外的珍禽异兽亦有随入觐使臣或中国使者的访求而进入中国的，有象、麒麟（长颈鹿）、狮子、孔雀、猎鹰（海东青）、火鸡、鸵鸟等，但均未能在中国繁衍。域外进贡或贸易进入中国的玳瑁、珍珠、象牙、犀角等，属于奢侈品，对中国产业和社会的影响稀少，应不在"胡化"浸润之列。

3. 胡食——外来植物品种

"胡食"品种中广为流布的是植物，包括粮食、蔬菜、瓜果、饮料、油料、衣料，乃至花卉、药材。其中内在影响最大的是粮食作物，而名声最响亮的则是葡萄和苜蓿。

相传许多植物品种被冠以"胡名"。文献记载都往往称是张骞出使西域带回到内地栽培的。其实西汉使者带回内地的只有苜蓿和葡萄，其他均属臆断和讹传。但称之为"胡"的物种仍有许多疑窦。一是称之为"胡"种的植物包括好些不同物种，需要分辨；二是虽冠有"胡"名实为汉种；三是同一物种往往有许多异名，难于确认；四是本土有些野生物种与引进的外来栽培品种常常混淆，或原生的野生品种经人改进成为原来的栽培物种，但被疑为引进；五是有些物种原产地不明，而且传播途径不明或传承不明，有些早期发现的物种的传播在文献记载和考古发现中消失，经过长期的甚至几千年后又重新出现，形成断层；最后第六，好些物种并非全来自西域中亚，而是出自印度或东南亚、非洲乃至南北美洲，指认较难。这些因此往往引起激烈的讨论。这些引进中国的植物品种很多，劳费尔的《中国伊朗编》书中即列举了 50 多种外来植物和果蔬花卉。现将引进中国的外来植物，依出现时间的先后列举若干如下：

（1）新石器时期到战国

谷物栽培——原始农业标志着新石器时期的开始，也是人类开始定居生活的前提。

中国本土的粮食作物原先只有粟米和大豆类，新石器时期已开始从域外传入了小麦和稻米。

---

① 2012 年 11 月 6 日《环球时报》和《参考消息》。

小麦——起源于外高加索及其周边。新疆许多地方的新石器时期墓地和遗址出土了一批炭化小麦颗粒，其中小河墓地炭化小麦年代达 4000 年前，吐鲁番胜金口战国至秦的墓葬更出土了 2400 年前的小麦杂粮颗粒。此外，云南剑川海门口和安徽亳县也发现了 3000 多年前的炭化小麦，说明殷周时期小麦已传播到云南和淮北平原。战国时发明了有齿槽的石磨，可磨面粉。小麦种植逐渐推广，后因战乱，种植面积一直南伸。唐宋以后，中国粮食作物已从粟稻二分天下变为粟麦稻三足鼎立。麦类中的大麦和燕麦（莜麦）大概是本土所产，至于荞麦，原产地有说在亚洲西南部的湿润山区，有说在云贵高原，有说在黑龙江贝加尔湖一带，还有说在中亚或北亚的。最早的荞麦实物出土于陕西咸阳杨家湾四号前汉墓，距今已有 2000 多年。此外，在陕西咸阳马泉和甘肃武威磨嘴子，也分别出土过西汉和东汉的实物。

稻米——野生稻原产于东南亚沼泽湖泊地带，亦有认为原产于云南和中国南方的。新石器时期至少在 7000 年前中国已出现最早的栽培稻，多分布在长江以南的广大区域，年代最早的是湖南澧县彭家山遗址，籼型粳型都有。全国各地发现的考古稻种在 70 余处以上，主要分布在淮河以及长江以南的广大地区。此外，野生稻在中国内地也有广泛分布。成书于战国的《山海经》称之为"膏稻"。北纬 28° 以南的江西、广东、广西、云南、台湾均有，有人谓这些野生稻的一种——普通野生稻即为栽培稻的祖先。大约从周朝起，栽培稻开始向外传播，北传到朝鲜、日本，南传到中印半岛、印度尼西亚、菲律宾等处，成为亚洲最重要的粮食作物。

夏商至秦汉，稻在南方和北方均有种植，南方更为普遍。《汉书》中已有在北京附近种稻的记载。东汉《异物志》在今广东、广西及越南北部，已有双季稻的种植。隋唐时西北的甘州（今张掖）和东北靺鞨族建立的渤海国亦有种植。晋代岭南已有再生稻。唐代岭南已出现稻麦二熟制，并可在稻田蓄水养鱼。唐代从新罗引进粳稻新品种黄粒稻。宋辽稻田更形普遍，遍及东北、宁夏、陕西，乃至新疆、西藏。并且引进耐旱新品种占城稻。明清时期，水稻种植已遍及全国各地。在鄂、湘、赣、皖、苏、浙分布有双季连作稻，在浙、赣、湘、闽、川等地则有双季混作稻，两广及海南则有三季稻。

水稻分布虽然偏南，但在全国粮食产量中已居首位。这一比重至今未变。

油用亚麻——中国称为胡麻，原产埃及、瑞士和地中海，中国亦有野生亚麻，称之为"野胡麻"。中国栽培已有 5000 年历史，历来作为油料，西汉《氾胜之书》以后，史不绝书，但与黄麻常混。

高粱——原产西非，又名蜀黍，最早发现于甘肃民乐县六十里乡新石器时期遗址，为 5 种炭化籽粒之一，时间为 5000 年前。其后亦见于河北石家庄战国遗址及汉代墓葬。

1931 年，山西万荣荆村新石器时期遗址出土炭化谷物壳皮时认定为高粱，但标本已不存。其他出土遗物亦可疑。这些新石器时期的遗物与战国、汉代的发现其间相隔约 3000 年。而文献记载则始见于魏晋，因此高粱在中国的栽培还不好上溯到新石器时期，仍定为始于战国秦汉。

还有一批新石器时期考古农作物遗存集中在江浙良渚文化遗址，特别是浙江湖州吴兴县钱山漾遗址。从鉴定上看，计有芝麻、花生和蚕豆种子，但却也存在诸多疑窦。

芝麻——古有胡麻、脂麻、油麻诸名，原产地不明，有谓原产非洲西北部及东南亚爪哇等地。钱山漾遗址被认为的芝麻籽，经再度鉴定是甜瓜子。云南石鼓、合庆等地有芝麻野生种，一向被当地居民食用或用以榨油。则芝麻也可能原产于中国。

顺便说一下甜瓜子。日本学者认为甜瓜是白玉瓜的变种。白玉瓜野生种原产于尼日尔河上游的几内亚，这也是栽培种白玉瓜的起源地，并由此传入埃及、南俄、中亚，又从阿富汗传入新疆、云南。又，古代传入印度的白玉瓜又分离出一个甜瓜品系，公元前引入中国北部后扩展到华北、东北、朝鲜和日本。欧美学者也说非洲中部是甜瓜原产地，中国是甜瓜次中心，但都不知中国良渚文化遗址（4500—4000 年前）已多处出土甜瓜种子，是否那时中国和非洲已有作物交流尚不能确言。①

①　还有一种甜瓜，西晋时大秦国（罗马帝国东部）蜜渍食品"枸橼子形如瓜，皮似橙而金色，极芳香，肉甚厚白如芦菔，渍以蜂蜜，巧丽妙绝。泰康五年（284）大秦国贡十缶"（《南方草木疏》），或有可能属于西瓜及今哈密瓜一类，是否在内地栽培过已不可知。

蚕豆—— 6500—6000 年前已在欧亚大陆多处新石器遗址中发现，新石器时代晚期及青铜时代，已遍布地中海周边各地，意大利和希腊最为集中。早期蚕豆为小粒型，经选种进化为中粒型和大粒型。钱山漾遗址"蚕豆"只余种皮，与今蚕豆相似。中国尚未发现蚕豆野生种。宋代或早才略见于四川的文献记载。因此，新石器时代出土的是否就是蚕豆尚且存疑。

花生—— 一般认为花生原产于美洲巴西，16 世纪经东南亚传入中国，又名长生果。但此前，14 世纪中叶文献已载"近出一种落花生，形似豆荚，子如莲肉"。清末以前多种小粒花生，清末传教士则引入大粒花生。但浙江钱山漾、江西修水山背遗址，也出土花生。广西宾阳双桥村更出土了十万年前的花生化石，后经鉴定其为陶制品。浙江、江西尤其是江西新石器遗址可以肯定为花生，论者认为可探讨原产美洲的植物与中国本地植物交流问题。但问题是：第一，美洲花生以玻利维亚为轴心四向扩散，最早出土的为公元前 3000—2000 年前，品种多样，仅凭中国两地出土的几粒花生就断言其有交流关系，未免太简单；第二，花生越洋从南美进入中国，乘无导航设备的小船至少需时半年以上，此时花生长久被水浸泡，已失去发芽能力；第三，花生在南美洲生产的土地干旱多风少雨，土质松散，排水良好，浙赣两地都是气候潮湿，多雨，土壤黏重，不适合花生生长。因此在新石器时期，是否已有南美花生传入，尚存疑问。

（2）秦汉

秦汉是中国历史上第一个比较开放的时期，随着丝绸之路的开通，外来物种大量进入东部地区。

苜蓿——优良的马匹饲料，也可食用和药用。原产波斯、中亚，汉武帝遣张骞出使西域时引进。

葡萄——中国原有野生葡萄。人工栽培的葡萄，原产于西亚，三四千年前埃及和美索不达米亚曾大量种植，用以酿酒，并风靡于波斯、中亚、希腊和罗马。张骞出使西域，带回葡萄种子，称为"蒲桃"，在国内栽培。李广利远征大宛，也带回葡萄种子回国种植。

此后，葡萄又多次从西域传入。中国虽然早已引种葡萄，也知道西域人喝葡萄酒的习惯，但到唐朝才从西域的突厥族那里学得了制葡萄酒术。

中国医书如《唐本草》《食疗本草》等才出现了葡萄制酒和制醋的记载。但葡萄仍多供食用和药用。葡萄酒在中国古代始终未能流传开来。

胡桃（核桃）——大概来源于羌（青藏高原），更可能溯源于印度。司马相如《上林赋》即载有此物，来自西域。与本土野生胡桃有别，可食用或药用，后来更经朝鲜传到日本。

胡豆——大豆是中国本土品种，古称"菽"，为六谷之一。豆类品种很多，其中有名"胡豆""戎菽"的见于居延汉简及崔寔《四民月令》，当是豌豆的异名。实物在敦煌汉代马圈湾遗址和武威磨嘴子汉墓都有发现，大约在公元前后传入中国。另外蚕豆也称"胡豆"，常与豌豆混淆，其原产地和传入时间不明。浙江吴兴钱山漾新石器时期遗址发现的类似蚕豆仅存种皮，尚有疑义。大约元朝时长江以南及西南地区才见种植，迄今四川仍称蚕豆为"胡豆"。

胡麻（芝麻）——据称出自波斯的芝麻又称"胡麻""脂麻""油麻"。所传浙江吴兴钱山漾新石器时期良渚文化遗址出土的芝麻籽已证明其为甜瓜籽。芝麻子古代中国常与油用亚麻混淆，除用于榨油和点灯外，主要是供食用，有"八谷之中，惟此为良"之说。明代高产粮食作物发展，芝麻才退出主食品行列。云南石鼓、合庆等地有野生芝麻曾用于食用或榨油，则其原产地尚待进一步探究。至于衣料用的亚麻的传入，已是很后的事了。

棉花——（见第七章第三节（二）胡服胡妆）

胡瓜（黄瓜）——据说原产于印度西北部，广西贵县罗泊湾汉墓出土有黄瓜籽。五胡十六国石虎和后来的隋炀帝讳"胡"字，改胡瓜为黄瓜，从此成为中国一大食用菜蔬。

胡葱胡蒜——葱原产于中国，种属很多，其中一种称为"胡葱"，顾名思义当为外来种属，或称蒜葱或回回葱，唐初传入的外来品种称"浑提葱"。大蒜则是汉代从西域引进、栽培。

胡椒——先秦的"椒"指花椒，《后汉书》卷118《西域传·天竺》已有"胡椒"之名，其原产地在印度，后移植到波斯地区，再传入中国。

（3）三国两晋南北朝

这是一个社会大激荡时期，也是胡汉民族文化交会整合的时期，域外植物品种大量进入中原，栽培品种往往盖过了本土同种的野生品种。有的尚可推测探源，有的不免对其出处的考虑大费周章。

茄子——原产于印度、东南亚，西汉时引入中国西南。南北朝时于长江中下游可见，唐宋以后，种植更是遍及全国。

石榴（安石榴）——原产波斯，经印度和中亚在三国以后传入中国。

胡荽（香菜）——这种具有强烈气味的蔬菜，原产于波斯，后来扩散到整个旧大陆。

扁豆——原产于亚洲，印度自古栽培，传入中国较早，南北朝时已是人家种植于"篱"（《齐民要术》）。

蜀葵（冬苋菜）——又名胡葵，或戎葵，顾名思义，一说即高粱，可能从外地传入，但原产地及传入时间、地点不明。

（4）隋唐五代宋元

这七百多年间先后出现了唐和元两个世界帝国，中国与外界的交往空前繁荣，大批外来的植物品种也纷纷进入中国，主要的有：

菠菜（菠薐菜）——唐初从泥婆罗（尼泊尔）引进。

甜菜（糖萝蔔）——唐时由阿拉伯传入中国，当时名"军莲"或"君莲"。

莴苣——唐初传入，可能是优于本土的原生品种而扩散开来。

制蔗糖法——中国古时甜味剂有饴（麦芽糖）、蜂蜜和柘浆（甘蔗汁），唐时从印度传入熬制蔗糖的技术，中国这才有了正式的蔗糖。

西瓜——一般说法西瓜原产地在南非，以后传入欧亚大陆，是五代时从契丹传入（欧阳修《新五代史》，赵翼《陔余丛考》，劳费尔《中国伊朗编》），以后遍及南北，成为夏季最流行的水果。①

---

① 但也有说是东汉末即有栽种的，建安七子之一的刘桢《瓜赋》形容所食之瓜"丰细异形，圆方殊务。扬晖发藻，九采杂糅，厥初作苦，终然允甘。应时潄熟，含兰吐芳，蓝皮蜜理，素肌丹瓤。……甘逾蜜房，冷亚冰圭。"俨然是一颗西瓜的形象（钟芳《趣赏西瓜诗》，载于《光明日报》2012 年 6 月 23 日）。但甜瓜也有多样品种。明李时珍《本草纲目》云瓜形"有团有长，有尖有扁"，"大或径尺，小或一捻"，瓜皮色泽"或青或绿，或黄斑糁白斑，或白路黄路"；瓜面或有棱或无棱；瓜瓤或白或红，似乎也符合刘桢的描述。在没有找到西瓜栽培的确凿时间的证据之前，对此说暂且存疑。

胡萝葡——胡萝葡是很古老的欧洲产植物，阿拉伯人在 10 世纪将其引入波斯、印度、中亚，元朝时传入中国。

（5）明清近代

从明清起，中国栽培植物的输入又进入了一个新时期，各种域外品种都向中国集中输入，自大航海时代地理大发现开始，美洲的作物辗转经东南亚外国殖民地先后进入中国，欧洲的品种也相继而来，其中有些对中国人的生活起了很大的作用。

玉米、土豆、白薯这些都是原生于美洲的作物，明后期和清朝先后进入中国，成为中国人的重要食物。

辣椒——原产中南美洲热带地区。发现新大陆后传入欧洲，16 世纪（明）后期传入中国。

烟草——原产美洲，明后期传入中国。

南瓜——原产美洲，元末明初首次见诸记载。

黄麻——有长果种和圆果种，前者产于中国，后者原产印度、巴基斯坦。

甜菜（糖萝葡）——百余年前从东北方向传入。

菜豆（四季豆）——原产美洲，清代开始引入栽培。

结球甘蓝（包心菜）——原产欧洲，唐代传入中国，最近的一次是明朝后期。

从明清以迄当今，从国外引入的蔬果还有西红柿、洋葱、菜花（花椰菜）、芦荟（龙须菜）、荷兰豆等，不一而足。

4. 胡式烹饪法

烹饪方法上的"胡化"，主要在主食的面食上。其一是面饼，其二是面条。

先秦主食的烹饪方法主要是"粒食"，即将谷物脱粒去皮后煮食或蒸食，炊具为三袋足的鬲或甗。秦汉以前，中国人发明了上下两扇各有齿槽的石磨，可以将谷物磨成粉末食用，结果有了"粉食"。其中最主要的是小麦磨成的面粉。于是面粉渐渐代替了粗粝的"麦饭"。小麦的种植和食用也开始普遍起来。汉代文献记载中，小麦粉的食用形式主要是饼，这也是面粉食品的总称。晋人束皙《饼赋》中提到了十余种面饼，说古人虽云食麦而未有饼，"饼之作也，其来近矣。……或名生于里巷，或法出于殊俗"。北魏贾思勰《齐民要术》专有"饼法"一篇，记载了面食品种多达20余个，做法蒸、煮、烙、烤、煎、油炸等，应有尽有；①带馅料（油、盐、酱、蜜、肉、葱、果）一应俱全，包子、饺子、馄饨、面片等，形形色色。尤其值得注意的是胡饼，那是撒上西域传入的芝麻，在专门的烤炉上烤出，亦称"炉饼"。后赵皇帝石虎因避其名讳改胡饼为麻饼，不久复旧。以其味佳，便于存放、冷食热食皆宜，在人们的饮食生活中随处可见，现称"烧饼"。而那时称带馅或不带馅的烤饼为"烧饼"，现时则称之为火烧或馅饼了。

魏晋南北朝时，面粉发酵法代替了原来的酸水发酵法，出现了松软膨大的曼首（馒头）和其他发面饼类。

汤饼是水煮的面饼，后来改为做成条状，当时称"索饼""水溲饼（凉拌面）"，这就是后来的面条。但是近年的考古发现提供了面条起源的新线索——1980年新疆吐鲁番吐峪沟苏贝希墓地遗址出土了公元前5世纪至3世纪的面条。由黍磨碎后捏成条状制成。2002年在青海喇家文化遗址出土了4000年前的形状完整的由黍、粟（小米）混合成的面条，可惜没有保存下来。这样看来，面条最早起源于西北远方，然后东向传入中原。那么，这可能就是最早的胡食了。

这种流行于中国东部地区的面条，后来又反向传入波斯，12世纪随穆斯林势力到达西西里岛，成了有名的意大利面条的祖先，比传说中的马可波罗引入说要早多了。

唐代胡食更为流行，玄宗开元以后，"贵人御馔，尽供胡食"。释慧琳《一切经音义》卷37"释䭔䬻"云："此油饼本是胡食。……胡食者，即饆饠、烧饼、胡饼、搭纳等是。"䭔䬻即油煎饼，今北方称油饼。饆饠是蒸出的面制食品，亦称饽饽或馍馍。其中有馅的就是今天的包子。至于搭纳为何物，待考。

――――――――――

① 魏晋画像砖中有揉面煎饼图，有鲜明的饼铛煎（或烙）饼形象。

其他胡式烹饪方法，似无足述。值得一提的是"貊炙"和"羌煮"。前者可能是西北新疆一带的"烤全羊""烤羊腿""烤羊肉串"之类。清朝的"满汉全席"中的"烧烤""烤乳猪""烤鸭"乃至北京砂锅居的"烧碟"（现在已经失传了）似可归入此类。至于"羌煮"，或者就是内蒙古的"手抓羊肉"。另外，火锅、涮肉又称"蒙古火锅"，这些大概是传自北方和西北的古代游牧民族。

近代以后，欧式餐点进入中国，但未能与中餐汇合，只是在一些餐馆里有一些西菜中吃的做法，如面包虾仁、吉林猪排、吉林大虾等，至于欧式面包、饼干到现代已是很通行的"胡食"品大宗了。

5. 胡饮

关于胡饮。古代中国人很早就用植物的根茎浸泡出味道来作为饮品。汉代已有饮柘汁（甘蔗汁）的记载。动物的乳汁，特别是较多的羊群挤的乳汁也可入饮，可能也喝蜂蜜调制的水。至于粮食发酵酿成的低度酒更是通常的饮料。而水果蜂蜜、兽乳易于发酵也能酿制成酒。谷类酿酒更是大为流行。张骞通西域以后，外来产品大量涌入，来自西域的葡萄及葡萄酒亦有引进。但葡萄栽培法落后，未见推广，唐代葡萄酒至为名贵。葡萄扦插繁殖，开始在各地推广种植，葡萄酒也成了各地酒肆中的上品。波斯产的三勒浆酒——庵摩勒、毗黎勒、调黎勒，其酿造方法也传入内地，成了极为名贵的饮料。惜其原料及酿造方法均已失传。

顺便说一下，中国烧酒（蒸馏酒）始于何时，过去众说纷纭，从东汉、唐、宋到元都有，烧酒是蒸馏酒，制烧酒的关键是蒸馏器。过去一般认为阿拉伯人研究炼金术才发明了蒸馏器，因为蒸馏器自元代从阿拉伯输入，认为元朝的阿剌吉酒即烧酒。现在从文献及考古材料看，辽代及宋代均已出土蒸馏器，诗文中也不乏白酒之类烈性酒的记载，可知中国蒸馏器也就是烧酒的制作至少可以追溯到唐代来研讨。

（四）胡建胡居

北方游牧民族的毡帐及穹庐（蒙古包）早就引入内地，史载东汉灵帝好胡服、胡帐、胡坐、胡饭、胡筌篌、胡笛、胡舞。唐太宗废太子承乾好突厥俗，张毡舍设穹庐。但这只是个例，真正影响到汉地建筑形式的是佛教。

佛教公元前后从印度经西域和海路传入中国，不仅给中国人带来了面目一新的"胡教"，也给中国人带来了崭新的建筑形式和建筑风格，并与中国的文化与传统的建筑形式相结合，形成了独具一格的建筑形式与风格。这就是佛塔和佛窟。

塔在印度名"窣堵坡"（Stupa），本是埋葬佛祖释迦牟尼"舍利"（佛祖死后遗体火化后的珠状结晶物）的建筑物。以后高僧死后火化的骨齿结晶也称舍利。窣堵坡置于露天，作扁圆形的覆钵状，实心，顶上有一方形屋舍，其上立柱，竖一圆盘。此外，古印度凿岩造佛窟也很流行，一是小型供僧徒坐禅修炼的禅窟，另一种则是"支提"窟，凿窟为长形，其后部置窣堵坡（多已改为长圆形）以供信徒瞻仰礼拜。佛教传入中国，凿岩造窟风气很盛。其中有少量禅窟，也有大量的方形窟。窣堵坡已移置窟中央成方形的塔柱，四面设多层佛龛，塔柱及窟壁雕塑许多佛、菩萨等造像，以供信徒绕行膜拜，一反印度支提窟内窣堵坡之朴素无饰。隋唐以后，石窟塔柱消失，改为后壁设龛或窟中设坛。

中国传统建筑是梁柱式木构，以榫卯搭接。由于木材的性能，高层建筑较不易建，建筑群更多的是在平面上向宽广处扩展。但汉魏两晋南北朝时，因边塞和民舍防御的需要，建筑层数有逐渐加高的趋势。出现了坞壁一类的楼阁式多层建筑。窣堵坡的传入即与中国传统的楼阁式建筑结合而成为一种崭新的高层建筑形式——塔，或浮图、浮屠。据记载，最高的塔是北魏胡太后修的永宁寺塔，通高达130米，建成不久后即毁于雷火。

塔的形式多种多样，在高大的塔基下，矗立着高高的塔身。原来印度的窣堵坡则移置于塔顶成为塔刹。塔有不同的类型：

亭式塔——方形一层，如济南神通寺四门塔。

单层密檐塔——实心，外以砖砌，面有多层塔檐。如河南登封嵩岳寺塔。塔檐为单数，从三至十五层。

楼阁式塔——有的砖砌中空置梯或磴道以上下，如西安大雁塔。有的塔心夯实成中心柱，其外砖砌分层，有木构檐廊用以临眺，亦置梯或磴道上下。最有名的是山西应县释迦塔，辽建，全部木构，以梁柱斗拱榫卯相连，高 63 米，重 700 吨。

窣堵坡式——元朝尊喇嘛教，从西藏传入藏式佛塔（或称喇嘛塔），回复了原来印度的窣堵坡式塔样，塔座抬高，如北京妙应寺白塔。

金刚宝座式塔——也来自印度，其形式在塔下建一座巨大宝座（高台），上置五塔或七塔，如明成化九年（1473）建的大正觉寺塔（俗称五塔寺）。

这种塔的建造力求其高。此外，塔的布局印度或以其为中心置于露天，周围围绕房舍，或置于支提窟的后部。中国的塔原来也在中心位置，四周建造房舍，后来逐渐改为以中国式的殿堂为中心，中轴线两旁为偏殿并置僧舍，塔则置于寺旁或寺后，并且设有专门的塔院。

此后中国的塔的建造复杂起来，或建造型美观的花塔，或在名寺旁置埋葬高僧骨殖的塔林。凡此种种，不一而足。另外，道教仿佛教也建造了一些塔。

南北朝隋唐时期，外来宗教传入中国，如袄教、摩尼教、犹太教、基督教（景教）、伊斯兰教等。这些外来宗教多有立寺。信徒主要是外地来朝聘或经商的胡人。其寺院也多模仿佛教或中国传统建筑形式。广州怀圣寺现存有圆形砖塔，塔形浑圆，内部可用双螺旋楼梯登塔顶，确为阿拉伯与中国建筑混合式样，当为唐宋间遗物。福建泉州现存大量伊斯兰教遗迹，主要是墓园。

元朝由于朝廷的提倡，伊斯兰教更是遍及全新疆，取代了这个地区传统的佛教的地位，形成了全新的阿拉伯中亚的伊斯兰建筑形式和风格。至于中国内地的清真寺，虽然还保留了伊斯兰教所要求的建筑内容，每个寺都有一礼拜堂，定时呼唤教众祈祷的邦克楼、净身的水房、经堂等，但是不再用圆拱形的穹顶而代之以几座屋顶相连的宽敞厅堂，细高的邦克楼也改为多层楼阁，成了中国式的清真寺了。

最后值得一提的是欧洲古典的建筑形式。唐玄宗起凉殿，同时代的京兆尹王鉷建有自雨亭子。这都是以水注于屋顶四溢如帘，以取夏日清凉。

清初，外国传教士来华，传入了欧洲建筑形式。西直门外北京传教士的居所和教堂墓地以及宣武门内天主教的南堂，可能即其滥觞。广州 18 世纪出现欧式风格的"十三夷馆"，是适应当时十三行的活动而建造的。18 世纪乾隆大兴土木，扩建圆明园。其中的长春园即纯属欧式建筑。主要是巴洛克风格，其中"大水法"，更是具有意大利式庭院的流水布局。19 世纪末 20 世纪初，欧洲古典建筑形式在中国传播到一些开埠地区。后来导引出北京农事试验场（今北京动物园）和颐和园石舫的建造，形成了北京所谓的"圆明园式"的特有构图，流传于一些店面和民居之中。广州一带，以后常见于一般建筑中的外廊、拱圈、线脚和变体柱式的装饰处理，则多半受"殖民式"和欧洲古典建筑形式的影响。

随着外国资本——帝国主义侵略中国的营建活动，移植了当时流行于西方各国的欧洲古典建筑形式——罗马式、哥特式、文艺复兴式、巴洛克式乃至新古典式。商埠租借地和租界中的领事馆、工部局、洋行、银行、住宅以及分布更为广泛的教堂，大都应用了这些形式。

而中国近代建筑类型也有了增多，采用了与其功能相适应的资本主义国家建筑功能、材料、结构等处理方式，并且也采用了欧洲古典主义建筑形式，如行政建筑、学校、火车站、银行、商场等，甚至一时商店也用上了洋式门面。

到了 20 世纪 20—30 年代，沿海各大城市中新建筑大量构建，旧建筑也大量翻造。外国形式建筑大量涌现，不仅有上海的石库门式民居，而且出现了民族形式的现代建筑。其特点是钢筋混凝土结构，但外面的立柱彩饰则是中国化的，尤其是矗立了一个中国宫殿建筑的大屋顶，有些更铺上绿色和蓝色的琉璃瓦。其中最具代表性的是北京协和医院和燕京大学楼群，广州的中山纪念堂和南京的中山陵。值得一提的是闽粤侨乡的小洋楼和广东开平的碉楼。还有一种建筑形式是中国人自己的创造，那就是骑楼。即在闹市连栋楼群（Town house）第一层楼下门面退后设行人走廊，既便于人们行走，也可遮蔽烈日风雨。这据说是南洋华侨为适应当地热带气候的创造，我在广州、贵阳、海口等地都曾见过。

（五）胡乐胡艺

1. 音乐

中国音乐源远流长，很受重视。一是历代政府都设有官署，豢养乐人，搜集整理民乐民歌，并且创作演出。二是乐器比较完备，考古发现的最早乐器是骨笛和埙，逮至春秋战国，吹奏乐器有箫、笛、埙、钥等；打击乐器有钟、磬、钲、鼓、铃、铙、筑等；拨弦乐器有琴瑟等。三是音律之学比较完备，定下五声音阶，而非西方的七声音阶，也有按比例不同长度的律管吹奏以定各种高低的音程。四是王室贵族通行的典礼饮食中演奏雅乐与民间流行的乐舞不同。五是中国是农业民族，音乐节奏不是很快，音程高低强弱差别不能太大，给人一种优雅平和、徐缓的感受。民间音乐虽有活泼的情感强烈的音调和节奏，往往又被视为"淫声""靡靡之音""郑卫之声"。

秦汉以来中原王朝向外扩展，外来事物多有进入。魏晋南北朝社会大动乱，边疆少数民族影响加深。隋唐一统，比较开放，更多地直接接纳外来事物。对音乐影响最大的一是佛教音乐流行，二是西域及各边疆地区的胡乐大量引进。

和尚念经要用梵文吟诵，称为梵唱或梵呗，诵经、讲经或做法事时"梵唱（浮）屠音连檐接响"。佛教音乐并非全然来自印度，而是因传入路线不同而有差异。隋唐时期，引进及欣赏外国和西域的音乐达到高潮，尤以中亚新疆的昭武九姓（粟特）和龟兹为甚。隋唐时官方接受了龟兹的律调（大概可以转调）。据《新唐书·礼乐志》记载，从隋到唐，宫廷乐队包括了十四个国家和地区的音乐，东自高丽、百济（包括日本），南至扶南、天竺、南诏及骠国（今缅甸），北有鲜卑，西有吐谷浑、高昌、龟兹、疏勒（均在新疆）、康国和安国（均在中亚）。唐代宫廷乐队分为 10 部，8 部是演奏外来音乐，曲目最多，2 部才是演奏固有音乐。唐朝把乐队按演奏水平分级，水平高的可以坐着演奏，称"坐部伎"；水平差的在堂下站着演奏，称"立部伎"；最差的则去演奏"雅乐"，即中国原有的音乐。说明唐朝宫廷对各色音乐的重视程度，也许那是因为雅乐比较容易演奏的原故。

对中国古代音乐影响最大的还是数乐器。汉代以来传入的外来乐器有：

卧箜篌——即胡箜篌，竖琴（Harp）拨弦乐器，东汉时从印度传入。

羌笛（胡笛）——东汉末时传入。

唢呐——波斯语 Surna 的汉语音译。原是芦管钻孔，新疆克孜尔石窟 38 窟壁画已有吹唢呐乐伎形象，但未传入中原。宋元时，大批穆斯林来华，唢呐遂流入民间，成为汉族婚丧文化的一部分。另有一种卡呐（Kanay）用于军队冲锋进攻，类似号角，无孔。二者在文献中常不易区分。

筚篥——吹奏乐器，源出龟兹，号角转来。

琵琶——原来是直项琵琶，后来流行的是西域传入的曲项琵琶。

胡琴、二胡——蒙古高原上马头琴系列的拉弦乐器，保留了草原民族弯弓射箭的遗风。

羯鼓——小鼓，节拍繁多急骤，便于马上击打。唐玄宗击羯鼓称一绝。现在京剧仍以小鼓作为指挥。

腰鼓——朝鲜传入，两个鼓面可以同时击打，鼓边上可敲击，还可以鼓槌擦边划声。

中国的胡乐于隋唐达到高峰，从宋以后又回潮，开始回到从前的音乐去了。音乐是一种直观的感情体验，动人的是演奏，乐终音歇。而中国古代记谱法不大发展，没有形成一种公认的记谱方法。仅有的一点古谱流传甚少，破解困难。即使有人破解出来去演奏，也难就此认定是恢复了古代的乐调。因此，唐代胡乐现已不存，只能从少量不详的文献存留和窟墓壁画伎乐舞形象上推测当时演出的盛况。反倒是那使引入的外来乐器，今天仍旧保留下来不少，成为被称为"国乐"的民族音乐的重要器材。

2. 胡舞

乐舞并提，但舞蹈似乎并非汉族的强项，由于本土音乐节奏缓慢、音调平缓，舞蹈动作也多少受此影响。东汉灵帝既称胡舞。唐代流行的胡舞有健舞、软舞两大类。胡旋与胡腾都属于健舞，顾名思义，大概就是急旋和腾跃。另外一种是柘枝舞，比较圆柔流畅。唐代以后，都失传了。有名的《秦王破阵乐》《霓裳羽衣舞》中的舞姿更连同其音乐一起失传了。

3. 杂技

外来影响里还有杂技。汉代称为"百戏"的，就有号称大秦国（罗马帝国东部）来的炫人演出的吞刀吐火、攀杆顶幡。另外，从西藏或波斯传来的波罗毬（马球）在唐宋也很流行，军队更好此道。唐代长安元宵节要架设西域灯轮，高二十丈，衣以锦绮，饰以金玉。燃灯五万盏，簇簇如同花树，宫女千人灯轮下踏歌三日夜，盛况空前，欢乐之极。[①] 种种技艺，这在汉代画像砖和唐代佛窟壁画中仍能见其仿佛。

4. 绘画雕塑

佛教艺术中印度西域的影响也是很大的，南北朝时佛像雕塑人物多半瘦削清癯，衣服贴体带褶皱，即所谓的"曹衣出水"。受北印度希腊风格的犍陀罗艺术的影响。隋以后人物形象逐渐丰腴，面相转为慈和，衣服汉化。中国古代绘画是二维形象，缺乏立体感。后来中国画为了表现立体感，用颜色的浓淡表现所受到反射光线的不同，以呈现立体形状，即所谓的凹凸法。相传这是唐代大画家阎立本从于阗画法学来，现在看来有了更早的发现，也可能画法原是来自中原本土。

尤其是唐朝开元天宝以来胡风大盛，国都长安城乃至洛阳、扬州、广州几有全盘胡化之嫌，至少成了国际性的大都市。诗人元稹《法曲》云："自从胡骑起烟尘，毛毳腥膻满咸洛。女为胡妇学胡妆，伎进胡音务胡乐。火凤声沉多咽绝，春莺啭罢长萧索。胡音胡骑与胡妆，五十年来竞纷泊。"以至有人感慨说，此时"长安少年皆有胡心矣"。

5. 诗

从《诗经》《楚辞》、汉魏《乐府》开始，中国诗歌历来可以入乐歌唱伴舞，长诗《孔雀东南飞》《木兰辞》等亦可吟唱。为了歌唱方便，南北朝以后的诗形成了有韵的格律规范。唐诗大盛，为了便于伴乐，诗中还要添上迭句和饰音，句式也就打破定式的五七言句式的藩篱，添字添言

---

① 张说《十五日夜御前口号，踏歌辞》二首。张鹭《朝野佥载》，又《旧唐书·睿宗本纪》。

（句），出现了日后为宋词滥觞的长短句，声律要求更细。这也可能算是胡乐胡舞流行的影响的一个方面吧。

（六）胡音胡语

胡音、胡语主要是对汉语来说的，就是汉语所受到的其他外来民族的语言、语音的影响。我们先看一下汉语里的一些胡言"胡话"。其中最常见的是一些其他民族和地区的人名、地名、族名、专名等的汉语音译。像内蒙古自治区首府呼和浩特是从蒙古语翻译出来的，原意为"青色的城"。乌鲁木齐则是维吾尔语的音译，珠穆朗玛峰是藏语的音译，原意是"仙女峰"。白熏白染，我们现在已经不大记得这些本是一种别的民族的称呼了。祁连山的"祁连"，看似汉语，其实是匈奴语的一种音译。匈奴人把最高的山称为"祁连"，意思就是"天"。新疆境内的天山也被一些北方民族叫作祁连山。现在新疆境内的天山已经没有了"祁连"的名字，而"祁连"还保留在甘肃境内的那条山脉上。"祁连"过去音译也称"撑犁"，现在已经成为彻头彻尾的汉语了。像"可汗"本是北方民族对其首领的称呼，可是《木兰辞》里的可汗却用北方民族对首领的称呼来称呼中国皇帝了。还有一些词，如巴图鲁是蒙语里对勇士的称呼。在清朝则赐给一些勇士"巴图鲁"的称号，类似的还有猛安谋克、达鲁花赤。佛教传入中国以后，梵文的佛教名词逐渐流行开来。佛教的很多词，有的中译是按意思翻的，有的是按音翻译的，慢慢就成了中国话了。这方面例子太多了。像 Buddha 翻译成佛，是因为中国古音的 f 和 p、b 不分。佛有各种汉译，比如佛陀、浮屠等。Buddha 本来是觉悟的意思，释迦牟尼十个称号中的一个，渐渐地成了在中国一个通行的称号了。又如和尚们经常念的"南无阿弥陀佛"，"南无"是什么意思？这本是梵语"敬礼"的意思，把双手合起来稽首，现在和尚还用这个办法。还有"伽蓝"也是梵文，"伽"有两个读音，一个是 qian，一个是 qie。伽蓝的"伽"读后边的音。伽蓝就是庙的意思。还有兰若就是阿兰若的简称，指的也是寺院。"僧"这个词也是梵文音译，跟它相同的还有"沙门"。"僧"字刚出来的时候，人们说它是胡音，就是"大众"的意思。比丘、比丘尼、沙弥、沙弥尼等词都是从梵文音译过来的。比丘在梵语里就是"乞丐"，和尚吃饭靠化缘，他们不事生产，现在东南亚的和尚还是这样。早上起来第一件事就是到施主家去吃饭。比丘指的是20岁以上受过具足戒的出家修行的男和尚，女的则叫比丘尼，简称为尼。沙弥就是小和尚，沙弥尼就是小尼姑。和尚受戒越多道行越高。小和尚得受足十戒，别小看他们，他们也是有道行的，不是随便就能当的。如果从十戒、八戒的数量来看，猪八戒的地位就比小沙弥低。沙弥在梵文里有"恩慈"的意思。"塔"也是从梵文 Stupa 翻译过来的，最早翻译成"窣堵坡"，后简称为塔婆、塔。还有菩萨、菩提、涅盘、阿修罗等，不一而足。又有如菠菜的"菠"字也是个译音。我们现在吃菠菜已不知道它是外国菜，就如吃西红柿、菜花一样。不过菠菜传来的资历最老。这些从梵文传来的汉语音译，后来都成为地道的中文词了。它传入中国有种种说法，有人说是张骞通西域带回来的，这肯定是讹传，因为很多东西搞不清楚就说是张骞带回来的。实际上它是唐朝从泥婆罗(尼泊尔）传来的，当时叫"菠薐菜"。但它也不是尼泊尔本土原产的菜，尼泊尔是从波伦国传来的。波伦国现在不知道是哪个国家，但据研究大概最早在波斯种植，后来传入泥婆罗，再辗转传入中国。

到了近代，很多欧洲的语辞也传入中国，像咖啡、沙发、三明治、雪茄、色拉（沙律）、白兰地、威士忌、卡（车）、卡（纸牌、卡片、凭证）、高尔夫（球）、烟士坡里纯（灵感）、哀的美敦书（最后通牒）、拿摩温（老大）、康白度（买办），最后两个是所谓"洋泾浜英语"的汉译。一直到法西斯、纳粹、克格勃等。其中有一些也来自日本对西语的音译，淡巴菇（烟草）、嘎斯（煤气）、卡拉 OK（看来像英译，其实源自日本）。在19世纪末20世纪初，西学东渐，为了对一些外来语找上合适的译名，有名的译者如严复真是煞费苦心。如"逻辑""几何"等。现在我只记得一个 unit（单位）译为"幺匦"，但没有流传开来。明治维新以后，日本注重西方思想的流入，很多社会主义的术语的日译名也为汉语所借用，因为日语也大量使用汉字，直接用来很方便。如社会、社会主义、革命、资本、资本主义、帝国主义、阶级、劳动、人民、思想、理论等。有些也借重日语对西文的音译，如"披亚那"（钢琴）、"梵俄铃"（小提琴）、德律风（电话）等。到了二十世纪二三十年代，马克思主义在中国流行，一时找不到合适的译名，就全用音译。如布尔乔亚（资产阶级）、小布尔乔亚（小资产阶级）、意狄沃罗基（意识形态）、奥伏赫变（扬弃）。这些音译词后来都被更适当的译名所替代了，只有《国歌》最后一句"international"不好翻，第一个译者瞿秋白把它音译为"英特尔那雄纳尔"，此后又出现好几个译名，都被认为不够贴切。新中国成立时，几经斟酌，还是按照瞿秋白的音译名定下来。顺便讲一件小事，我上中学时，一些人数学不好，一个同学把 University（大学）音译为"入内废习题"。其实我们上的那个中学，同学大都数学不错，毕业后大部分都考上了理工科。这个俏皮的音译也就湮没了，只有数学老不及格的我还记得。

这里还要插入一个怪胎。日本侵占中国的东三省以后，把它当成了自己的殖民地，硬是强迫中国人接受日本的文化，包括语言。他们制造了一种"协和语"，利用日本的语音语词和语法来改造汉语。随着日本的战败，这种生硬的"协和语"也就烟消云散。我没有经历过沦陷后的东北，也没有到过初光复的东北，只记得影视上看日本人讲"你的，什么的干活""大大的好""死啦死啦的""米西米西""嗨依""勒劳奉仕"等等，猜想也许是其仿佛吧。这种引进外来语的音译是很常见的。不仅汉语如此，其他语言也如此，像英语也有，而且更多。英语中引用汉语的也有，比如瓷器念作 china，武术翻译成"gongfu"（功夫）。过去清朝的官员满大人也翻译不出来，也只好用音译。茶叶 Tea 是福建方言的音译。这种音译词需要与它所附着的事物一起流传才会久远，否则就流传不下来。中国外来音译词流传最远最广的是佛教的一些词。佛教从东汉末年传入中国。关于周边的民族如西夏、契丹、金国等，乃至周边国家如日本、朝鲜、越南等受汉文化和汉字的影响创造了自己的文字，那就不须多说了。

外来语对汉语的影响不仅在语词的翻译上，而对汉语音调上的影响可能更大。对汉语语音上的研究，后来形成了一门学科，即音韵学（声韵学），即对汉语字音中的声、韵、调三者的总称，及其在不同历史时期的分合异同进行研究。"声"（音）就是运用人体的发音器官肺、喉头和声带、胸腔、鼻腔、咽腔的振动空气发出各种声音。"韵"指同一收音的字,"押韵"就是这类同一收音的字,放在句子的同一位置上。汉字是在句尾押韵,其作用是构成声音的回环,形成一种音乐美。"调"又称声调或音调,是指字音的高低升降。同一字音有不同的声调,如"妈、麻、马、骂"。音韵学的研究范围有:

一古音学:研究先秦两汉的诗歌辞赋韵文,而以诗经用韵为主要依据,并结合形声字研究上古时期的语音系统。

二今音学:以切韵(隋陆法言作《切韵》)系辞书作为主要对象,研究南北朝到隋唐时期的语音系统。古音和今音是以前学者的称呼,现代音韵学者称前者为上古音,后者为中古音,统称为古音。

三等韵学:以宋元以来的等韵图为研究对象。此外,还可以元代中原音韵韵书和分析近代语音等韵图为对象,建立的一门近代语音(北音学)的分支学科。

四现代音:声、韵、调三者之中,这里主要说声、调及其所受外来语音的影响。

汉语和汉字是有区别的。一是汉语主要是音义,无所谓形,形成文字才有了形,结果汉字就成了形、音、义三者的结合。而许多外来语言是拼音文字,由几十个字母中的一些字母构成若干音节,拼成一个词,如果识得了字母就可以按拼音而识读文字。其语言和文字是一致的。但汉语和汉字却不那么一致,需要按字形才能读出语音来。二是汉字一字一音,构成一个词,但语音有限,有些同音或音相近的语词,只好用一个字来表示。因此,汉字一个字可以有本义,也有转义。而一个词有时要用一个以上的字,连缀起来的词又更是复杂多样,识读汉字时要标出它的音来。汉字多数是形声字,可以按它的声符把字读出来,如"梅",从"每"音,"坷"从"可"音之类,即所谓的"秀才认字认半边"。但字的读音有变化,如"江""河"已不再读出"工""可"之音。最初人们对某一字的读音,用另一同音或近似的音的字来标注。这是"直音",如"乐"直标音"洛","毕"直标音"必","畔"直标音"叛"等。但原字同注音的字的读音究竟有些差别,有的字的同音字没有或太少,或太过偏僻,增加了释读的困难。到了东汉许慎的"说文"则将一字注释为"读若"，即语音相近，但还是不能太准确，困难很大。汉末佛教传入中土，佛经的念诵也开始流行，受梵文字母拼音的影响，中国产生了"反切"的拼音方法。以汉字充当拼音的字母，用两个汉字拼一个汉字的音。两个汉字中把上一个字的韵母（元音）和下一个字的声母（辅音、子音）去掉，上字取其声母，下字取其韵母，连接快读，想读的那个字的音就出来了，如"都：当孤切""东：德红切"等。这种反切法从汉末一直流行到新中国成立。中国出现过注音字母、拉丁化拼音和罗马字拼音，其中还有外国人创造的如"威妥玛式拼音法"曾一度流行。直到新中国成立后正式颁用汉语用拉丁字母拼音，才算解决了汉字读音问题。

外来拼音文字由若干字母组成一个词，这个词具有一个或以上的音节，每个音节的构成除了元音辅音的拼写发音外，还有音量的强弱、发音的缓急和声调的高低。欧洲的拼音文字表现音节时很重视音节的重读，要探出重音之所在。英、法、德、俄、日等语言特别重视重音的地位，往往一词音节音素相同而落在音节上的重音不同，词义即有区别。以声调区别词义，以音高作为字音要素之一，另一些语言如汉藏语系则是注意其有音高、有声调，这是汉藏语系的一个重要特征。至于汉语声调除了音高之外，还有音长。

认识汉字的这一特点并总结其规范是在南北朝时，即把汉语的声调定为平、上、去、入四声。

中国古代汉语入声字附有 b、p、k、t 等辅音作为缀尾，易于与其他声调相区别。平、上、去等声调其声调高低相互距离虽有区别，但要分为若干数的声仍不易定。这时佛教盛行，遂根据当时转读佛经的"三声"而定平上去。而当时中国用于转读佛经的三声，又出于印度古时的《声明论》三声。以梵音诵读佛经，曰转经，以梵文吟唱佛经曰梵呗。佛教徒转读佛经时，此三声各有区别，也随之输入。当时音声之探究，极一时之盛。而周颙、沈约更为大家。佛教徒转读经典的三声是否即与中国的平上去三声切合，虽难详知，但二者依声调高下分为三阶，则相同无疑。

平上去入四声怎么区分也不好解释，梁武帝问周颙何谓四声？答曰：

天、子、圣、哲，即代表平上去入四声。明真实和尚补充一偈曰："平声平道莫低昂，上声高呼猛烈强，去声分明哀远道，入声短促急收藏。"如果按这四句来理解，平入二声可理解，上去二声就难办了。这个问题实际上到五四以后才得以解决。我们的语言学家从国外吸收了科学的语音学说和测试仪器，进行检测实验，这样汉语语音学的研究才算有了突破，可以把语音、声调等量化来对四声加以区别。这些先辈语言学家有赵元任、刘复、罗常培等，现在都已过世了。当然，汉语语音随时世变迁也有很大变化，以南北朝隋唐和元明变化为最大。这种反切、声韵之学，现在还很重要，不仅对研究古音，而且对我们现在写文章、做诗都是很重要的。一篇好文章是可以琅琅上口，念起来非常痛快、非常美的。文言文如此、白话文也一样，当然不是我们写的那种非常糟糕的白话文，真正的美文念起来非常顺口、好听，可以增强作品本身的感染力。过去的一些散文，如鲁迅、朱自清、冰心、徐志摩的散文，念起来的感染力比看要强得多，这就是语音在其间起的作用。诗也是这样。中国的旧诗为什么好？很重要的一点是因为除了内容之外还有一套东西，即格律，像合乎平仄押韵，词语的组合，数字、句式，所谓的"对仗"——"两个黄鹂鸣翠柳，一行白鹭上青天。窗含西岭千秋雪，门泊东吴万里船。"文字对仗非常工整，念起来一行、两个，黄鹂、白鹭、翠、青、东、西、千秋、万里，窗、门、雪、船等形象事物、颜色数字俨然在目，大大增强了感染力。另外是声调，诗押韵不押韵就不一样。还有四声。做诗讲究平仄，平声就是平声，其他三声上、去、入是仄声，都要搭配好。做近体诗，如七律、七绝、五律、五绝，都是非常讲究对仗押韵、平仄的。这样的诗念起来非常好听，也增强了诗的感染力。当然现在很多人写诗不讲究这一套，凑上几句，连顺口溜也谈不上。还有无韵诗、自由诗、楼梯诗、方块诗等，究竟怎样，因为我不搞诗，这不好说，但是我觉得有时候好诗还是靠有格律、有韵、有平仄、有对仗的。

　　胡语中的胡音对中国语言、对汉语的影响，虽不像胡坐胡床那样在起居方面起到绝对大的影响，仍然是很大的。我们可以确言，汉语中原语音在南北朝隋唐时期和元明以后有很大的变化。这个变化至少有一部分是因北方游牧民族语音渗入汉语语音而来的。

三国两晋南北朝时期，大批中原人南迁，这些人至今仍保留了若干中原汉语的词汇与语音。到了元朝，蒙古语音渗入了东部地区，现在的一些地方的方言即所谓的北方官话，受蒙古语音影响最大。其最大的变化就是没有了入声。今天的北京话——普通话的四声字调即阴平读高平调（符号-），阳平读高升调（符号╱），上声读降升调（先降再升的曲折调，符号ˇ），去声读降调（符号╲）。而长江以南各地还有入声，尤其在广东福建一带，先秦两汉入声原带有 p、m、k、t 等辅音缀尾，广东话中的南（m）、石（k）、逸（t）。普通话声母为 j、q、x 的字，梅县读为 q、k、h。像加拿大（Canada）"加"读为 jia，广东话译文也是加拿大，可读为 gā 拿大，或迳中译为"坎拿大"。史学名家陈寅恪的"恪"字，正读为"克"，而明确的"确"字，南方也读为"克"。到了北方，北方话"确"就读成了（què）。究竟陈寅恪应读为陈寅"克"还是陈寅"却"，何者为正，争论不休。声调是很复杂的，在南方一些地区声调数还要更多，广州达 9 声，博白达 10 声。即使在广州福建各地语音也有差别，早去的移民保留先秦两汉的古音多一些。五代和宋的移民，南去的就是所谓的客家，与早去的移民后裔语音还有差别，后者可能是保留了南北朝隋唐的中原语音。此外，词汇也有古意，如吃饭称"食饭"，喝茶称"饮茶"，就不知道那是哪个朝代留下来的古语了。还有一个很有趣的词，即"男子汉"，那是一种名称，可在元朝中原语言中却有贬义。元朝时把中国居民分为四等，第一等是蒙古人；第二等是色目人（蒙古西征的征服的中亚各族和波斯、阿拉伯人，其中有些又随蒙古军队返回中国，成了统治者、优等民族）；第三等是汉人（包括黄河以北的中原居民，除了汉人之外，也有渤海、女真、契丹人等）；第四等是南人（长江以南的南宋居民）。这几个等级大体是以其被蒙古人征服的先后次第来划分的。南人地位最低，南宋被称为"蛮子国"。南方人被称为"南蛮子"，而汉人也好不到哪里去，称之为"子汉"或"汉子"，如今之称 × 娃、× 仔一样，是一种卑称或蔑称。但后来又加上性别，称为"男子汉"，成了褒义词，但排除了妇女。不仅有种族歧视，也有了性别的歧视色彩了。

（七）其他胡风

其他胡化涉及方面很广，种类繁多，不及——备举，有些仅流行于一时一地，或只在少数本族人于中原地区奉行，也就略去。

1. 胡族、胡姓

边疆地区民族经常内徙，或被政府安置在塞下。从东汉开始，即已如此。魏晋时，北方和西北民族大举内徙。造成五胡十六国的动乱，唐初大批东突厥人内徙，唐后期回纥人留居长安的经常有几千人，而中亚昭武九姓粟特人经商遍及全国，其中的"康"姓更在甘肃长期聚居。而胡人姓氏也在汉人中留存下来。西汉，匈奴休屠王太子金日磾（读 mì dī）归汉，两晋南北朝时北方出现了大批用汉字书写的胡姓，匈奴刘氏，羯族石氏，鲜卑慕容氏、秃发氏、拓跋氏，西域的尉迟氏，昭武九姓的石、康、安、米、曹、何、火寻、戊地、史等；还有契丹的耶律氏，女真的完颜氏，满族的爱新觉罗氏、叶赫氏（清亡后多改为金、石、赵等汉姓）。

2. 胡历、胡技

唐玄宗时，诏令在华的印度天文世家瞿昙悉达据印度历法造九执历。元世祖时可能在伊斯兰信徒中行西域人扎马鲁丁的万年历（回历）。入明，初又译出《回回历法》，被一些学者研究与中国官颁历法参用。明末西洋传教士带来的系统的天文学体系，并据之编出《崇祯历书》。清代中国旧历法与西洋新历法之间有一场大争论，结果是西法胜利，颁行的《万年历》虽是阴阳历，但吸收了西洋历的新成果。

胡人技术的重要表现是唐代从印度传入的熬蔗糖法。另外，从元代起，郭守敬主持的钦天监制造了多架仿西域的巨大天文仪器，至今仍保存在北京的观象台遗址之上。另外，蒙古军队攻城引进的巨大的抛石机——回回炮，也值得注意。

3. 胡教

外来宗教首推佛教。西汉时开始传入，两晋南北朝大行，隋唐以后达于极致。佛教源出印度，进入中国自然有所扞格。经历四百年至隋唐终于克服原来与中国儒家固有思想的矛盾，完成了佛教中国化的过程。而纯粹是中国特色的禅宗占了原有佛教各宗派的上风。唐以后，印度本土佛教衰落，中国成了世界佛教的中心，并且广被世界各地。

两晋南北朝隋唐时期，波斯的火袄教、摩尼教，中东的犹太教和伊斯兰教进入中国，并且建立寺院，在叙利亚的基督教聂斯托留派也进入中国，称为景教。但这些宗教多在本族教众内活动，影响和作用不大。元代征服西亚，伊斯兰教徒大量进入中国，在中国形成了一个重要信奉伊斯兰教的民族——回族。13 世纪以后，伊斯兰教势力自中东、中亚向东扩张，进入新疆，驱逐佛教势力，使之伊斯兰化。另外，藏传佛教在教派斗争中胜出的黄教（喇嘛教）被蒙古尊为国教，进入蒙古，又辗转为清朝统治者所尊奉。喇嘛寺及喇嘛在北方也有相当的地位。

明末基督教传教士来华，对中国宫廷及知识层影响甚巨。清初仍重基督教，但因与罗马教廷发生冲突，康熙遂下令驱逐教士，限制传教。鸦片战争以后，外国传教士大量来华，除天主教外，新教也相当兴盛，在中国近代史上占有相当重要的地位。

4. 胡医、胡药

中国医药有悠久的传统，外来医药的影响亦不可小觑。新疆洋海墓地古尸头骨上有多个凿孔，似与欧洲新石器时期的原始颅术有关。此后，《新唐书·拂林（东罗马）传》亦有开脑出虫以愈目眚的记载。两晋南北朝以来，佛教兴盛，僧人所译佛经，吸收了印度医药的宗教性解说，形成了"医方明"，是为佛教"五明"的组成部分。《大藏经》所收录的《佛医经》即有 21 部。在医理上传入四大（地水火风）所造之身，是一切痛苦的根源，但与中国医学传统的阴阳五行之说难以契合而未能流传。隋唐以降，印度医学相当流行，印度的"天下所有，无非是药"的观点在中国医药界影响深远。印度医学的医疗技术和医方曾用于临床实践，计有金针拨瘴（白内障）术（金篦术）、按摩术、水蛭吸血术和放血疗法，以及麻醉术。曾命太医署设禁咒科，虽是迷信，但也带有心理治疗的因素。唐朝的婆罗门医兼为方士，曾先后为几个皇帝炼丹制长生药，造成事故。

隋唐以后，印度医学渐渐衰歇，但随着元朝的兴起，阿拉伯医药又传进了中国。元朝政府中设有回回医。另外，藏医、蒙医也有一定地位。明朝后期，西方传教士带来了欧洲医药知识，葡萄牙首先在澳门设立医院。鸦片战争以后，西方传教士挟带医药涌入中国，与传统的中医发生了严重的理念与实践的冲突，直到新中国成立以后，这一长久对立的局面才有所改变。

外来的药物，甚为珍贵。东面有朝鲜来的人参，丝绸之路来的有樟脑、番木鳖、蓖麻、鸦片（阿芙蓉），南海来的有沉香、龙脑香、犀角、象牙等。唐代所修本草记外来药物即达四十种以上。另外，外国人也传播了传染病。哥伦布发现美洲归来，水手把梅毒带到了欧洲。明代又经远航水手传播到了中国。到了当代，源于非洲的艾滋病，更成了严重的祸害。

5. 胡币、胡珍

古代中国货币习惯为绢帛铜钱，宋代以后即多次发行纸币，西方则行使金银铸币，东罗马和波斯金银币在丝绸之路上偶有发现。除了唐前期在国际贸易通道的河西一度使用外，未见流通，岭南则用银。明朝后期，由于海外贸易的方便，西班牙及其殖民地墨西哥、菲律宾所铸的银元流入中国，有鹰洋、站洋等数种。到了清朝末年，光绪时开始自铸银币，称为龙洋。袁世凯任大总统，铸有自己头像的银币，俗称"袁头"。南方以孙中山的头像铸的银币称"孙头"。此时外国银行及中国银行也自行发行纸币。20世纪30年代国民党政府货币改革，先是废两改元，然后规定中央银行、中国银行、中国交通银行、中国农民银行发行的纸币为"法币"，银元停止流通。

古代中国对外贸易的大宗货品为奢侈品，一类是珍宝，另一类是香料、药材等。从陆上丝绸之路进口的有玉石、宝石、珍珠。从南海进口的有犀角、象牙、沉香、珍珠、龙涎香、玳瑁、乳香、没药、沉香、龙脑香、紫檀等，以及珍禽异兽——以供赏玩或治病。奢侈品和药材成了进口商品的大宗。到了19世纪中叶，英国为了平衡贸易逆差，又加上走私了大量鸦片，以致严重损坏了中国经济，促成中国向半殖民地转变。

第六节　华风广被——汉族文化对周边
各族及世界的影响

与外来文化实物的不断引进同时，中国的物质文化、制度文化、精神文化以东部地区即汉族聚居地区为核心，也不断向四外扩散。它们首先扩散到周边民族和周边国家，然后再扩展到西亚、欧洲，乃至全世界。其中不少对世界历史具有巨大的影响和意义。这些已多为人所知，这里只极简单地概略叙述一下。

（一）民族融合

历史上很多进入中原的周边民族，已经与汉族融汇，成为今天汉族的一部分，如鲜卑、靺鞨、女真、蒙古、满族等。即使保留了原来的族名，也是完全汉化。从语言文字到风俗习惯、思维形式，同汉族没有差别。而汉族也吸收了他们的许多文化因素，经过几千年的磨炼糅合，终于形成了世界上最大的多元一体的中华民族。

（二）文字

周边民族契丹、女真、党项在创立自己的文字时都运用了汉字的笔画结构。周边国家日本、朝鲜、越南一度用汉化文字书写表述，后来则创设了具有深受汉字影响的有日本的假名、朝鲜的训民正音和越南的喃文。

（三）制度

周边民族用中原王朝的制度来建设自己的制度，或在自己制度中深受中原王朝制度的影响，如渤海、辽、西夏、朝鲜、日本、越南等。或干脆彻底汉化，完全实施的汉族制度，只是其中保留了一些原来民族制度的影子，如北魏。

（四）思想

周边民族和国家有的尊奉汉传佛教，也有的接受了儒家思想，特别是朝鲜和日本。

（五）宗教

周边民族和国家有的尊奉汉传佛教，如古代新疆、朝鲜、日本；有的则尊奉藏传佛教，如西藏、蒙古；而西南地区的民族和国家则尊奉东南亚地区流行的小乘佛教。至于元代形成的回族以及新疆的一些少数民族，则坚定地尊奉着伊斯兰教。至于物质文化方面，中国的许多创造除了周边地区和国家外，更是远播西亚、欧洲，对世界历史产生了重大影响。

（六）丝绸

中国很早就有丝纺织技术，早在7000—6000年前，蚕的形象已引起先民的注意。4700年前的浙江钱山漾遗址，已发现最早的绢片和丝带，说明其时已有桑树和丝的纺织。此后，东部远方的赛里斯国的消息传到古典希腊，并认为那里有一种能吐丝的虫子。精美的丝织物更是罗马上层贵族喜爱的产品，但却认为那是树上产的羊毛，后来才知道那是树上一种虫子吐丝所织。到了3世纪，中国的养蚕织绢技术，才辗转经新疆传入波斯而欧洲，并在缫丝和纺线机并丝机和提花织机方面对欧洲纺织技术的提高上起过重大作用。

（七）瓷器

瓷器和陶器的差别，一是以瓷土瓷石和高岭土为原料，有别于制陶的黏土；二是烧制温度较陶器为高，制陶温度在 1000℃ 以下，而烧瓷则高达 1200—1700℃，因此，胎质细密，吸水率低；三是表面施一层有光泽的釉，便于清洗。

商代中原各地都出现了原始瓷。到了东汉，正式的瓷器形成并且出现了南方的青瓷和北方的白瓷两大系统。唐宋海运发达，瓷器大量出口到朝鲜、日本、东南亚，更远至西亚、北非和欧洲。以至以中国（China）来命名瓷器。唐朝后期长沙窑首先烧出釉下彩的青花瓷器，而为景德镇所仿效。元青花瓷在尊崇蓝色的伊斯兰教国家波斯、奥斯曼帝国等处，尤为珍贵。欧洲直到 17 世纪，法国和德国仿制瓷器才获得成功。

（八）造纸

利用植物纤维造纸最早始于西汉，代替了甲骨金文石刻缣帛和简牍成为重要的普遍的书写材料。东汉（2—3 世纪）和两晋（5 世纪）造纸术传入朝鲜、越南和日本。751 年时唐军在怛罗斯被阿拉伯军打败，俘虏中有一些造纸工匠，他们在撒马尔罕传授了造纸术。12—13 世纪阿拉伯人将造纸术传入西班牙。这对文字的传播、书籍的流通、民智的开启起了巨大作用。此后，欧洲用纸分别从北非和君士坦丁堡进口，并且陆续设置造纸厂。从 18 世纪开始，传教士再次从中国引进更为精良的造纸技术，从而引起了欧洲从传统造纸术向机械化造纸术的革命。

（九）印刷术

从印鉴、符箓、碑志的印录和摹拓发展而来的雕版印刷术大约发明于唐初，并迅速传入朝鲜、日本。北宋工匠毕昇发明（泥）活字印刷，敦煌石窟发现五代回鹘文木活字。北宋亦发现西夏活字版书籍。元代，欧洲人首先在中国发现印刷制的纸币和纸牌。14 世纪末 15 世纪初，欧洲出现了木版雕印的传单和书籍。15 世纪初，德国人约翰内斯·古滕堡发明了铅活字印刷术，从此印刷术在欧洲大放光彩。

（十）火药

由于中国古代医学、药物学和炼丹术的长期发展，在唐宪宗元和三年（808）以前发明了由硝石、硫磺、木炭粉末配制而成的黑色火药。前二者遇火可燃烧，后二者经燃烧而爆炸。北宋开始用火药制造烟火和火器，开创了战争史上冷兵器与火器并用的时代。北宋制造了可燃烧和延烧的火器火技与火药箭，其中有的可以引火烧物，有的可以爆炸伤人。南宋发明的突火枪以及元代使用的火铳和手铳，则是管形的射击火器，可以瞄准目标射击。蒙古于13世纪的西征中将火药和火器传入了阿拉伯，并经此传入西班牙乃至整个欧洲。终于在资本主义胜利进军的步伐中打败了欧洲的封建城堡和穿重铠的骑士，摧毁了欧洲的中世纪秩序，促成了资本主义的胜利。

（十一）指南针

早在战国，中国人已发现天然磁石的吸铁性及指向性，并制成能旋动指向的放在金属栻盘上的构状"司南"。到了唐代，以钢针摩擦磁石以具有磁性的指南针或罗盘已经出现，并在11—12世纪的宋代用于航海，使得海船在茫茫大海中航行不致迷失方向。此后辗转传入欧洲，在15世纪的地理大发现中作出了不可磨灭的贡献。

（十二）纸币

元朝统治者最早在至元三十一年（1294）把纸币发行到了波斯，桑皮纸雕版印刷，图案完全模仿大元宝钞的式样，连汉文"钞"字也在其上（后来被波斯改为 can 或 cav）。

（十三）白铜

川滇一带产的铜镍合金——白铜，其亮白如银，不锈不朽，早在晋代常璩的《华阳国志》已有"白铜"的字样。宋代实物亦有发现。18世纪输入欧洲，大受欧洲上层社会欢迎，用作餐具、烛台、炉架，称之为"中国银"。19世纪德国仿制成功向四外输出，直达美洲，被称为"德国银"，取代了"中国银"的地位。

（十四）茶

中国的茶最早是川滇黔桂一带的野生乔木，本名荼。后来向温暖湿润的亚热带丘陵地区即长江中下游扩展，品种改良，成为灌木。起先多作药用，改称为茶。南北朝时用作饮料。唐代开始普及，宋代大为盛行。早在南齐武帝永明年间，土耳其商队来华从事边疆贸易，购买茶叶转售阿拉伯人，阿拉伯人称之为"Chay"，即广东话茶之音译。明代厦门人贩茶至印度尼西亚售予荷兰人。厦门话茶音"Tay"，又转译为英文的"Tea"，遂成茶的世界通称。早在唐朝，茶叶传入了朝鲜、日本，并在日本形成了精细繁琐的"茶道"。唐宋实行茶叶专卖，称为榷茶，成为政府财政收入的重要来源。宋明均与北部与西北边疆民族实行以茶马互市。

17世纪初，荷兰人直接从中国和日本贩茶到欧洲销售，欧洲各国商人和商船络绎而至，茶的贸易日渐兴盛。饮茶逐渐普及，出口量逐年上升，价格也逐步下降，终于成为与咖啡、可可并列的世界三大饮料之一。中国茶叶的对外贸易除海路外，陆路也很重要，茶商从湘、川、黔、滇收购茶叶，组成商队出行，一路经茶马古道由滇入川，经过西藏再转行印度。一路由晋商组织，经外蒙古恰克图直抵俄罗斯。在茶叶对外贸易中，压制而成的规整茶砖，甚至可以顶替货币使用。19世纪前半叶，英国派人到福建购买茶树茶苗，访求制茶工人带工具到印度传授制作红茶的技术，从此印度阿萨密大吉岭以及斯里兰卡（锡兰）的红茶产量大增，乃至垄断了世界茶叶生产和贸易。从鸦片战争以后，我国茶叶的出口出现衰退局面，而和丝绸一样，迄今未能恢复。

（十五）桃、杏

桃、杏原产中国，野生种甚众。杭州水田畈和 4700 年前吴兴钱山漾新石器时期良渚文化遗址即发现有桃核。杏的栽培也有 3500 年以上的历史。公元前后桃、杏循丝绸之路传入波斯，桃更远达印度。以后更西传入高加索和欧洲、美国、日本，遍及世界。

（十六）面条 ［见第七章第五节（三）胡食胡饮］

（十七）大豆

大豆（菽）是原产于中国的古老品种。抗战前与猪鬃、桐油同为我国三大出口产品。早在 19 世纪初即引进美国。1972 年尼克松访华时良种引入美国。美国经过品种改良，大力种植，又转引种到巴西。二十余年间，两国产量大大超过我国，成为大宗出口农产品。而我国大豆生产萎缩，反而需要从这两国大量进口，以至每年达数百万吨之多。

（十八）猕猴桃

本为陕西野生。抗战时引进新西兰，经过改良栽培，成为大宗出口水果。改革开放以后，猕猴桃成为重要的进口优良水果。

中国的文化产品外传的还有许多，对世界历史发展发生过大大小小的不同的影响。李约瑟的《中国科学技术史》第 1 卷和第 7 卷，都有更多的介绍，这里就不一一列举了。

第八章　东亚大陆内部的历史地理区域之三——东北部地区

第一节　东北地区概貌

本地区大致呈现一个不规则的四边形。东面隔库页岛与鄂霍茨克海和日本海相望；向南隔朝鲜半岛与黄海和渤海相邻；西面是大兴安岭和内蒙古草原；北面越过黑龙江到达外兴安岭（俄名斯坦诺伏（斯塔诺夫）山脉），再往北就是指向北极圈的茫茫荒漠与苔原了。总面积约在 200 万平方千米以上。

本地区境内北端是蜿蜒曲折从东北出海的以海拉尔为源的黑龙江，全长 4370 千米，是世界第十大河，流域面积 184.3 万平方千米，比长江还大。支流有 200 余条，水量也大。全流域的 48% 在中国境内，南北两岸平分秋色。最大的支流松花江全长 1900 千米，流域面积相当于中国东北三省面积 50 万平方千米的 79%。有二源，北源嫩江，南源第二松花江，合流到同江流入黑龙江，然后再从黑龙江抚远（隔江为哈巴罗夫斯克——伯力）会合另一条大支流乌苏里江，向东北延伸到庙街（尼古拉耶夫斯克）入于鄂霍茨克海。本地区的另外几条大河是源于蒙古高原的辽河和源于长白山分别南北流向日本海和黄海的图们江和鸭绿江。

东北地区很自然地划分为三个地带。北部外兴安岭以南、黑龙江以北、乌苏里江以东连同库页岛，现属俄罗斯东西伯利亚和远东。[①] 外兴安

---

① 现在是俄罗斯的滨海地区、哈巴罗夫斯克边区、犹太自治州、阿穆尔州、赤塔州。

岭海拔在 1500 米左右，是黑龙江水系与北冰洋水系的分水岭。资源丰富，人烟稀少，开发不足，可算东北地区的外围地带。

黑龙江以南与乌苏里江以西可算本地区的中部地带。黑龙江和乌苏里江和图们江及鸭绿江共同围成了一个马蹄形，其地表结构略呈半环状的三带。外带是黑龙江、乌苏里江、兴凯湖、图们江和鸭绿江两侧狭突的低地。紧接着的中带，是山地和丘陵。主要山地海拔 1000—1500 米左右，山势较为平缓，缺乏巍峨险峻的高山。主要山地有三列：西边是大兴安岭，东侧是长白山地，两列山地的北面还有一条与黑龙江北南走向相近的小兴安岭。这三列山地环抱着松嫩平原和黑龙江、松花江、乌苏里江所夹峙的三江平原。前者土地肥沃，是含腐植质高的黑土；后者地势低平，多草甸和沼泽（现已充分开发成全国大粮仓）。在松嫩平原之南的长春和公主岭之间有一道与小兴安岭走向平行的小山岗，海拔 200 米，却使松花江和辽河南北分流，以南即为富庶的辽河平原，直抵黄海和渤海。这即是东北地区的南段地带。

本地区北、中、南三个地带的外侧又有三个界限不甚分明的亚地带或中间地带。西面是大兴安岭两侧的森林草原带，是北部地区历史民族兴起和活动的地方，也是东北地区历史民族活动和扩展的边缘地带。南部的辽西走廊和辽河以东平原即所谓辽东，又是东部地区的汉族向东北伸展的地段，也是本地区的历史民族向南边汉族聚居的东部地区活动和扩展的地带。图们江、鸭绿江两侧的狭长地带，历史上也是东北少数民族和朝鲜半岛上的朝鲜民族南下北上交会的所在。

本地区地跨暖温带、中温带和寒温带，属温带湿润半湿润大陆性季风气候。由于纬度高，冬季寒冷时间长，春季融雪时间也长，一月平均温度从南向北递减，从沈阳的 −12℃ 到漠河的 −30.9℃。夏季虽热，但有季风调剂，不见酷暑。七月平均温度从沈阳的 24.6℃ 到漠河的 18.4℃。春季融雪湿润了地表土壤，但季节冻土与永久冻土广泛分布，阻碍了地表水和地下水的渗透，在地势低缓排水不畅的地段，如三江平原，草甸和沼泽化现象显著。沼泽被称为"泡子"和"大酱缸"。由于季风气候，降水量不匮乏，年雨量在 400—600 毫米上下，由东向西逐步递减。全年雨量集中在

七、八、九三个月份，对农作物生长有利。但此时正值春小麦收割期，遇雨即大量倒伏，造成大减产。大兴安岭东侧和蒙古高原边缘多有旱灾，而三江平原和松嫩平原则时有涝灾。

本地区历史上植被繁茂，是大林区。黑龙江以北及大兴安岭北部为寒温带针叶林，小兴安岭、长白山则是以红松为主的针阔叶混交林。本地区中部地带的北部为草甸草原区，牧草产量高，品种多，营养丰富。西部和北部与蒙古高原相连，为温带干草原区，也是重要的牧业基地。松嫩平原和三江平原土地肥沃，多处分布着有机质含量最高的黑土和黑钙土，可以形成大农业区。水资源也相当丰富，众多河流形成了稠密的水网。水资源分布呈现了东丰西欠、北多南少的特点。黑龙江及其支流渔产丰富，有的少数民族如赫哲族就以捕鱼为生。从远古以来，本地区的产业发展呈多种多样态势。采集、狩猎、捕鱼，自来早有兴起，平原地区农业也早有发展，南部地带种植冬小麦和后来的玉米、高粱、大豆、早熟棉花、温带水果（苹果），中部地带种植春小麦和玉米，并且很早就开始种植水稻，以致今天形成国内最大的农业基地。畜牧业很早也有发展，西部草原地带多产马，并有良种马，也包括矮小的"果下马"。东部丘陵山地及平原草甸则古代大量养猪。土特产中，人参、貂皮弥足珍贵。而历史上的黑龙江、松花江下游及其支流所产的珍珠（东珠）及猎禽海东青也是名产。近代以后，这里工矿业得到了发展，煤铁钢、玉石、银、页岩油都有出产，形成了重要的工业基地。

第二节　族群嬗替

东北地区自然资源虽然丰饶，但地位偏僻，气候条件又颇严酷，古来文献记载较少，也不清楚完整。考古发掘有限，就现有迹象来看，这个地区的古人类似乎是从东部地区迁徙来的。迁徙的路线有两条：一是从东部地区东北的蒙古高原和内蒙古草原及沿辽西走廊进入辽河平原再向东、北扩散；二是从山东半岛沿海岸或行或航渡过辽东半岛和朝鲜半岛，再向北、西扩散。从考古发现的人类遗址来看，金牛山洞穴遗址，年代在20万—10万前左右，反映了晚期直立人与早期智人之间的过渡。呼玛十八站是已发现的最北的旧石器时代遗址，而本地区许多新石器时代遗址一直延伸到了黑龙江以北。看来，似乎反映了古代人类自南向北逐次迁徙的轨迹。这与人类学家推断的，亚洲古代人类在冰期追逐驯鹿群越过西伯利亚和白令海陆桥到达美洲的推测有颇多吻合之处。

这个地区历史上出现的民族属群繁多，迭有兴衰，分合不一，活动地区几乎遍及全地区各处，主要是在松嫩平原及吉林一带，即所谓的"白山黑水"之间，这也是东北地区的核心地区。据其兴起次第，简述如下：

肃慎—挹娄。肃慎早在3000年前即与中原王朝有联系。周武王时，肃慎入贡"楛矢石砮"，被认为是周朝最北边的疆土。在黑龙江流域及长白山北发现的鼎、鬲、钱币等器物，已表明其与中原王朝政治经济文化联系密切。战国以后文献只见挹娄，而肃慎消失。三国两晋时，肃慎又再次出现。学者或谓肃慎为挹娄所阻隔不得通于中原，其名遂隐。一说挹娄即肃慎之改称或其支脉，故两名互见。南北朝的勿吉、隋唐时的靺鞨、辽金元时的女真，即认为是属于肃慎系统的中国当地民族。

秽貊—沃沮。貊，原为东部地区迄北方向上少数民族的通称。东北方向上与另一少数民族相近，故连称貊、秽貊。战国秦汉以来，聚居于今吉林、黑龙江两省交界处的松花江、嫩江一带，称为"扶余"。其一部分向南迁徙，分布于鸭绿江、图们江一带及朝鲜半岛东北沿海，称作"沃沮""高句丽"等，并属汉玄菟郡。西汉末东汉初，高句丽渐强，秽貊系统各族逐渐依附高句丽，其中唯扶余、高句丽最强。

扶余。扶余立国于何时，已不可考。西汉时，称王于秽貊之地，西抵吉林农安，东达今吉林市区，在秽貊各族中为最强。后因鲜卑、高句丽强盛，处于两大势力之间的扶余逐渐衰弱，终为高句丽所灭。高句丽和百济王室均出自扶余，都冠以扶余之号，而扶余本身就有南北二扶余二系之称。

勿吉—靺鞨。东北地区古代族群，南北朝时称勿吉，隋唐时称靺鞨，勿吉是不同时期同一族群的不同译名，初有数十部，后归并为七大部，与肃慎、挹娄有直接的渊源关系。分布地区宽阔，东抵日本海，西抵嫩江，南到长白山，北达黑龙江口及鄂霍茨克海。早自北魏起，勿吉人多次来中原朝贡。北魏太和十七年（493）勿吉人将扶余残部逐至东流松花江以北，一部分勿吉人入据松花江中游扶余故地。

7世纪，靺鞨一部役属于高句丽，唐初攻高句丽，一部分靺鞨人归唐，一部分逃散，一部分南迁。武则天圣历元年（698），靺鞨粟末部大祚荣在松花江上游长白山北麓一带建立震国。唐玄宗封大祚荣为渤海郡王，从此不再称靺鞨，以渤海为号（698—926）。开元元年（713）靺鞨黑水部亦来朝。唐时，靺鞨人已与唐朝建立了密切的联系，学习了唐代的制度与文化。最盛时具有5京15府62州，号称"海东盛国"。但其后矛盾逐渐激化，统治阶级日渐腐朽，统治集团内部斗争激烈，北方靺鞨黑水诸部的反抗日趋剧烈，西部的契丹人趁机进攻。经过一二十年的反复较量，终于于926年为契丹所灭。

高句丽。高句丽属貊系统，或出于北扶余。西汉末年建国，都国内城（今吉林集安），乃属汉玄菟郡。与王莽交恶，东汉光武帝时遣使朝贡，恢复与中原王朝的经济文化联系。控有辽东地区，此后与中原王朝和战不一。西晋时，司马氏内讧，无暇顾及辽东，高句丽与鲜卑复趋强盛，双方攻战不已。不久，鲜卑转而南下扩展，高句丽得以复兴，控制了辽东、玄菟两郡地区，并受到北魏册封。太武帝始光四年（427）建都平壤，政治中心移向朝鲜半岛。北齐废帝乾明元年（560）封其王为高丽王，自此称高丽。隋唐时与其迭有大战，唐高宗乾封三年（668），为唐所灭。唐于其故地置安东都护府。

女真。五代时，契丹人称黑水靺鞨为女真。辽灭渤海，部分女真人随渤海人南迁，称熟女真，留居故地的未入辽籍的女真人称生女真。生女真中的完颜部逐渐强大，定居在按出虎水（今黑龙江阿什河）一带，开始向阶级社会过渡。至乌古廼为部长时，始建官属，并着手统一女真各部，被各部推为勃极烈，成为辽的属国。辽末，阿骨打起兵反辽，于1115年建立金国。1125年灭辽，继而于1127年一举灭北宋，成为与南宋对峙的中原北部的封建王朝，并且把外兴安岭以南及黑龙江下游都罟于其上京直接管辖之下，1234 年终于为蒙古所灭。

占领了秦岭淮河以北的金朝，大量迁徙原部落组织猛安谋克于中原各地，与汉人杂居，并且接受汉族的经济和文化，渐与汉人融合。到了元代，迁入中原各地和散居辽东的女真人与渤海人、契丹人及华北汉人统被元朝视为"汉人"。其留居东北边疆的女真人则仍处于原始社会阶段。元朝在其地设五个万户府以管领。

明朝初年到中叶，东北地区的女真人分建州、海西、东海（野人）三部。建州女真分布在今牡丹江、绥芬河及长白山一带，海西女真分布在松花江流域，东海女真散居于黑龙江及库页岛。明初至明中叶在女真各地逐渐增设卫、所，多达 334 处，总属奴儿干都司名下。明政府在东北地区遍设卫、所，最多达 384 个，总属奴儿干都司名下。卫、所长官均以女真酋长担任，并设马市进行贸易。因受东海女真袭扰，建州、海西二部相继南移。建州女真到抚顺以东，海西女真则散居开原以北。明万历十一年（1583）努尔哈赤起兵统一建州各部，并相继兼并海西四部，征服了东海女真。在统一过程中，努尔哈赤将原来女真狩猎组织形式变为军政合一的"八旗"，沿用"金"为国号，称"后金"。努尔哈赤死，其子皇太极继位，改女真为满洲，其余女真各部亦以赫哲、鄂温克、鄂伦春等族名通行。天聪十年（1636）更改国号为"清"。从此以后，大举入关，消灭明朝，统一全国，清成了最后一个统一中国的封建王朝。

第三节　东北地区的历史格局 ①

长久以来，东北地区见诸记载的民族很多，活动频繁，兴替迭见，关系复杂。但清理一下，似乎有线索可循，显示了历史上东北各族的若干相似性，甚至是简单性。他们基本上可以归之于通古斯族系。

① 本节系参照高凯军《关于通古斯族系兴起的若干问题》（收入《高凯军历史文博论集》，中华书局 2010 年版）一文转写。

"通古斯"的概念有一个产生和演变的过程。最初它是专指鄂温克部落而言，17世纪，俄国人开始向西伯利亚扩张，当时居住在这里的鄂温克人自称鄂温克，而近邻属突厥语族的雅库特人则称之为"通乌斯"。俄国人从雅库特人那里沿用了这个词，把它读成了"通古斯"，用来指所操语言与鄂温克人有亲缘关系的部落，并把它传入欧洲。中国最早用此词的是何秋涛所著《朔方备乘》。这时"通古斯"主要是一个专有的民族概念。20世纪30年代以来，"通古斯"一词作为民族概念已逐渐废弃，而被引入语言学领域，演化成一个语族概念。中外学者经过研究，通过语言学谱系的研究，发现女真、满洲、鄂温克、鄂伦春、赫哲等民族的语言在语音结构、词汇构成、形态变化等诸方面都表现出相当的一致性，于是把这些民族所操的语言全部划入阿尔泰语系通古斯—满语族，而把操这种语言的所有民族和部落统称为通古斯人。只有历史上的沃沮人、夫余人、朝鲜人的语族和族源仍不好确定，但也属于阿尔泰语系则无疑义。

通古斯各族的相似性可表述如下：

第一，历史上名称的相关性。

关于通古斯族历史上名称的演变，似乎也能从古代文献记载中找到一些线索。先秦时称为肃慎。肃慎一词大概起源于鸟名，可能即海东青一类。肃慎活动在今黑龙江三江平原一带，西汉时称为挹娄，可能是夫余（亦为扶余）人等外来民族根据其穴居的特点而对肃慎人的称呼。今满语谓岩居之穴为"叶鲁"，与"挹娄"音近，可能仍为"挹娄"语音之遗。秦汉时，崛起的夫余人占据了今吉林和朝鲜半岛的部分地区，切断了和北边的肃慎人与中原地区的连系。所以，中原汉人即沿用以夫余称肃慎的称呼。《三国志·东夷传》说："挹娄……古肃慎之国也。"魏晋南北朝时期的勿吉，乃窝集的不同的汉字写法。满语中，山间多树曰窝集，即山林之意，当也和挹娄一样，是高句丽等其他民族对肃慎的一种称谓。《魏书·勿吉传》说："勿吉国在高句丽北，旧肃慎国也。"正是他们反抗夫余压迫，赶走了夫余，占据了松嫩平原，震撼了高句丽，还是高句丽使者向北魏朝廷报告此事，从而被魏收写入《魏书》。《朝鲜李朝实录》称女真人为"兀狄哈"，这个词来自女真语，"兀狄"即"勿吉"，"哈"是"人"之意，合谓山林人。朝鲜李朝人对女真人的称谓很可能是从高句丽那里继承下来的。

隋唐时，勿吉又转称靺鞨。《隋书·靺鞨传》云靺鞨即勿吉，亦即古之肃慎氏。其所列靺鞨七部与《北史·勿吉传》所列七部同。清何秋涛《朔方备乘》谓"沃沮""勿吉""靺鞨"均系"窝集"的不同译写。徐中舒认为"靺"（末声）应为"靺"（未声），系后人误读。唐玄宗开元二年（714）崔忻在旅顺口黄金山麓的井塔题名石刻即作"靺鞨"，其音恰与"靺鞨""勿吉"读音相近，内容亦同，可备一说。

辽宋时，"靺鞨"之称由女真自身回归为"女真"（即"肃慎""朱里真"的音译），亦可理解挹娄、勿吉、靺鞨均系当时夫余、高句丽、朝鲜李朝对肃慎的他称。总起来说，肃慎是本名，挹娄、勿吉、靺鞨均为他称。

皇太极时，正式将女真改为满洲，从此中国社会正式出现了满族一名，成为我国五十六个民族之一。

第二，语言和人种的相关性。

这个地区现在的主要民族有满族、鄂伦春族、鄂温克族、赫哲族和朝鲜族等。在黑龙江以北、乌苏里江以东的俄罗斯境内，还有好些少数民族，他们是那乃（即中国境内的赫哲族）、埃文基（即中国境内的鄂温克族）、埃文尼、涅基达你、乌利奇、奥罗克、乌德、奥罗支（即中国境内的鄂伦春族）、乌德盖等，他们是语言都属于阿尔泰语系、满—通古斯语族和其他的各语支。这其中唯独朝鲜语有所不同。但学者多半倾向于朝鲜族仍属阿尔泰语系。

近年来，随着人类学和考古学的进展，学者们又发现了通古斯语族和通古斯种族的一致性。从纵向看，苏联学者从阿穆尔省特罗伊茨墓地发掘的60件古代靺鞨人头骨与东亚北亚人类学资料相比较，发现其与黑龙江沿岸满人头骨的相似性，并确认它们更接近于通古斯语族的乌尔奇人和那乃人（赫哲）的头骨类型。从横向看，通古斯语族的各民族又具有自己鲜明的体质特征。据人类学的最新成果，现代满族人与赫哲人的体质特征最为接近，其种族类型均由东亚及北亚蒙古人种因素构成。现代鄂温克和鄂伦春族，则应属于北亚蒙古人种，而这两族在体质特征上有其独特之处，与我国北方地区的其他许多民族有明显的差别。从头骨数据上看，他们与同属北亚蒙古人种的匈奴种族蒙古种族有明显的差别。从考古发掘成果来看，他们与夏家店、西团山遗址古代居民之间也存在着显著差异。总之这个地区的人在种族和语族上基本上是一致的，他们属于北亚蒙古人种之下一个人种类型，可与同属北亚蒙古人种之下的匈奴种族与蒙古种族类型并列。

第三，经济生活的相似性。

这个地区自然环境多种多样，有山地、平原、草甸、森林、江河、湖泊，自然资源多种多样，相对丰富。因此散居在各个地带的古代民族，都能因地制宜地经营定居生活，从事自己的经济生活，主要是农业，也兼营畜牧、渔猎和采集等的综合经济。既不同于古代中原的大陆集约型传统农业，也不同于北部地区游牧民族的大规模单一畜牧经济。由于地处偏远，又加上气候寒冷，与外界交往较少，与周边民族交换相对较少，大都限于本地土特产，和少量生活必需品（如铁）。而这个地方民族的上层，虽也属意于丝绸这样的奢侈性的纺织品，但交换数量毕竟有限，再加上气候寒冷，一年中有几个月不适宜生产，更促成了这一趋势。在古代，这个地区的民族的发展多集中在其核心地段，即白山黑水之间的松嫩平原，也即是公主岭和长春之间的那一小段浅平高地。这个地方主要发展农业，进化程度也较高。而分散在其他地段的人的发展却是相对滞后，相较之下，民族的边远地区发展较核心地区就显得不平衡，而东北地区较之东部地区的发展，亦属于滞后之列。相形之下核心地区先后有扶余、高句丽、渤海、金国、清国的崛起，因而出现了一种反复循回递进的态势，最后这些势力无一不受了中原汉族王朝的影响，而逐步变革其制度，出现了看似反复的循回——扩大——再循回——再扩大的趋向。如扶余——高句丽——渤海——金（女真）——满洲（清）的转换。扶余——高句丽开始向东南入朝鲜半岛，渤海国从核心地区扩展到了乌苏里江以东直达日本海。金西击辽国，南下中原，占领了半个中国，清更是继蒙古之后经过几十年的战争，疆土一直扩展到南海、台湾并且囊括了东亚大陆的北部地区、西北地区、西部地区和西南地区，并且在自己的老家，也将其统治扩展到了黑龙江以北、乌苏里江以东，总面积达 1300 万平方千米，奠定了今天中国的疆域。早在三国时，高句丽已经得中国制度的仿佛。渤海国更是高度模仿唐代制度，女真族的金，虽然也保留了若干原来其在东北地区的特色，但受到汉族影响至深。至于中国最后一个封建王朝的清，实行了满汉高层共治，除去保留了以八旗为代表的若干满洲旧制外，基本上是采用了汉族王朝的制度。在各民族建立的政权中，清朝是最有章法的，它的统治延续了 260 多年，在历史上的少数民族建立的政权中，而且在相当一段时间内属于世界领先的地位，这也是极为少见的。

第四，在精神生活层面上，历史上的这些通古斯语族的民族也有相似性甚至共同性。

这些民族都有共同的起源神话，即鸟生神话。鸟生神话本来源出东夷即山东半岛上的原始民族，但也是东北方古代民族的共同起源神话。

这些东北古代民族又都有辫发的习惯。见诸记载和考古材料最早是粟末靺鞨。考古所见粟末靺鞨即辫发垂肩，置于背后。文献中女真人亦有此类辫发，似乎只留颅后发结辫以丝系之，与契丹等的辫发不同。已与满式无异。满族入关，占领了中国，强迫全国男子雉发结辫，成了一式的"猪尾巴"，延续了 260 多年之久。

另外，东北民族普遍信奉萨满教，这是以原始多神信仰巫术的晚期形式。从新石器时期的考古材料来看，这种萨满教已经形成。文献记载则始见于徐梦莘《三朝北盟会编》，"萨满者，女真语巫妪也。"《金史》说其"能道神语，甚验。"考古发掘中常见萨满举行宗教活动中所用的法器，主要是缀满小铃铛的腰带——腰铃，并戴上头顶鸟形萨满神帽。现代满族萨满在跳神时仍要系上这种腰铃。

由于语言、血统、居住区域、经济生活、生活习俗的相似性，通古斯各族都有很强烈的认同感。女真统治者自称是唐代靺鞨人的后裔，"女真，渤海本一家。"许多渤海遗民也都追随女真领袖完颜阿骨打征战。明后期努尔哈赤起兵抗明，建国称"大金"，史称"后金"。其子皇太极乃改国号为"清"。皇太极攻北京路过房山金陵，"念金朝先德，遣王贝勒诣陵致祭。"顺治祀金陵碑文云"庙祝既崇，特景仰于往哲，封壤重焕，用昭示于来兹。"康熙祀金陵碑文云"景金源于往代。"乾隆祀金陵诗云"开国金源来自东"。这些都昭示了清朝统治者认为他们在血统上与女真（金）一脉相承。据近人研究，许多满族人的姓氏都可以追溯到金代女真的姓氏，如觉罗—交鲁，那拉—纳兰，等等。女真—满洲和金代的女真，都属于当年黑水靺鞨的不同分支，两者姓氏上的一致，反映的是血统上的一脉相承。

至于满族与黑龙江和乌苏里江的那些通古斯系的民族，如鄂温克、鄂伦春、赫哲等，也是彼此视为同一族系，几乎无分轩轾。

第四节　东北地区亚地带

东北地区除了白山黑水之间的松嫩平原这个核心地区之外，四面都是其他民族势力交会的地方，可谓"四战之地"。这些地方也就是东北地区尤其是核心地区边缘的亚地带。在很长一段时间里，黑龙江以北，乌苏里江以东，即本地区的北部，本来是本地区的后方，那里地广人稀，气候严酷，资源虽然丰富，却远未得到开发。在很长一段时间里，本地区的诸多民族可以向西向南发展而无后顾之忧。只是到了近代，本地区的北部由于沙俄势力的进入引起了严重的边疆问题，而近代日本的西向侵略，也一步一步由朝鲜而东北，一直到将东北地区全境掠走，与中华民族形成了生死攸关的矛盾。

现在来分开叙述一下，西、南、东、北这几个东北地区的亚地带的民族和历史情况。

（一）大兴安岭西侧

大兴安岭从黑龙江大弯曲的最高顶端一直南伸到燕山山地。南北长约1000千米。东北地区属东北亚季风带，年雨量自东向西递减，在大兴安岭脊降为年平均400毫米。在此线以西，气候渐形干旱，农业只有少量区块，而牧草丰盛，是最好的牧场，也是我国北方民族兴起的地方之一。北方地区东部古代民族的兴起有两个地段，一在呼伦贝尔草原，一在西拉木伦河——老哈河。大兴安岭地势较平缓，富产林木，穿越没有明显的界限，是游牧和狩猎的好地方。再往东去就是东北地区的核心地段——松嫩平原。大兴安岭西侧的民族一旦兴起，就很自然地向东、西、南三个方向扩展以控制更广大的地区。同时，往往就成了蒙古高原的主人。往东，就控制了整个东北地区，一直到鄂霍茨克海和日本海。往南，那就是东部地区中原王朝的花花世界了。

以辽宁朝阳牛河梁为中心的五千年前的新石器时期的红山文化，分布甚广，其影响南可达京津一带，往西深至滦河流域，向北达到内蒙古草原深处，向东越过了科尔沁草原。红山文化已经出现了磨制石器、玉器、墓地和祭坛，人们经营农耕和动物驯养，是中国最早的文明起源地之一。

进入历史时期以后，这个地带的古代民族多属阿尔泰语系蒙古语族的各个语支，他们多以畜牧为主，兼营狩猎，也出现少量农业。最早见于文献记载的是匈奴以东的东胡，其势力一直延伸到了辽河流域。战国时，燕将秦开击东胡，迫其北退千余里，燕并筑长城，置五郡以遏之。秦汉之际，匈奴单于冒顿崛起，攻灭东胡。

继之而起的是属东胡系统的乌桓（亦作乌丸），居乌桓山，因以为号。秦汉之际游牧于饶乐水（今西拉木伦与老哈木伦一带），原属东胡，匈奴灭东胡以后，又受其役属。汉武帝时，霍去病击破匈奴，迁乌桓于塞下，隔断其与匈奴的联系。东汉初年，匈奴衰弱，乌桓趁机迫其北退数千里，进入漠南，据匈奴故地。乌桓归附东汉，东汉又南迁乌桓于塞下。其北面的鲜卑遂南下到塞外乌桓故地。东汉末年，乌桓卷入中原军阀混战。建安十年（205）曹操击败袁绍，乘胜进攻乌桓，俘北逃汉人及乌桓之众20余万。归附的乌桓骑兵号为"天下名骑"。魏晋以后，乌桓民族成分变化很大，多分居在今冀北、晋北、陕北各地，成为所谓"杂胡"。隋唐以后，乌桓不再活跃于内地，但嫩江以北仍有"古乌桓之遗人"，自称"乌丸国"。契丹兴起，耶律阿保机曾派兵攻打呼伦贝尔及大兴安岭的乌丸人。从此乌桓融合于汉族及其他边疆民族之中，而在历史上绝迹。

继乌桓而起的鲜卑也属东胡，居于鲜卑山（大兴安岭），因以为号。匈奴灭东胡、鲜卑与乌桓并受匈奴役属。西汉武帝时，霍去病击败匈奴迁乌桓人于塞下，鲜卑人亦南迁至乌桓故地饶乐水，而分布在大鲜卑山（大兴安岭北段）的拓跋部也南迁到大泽（呼伦贝尔）。东汉初，鲜卑又随乌桓南迁到塞外。东汉中，北匈奴被汉联合乌桓、鲜卑等击败西迁，于是鲜卑大规模成扇形南迁与西迁至匈奴故地。在南迁与西迁过程中，鲜卑与匈奴、丁零、乌桓、汉人等混血而成为许多新的部别。东晋十六国时期，鲜卑诸部与其他少数族群一起活跃在历史舞台上，建立了好些少数民族政权。最后由鲜卑拓跋部建立的魏统一了北方。魏孝文帝实施汉化政策，加速了鲜卑与汉族及其他北方民族的融合。隋以来，鲜卑不再作为政治实体与民族实体存在，但已在中国历史上打下了很深的印记。

较鲜卑稍后，这个地带出现了奚和柔然。奚的活动范围较小，位置偏南。柔然虽大，主要活动在漠北，他们并没有进入东北地区。对这个地区的历史也没有过太大的影响。

5—10世纪在东北地区活动的还有室韦（失韦）。有学者推测室韦是"鲜卑"一词的异译。室韦活动在嫩江、额尔古纳河、黑龙江流域。他们分成很多部，已经从事原始农耕和畜牧，语言和契丹相同，都属于东胡语言的方言分支。突厥兴起，室韦为其臣属，唐代蒙古草原上的震荡把室韦卷入了与邻人的纷争，也刺激了他们社会的发展，成为北方草原上一支强大力量。一些室韦人逐渐离开大兴安岭向西向南移动。7世纪的文献上又称他们为"达怛"。8—9世纪，在呼伦湖四面的众多室韦部落中，有一支在额尔古纳河活动的部落，被称为蒙兀室韦，这是"蒙古"一词在中国文献中的最早记载。

7—8世纪以后，室韦逐渐被称为达怛。这是因为室韦诸部中，达怛最为强大，其他大小部落也纷纷以"达怛"自称。室韦—达怛是蒙古族的先民，其语言是从乌桓鲜卑以来一脉相承的东胡语言的分支，蒙古语便是从东胡语言的一支方言发展演变而来的。公元840年，黠戛斯人南下迫使回鹘人西迁，室韦、达怛人乘机西迁入漠北，使这一片原是突厥语游牧部落的牧地逐渐蒙古化，从而改变了北部地区蒙古高原上的民族分布。

契丹与奚同为源出鲜卑宇文部，北魏时已见诸史籍，居于潢水（西拉木伦河）以南和龙（今热河朝阳）以北，从事游牧。分为八部，辗转臣服于唐和突厥之间。武后时，契丹叛唐，直到武宗会昌二年（842）才与唐正式恢复臣属关系。唐末，首领耶律阿保机统一各部，日渐强大，于907年即可汗位，916年称皇帝，国号"契丹"。947年改国号为"大辽"，但仍多以族名为国名，仍称"契丹"。由于掠夺了大量汉人，攻掠大片的农业区域，并攻灭渤海国，创造了契丹文字。契丹境内形成了二元统治，北部保持部落编制，南面则采取了汉族州县的政权形式，五代时又从后晋割得了冀北、晋北的幽云十六州。五代十国中的后晋和北汉均曾依附于契丹。北宋建立，宋辽间发生了二次大战，最后以和局告终。宋输辽大笔岁币，双方维持了一百多年的和平局面。北宋末，女真崛起，辽大军战败，未久，宋金联军攻辽，1125年辽为金所灭，一部分辽众随耶律大石于辽亡前西迁新疆、中亚，建立西辽(哈喇契丹，黑契丹)，立国时间近80年，后为蒙古成吉思汗所灭。

12世纪末，在呼伦贝尔草原上游牧的孱弱的蒙古部落在铁木真的统领下强大起来，经过二十多年的征战，先是统一了呼伦贝尔草原上的诸部，随后又统一了草原上纷争不断的各部，于1206年在斡难河（今蒙古鄂嫩河）即蒙古大汗位，号"成吉思汗"。1211年率部南下攻金，据守野狐岭（今河北张家口北）的40万金军一触即溃。以后又屡败金军，金国被迫南迁。1215年，蒙古军攻占中都（今北京），1218年攻灭西辽，1219年成吉思汗率军20万西征中亚，攻灭花剌子模，还军攻灭西夏。1227年成吉思汗故去，其继位的子侄孙辈，或西征远抵欧洲，或东讨灭王氏高句丽或南下灭金，灭南宋，灭大理，军锋直抵中印半岛爪哇。其孙忽必烈于1271年建立元朝，定都北京，号"大都"，成为中国历史上第一个统一全国的少数民族政权，并将今东北地区的绝大部分划归为辽阳行省。元朝的统治延续了90多年，终于在农民大起义的浪潮中被推翻，蒙古的残余势力被新起的明朝驱赶到了漠北。

此后二百余年中，在漠北的蒙古势力仍以北元、鞑靼、瓦剌等名称与明朝对抗。直到女真崛起，采取与蒙古各部和好些的策略但也不乏征战，蒙古各部终于归入清朝版图之内。民国以来，几经周折，外蒙古终于独立出去，但大兴安岭西侧的大草原仍为我国疆土，属内蒙古自治区。在北部地区的内蒙古自治区东北地区、西北地区和西部地区，仍旧散布着大大小小、多多少少的蒙古人，成了我国五十六个民族之一。

（二）辽西走廊、辽东、图们江鸭绿江两侧

从今河北北部向东北，是古代汉族迁徙拓展的地方，也是东北地区少数民族南下拓展的地方。汉族或因在与当地少数民族的争斗中开疆拓土，或因战乱向东北退居于比较安定的地方。其迁徙途径一是经过辽西走廊，直抵辽河平原和辽东，一是从山东半岛出海，沿海岸线到达辽东半岛和朝鲜半岛西北部。汉族居民的流动几千年一直不断。

商末纣王之叔箕子曾避地朝鲜。商朝贵族伯夷和叔齐居于孤竹（今河北卢龙），已见汉人行迹。战国时期，燕将秦开击走东胡，置上谷、渔阳、右北平、辽西、辽东五郡，势力一直延伸到辽东半岛。又筑长城，自张家口西北的造阳沿燕山山脉东北行，西折而南，越过辽河到达襄平（今辽宁辽阳市北），再越过鸭绿江直抵浿水（今朝鲜清川江口）以阻绝北方民族的袭扰，保护长城线内的农业生产。战国末年，燕人卫满经略真番（约当朝鲜半岛中部）。汉兴，卫满聚众千余人渡浿水，召集齐燕亡命，自立为王，与汉相抗。汉武帝于元封三年（前108）击灭卫氏朝鲜，于其地置乐浪、玄菟、临屯、真番四郡，朝鲜直到中部以南，悉入汉朝版图。汉昭帝始元五年（公元前82）撤临屯、真番，入乐浪郡。至于朝鲜半岛南部，则为三韩——马韩、弁韩、辰韩所有。

东汉立国，辽东仍维持原来地位，只是玄菟北迁至今沈阳一带，乐浪郡则退出盖马高原，保有朝鲜西北部。东汉末，国内纷争，公孙度及其子康、孙渊割据辽东，三世共五十多年，又在平壤以西增置带方郡。曹魏景初元年（237）发兵攻杀公孙渊，辽东悉平。东汉时期，辽西、辽东、玄菟、乐浪四郡共有户141394，口463641（辽东属国［魏改置为昌黎郡］

未计，其中辽西辽东两郡口数尚有疑问）①，既属编户入籍，其中应多为
汉族。

三国西晋，辽东和朝鲜半岛仍维持着上述的局面。十六国纷扰，情况
出现了变化，一是鲜卑的南下，奄有今辽东，其建立的前燕更大举南下，
势力一直延伸到河北山东，直抵河南中部。另一方面，则是改名高丽的高
句丽南下之后又大举北上，直到南北朝末期隋朝初年，高丽几乎控制了整
个朝鲜半岛，半岛上的另两个国家百济和新罗则保有原三韩之地。高丽势
力的北上，不仅占有整个辽东，一直到达辽河和辽东半岛，而且西向威迫
辽西，声势咄咄逼人。

隋炀帝即位后，即大举攻朝鲜，前后三次都损兵折将，无功而还。还
想再组织第四次进攻时，隋朝被农民大起义颠覆了。

唐太宗继续伐辽，但战事胶着，只好罢兵。唐高宗继续攻辽，最后终
于乾封三年（668）灭了高丽，置安东都护府，控制了朝鲜半岛的一半。
此时百济与新罗交恶，百济用倭兵助战，唐联新罗与倭与百济交锋。唐高
宗龙朔二年（662），唐将刘仁轨大破百济与倭军，焚倭船400艘。新罗同
年灭百济。此后新罗势力逐渐扩大，唐朝势力逐渐北退，最后撤销了安东
都护府，新罗奄有了朝鲜全境。

五代北宋之际，新罗为王氏高丽所取代（918），而北宋被辽割去了燕
云十六州，与高丽的关系只限于海上交往。蒙古崛起，攻灭王氏高丽，明
末农民战争爆发，一支起义军从南方北征，兵锋一直到达朝鲜。元灭明
兴，朱元璋洪武二十五年（1392），朝鲜再度建国，是为李氏朝鲜。16世
纪初，丰臣秀吉统一日本，1592年起，日本两次攻打朝鲜，明政府派兵
援朝，经过剧烈的战事，1597年日本战败，退出朝鲜，从此中朝日三国
相安无事，近300年之久。中朝两国关系密切，国界也长久划定在鸭绿江
图们江一线。

总之，从秦汉到隋唐的800年间，汉族势力和东北地区少数民族有过
多次的进退。汉族进展的南界曾到达过朝鲜半岛的中部和西北部，北界则

---

① 《后汉书》卷113《郡国志》。

限止于松花江和辽河分水岭那道矮冈。东北古代少数民族主要活动在此线以北及乌苏里江以东和朝鲜半岛东北部。势盛时则进入朝鲜半岛的北部和整个辽东包括辽东半岛，直抵辽西走廊。隋唐以后，朝鲜半岛上的国家与中国王朝隔鸭绿江、图们江为界，和平相处 1300 年。这其间，更重要的是中国朝鲜共同对抗日本的两次大战，而彼此间一直保持着和平友好的关系。进入 19 世纪下半叶，东北地区形势不变，西方殖民主义的魔爪伸来了。首先是鸦片战争中国战败，丧权辱国，割地赔款，开始沦为半殖民地。其次是美国海军少将贝利的舰队进入日本，逼迫日本开关，刺激日本实行了"明治维新"，从此走上了资本—帝国主义的道路，此后，日本侵略野心日益膨胀。朝鲜是它觊觎的第一个目标。此时，正值朝鲜动乱，日本乘机出兵对峙，中国也出兵稳定局势。1894 年发生了中日甲午战争，中国海陆军均大败，中日签订《马关条约》，中国丧失了台湾，租让旅大（后由德、法、俄三国干涉退出，改为俄国租借）。1905 年，日俄爆发大战，交战双方都以中国东北作为战场。俄国战败，旅顺大连半岛仍归日本，俄国势力退出南满。1910 年，日本完全灭亡了奄奄一息的朝鲜，使它正式成为日本的殖民地。此后，日本刻意侵略中国，筑路，攫取路边土地，开矿，伐木，诸种特权，无所不用其极，到了 1931 年更是发动九一八事变，短期内占领了整个东北全境，并越过长城深入冀东。1937 年，七七卢沟桥事变以后，进而发动了全面侵华战争，妄图占领全中国，并进一步发动太平洋战争。直到 1945 年战败。

日本侵略东北的同时，又北向觊觎苏联。1938 年到 1939 年，分别从东西两个方向向苏联滨海地区张鼓峰和外蒙的诺门坎向苏联发动规模不等的进攻，但均以日本失败告终，但却迫使苏联以贱价出售中东铁路及其路权。1945 年，苏联出兵东北，日本战败，东北才得以光复，朝鲜也重新立国，以迄于今。

19 世纪下半叶，清朝政府将作为禁地的东北开放，汉族移民大量进入，即所谓的"闯关东"。原来人数稀少的东北迅速繁茂起来，2012 年辽吉黑三省人口已达 1 亿以上（加上内蒙古自治区东部四个盟市则为 1.2 亿人），其在农牧工矿林渔业的实力均不可小觑。

19 世纪末 20 世纪初，大批朝鲜农民因灾荒渡图们江北上吉林延吉一带开垦，在日本侵略者的煽惑下，制造了所谓"间岛"纠纷。今天延边的朝鲜民族达一百余万人，成为我国境内五十六个民族之一，并成立了朝鲜族自治州。

（三）黑龙江以北、乌苏里江以东

黑龙江以北、乌苏里江以东，连同库页岛，长久以来是东北地区宁静的后院，居住着肃慎、挹娄、汧沮、靺鞨、女真、满洲等诸多古代民族。从西周开始，多数中原王朝都将其列入中国版图之内。唐代中期在此处设置了针对当地民族的羁縻性质的黑水都督府和室韦都督府。继之而起的辽、金，也把它们的北边疆界划在了这带地方。元朝在此地带设置辽阳行省，兼及骨嵬（库页岛），并在骨嵬对岸的奴尔干（苏联——俄罗斯塔林）屯田镇守。明朝前期在此设立奴尔干都司，分置许多卫所。后金崛起，奴尔干旧地多为后金所占。明万历（1573—1620），沙俄越过乌拉尔山，迅速向东扩张，一直抵达鄂霍茨克海。康熙年间，沙俄开始从雅库茨克南下，深入外兴安岭以至黑龙江流域，强占尼布楚、雅克萨等地，并一度武装侵入松花江，对清政府多次交涉和警告置之不理。康熙遂出兵攻占雅克萨。沙俄被迫与清政府谈判。康熙二十八年（1689）双方签订了《尼布楚条约》，确立了双方东段边界，以额尔古纳河、格尔必齐河和外兴安岭为界。黑龙江以北、外兴安岭以南、乌苏里江以东（包括库页岛）约 102 万平方千米的广大地区，均为中国领土。这是中国历史上与外国签订的第一个平等条约。

鸦片战争以后，沙俄破坏《尼布楚条约》，出兵占领黑龙江口的庙街，改名尼古拉耶夫斯克，设置滨海省，把黑龙江下游纳入沙俄版图。咸丰八年（1858）乘英法联军攻占天津威逼北京之机，进兵瑷珲，迫清地方政府签订《中俄瑷珲条约》，除保留江东六十四屯，为中国人居住区，并由中国政府管辖外，黑龙江以北、外兴安岭以南约 60 多万平方千米的土地全部划归俄国，还规定乌苏里江以东包括黑龙江口南至图们江中的吉林海岸线内土地，由中俄"共管"。沙俄军队即借机强行侵入，占领伯力哈巴罗夫斯克。咸丰十年（1860），沙俄在完成乌苏里江以东的土地的全部占领后，借口其对英法联军之役"调停有功"，又迫使清政府签订《中俄北京条约》，规定乌苏里江以东、兴凯湖以南至图们江口，全属俄国，这是近代历史上我国丧失国土最多的一次，约40万平方千米。

光绪二十二年（1896），沙俄借与中国共同抗日为名，与清政府签订《中俄密约》，先后取得从满洲里—哈尔滨—绥芬河以及从哈尔滨至大连的中东和南满两条线路的筑路权与经营权，并借此攫取了线上大量土地和建筑以及特权。

光绪二十六年（1900），沙俄参加了八国联军攻陷北京，又向东北大举进兵，制造了"海兰泡惨案"和"江东六十四屯惨案"，对中国居民肆意屠杀，公然夺取了江东六十四屯。宣统三年（1911），又迫清政府签订《满洲里界约》，攫取了满洲里以北的部分中国领土。

1904年日俄战争，俄国战败，失去了辽东半岛上的旅顺大连和南满路权，沙俄势力退居北满。俄国十月革命以后，大批沙俄贵族军人退到东北特别是哈尔滨，被称为"白俄"，人数达十余万。

1930年，张学良的东北军企图收回中东路权，与苏军发生冲突，东北军失败，两名旅长战死。停战时划定军事分界线，被一名苏军军官把黑龙江乌苏里江汇流处的伯力城下的黑瞎子岛，划入苏联界内，从此在中苏边境问题上进行了长达三十多年的纠纷。

1931年，日本占领全东北，苏联受迫贱卖中东路。1945年，日本战败，出兵东北的苏联根据"雅尔塔协定"和与国民党政府签订《中苏友好同盟条约》，恢复了在东北的权益，主要是旅顺大连和中东路，后者改名为中国长春铁路，由中苏共管。

新中国成立以后，1950年重新签订了《中苏友好同盟互助条约》，仍然赓续了苏联先已得的权益。1951年抗美援朝战争，苏联支援了大量军火物资，并派空军参战。1956年，赫鲁晓夫访华，交回旅顺和中长铁路以及苏联在华的一些权益。中苏交好了一段时间。20世纪60年代以后，中苏矛盾激化，双方进行边界谈判。中方的要求是双方共同承认过去沙俄割让的大批领土是不平等条约的产物，但双方承认现有边界，并作一些小的调整。此案为苏联一再拒绝。1969 年乌苏里江上苏方强占珍宝岛，双方军队发生冲突，此后又重启边界谈判，争执不下。"文革"结束，1989 年以后，中苏关系改善，不久，苏联解体，成为俄罗斯，2004 年中俄边界谈判终于达成协议，维持现有的国界线，仅作一些小的调整，最重要的黑瞎子岛双方各占一半。满洲里的边界线亦小有调整。从此，中俄边界局势稳定下来。

第九章 东亚大陆内部的历史地理区域之四——西北地区

第一节 西北地区概貌

东亚大陆的西北地区是一片很大的土地，东达贺兰山西麓和甘肃乌鞘岭以西的河西走廊，北至蒙古高原南缘和阿尔泰山西麓和萨彦岭，西达巴尔喀什湖以东以南，迄南达帕米尔山结和昆仑山、祁连山，相当于今甘肃河西走廊、内蒙古自治区阿拉善盟，以及全部新疆维吾尔自治区，及其以西的一些地方，全部面积约在250万平方千米。

西北地区中国古代属于泛称的西域，2000多年前的《汉书》首次出现"西域"的概念。狭义的西域指玉门关、阳关以西的地方，即塔里木盆地周围。后来广义的西域则延伸到以北的准噶尔盆地及其以西的地方。由于中原王朝如汉、隋唐、元的疆界一度伸展到新疆，其至直达咸海（有人说还到了里海）包括现在中亚五国的地界。我们则以清乾隆时期的西疆为界，包括今新疆全部以及巴尔喀什湖以东以南以北，约40余万平方千米的地带，都列为中国古代西北地区的范围。

西北地区可以以今天的新疆维吾尔自治区的塔里木盆地为核心地带。另外，还有三个亚地带，即北边的准噶尔盆地、东边的河西走廊（连同走廊北面的腾格里沙漠和巴丹吉林沙漠）和西边的巴尔喀什湖以东以南的地段。

（一）三山两盆的"尹"字形地貌

本地区从北到南，横亘着三条山脉，三条山脉之间，夹着两个盆地。北边的阿尔泰山与中间的天山之间是准噶尔盆地；天山与南边的昆仑山之间夹着塔里木盆地。天山山势很高，平均海拔在 5000 米左右，它的西部已经出了今天我国国境，在中亚的哈萨克斯坦、乌兹别克斯坦和塔吉克斯坦境内。天山山脉东西长约 2500 千米，南北宽约 250—300 千米，是亚洲最大的山系，由大致平行的三列山岭组成。崇山峻岭之间，形成了大小不等的谷地和盆地，得以放牧和耕作其中，也成为许多出入山脉的通道。天山与昆仑山脉的连接处是有世界屋脊之称的帕米尔高原，昆仑山脉由此逶迤东去，形成阿尔金山脉和祁连山脉。帕米尔山高谷深，形成一个高而深的峡谷。除了天山和昆仑山之外还有东南去的喀喇昆仑山，那里矗立着海拔 8611 米的世界第二高峰乔戈里峰。兴都库什山脉则蜿蜒西去到达阿富汗北境。

天山昆仑山之间的塔里木盆地总面积 56 万平方千米，盆地中心的面积 33.76 万平方千米的塔克拉玛干沙漠，是我国第一大沙漠、亚洲第二大沙漠（第一是面积 64 万平方千米的沙特阿拉伯南部的鲁卜哈利沙漠，至于世界第一的非洲的撒哈拉大沙漠，面积则达 800 万平方千米），占全国沙漠总面积 71.3 万平方千米的 47.3%。塔克拉玛干沙漠纵横上千千米，几乎寸草不生，不见人烟，放眼望去，全是茫茫沙海，不见边际，到处全是随风流动的沙丘。这些沙丘占沙漠总面积的 85%，高度 50 米以上的超过半数，100—300 米的沙丘也很常见。原来流入沙漠的河流大都进入沙漠不远即干涸断流。塔里木河的最大支流和田河也在沙漠深处断流，或季节性地有水。沙丘位置因风随时变易，顷刻之间，面目全非，行人进去极易迷失。20 世纪初，瑞典探险家斯文赫定即在跨越塔克拉玛干沙漠中迷路，几乎渴死。只是一个偶然的机会，找到了水才得以生还。我国科学家彭加木 20 世纪 70 年代也在沙漠里失踪，迄今仍无下落。

本地区多高山，成为中纬度山岳冰川和多年冻土发育的理想场所。冰川的侵蚀和堆积作用引起的地貌改变的痕迹，如石海、石河、石环、石带等比比皆是。

风沙地貌是干旱气候的产物。包括风蚀地貌和风碛地貌两类。新疆、甘肃多大风，地表出露，新生代湖相地层的地区，如罗布泊、河西走廊西部，隘管效应所形成的风蚀地段，主要类型为风蚀洼地。其轴向与盛行风向保持一致的风蚀残丘，即通常所说的雅丹地貌。形状则有城状、堡状、桌状、麦垛状等，人们经此不禁叹为鬼斧神工，除观赏外极难利用。

天山以北的准噶尔盆地，是次于塔里木盆地的全国第二大盆地，面积38万平方千米，那里也有4.8万平方千米的古尔班通古特沙漠，海拔比塔克拉玛干大沙漠低，北冰洋的冷空气从阿尔泰山天山之间的空隙吹来，山上降雨量比南疆多一点，不那么极度干旱。这个沙漠中固定和半固定的沙丘占了70%，因为一些特别耐旱的草和低矮的灌木生长在沙丘上，为了尽量保持水分。这些植物露在地面上的茎秆矮小，以减少水分的蒸发，而根系入土很深，以便从沙漠中尽量吸收水分。有的根深达几米，分布面积几十平方米。这么多的根系从地下深处吸收水分来维持地面部分进行光合作用。这些植物对沙丘的固定当然有好处，不像塔克拉玛干沙漠，这里可以进行人的活动，放牧牲畜，也可以进行大规模的军事行动和族群迁徙，成为古代民族进出的大通道。

（二）干旱半干旱的大陆性气候

本地区是世纪上最干旱最少雨的地区之一，属大陆干旱性气候。它离海很远，距离太平洋和印度洋和北冰洋都有数千公里。东亚大陆受季风影响很大，夏天风从海洋和陆地吹来，带来了丰富的雨水。冬天风从陆上向海洋吹，带来了冷气和寒流。太平洋的季风夏天从东南向西北吹。印度洋的季风雨量更是丰富，印度和东南亚热带、亚热带不分夏季冬季，只有雨季和旱季交替。印度洋的季风被青藏高原所阻隔，吹不到西北地区，太平洋的季风深入内陆，随着内陆地势的抬高，而步履艰难，风势逐渐减弱。在东亚大陆过了太行山，夏季雨量明显减少，再西上祁连山，夏季雨量就更稀少了。随着地势的抬升，东南来的风越来越抬高，西北的高山还因此降下雨雪，形成了山顶终年积雪，恒久不化。随着山势崩压下坠，在山谷形成了冰川，夹带着被侵蚀的沙砾，石块缓缓下移。到了夏天温度升高，冰川部分融化流出山谷，形成溪河。在全年地表径流量中占了很大比重。至于雪水和降雨所积蓄的地下水，也有一些，但蓄水量不足。多含盐碱质，水质不好，不宜饮用，也不易开发。河西走廊东段年降水量 100—200 毫米，已经很少了，到了走廊西段安西、敦煌一带，就降到 50 毫米以下。塔里木盆地也在 50 毫米以下。是东亚大陆最干旱的地方，但是山区降水量普遍多于盆地和平原。阿尔泰山、天山、祁连山高山带，降水量都可年达 400—600 毫米，只有昆仑山和阿尔金山稍次，这是由于空气抬升、水汽化为雨雪较多的缘故。

北疆的准噶尔盆地稍好，那里在阿尔泰山和天山的夹峙下，形成一个向西北开口的喇叭形，两山之间山势较低，有一些山口正好接纳从北冰洋南来带着水汽的冷空气。盆地中部年雨量多一些，风势向着阿尔泰山和天山侧面的边缘地带年降雨量更多一些，山口也宽一些，不像青藏高原的喜马拉雅山那样，冷空气易于通过，盆地中部年雨量可达 100 毫米，阿尔泰山和天山边缘地带可达 200 毫米。正因为这样，植被较多，固定和半固定沙丘也就占了盆地的主要部分，因此可以有游牧民族活动的余地，不像塔里木盆地，除了边缘地段，中心地段全是一片渺无人烟的荒漠，形成了天山南北地区的差异。

这个地区地势高，云量较小，是太阳辐射高值区。河西及新疆大部均高达 5900—6300 兆焦 / 平方米，地面反射率高达 30%，导热不良，热量易于散失。所吸收的热量主要用于地表空气增温，从而加剧气温变化幅度。大陆性干旱气候造成了冬寒夏热，昼夜温差大。像吐鲁番地区，白天温度在 30℃ 以上的有 145 天，超过 35℃ 的有 100 天，超过 40℃ 的有一年曾经达到 100 天，最高温度达 50℃。正因为这里地势高，日照时间长，大都在年 2600—3600 小时左右，热量丰富，有助于作物蛋白质和糖分的合成。生长的葡萄瓜果糖分高，只要有水，农牧业都可以有很大的发展，沙漠也可以化为良田。可是，这里水太少了。

整体来说，由于地势较高（第二级阶梯），比诸东部地区气温偏低，是西北地区的大背景，但是高山与盆地之间温度之差却极为悬殊，一般高于同纬度的其他地段。

西北地区还有一个特征，那就是部分地区由于特殊地貌诸如隘管效应造成的风速增大，风力强劲，不免给人们留下西北多风的深刻印象。准噶尔盆地西部山地均常有此现象，天山达坂城是贯通准噶尔盆地和吐鲁番盆地的峡谷，年平均风速高达 6.1 米 / 秒，大风日数多达 148 天，阿拉山口是准噶尔盆地西部与北天山之间的一道峡谷，年平均风速 6 米 / 秒，大风日数多达 164 天。其他如塔城盆地与准噶尔盆地之间的通道"老风口"，吐鲁番盆地西北部的"三十里风区"，哈密十三间房一带的"百里风区"，额尔齐斯河谷地，阿尔泰山与天山之间的淖毛湖戈壁，年平均风速超过 4 米 / 秒，大风日数多在年 160 天以上。河西走廊西部的安西、敦煌也是隘管，夹在北山与祁连山之间，年平均风速 4 米 / 秒，大风日数约为年 60—70 天。风速一旦超过了 3—4 米 / 秒，即可使平地细粒物质飞扬，称为起沙风。西北地区干旱平地和盆地，每年约出现起沙风 100—400 次，合成风速最高可达 2000 米 / 秒。作为荒漠景观指示物的风蚀地貌和沙漠的形成，都与风的作用紧密相关。大风一起，沙尘漫天，冲毁房舍，埋没人畜，转移地貌，以至火车停驶，车窗玻璃破碎，路基掏空，成为严重的风灾。

以上所述，就是西北地区的地理气候的概括，可看到光在不同时间不同地段的鲜明的对照。那就是高山与盆地在年降水量的鲜明对照，高山严寒与盆地温暖的鲜明对照，高山严寒和吐鲁番盆地夏季高温鲜明的对照，以及部分地段的大风。

（三）迁徙不定的内流河水系

本地区主要是内流河水系，从贺兰山向西南方向的乌鞘岭一线是西北地区水系外流的分界线。此线以东以南的水流属太平洋水系（黄河、汉江、嘉陵江、岷江）外流区，以西经河西走廊西到新疆则另有两段外流区。北面的源于阿尔泰山主脊东南流的额尔齐斯河，汇入乌伦古河，从此折向西北经出斋桑泊流入鄂毕河最后流入北冰洋，流域面积 7 万余平方千米，年径流量 12.6 亿立方千米，在西北地区的河流中算是水量丰富的，新疆南段的帕米尔和喀喇昆仑山南侧的索普恰普河是印度河上源的一支，属印度洋水系。流域面积仅 4416 平方千米，年径流量也只有 2900 万立方千米，但同是值得重视的河流。除此之外，内流区面积则在 250 万平方千米以上，占整个西北地区面积的 95% 以上，而且河流的密度偏小，河西、阿尔泰山、天山山地，普遍低于 0.5 千米 / 平方千米，干旱盆地平原更小于 0.05 千米 / 平方千米。河水少，这是西北干旱半干旱地区水系的第一个特点。

第二个特点是水的补给形式多样化，除了稀少的降水外，主要靠冰川融水，地下水的补给也很重要，愈是干旱区，冰川融水补给率愈高。

第三个特点是径流深值整体偏低，而且地域差异显著。准噶尔盆地和塔里木盆地不足 5 毫米。阿尔泰山、天山、帕米尔、祁连山等则在 100—400 毫米之间，径流季节分配不平衡，年际变化显著。冬春两季径流量一般只占全年的 10%—20%，干旱区河流则大多断流，夏季为汛期，径流量占全年的 40%—50%，冰源河可达 60%—70%。秋季径流量一般占全年的 20%—30%，冬季则多有或长或短的几个月的结冰期。

第四个特点是内流河多以荒漠、洼地、盐沼、湿地为其最后归宿。但强烈的蒸发、渗漏再加上古今沿河日益增加的人工引水灌溉，使径流耗费殆尽，流程日渐缩短，乃至断流。原来最终流入尾闾湖，但尾闾湖也是水量缩减而萎缩乃至消失。这里最明显的就是塔里木河，早期注入罗布泊后来注入台特马湖，1902 年，尉犁土劣在河上修大坝，迫使河水改道。解放后又修大坝，使塔里木河水归干故道。后来，罗布泊与台特马湖相继干涸，塔里木河下游也就断流了，也随罗布泊的干涸而断流或消失了。至于原来从北向东南流的孔雀河和从南向北流的木樨河，最近几年经过整治，断流的塔里木河和下游干涸的罗布泊，才略有恢复。

这些内流河的流淌过程大致是这样的。

终年积雪的高山雪线以下，是裸露的岩石和荒原，只生长着一些苔藓和低矮的灌木，融化的雪水从那里汩汩向山谷流去。苔原灌木之下就是茂密的森林带，森林带之下是宜于放牧的草甸或草原，河水从那里奔流而下，汇聚了诸多山谷中倾泻而下的溪流，切割出深深的河床，形成了陡峭的山口。山口以下，是三角形的冲击扇，从石砾到粗砂到细砂、土层，依序排列，石林和石砾形成的戈壁滩，使河水渗入地下，然后再从细砂砾层和土层中重新淌出或以泉水的形态涌现。这就到了山前最丰饶的地带——林木茂茂，畴野相望，沟渠纵横，出产丰饶的小块绿洲，这是大山前的精华地段。再往前，河流或者随地势的变化，汇注到山前横流的大河，或者直下到的草原和湿地，成为牧场，然后再注入尾闾湖或者注入茫茫沙海之中，成了丰富的地下水的来源。河西、准噶尔、塔里木盆地和新疆以西的那些来源于高山的溪河大抵如是，只是因为气候的不同而各有程度的差异罢了。最典型的当属最干旱的塔里木盆地的内流河，其次是河西走廊。至于准噶尔盆地及其以西的河流就是不那么典型了。

现在分别介绍西北地区的几个地带和亚地带的水文情况。

河西走廊南侧是向东南逶迤而下的高耸的祁连山，融溶的雪水由大小山谷奔流出的汇集成多条内流河流向腾格里沙漠和巴丹吉林沙漠。石羊河，经过武威北流入休屠泽，现在休屠泽已干涸，石羊河就在腾格里沙漠南缘消失。

黑河又名额济纳河或弱水，是河西走廊最长的一条内流河，经张掖、酒泉分别北出，原来注入方圆三百里的古代大泽居延海，但居延海早已干涸。额济纳河也改道北上分别到达蒙古高原南缘的索果诺尔和噶顺诺尔。这两个湖原来风景优美，渔产丰富，也是鸟类的天堂，但近年水量减少，湖面缩减，有了干涸的趋势。疏勒河往西经安西、敦煌入冥泽西去，古籍记载它注入菖蒲海（罗布泊），如果此说属实，那就超过了额济纳河而成为河西走廊流程最长的河了。

天山北侧流入准噶尔盆地的最重要的是北疆灌溉水源的玛纳斯河，年径流量有 1.3 亿立方千米，沿途灌溉用尽，最后止于克拉玛依。

天山西侧和帕米尔的内流河中，伊犁河注入巴尔喀什湖，中亚大河锡尔河的上源的纳伦河、阿姆河上源的刻兹尔河、喷赤河等则分别流入锡尔河和阿姆河，最终注入咸海。只有与锡尔河平行的大河——楚河，则注入图兰低地的沼泽湿地和小湖珂扎克伊肯湖，没有能与锡尔河合流，而注入咸海。

塔里木盆地是东亚大陆最大的内陆盆地，盆地四周均为高山包围，在永久积雪线以上形成大量冰川和永久积雪，所有内流河都呈向心状汇集到盆地里来。盆地内部地势西高东低，东部最低的罗布泊和台特马湖，成为盆地最大内流河塔里木河（长 2179 千米）水系的最后归宿之处。在塔里木河水系之外，还有数量相当多的散流，因为水量小而不能汇集到罗布泊和台特马湖。

塔里木河水系的河流由于出山后河床变浅，水流因季节甚至昼夜变化不定。汛期来时河流易于改道，但多半在山前一线变动。塔里木盆地北部天山南麓的河流多汇入东西流的塔里木河，只有昆仑山北麓的和田河北经沙漠流入塔里木河。但从卫星地图上得知，昆仑山北麓曾出现过东西流入罗布泊的古河道，与古籍《水经注》等记载相印证，与被称为北大河的塔里木平行河一样，这条昆仑山下也是东西走向河称为南大河，同样注入罗布泊，据说它们潜入沙海，伏流到青海重现，又成为黄河上源。

现今塔里木河共有四大支流，和田河最长，源出昆仑山，另三条是叶尔羌河、喀什喀尔河，源出帕米尔，阿克苏河源出天山。这三条河沿途都有大量的人工灌溉工程，扶持了沿河两岸的农业，但也使之到下游成了断流。从阿克苏河以下成为塔里木河直至尉犁，以南也有堤坝的修筑。塔里木河从 1962 年开始断流，东向注入塔里木河的孔雀河等也是如此，大力整治，河水才再度注入台特马湖和罗布泊，而要彻底恢复那里的生机还有待时日。

西北地区干旱半干旱地带，湖泊数量少，面积也小，以新疆甘肃二省计，目前面积在 5 平方千米以上的湖泊只有 30 余个，总面积不超过 5500 平方千米。除去各地常见的断陷湖、沉降湖、堰塞湖、河迹湖外，还有冰川湖和风蚀湖。冰川湖主要分布在各山地冰川作用区，又分冰蚀湖和冰碛湖两类，通常面积很小。阿尔泰山的喀纳斯湖面积 45 平方千米，由冰碛物阻塞冰川 U 形谷积水而成。近年已被开辟为生态旅游区。20 世纪 70 年代在西昆仑山发现了新的冰川湖，即支谷冰川前进阻塞主谷，冰川本身作为阻体而形成的湖泊。此种冰川极易被消蚀而造成溃决，使下游发生洪灾。

19世纪后半期，俄国普热瓦尔斯基在第二次中亚科考旅行时，误将台特马湖当作罗布泊，指摘中国古籍所记的罗布泊位置北偏了一个纬度，认为历史上罗布泊是一个像钟摆一样南北摆动的游移湖，引发了其位置曾变动于北纬48度线两侧的争论。一个世纪以后，终于经过实测和卫星图像，最终推翻了罗布泊游移至台特马湖之说。但前人的研究和卫星图像中古湖岸线形成的"耳轮"堤岸分布于东岸的事实证明，罗布泊中心确曾长期西移，但不等于高山湖泊没有出现过游移和交替，玛纳斯湖就是典型。20世纪初俄国考察者，发现的玛纳斯老湖长达28千米湖水线，20世纪40年代初，苏联人考察，老湖已干涸消失，但与此同时，长100千米、宽15—20千米的有高出湖面20米、5—7米的阶地，表明该湖已有相当历史。新老湖的交替已不止这一次。

位于西北干旱区的湖泊，一般都经历了干缩、解体以致最终消失的过程。新老玛纳斯湖前身曾是一段广阔的水域，最盛期的古罗布泊曾西至东经88°，东部接近东经93°，面积达20000平方千米。20世纪30年代，湖面积尚有2450平方千米，50年代迅速干涸。但1959年塔里木河、孔雀河及车尔臣河注入大水，罗布泊面积又扩展至5325平方千米。但随塔里木河尉犁大坝的修建，用于人工灌溉，湖水迅速萎缩，到1962年完全干涸。"文革"以后，经过大力整治，再度导来塔里木河水，罗布泊这才开始缓慢恢复。但年过水量与蒸发量差1500倍，千年左右即造成干涸。其南面的台特马湖及其他一些内陆湖也是如此。

湖泊长期变化涉及地质构造、气候变迁等多方面的原因，但近期水位下降和干涸，显然是与其供水河流沿途农业、城市和居民生活用水量愈来愈多和地表水、地下水补给量逐年减少，湖水处于负平衡状态密切相关。人为因素已成为近年湖泊干缩乃至消失的主要原因。塔里木河三大源流，多年平均自然来水量，在20世纪50年代中期约为17.9亿立方米，没有出现大幅度锐减现象，而主干流上段，年降水量却从5.6亿立方米减至3.4亿立方米，干流下段更从1.5亿立方米减至3100万立方米。这个例子具有普遍性。西北地区我国边境外的诸湖除斋桑泊（额尔齐斯河）由此统进统出，外如巴尔喀什湖、伊塞克湖等都没有出水口，因此都是咸水湖。而只有巴尔喀什湖、伊犁河注入水量大，东半部为淡水，西半部仍为咸水，是个少有的有趣的现象。

塔里木河水系河道的不断改徙，水量的不断变化，与湖泊的萎缩和干涸，使得农业因失去灌溉水量而荒芜，村庄迁徙，城镇废弃，交通路线改道。历史上的人文环境出现了很大的变迁。但是，历史上有名的楼兰、鄯善、精绝，就此消失得无影无踪，或改在另地重现，荒漠中的废墟沟渠，也都成了历史的残迹，有待于后人的重新发现。但是，湖泊的干缩和干涸也带来了另外一些效益，甘肃猪野泽（休屠泽）和昌乡湖的消失，曾使民勤绿洲和金昌市北部绿洲得以扩大，玛纳斯新湖干涸也有部分湖床成了绿洲，干缩的罗布泊更是留下一个储量十分丰富并为我国急需的钾盐大矿。吐鲁番盆地的艾丁湖也是如此。西北地区湖泊蒸发作用强烈，新疆湖面每年蒸发度达 9 亿—10 亿立方千米，内陆湖通常都具有很高的矿化度（咸水湖），这些盐类是干旱区的重要矿物资源，仅以罗布泊为例，20 世纪 90 年代中期，就发现湖水干涸后，埋藏于地下有面积达 1300 平方千米的钾盐矿，储量约 2.5 亿吨，居我国首位。此外，还有氯化钾、氯化锰等，艾丁湖也是如此。20 世纪 90 年代，国家也因此大力开发此类湖盐，缓解海盐生产的大幅下降。此外，一些湖泊如博斯腾湖沿岸生长的芦苇和鱼类，也是重要的资源。

（四）多种经济样式

西北地区特殊的地貌和极端的气候，使这里在古代呈现了诸多的经济样式。

1. 绿洲灌溉农业

绿洲是西北地区的特殊产物，地势相对平坦，地表主要由土状物质（河湖相沉积），而荒漠中又有地表径流流经或地下淡水出露的地方，天然状态植被发育良好，而又经人工开发（种植业、畜牧业、工矿业），开发的地方就可以形成绿洲。绿洲化的过程是初始的自然过程与后续人为过程的结合、总和。

绿洲是流水与土状物质的结合，最佳地段是洪积倾斜平面和洪积扇洼地、冲积平原和干三角洲。这些地段土质属荒漠草原土质平地、草甸土质平地、沼泽土质平地等。其中，草甸、河岸、灌木林土质平地即为天然绿洲。绿洲化作物林木以减弱阳光反射，形成汽岛效应，又可以减弱风速，可以减弱迅速蒸发，使地面相对湿度增加，温度变幅减少，使绿洲化得以持续进行，也抑制荒漠的腐蚀作用。西北地区纬度高，日照强，太阳辐射值高，灌溉有保证，农作物得以丰产，瓜果尤其繁茂，农业得以丰产、稳产。

绿洲面积，新疆达 7.34 万平方米，河西 1.79 万平方米，占有这两个省区的可耕地的绝大部分，主要分布在准噶尔盆地和塔里木盆地周围，天山山间和河西走廊。其中天山北麓西段叶尔羌河、伊犁河谷地、准噶尔三角洲、阿克苏河、塔城盆地，以及河西走廊的疏勒河、黑河、石羊河流域。这些地方，绿洲面积最大，此外，额尔齐斯河——乌伦古河、艾比湖区、天山北麓东端的焉耆盆地、吐鲁番盆地、孔雀河三角洲、渭干河和昆仑山、阿尔金山前平原、阿拉善高地、金昌等亦有小块绿洲。有居无常所的部落活动于此。

早在 4000 年前左右，新疆多处新石器时代遗址和墓葬就出现了碳化和烧焦的小麦粒，稍后又出现大麦、谷子、黍等粮食作物。小麦的生长需要大量水分，谷子虽是旱地作物，但在极度干旱的地区，似乎也不易生长。这些作物的发现显示了绿洲农业的作用，但是否已经过了灌溉则尚不清楚。

到了西汉时期，西域塔里木盆地周围已经出现了诸多小国。《汉书·西域传》中记有居国与行国，行国即是居无常所的草原游牧的部落或部落联盟，"居国"则是在绿洲上定居的农业国家。居国和行国规模都不大，也不可能很大，最大也最强的龟兹国，不过七万户，其他小的"行国"，人口往往只有数百。

除原居民外，促进绿洲农业发展的另一个因素是来自东方的西汉王朝。汉武帝抗击匈奴，逐渐将势力伸展到河西走廊，更越过玉门关、阳关直抵新疆，开拓了大片疆土。为了驱逐和阻抗匈奴，汉使汉军所到之处，远达乌孙和大宛（分别在今伊犁河谷和费尔干纳盆地）。汉朝在河西和新疆长期派兵戍守，为了避免粮食长途转输之劳，由一部分戍卒和内地征发而来的民众在边塞多水源之地屯田积谷，其中以河西走廊戍兵及屯田规模最大，人数在万数以上，并且由此西出新疆，在丝绸之路南北二道的枢纽部分，戍防屯田，北道据车师、交河、乌垒、渠犁(今库尔勒)直抵轮台；南道则由伊犁循屯田上供军食，并接待西去汉使。

西汉和东汉统治西域近百年，汉末三国两晋南北朝纷乱，西北边疆人口大量流失，直到四百年后的隋唐又重新将西域纳入版图，派兵戍守，移民屯田，形成了绿洲农业的第二个繁荣期。到公元 8 世纪，吐蕃占领河西和新疆，以后回鹘又多治北疆之地，但绿洲农业在中亚一些民族的统治下迄未衰歇，直到清朝，又重入中国版图。1949 年新疆和平解放，原国民党的十万驻军改编为生产建设兵团，从事大规模屯垦，并在二十世纪五十年代初、六十年代初有几次大规模组织移民赴新疆建设兵团。经过几十年的开发建设，新疆人口已从抗战前的 255 万激增到 1600 万，其中汉族居民接近 40%，几乎都生活在城镇和南北疆的大灌区中。

这种绿洲农业规模相对要小，农业区域面积不大，绿洲之间不常连续，加上水源的不稳定，因此彼此与外界常处于阻隔状态，绿洲之内交通不便，不易大量交流资源、产品，因此成为相对封闭型的农业区。

2. 草原游牧经济

从大兴安岭以西开始，是一望无际绵亘的大草原，年降水量 400 毫米，一直到西北准噶尔盆地的半干旱区，气候条件一直变差。北疆虽属于中国第二大草原，但放牧条件比起东边来要差。由此西去又是一望无际的草原、哈萨克盆地和土兰低地，再越过里海，又是茫茫莽莽的里海以北一直延伸到多瑙河的欧亚大草原。在这片绵亘万余千米的大草原里，古代人类适于进行大规模的游牧，也适于大的聚合的族群的大规模的活动，尤其是大规模的战争和民族的运动。这里运动和走向是双向的，从西到东即从欧亚大陆大草原而来是小规模的、断续的，而从东向西则是大规模的往往是疾风暴雨式的，这些民族的移动历史上有匈奴、鲜卑、突厥、回纥、契丹等，这些民族的活动都给世界历史带来了巨大的影响，规模最大、影响历史至钜的则是 13—14 世纪的蒙古，以致欧洲人恐惧的将这些民族的进攻称为上帝之鞭——上天对不尊信基督教的人的惩罚。然而草原游牧民族从西到东的移动也是很重要。规模最大的是 6 世纪有阿拉伯的东侵和北侵，15 世纪乌兹别克人帖木儿的西征以及 16 世纪以后遍及新疆全境、直抵河西走廊北部的伊斯兰化。

由于北部地区和西北地区的严酷的自然条件，这个草原地带由于气候的变迁（同时性的和突然性的），使得民族的活动呈现了大起大落的态势，也迫使民族的大迁徙的通道主要是经过准噶尔盆地西去，也有部分经过萨彦岭及其以北的森林草原通道，这是历史上的一条民族迁徙的大道，匈奴、突厥、契丹、蒙古的迁徙都经过此处。

3. 高地草原游牧经济

西北地区古代畜牧业是主要经济，天然草场主要位于山地和阿尔泰山、天山、昆仑山、阿尔金山、祁连山等地，均有大量草场分布，但因高度不同，放牧季节也有变化。北纬 38 度左右，农业的上限约在海拔 2700 米，往北或往南农业分布的上限随海拔高低而有升高或降低，在森林灌木及农业分布的上端尽头，也就是高地草原开始分布的地方。这是个广大而又有多样性植物的草场，无论是食草的或偏好荆棘枝叶的牲畜，在此都能各取所需。在高地草原的最上端植被只有苦葵，已经无法采食了。由于季节不同，放牧高原也随之变化，高山草甸和草原宜于夏季放牧，畜群常常接近冰川末端，中低山带的山地草原或荒漠草原宜于冬季放牧。由于土地结构的复杂性，农业区不宜垦植的丘陵、沟谷、坡地，也多用于放牧。因此，农业区放牧现象比较普遍，畜产品至少少数出自农区。这样也就形成了季节移牧的现象。春季牧草开始生长，过冬季落膘瘦弱的畜群开始离开过冬的河谷，逐渐向高地草原转移。夏季牧草生长旺季，畜群在高地草原得到充分的滋养。秋季是畜群充分长膘的季节，冬季则又逐渐下移到避风的沟谷，牲畜只能靠雪天枯萎和秋季打下的存草为食。牛马能刨出雪下的草为食，但牛马吃去的仅是草的上截，羊群无法啃食雪下的草，但可食牛马刨雪吃剩的接近根部的残草，这是一年畜群最艰难的时刻。畜群普遍瘦弱、落膘、死亡，一遇大风雪，更是大量死亡，一直熬到春天，才又开始走出沟谷逐渐向外移动。

这样的经济是很不稳定的，一遇气候突变，就会遇到大灾难，由于山地地形分割零碎，牧人只能维持较小的畜群，因此也难联系。仅仅是一个或几个部落联合在一起，这也就是《汉书·西域传》把西域国家分为行国和居国的由来。

4. 森林草原游牧民族

这主要是东亚大陆靠北的森林草原混迭，这里有两个地方一是东北地区的大兴安岭北端，古代鲜卑最早的发源地（大鲜卑山），一是北部地区的西北端和西北地区的北端即萨彦岭一带，因氐人混迭地区，这里的经济生活与草原游牧经济形势相反，不过多加了一道狩猎和畜养一些特殊的牲畜如驯鹿。其他生活都与草原游牧经济和高地沟谷游牧经济相似。

5. 贸易和劫掠

西北地区的极端的气候与土地的沙漠化和荒漠化及水资源的缺乏，常常使得一个小经济单位不足以应付各种自然的和人为的历史灾变，这就使生活在这里的小族群采取了各种辅助行动谋生手段。其中之一是从事商业贸易，往往并非专营，而达到了专业化的程度，而且出现了一些专以商业为生的民族，其中最有名的是粟特人。这些人生活在今新疆以东的巴尔喀什湖一带的天山故地，唐代称为昭武九姓(石、安、曹、米、何、康、史、火寻、戊地)，他们成了专门从事商业的民族，而且从事的是长途贩运贸易。他们的商队来往于中亚、波斯、印度乃至欧亚大草原，而且直抵东亚大陆东部地区，长安、洛阳、太原、山东等都有他们的身影，而且他们在当地繁衍定居，乃至做官，成为当地强大的家族势力。他们经营的是长途贩运贸易，庞大的商队跋涉在漫长的丝绸之路古道上，向东部地区贩运波斯、阿拉伯的贵重奢侈品玉石和珍宝、香药，更由中国向中亚、波斯、印度、欧洲贩运丝绸和其他珍贵物料。这种贸易风险极大，利润丰厚，贸易一次获利在几倍到几十倍以上。除了粟特人，波斯和阿拉伯（大食）、回鹘商人也活跃在丝绸之路上，成为一道亮丽的景观。

牧地生活的不稳定，时常出现族群入不敷出的情况，为了维持其族群的生活，获得一定的资源，劫掠成了他们的生活习惯和一种资源获取的手段之一。这是劫掠，不是指大规模的攻伐，而且指对邻近畜群的劫夺，这在草原和山地草原游牧部落几乎成为常态。由于牧地小，族群不易分散，这种劫夺都在秋季牲畜长膘时进行。各种族群虽有牧地、水源的划分，移动性强，私有性较差，又孤立分散，往往也无法掌握，从畜群一直到牧地及各地水源的争夺，往往使这些高山草原小牧群的纠纷持续不断，从而也穿过到附近的绿洲农业区。但一般也形成不了大的气候，当不致影响到社会的稳定。这是西北地区游牧社会的一个特色。一旦有了大的族群的征服和移动，这些小纠纷也就忽略过去，而一旦附近有了相对强的势力和稳定的统治，纷扰的局面也就趋于稳定。而能够打破相对的平静，历史上天山南部塔里木盆地的龟兹，以及塔里木盆地西侧的于阗，就是其中有名的例子。

第二节　历史特点

西北地区的历史，最大的特点是多元化，色彩绚烂，对比鲜明，像走马灯一样转换迅疾，或像万花筒一样，奇幻多端，一如其极端的自然环境。

这种多元化的历史，可以从其人种和民族的嬗替，多元解决的激荡，多种文化宗教的传播，以及双向乃至多向交往，中原王朝和草原帝国的进退以及西亚、中亚、南亚诸势力的消长看得出来。

（一）多元化的人种

西北地区的核心地带——新疆的历史可以说4000年前开始。在此之前，新疆地区似乎了无人迹，荒漠一片，考古发现所见的古代人类遗址是从4000年前开始，大概是到了公元前后的西汉，西北已经进入了新的历史时期，人种日渐丰富和多样了。

我们东部地区讲得最多，然后讲了北部地区，东北地区讲得较少，下面还有三个地区：西北、西部、西南，这些地区的划分跟其他地区的划分大同小异。比如我们现在所说的西部是一个含义非常宽的部分，但我们讲的这个地区是青藏高原，基本上就是西藏和青海这两个地区。我们过去习惯上讲的西北是五个省：陕西、甘肃、宁夏、青海、新疆，我们这里讲的西北地区是新疆和甘肃的一部，不一样。这个地区的划分都不大一样，所以叫大同小异。我们是按照历史上的情况划分，不要按照现在的来理解。现在也很难说，比如华北，我们现在所说的华北是三个省区：河北、山西、内蒙古，而在民国时期华北还包括山东、河南、察哈尔。再一个我们的区划是非常粗的，特别是各区的交界地区，这恐怕也是历史上的情况，不像现在各省之间有明确分界，大体是一条线、一个地带，我们需要注意。现在我们看看西北地区。

西北地区包括现在新疆和甘肃的河西走廊，新疆历史上就是西部地区，现在有一部分在国境线外，巴尔喀什湖一带有一条重要的河即伊犁河。这一带近代被俄国强占，俄国占领伊犁河谷，几经交涉和斗争，才最终回归中国。西北地区的北面是阿尔泰山，南边是昆仑山，下来是阿尔金山，再下来是祁连山，也就是南界，与青藏高原交界；西边到贝加尔湖和帕米尔高原。过了黄河往西，地势就高了。这个地区有一条天然的界线，就是天山，天山天然地把西北地区分成了两部分：天山以北和天山以南。前者过去习惯上称为天山北部，后者称为天山南部。天山、阿尔泰山、昆仑山之间夹着两个盆地：北边是准噶尔盆地，南边是塔里木盆地。西北地区大体上就是这个样子。如果要继续分下去的话，我们看到在天山北部，这里有一条河——伊犁河，河谷称为伊犁谷。这里有一点例外，历史上有好几个政权建立在伊犁谷，最突出的是汉朝的乌孙、大宛，后来还有西辽。辽国被宋金联合灭掉以后，辽国贵族西奔到新疆，建立西辽。另外一个地方就是河西走廊，我们对它还比较熟悉。这个地方的自然环境跟西北地区差不多，在历史上是很重要的地区。有很多威武雄壮的历史剧就是在这里拍摄的。所以大体上我们可以把西北地区划分为两块，另外还有两个小地区——伊犁河谷和河西走廊值得注意，大概这个地区就是这个样子。

这个地方我们看到地理景观相当复杂，有终年积雪的高山，有沙漠。塔里木盆地中的塔克拉玛干沙漠是我国第一大沙漠，也是世界第二大沙漠，只比沙特阿拉伯那个沙漠小一点。这真是个沙漠，纵横上千千米全是沙，流进沙漠里的几条河早就干涸了，差不多寸草不生，33万平方千米几乎没有人。这个沙漠里到处是流动的沙丘，沙随风动，流动沙丘占整个沙漠面积的85%，相当可怕，历史上这是一个死亡地带。20世纪初，瑞典地理学家斯文赫定在中国新疆西藏探险依靠骆驼才找到水源，得以生还。在北边的准噶尔盆地也有沙漠，海拔比塔克拉玛干沙漠低，不那么可怕。这个沙漠固定和半固定的沙丘占了70%，那么这里的沙丘为什么可以固定或半固定呢？因为有植物，有特别耐旱的草和低矮的灌木生长在沙丘上，可以固定沙子。沙漠上的植物有一个特点：为了尽量保持水分，避免消耗水分，这些植物露在地面的部分都很矮小，这样就减少了水分的蒸发，同时为了吸水，它的根系深入地面很长很宽，地面上的一棵草，根可以有几米深，分布面积几十平方米。这么多的根系来维持地面上的部分进行光合作用，这种植物生长起来以后当然对沙丘的固定有好处。反过来，塔克拉玛干沙漠根本不能住人，但这里却可以进行人的活动，放牧，游牧民族可以在这里活动，至少可以通过这个地区，所以说两地情况不大一样。这是地形地貌，再来看气候。

这个地方可以说是世界上最干燥、最少雨的地区之一，它的特点是大陆干燥性气候。它离海洋都很远：东边距离太平洋好几千公里；南边是印度洋，但中间隔着很高的青藏高原。东亚大陆受季风影响很大，夏天季风从海面向陆地吹，带来了丰富的雨水，冬天风从西北方向吹来，带来了寒流。季风气候对农业很有好处。太平洋上的季风是从东南吹向西北，印度洋季风雨水更丰富，方向是从西南到东北，这两个方向的季风都到达不了西北地区。印度洋季风被青藏高原挡住，太平洋季风被长距离挡住。中国地形是三个台阶，青藏高原是第一个台阶，第二个台阶是太行山一线，越往西越高，季风也就越难前进，所以西北地区雨水非常稀少。季风从东南往西北刮，不断抬升得很高，中国的高山区因此降下了一些雨雪，高山地区形成了终年积雪，积雪时间长就成了冰河、冰川，到了春夏特别是夏天温度升高，高山上的冰川积雪融解了一部分，从高山上流下很多雪水，汇集形成河流。所以西北地区水的来源有三个：一是降雨，当然雨量很少；二是高山上的融化的雪水，这占了相当大的比重；三是常年积蓄的地下水，不易开发，水质也不好，含盐碱较多，所以这个地方比较干旱。比如像河西走廊，其东段年降水量是 100—200 毫米，已经很少了，到西段就是安西、敦煌一带，降水量在 50 毫米以下，到了塔里木盆地，也在 50 毫米以下，最少的地区是吐鲁番西边，年降水量只有 5 毫米。所以这个地区水的问题很大。内外蒙古、甘肃北部、新疆东部这块地方雨水最少。这个地方也有一点例外，就是北疆的准噶尔盆地，降雨量稍多，中部可以达到 100 毫米，边缘地区可以达到将近 200 毫米。含水冷空气到山边被阻挡能形成降雨，此地降雨较多就是因为接受了北冰洋冷空气，带水汽的冷空气从北南下，带来了降雨。北部地区，阿尔泰山以北雨量比南部多，原因就在此。准噶尔盆地是个喇叭口，口朝西北，北方空气从喇叭口吹到准噶尔盆地，这些山相对较矮，山口也比较宽，冷空气可以通过，不像青藏高原喜马拉雅山那样，所以准噶尔盆地雨量较大，也正因为如此，其中植被较多，固定半固定的沙丘也就占了主要部分。因此准噶尔盆地沙漠地区可以有游牧民族活动，而塔里木盆地完全是一片荒漠，形成了南北地区的差异。

再来看气候。温带大陆性气候的特点一个是冬天很冷、夏天很热，再一个就是早晚温差很大，这个地区的人们就要适应这样的环境。比如阿拉伯人住的地方比我们的要热，但他们头上整天戴着帽子、头巾，身上披一个斗篷，还是毛织品，这很适合他们。夏天太热，完全把身体暴露在外面是受不了的，斗篷里能够制造一个小环境，虽然还是很热但比外边是凉快多了，到了晚上又可以保暖。西北地区的温差很大，甘肃、新疆一带过去有一个谚语："早穿皮袄午穿纱，抱着火炉吃西瓜"，就是形容这里的温差的。这里在夏天在全国是最热的。新疆吐鲁番地区每年温度在 30℃ 以上的日子有 145 天，超过 35℃ 的有 100 天，超过 40℃ 的一度曾经达到 100 天，最高温度达 50℃。这种大陆性干旱气候对人们的生活非常不便，但也有优点。这里地势较高，热量丰富，太阳照射时间长，能加快植物内部的蛋白质的合成，所以这里的果品很有营养价值，很甜，比如哈密瓜。这里只要有水，农业畜牧业都能有很大的发展。这里最大的问题也是水，这里的河流、降雨相对广大的地区来说实在是太少了。

我们上一次讲到了东亚大陆的西北地区，我们已经知道了西北地区从它的自然环境来看可以分为两个大的部分。一个是天山和阿尔泰山之间的准噶尔盆地，另一个就是天山以南和昆仑山之间的塔里木盆地这两个地方距离海洋相当远，已经是亚洲的腹心地区，所以这个地区的气候是大陆性的气候，而且非常干旱，干旱的程度可以达到每年只有 5 毫米，这是吐鲁番盆地边缘的。这个地方除了干旱以外还有一个问题，就是水。这个地方的水是比较少的，河流绝大部分都是内流河，没有出口，只有北边的阿尔吉斯河通向北冰洋，还有南边很小的一条河是印度河的上游，这条很小的河流只有 1400 平方千米的流域，地图上比较难找，剩下只有内流河，其流水主要来源于高山上融化的雪水。这个地方很重要的是绿洲，就是高山上的雪水流到山下形成的有水有土的地方，这种地方适合于农业。除了绿洲以外，还有广大的森林河和草原地带，主要是在山坡上，山下草水丰富的地方形成了很好的牧场，再往前就是荒漠。这个地方有很多沙漠，比较起来，北部准噶尔盆地的沙漠情况好一点，水比较多，原因在于它的形状像一个喇叭口，敞口对着北冰洋，从北方来的冷风含有相当水量，所以这里降水也比较多。北部沙漠中沙丘固定半固定的居多，有植物，有草，可以放牧和活动。但是天山和昆仑山之间的塔里木盆地情况就不是这样，这里的水比北部要少得多，干旱程度也比北部厉害。塔里木盆地周围有很多绿洲、良好的牧场。但是再往前走就是一片茫茫的沙漠，这个沙漠荒无人烟，没有草木甚至连飞鸟都没有，这就是世界第二大沙漠——塔克拉玛干沙漠。在这种情况下，北部地区适合大规模的游牧活动，跟东亚大陆的北部地区连在一起。东亚大陆北部地区的游牧民族可以到达准噶尔盆地，并由此西去。但是南边的塔里木盆地虽然也有牧场、绿洲，但不适合大规模游牧。这里的居民，民族分散，往往以一个绿洲作为一个据点、一个地盘。历史上狭义的西域就是指塔里木盆地周围的地区。据记载汉朝时这里有 36 国，后来增加到 50 多个，一个绿洲就可以是一个国，人口少的只有几百人，像龟兹这样人口多的可以达到七万多人，就算非常大了。另外在山坡上，还有一些游牧的区域。史书记载古人把居住在绿洲的部落称为居国，把游牧的部落、部族称为行国。

南疆就是现在塔里木盆地周围的地区历史上从来没有形成强大国家。北部地区民族进入准噶尔盆地，往往南下进入塔里木盆地周围地区。西部地区青藏高原上的民族也往往出山口控制塔里木盆地。东边的中原王朝主要是汉族政权也通过河西走廊渗透到这个地方，从河西走廊前伸，到达吐鲁番。到了这一带，封锁北方民族南下路线，南下经营塔里木盆地，我们看到汉朝唐朝的历史差不多都是这样。在中原王朝和北方民族的斗争过程中，斗争的路线往往是南北向的，然后逐渐西移，从河套方向移到河西走廊再往西去。北方民族在这种情况下迁移，不但跑到准噶尔盆地，还往中亚跑，甚至到达多瑙河和巴尔干半岛，历史上的匈奴就是这样。后来还有蒙古，蒙古曾经三次西征，占领了大半个欧亚大陆。它的军队到了现在的东欧，像波兰、匈牙利、塞尔维亚、斯洛文尼亚、克罗地亚，直到亚得里亚海，对欧洲一个重要的城市共和国威尼斯形成了很大的威胁。威尼斯在中世纪的欧洲是一个非常重要的城市，因为它正好位于从东到西、从亚洲中东、非洲到欧洲的一条最重要的交通贸易航线上。东方来的货物有的到了这里上岸，经过阿尔卑斯山口到中欧、北欧。还有另外一个城市就是意大利半岛西侧的热那亚——哥伦布的故乡也很重要，从东方来的货物到热那亚，往北可以到达西欧的法国、英国等国家。这是当时最重要的两条贸易线，威尼斯尤其重要。蒙古打到了这里，对欧洲形成了巨大的威胁，蒙古这次是主动进攻，不像匈奴是被动的。蒙古兴起后首先往西打，征服了很多的地方，最后回过头来消灭了南宋。所以西北地区对中国历史甚至对世界历史都起了相当重要的作用。河西走廊加上吐鲁番、哈密一带可以叫作西北地区的中间地带。

我们还要注意到青藏高原上的政权往这里发展时主要也是经过河西走廊，所以说河西走廊在中国历史上是非常重要的。我们看到西北地区的北边是北方民族来回的通道，它在世界历史上是一个重要的民族迁徙的通道。游牧民族过游牧生活，追逐水草而居，他们经过同样自然环境的草原地带，逐步从北部到准噶尔盆地，西去到中亚，再出去。民族通道北边还有一条：在阿尔泰山沙叶岭贝加尔湖往西，沿着西伯利亚，也是一个草原地带。草原的北边是一片很大的森林，大概在蒙古高原和准噶尔盆地北边。这里在世界历史上的地位是相当重要的，也是游牧民族活动的通道，游牧民族的文化也是从这里传播的，以致中国北部草原上很多文化跟欧洲黑海北边草原上的民族文化有很多共同之处。比如说金属装饰，兽骨文饰和雕刻，等等。过去有西方学者认为这些文化是相通的，现在看来不那么简单，但是草原上民族的交往使他们互相受到影响是没有问题的。另外，草原上还有些共同的特点，因为共同的特点也给他们的文化打上草原文化的烙印。现在大家好像已经不这么看了。过去把问题看得比较简单，但是还可以看到，草原上从亚洲的蒙古高原一直到欧洲东部多瑙河地带各个民族的交往是相当频繁的。民族有西去的，像匈奴、月氏、乌孙、突厥、契丹、蒙古。草原上的民族也有东来的，但少一些，像古代的印欧人种、希腊人种。印欧人种是近年在新疆考古发掘，主要是在塔里木盆地发现的，有很多墓葬，主要在吐鲁番这个地方。天山南边还有很多胡人，比如阿拉伯人、波斯人、中亚的粟特人，都从这里来往。

塔里木盆地不适于大规模游牧活动，但它是东亚大陆和西方商业贸易、文化交往的重要通道，就是我们现在说的丝绸之路。这条道路是中外交往、商业贸易，包括外交使节往来的一条重要道路。它是一个很概括的名词，看起来是一条道，其实不然。一般说丝绸之路始于长安，有人说始于洛阳，不论怎样，都是从中国核心地区出发。从长安有很多条道往西，但到了河西走廊以后，因为地形关系，基本上收缩成一条道路，就是经过甘肃的武威、张掖、敦煌、酒泉，然后到新疆，这是一条主路。我们可以说丝绸之路起源于长安，西去沿着渭水有很多河谷和道路，从兰州往西，进入河西走廊，这边是祁连山，祁连山又叫南山，夹着祁连山和山坡下边的这块地的山叫北山，北山包括很多山，山北就是沙漠。往西去很自然地就走中间，就是河西走廊，出去以后分成两道：一道走天山南边，沿着天山到帕米尔；南边一条道沿着罗布泊、白龙堆、楼兰这些荒凉地带往西，走阿尔金山和昆仑山北边，顺着南边走，也到达帕米尔。如果说喜马拉雅山、青藏高原是世界屋脊的话，从帕米尔延伸出去的山都是东西走向的。这个地方的山脉比较乱，山脉非常高，但山之间有山口，山口下边有的还有河流，通过这些山谷非常容易。越过帕米尔西去，南下可以到印度，一直到里海，然后到波斯和中东的一些地区，然后可以再到黑海、欧洲，这是一条非常重要的商业道路。商队、外交使臣可以通行，是一条近路。这边喜马拉雅山很不好走，北边距离文明带很远，大规模的经济活动、大规模的游牧民族的活动在这里很难生存，但小规模的商队、骆驼、马可以载物从这里走，外交使节也能过去。

这个地区的北边是民族迁徙的通道，南边则主要是经济、文化往来的路线。当时的道路也没有那么简单。比方说从天山以南的丝绸之路可以到帕米尔，也可以从天山的山口越过去，到中亚及山西，但这是次要的。这边呢，我国主要从天山两侧但还有一条通道，就是祁连山南边，走柴达木盆地的边缘。祁连山也有一些山口可以通行。当年隋炀帝曾在凉州（今武威）大会 27 个国家的外国使节和商人，回来时走祁连山，青海湖的北边。这里有一个山口，其实不难走，但隋炀帝走得太匆忙，准备不足，当时又正好下大雪、大雨，所以很狼狈，还死了一些人。从这些山口也可以经过阿尔金山往北，到罗布泊一带，再往西，这也是一条道，但不是主要的，主要的还是河西走廊分出来的两条道。

汉朝在敦煌设了两个关口，一个是玉门关，一个是阳关，我们念唐诗就可以知道："羌笛何须怨杨柳，春风不度玉门关"，"劝君更尽一杯酒，西出阳关无故人"。这两个关口一个在南，一个在北，距离不远。出玉门关到吐鲁番，天山南路，然后西去。从阳关走，出到楼兰、罗布泊。当中原王朝势力强大时，就首先控制河西，再控制这块地方。从玉门关往西，控制吐鲁番盆地，这样就把南北的线路切断了。但如果中原王朝力量衰落的话，它就退缩了，首先退到吐鲁番，然后再退到玉门关。唐朝后期在安史之乱以后，唐朝原来在西北地区的强大的军队撤回去，形成了势力真空地带。吐蕃乘机进到这里，逐渐从东向西把河西走廊拿到手，然后再往西排除了唐朝设在天山南北主要的力量安西都护，吐蕃成了塔里木盆地和河西走廊的主人。吐蕃的另外一支力量到了帕米尔高原，中原王朝力量退到黄河东边。这种情况延续了 80 年，后来河西走廊又被汉族拿下，但没过多久，到宋朝初年，西北又兴起了一股力量——西夏。西夏把这个地区控制了几乎 200 年。此后蒙古又控制了这里。蒙古人建立了地跨欧亚的大帝国，拿下河西走廊更不在话下。蒙古有组织很严密的驿站制度，东西方交通联系非常方便，这个地方就不那么重要了。再看是北面的道路。到了明朝，明朝是一个很强大的王朝，但是明朝的主要力量用来对付北边的蒙古。蒙古退出中原后，在蒙古高原还保留了强大的力量，明朝的大半段时间都在对付蒙古。后来到了明朝中叶，东南沿海兴起了倭寇，明朝后期主要对付东北方向的女真族。所以西北地区发生重大历史事件的时间是在中国历史的前半期，就是秦汉隋唐时期。宋朝时这里被吐蕃占有，后来这里由蒙古控制。明朝在西北方向采取守势。明朝退守不像宋朝，它保留了大半个河西走廊，但是它丢失了敦煌这个重要地方，所以现在万里长城的西端不是在汉朝的玉门关和阳关，而是在嘉峪关。

到清朝，清朝中央又控制了这个地方，向西发展到巴尔喀什湖，比我们今天的疆域要大，后来清朝尽管恢复了汉唐的西部疆域，但是丝绸之路的重要性已经大大降低了。原因是一方面丝绸之路长时间被荒废，另一方面是因为跟西方的海路交通的作用超过了陆路。这个时候中国的航海技术有很大发展。我们以前讲过，后来的航海技术包括西方发现新大陆这种远洋航海技术，很多是从中国辗转经过阿拉伯传过去的，其中包括很重要的比如说帆、船身的构造、舵、指南针等。中国航海技术的发展结果使中国海路交通贸易的重要性远远超过了陆路交通。另外，东西方贸易的商品也发生了一些变化。中国出口最重要的商品是丝绸，在早期这在西方是非常贵重的东西，后来西方中亚这些地方逐渐学会了养蚕、抽丝、纺织，丝绸生产就不由中国独占了，但中国丝绸的质量还是比西方高。总之到了宋朝以后，丝绸已经不是中国出口贸易的主体，这时出口商品中很重要的是瓷器。中国瓷器有很长的发展历史，但最好的瓷器生产可以说是在宋朝，宋朝是中国瓷器发展的高峰，到了明清一直不衰。瓷器只有中国才有，外国人仿造瓷器是在 18 世纪，当时也很名贵。在这以前，就像没有丝绸一样，他们也没有瓷器，中国的瓷器出口量很大。瓷器运输适于船运，不适于陆运。陆上运丝绸这样轻而贵重的东西还可以，瓷器重量很大，骆驼、马运不了多少，而且路途险阻容易破损，所以说瓷器适于海运。后来清朝时中国出口的东西增加了茶叶、生丝。宋朝以后海运发展起来，陆路运输则衰落了。丝绸之路真正辉煌的时候是中国历史的前半期，就是从汉到唐，唐以后就不行了。这条东西商业贸易和文化交往线在历史上非常重要，东方和西方，东亚大陆和它西边的民族得益于这条路很多。但应该可以说西方通过这条路得益于中国的东西要比它运进来的东西多得多、重要得多，对世界历史的影响也大得多。东西方的贸易是不均衡的，从东方运过去的东西多，从西方进来的东西少，原因就是中国东亚大陆内部资源相当丰富，没有很大必要从外部输入东西。

西方古代地中海的商业贸易也是船运，从北非埃及到希腊到意大利、南部欧洲。在古代这些地区之间海运的东西重要的东西首先是粮食，从中东、黑海、北非这些生产粮食的地方把粮食北运到粮食不足的希腊。古罗马的粮食产量比希腊丰富，但需要量更大，所以也需要运进粮食。还有葡萄酒。葡萄酒是西方人的饮料，古希腊土地非常贫瘠，但适合种葡萄。希腊雅典用葡萄酒换取地中海东岸土耳其、叙利亚、伊拉克等地方的粮食。这些都是生活必需品。另外希腊、意大利还有一种产品——橄榄油，也可以换粮食。还有就是建筑材料，就是石头木材。古希腊、罗马的建筑主要是石头建筑，需要很好的石材。到了中世纪商业贸易从中东往欧洲来往的贸易也很发达，贸易的物品增加了几样东西：第一是从中国来的丝绸。第二是香料，如胡椒、丁香、豆蔻、桂皮等。西方人饮食少不了这些东西，特别是在冬季，有人认为这是由西方人饮食结构带来的。中国人吃素，肉菜比较少。西方人很重要的饮食是肉，一次屠宰出的肉不可能马上吃完，就有一个保存的问题。西方人会做咸肉，但咸肉时间长了也会腐败，就需要添加香料，让肉好吃一些，同时能掩盖臭味。所以香料在西方特别是在中世纪是必不可少的，东西方的贸易对西方来说是生命线，不可缺少。正因为在中世纪后半段丝绸之路东西交通线被阿拉伯、撒克逊、土耳其人控制，欧洲需要打通到东方的通道。欧洲发动的若干次十字军东征有经济背景，就是为了摆脱阿拉伯人的控制，开辟通道，后来与土耳其的冲突也有这个原因。这条路打不通，欧洲人需要发现新航路，不经过土耳其奥斯曼帝国的控制，从海路到印度，到东方，联系丁香之国、香料之国，追寻珍宝。俄国有一个音乐家姆斯基·柯萨科夫创作有《印度之歌》，可知印度被西方人认为是一个宝地，什么都有。

最早葡萄牙人绕过非洲到达印度。哥伦布认为地球是圆的，往西也可以到达东方，他带三条船西去，到达了美洲，哥伦布直到死还认为自己发现的是印度，所以加勒比海的几个岛屿还叫作西印度群岛，这就打开了地理大发现的格局。地理大发现背后有经济因素，尤其是对香料的需求。根据现在的研究，香料没有那么重要，不是没有它就不能生存。与东方的贸易也不仅是香料，西方人也不完全是从东方运进香料。但总而言之，中国跟西方的贸易是不一样的，中国并不需要进口很多东西，也没有很大很迫切的需要出口很多东西。东亚大陆内部出产的东西实在是太丰富了，这是中国历史上的一个优点，恐怕也给我们带来了问题，就是中国人的开拓冒险的精神因此也差一些。丝绸之路上从外国运进来的东西有些是珍宝，对上层社会有用，与国计民生关系不大，也有香料、药、犀牛角、象牙、玳瑁等。唐朝波斯商人带来的东西很贵很少。从西方也进来了一些东西，比如胡食，其中最重要的是棉花，这对中国人生活质量的改善有很大作用。棉花的传入一是走丝绸之路，这是陆路，还有的从海路传进来。中国人过去穿衣服很受局限，对下层人民来说，穿衣服很困难。丝绸比较贵重，大量下层人民穿麻布，皮毛因中国畜牧业不发达，一般人也穿不起。夏天人们可以穿麻布，但麻布有一个问题，就是冬天不保暖。中国人冬天往往向衣服里絮丝绵。烂丝、断丝不能织绸缎，但也比较贵重。另外还有塞毛的，都比较麻烦，所以很多人御寒成问题，于是就穿很多衣服。有了棉花就能织棉布，棉布在很多方面比麻要好，跟丝绸相比也有自己的特点，而且它也便宜。冬天可以用棉花做被子、袄子，能保暖。中国人在衣服上的困难就小多了。棉花原产于印度，后来传入中亚，再传入中国。中国以后的衣着材料中麻布退居次要地位，丝绸归富人享用，普通人穿的是棉布。当然从西方传入了其他很多东西比如胡萝卜、黄瓜、西瓜等等，对中国人饮食结构的改善有很大作用，但影响最大的还是棉花。

相比之下，从中国输出的东西对世界历史的影响就大多了。别的不说，中国的四大发明除了指南针以外，其他的三大发明都是通过陆路特别是丝绸之路传出去的。第一个是造纸。中国造纸术的发明是在汉朝或许更早，传出的时间大约是唐朝。现在文献记载，大约在公元751年，唐朝和阿拉伯在中亚的怛罗斯打了一仗，中国失败了，阿拉伯人俘虏了很多中国士兵和兵营中的工匠，包括纺织工、造纸工等。这批造纸工人到了阿拉伯，也把造纸术传到了阿拉伯，阿拉伯人又把造纸术传到了欧洲。公元8世纪中叶中国的造纸术传到阿拉伯，公元十一二世纪的时候中国的造纸术传到了欧洲，首先进入西班牙。当时西班牙有一部分被伊斯兰教的摩尔人占领了，造纸术传到这里。这时正好是欧洲文艺复兴的前期，这个对欧洲的影响是很大的。原来欧洲人的书写材料有三种：一是羊皮纸，因为产量有限，所以价格昂贵。二是芦草纸，是埃及的一种芦草压平后接起来做成的，比羊皮纸便宜，但很脆，不易保存。第三种是书写板，像黑板一样，往铁板上浇上蜡，用铁笔书写，古希腊就用这种方法写字。这种方法当然很方便，也可以重复使用，但字迹没法子保存。文化的传播遇到了技术上、工具上的困难。造纸术传入以后，纸价格便宜了，纸很轻便，而且书写方便，又便于保存。文艺复兴前后，欧洲大量的一般人也能出书了。过去的知识、科学技术、文化主要掌握在教会手中，会读会写的是僧人，不但一般平民不会书写，就是贵族国王也好不到哪里去，有名的查理大帝就是一个文盲。造纸术传入以后，文化就不是僧侣所能垄断的了。所以说造纸术对欧洲近代的发展影响非常大。

第二个是活字印刷术。中国的雕版印刷可以断定是在隋朝或唐初。从中国的汉字和中国当时的需要来看，雕版印刷是比较方便。活字印刷就是把一个个字刻好，然后去排版。活字印刷按现在的记载是北宋的毕昇发明的，但实际上最早出现的活字印刷的发明者不一定是毕昇，印刷的也不一定是汉字。我们在敦煌和其他地方发现了活字印刷的回鹘文。活字排版对字母文字是最方便的，汉字则相对不是那么便捷。还有西夏文也有活字，这些东西都在宋朝。活字印刷术传到欧洲，欧洲当时正好是资本主义上升的文艺复兴时期，是知识广泛传播的时期，所以印刷术很重要。德国的古登堡也发明了活字，印刷的第一本书就是《圣经》，西方人就认为是他最早发明了活字，不知道世界上还有其他文字的活字印刷。我们现在知道中国的汉字、回鹘文字的活字印刷比古登堡早得多，但不清楚古登堡的活字是独立发明的还是受了这个影响才发明的。不论如何，活字印刷一旦在西方出现，文化的传播就快极了，各种异端反对当权的天主教的各种言论就出来了。马丁·路德在宗教改革中很重要的宣传的工具就是活字印刷出来的各种传单。原来除了《圣经》以外，各种文化、科学技术、哲学方面的书籍只有很贵的手抄本，现在书籍能大量印刷，这对启蒙思想、文艺复兴和近代资本主义的形成和发展有极大作用。简单说，造纸术和印刷术支持、促进了欧洲资产阶级的变革和资本主义的进步。

第三个东西就是火药。中国人发明火药大概是在唐末和五代时期，到了宋朝，火药逐渐运用于军事。现代的枪炮、炸弹这些武器的雏形在宋代都有，但很简陋。比如枪，当时就是一根竹管子，炮也很简陋。当时所谓铳，不过一尺来长，一次一响，很笨重，但终究是近代枪炮的前身。火器是随着蒙古人的西征带过去的。蒙古人最早也不知道火器，是从金学的。攻城略地野战火器都有很大作用。过去只有冷兵器，攻击距离最远的是弓箭、投枪，现在有了威力巨大的枪炮炸弹。特别是攻城，过去冷兵器攻城很难，现在有了火炮，攻城就容易多了。火药传到欧洲，对欧洲资产阶级、市民打败封建贵族、骑士，攻占城堡起了很大作用。我们过去说过欧洲骑士穿盔带甲，一身装备，可以说是刀枪不入，现在有了火器，盔甲也抵挡不住。过去攻城很难，只能登城杀进去，也能用抛石机，往城里扔各种东西进行破坏，现在有了爆炸性的火炮或铁弹丸火炮，砸进去可以破坏城墙。

第十章　东亚大陆内部的历史地理区域之五——西部地区

　　我们把中国古代地理分成六个区，东部地区、北部地区、东北地区、西北地区我们已经讲过了，下面西部地区和西南地区，西部地区就是青藏高原，面积很大，它的西边是帕米尔，北边是昆仑山，南边是……西部地区，这是一个世界上最高的高原，平均海拔4000多米，地势很高。在地质年代来看比较晚，约7000万年以前，地球的历史大约45亿年，7000万年不过是几十分钟。7000万年以前，从欧洲到亚洲有一次地形大变化，形成一个造山运动，叫作阿尔卑斯造山运动，实际上，是在它南边有一个大的板块向北挤压形成的，喜马拉雅山的兴起、青藏高原的兴起，也属于这个造山运动的一部分，因为原来更早的时候，青藏高原是海洋。南边的喜马拉雅山是现在世界上最高的山，其原因在南边印度，在地质上叫印度板块，往北挤到原来古老的亚洲板块的下面就把亚洲板块的边上挤得拱了起来，就形成了世界上最高的高原。现在全世界在8000米以上的高原绝大部分都是在喜马拉雅山上。所以这里是最典型的高原，气候当然也是高原气候，特点是冷，第二是干旱，因为这里处于中亚大陆的西边，从东南来的季风被横断山脉所阻挡，从印度洋来的西南季风被喜马拉雅山阻挡，所以能够进来的海水已经干了，比较少，干燥。但是这也只是相对而言，那么在青藏高原也有地区的水量不少，就是喜马拉雅山和冈底斯山、念青唐古拉山、雅鲁藏布江的河谷里，加起来的雨量相对来说还比较够，因为西南方向的季风吹到这里虽然被喜马拉雅山所隔，但是也还进来了一点，所以河谷地区的雨量还够，再往北就越来越干旱了，到了柴达木盆地就十分干旱了。另外在青藏高原上还有一块非常好的地方，一个大峡谷，山南是喜马拉雅山，这是雅鲁藏布江，山被江隔断了，成为一个大峡谷。喜马拉雅山南就是山南，山南是在喜马拉雅山的南坡，所以印度洋的暖湿气就直接到山南，所以山南的气候是亚热带的气候，温暖、湿润、物产丰富，各式各样的树、花、水果。简单地说，青藏高原的干旱区和半干旱区占总面积的三分之二，整个的自然条件不能算好，主要是高寒。这里的水分布也不平均，最丰富的水主要在雅鲁藏布江，拉萨就在这条江的支流上。由于自然环境的关系，主要的产业是畜牧业，也有农业，就在雅鲁藏布江的河谷地区。这里的水绝大部分是内陆河，但也是几条大河的上游源头，昆仑山、喜马拉雅山、冈底斯山、念青唐古拉山，包括祁连山上的雪化了流下来，就成了大河的源头。特别突出的就是黄河和长江。高原上的另一特点是湖泊很多，如果说当年湖北是我国湖泊最多的地方，那么现在已经萎缩了，现在是青藏高原。青藏高原共有 800 多个湖，其中在西藏的有 600 多个，在青海有 200 多个，有名的青海湖就是中国第一大湖，还有一个世界上最高的大湖也在西藏，面积不算大，但最高，5886 米，但只有 1 平方千米。青藏高原是个大牧区，中国历史上有几个牧区，内蒙古、内蒙古高原，新疆、甘肃，还有青海和西藏，在山脉之间，都是畜牧区。高原上的畜牧有些问题，因为高寒，草短，很矮，产量也不大。所以，青藏高原上可放牧的草场要比蒙古高原少得多，大概 6 亩草地可以养一头羊，但在青藏高原上要增加一倍，12 亩地才能养一头羊，所以载水量是大大的低于其他草原。草原地带本来就地广人稀，但由于牲畜占有的草场比农田比例要大得多，一个牧民要养几十头、上百头羊才能维持一年的生活，所以草原地带地广人稀，不可能养活很多人。像蒙古高原在近代以前最多容纳人口数量大约为 100 到 150 万人，而且人口还很容易减少，由于天灾，打仗的频繁。青藏高原比蒙古高原要大，但人数少，整个青藏高原在过去的全部的人口据估计不过是 100 万上下，到现在，藏族人口还是不多，在中国各个民族里藏族很重要。但藏族的人口排起来排在比较后，不在前面，在七八十年代时大概有 120 万，像壮族、维吾尔族、蒙古族都要比藏族多。西部的特点有两个，第一高寒，第二地广人稀。这里人们生活有不利的一面，也有有利的一面，高原地带，日照能量高，这里日照紫外线的强度很大，因此，能刺激这里的植物加速新陈代谢，加速积累营养物资，草虽矮，但蛋白质高，营养好。另外农作物也是这样。但总体上，这里自然条件比较差，能养活的人口少。由于地理的影响，畜牧业有一个特殊品种，牦牛，个子很小，长了两个很长的角，因为个子大就要消耗很多能量，这在青藏高原是很难活下去的。但牦牛耐力很强，结实，适应高原生活。另外还有羊、藏绵羊等。农作物里最有特点的是青稞，是特殊的麦子，比较粗糙，但是生产期比较短，在短期内能收获。所以大概看一下，种种情况下，其他民族势力要进到青藏高原是很难的，很难大量的进入。历史上只有两次，一次是南北朝时鲜卑族的一支曾经进到青海，但也没有深入往南去。第二是蒙古，但它也曾经越过河西走廊南下，但没能够再南下。那么在此活动的民族也不大容易向外扩展，带有相当大的封闭性。地广人稀是个原因、地形的不利是另一个原因。在历史上这里的民族大体上是藏族和他的祖先。其祖先的演变发展，我们知之不详，但羌族大概应该是其先族，它在历史上是个很活跃的民族，中国历史文献中记载的西羌的活动地区大概是现在的甘肃、宁夏、陕西的一部分，即青藏高原的边上。里边的民族活动的情况还要作很多研究。在历史上先秦以后最大的两次活动第一次在东汉后期，羌族南下，分布在甘肃一带，但由于东汉王朝对他们处理不妥当，压迫，欺压，他们起来反抗，结果那个地方乱了几十年，东汉政府耗了相当大的力量才平息，劳民伤财，搞得十分疲惫。以至于后来到东汉末年，社会危机十分严重，出现了黄巾起义，东汉之亡羌族起到了导火索的作用。第二次是五胡十六国时期，所谓的五胡是匈奴、鲜卑、羯、氐、羌，其实所谓五胡，并不止五个民族，每个族的下面还有其他民族，所以五胡只能是个笼统的说法，同样十六国也是这样，不止十六国，也是个统称。再以后还有一个时期，是党项，党项活动在现在的甘肃和宁夏。他们后来建立了个有名的政权，西夏。党项有一个说法，就是羌族，即藏族，他吸收了很多其他民族的血缘，但无论如何，党项含有藏族的血缘，至少是含有一部分，不算藏族，也算是小半个藏族。在历史上这些民族，他们都起了作用，但他们活动的地区都在青藏高原的外边，换句话说，即使他们不是后来的藏族，那么他们也是从青藏高原出去的，在外边活动。那么真正在青藏高原上活动形成一股强大的势力，是吐蕃，他们兴起得很快。

新兴的资产阶级和市民一手有了思想武器，一手有了物质武器，那么对封建制度、封建旗帜、贵族是一种打击。中国几大发明传出去，还有指南针，它直接促进了世界地理大发展。因为过去古代欧洲航海一般只能在近海航行，远洋航行便找不到方向和所在的位置，很难。过去也能看太阳、月亮、星星的位置来判断位置，但有限制，因为天气会影响判断，靠不住。有了指南针，不仅能定向，还能使航行延长行程。总之，它促进了地理大发现，总之促进了欧洲从中古向近世转化。四大发明有三个是经过陆路传到西方的，在东西方文明交流中在物质文明方面中国作出了贡献，那么在精神文明上，倒过来了，西方对当时的中国影响很大，中国的精神文明好像没怎么出去，出去是后来的事。西方精神文明从丝绸之路传进来的最重要的是佛教，是一种很精致、道理很深的佛教，对中国的影响是非常大的。不仅是有了大批的佛教徒，中国简直可以说是一个佛教的国家，而且对中国各个方面的影响都很大，生活、思维，包括哲学、逻辑等很多方面。其次是伊斯兰教，在中国的西北地区最早占统治地位的是佛教，后来伊斯兰教取代了佛教，这是在明朝以后，或许再早一些，在元朝。所以今天西北地区绝大地区都是伊斯兰教，像今天新疆维吾尔族，就是当年的回鹘人中的一支。回鹘人最开始所信奉的是佛教，后来改信伊斯兰教，但现在的维吾尔人里还有一批他们的后代还是信佛教，这些人居住的地区是在现在的甘肃。其他宗教比如基督教、火祆教、犹太教等也都传到中国来过，时间与伊斯兰教相当，但都没伊斯兰教长久。那么随宗教一起来的还有很多艺术，对中国的影响都很大，比方像绘画，中国早年的绘画是平面，是二维的，只有长和宽没有立体的，要使它有立体感，是靠西方的榜样。西方用明暗对比的方法表现立体感，佛教人物形象和服装是西方的，佛教本来是外来的，来自于印度，所以一些佛的形象早期当然是印度人，不仅样子是，穿的衣服也是，他的装束，他的坐、站的各种姿势都是印度特色的。

佛教大兴，而且开始搞塑像时，是印度历史上犍陀罗时期（公元 4 世纪希腊亚历山大王带队远征一直打到印度河，打到巴基斯坦，他不仅是打到了巴基斯坦，还在此建立了希腊王国，我们知道亚历山大死后很快领地就分裂为四个王国，以后又有很多其他国家接受了希腊化的影响，这就是历史上有名的希腊化时期，那么印度西北部的王朝国家也在其中，所以其风格就接受了希腊的文化，这种艺术就被称作犍陀罗艺术），实际上是希腊艺术特点。希腊式的印度味，高鼻子、卷头发，穿很贴身的衣服，还有希腊式的褶子，佛穿的衣服也是这种风格。南北朝时绘画的风格，不管穿多大的衣服都用褶子来表现。吴道子，吴带当风，画的人都比较飘逸，衣服都是飘起来的。敦煌里的飞天都是这样，用飘带来表现人物的活动。当然传进中国后，慢慢就中国化了，佛也胖起来了，在新疆克什喀尔的考古发掘里，早期壁画里面干脆都是佛教里没有的，比如带翅膀的天使，这都是希腊神话的故事，还有十字架。越早进来的越近乎犍陀罗，越是靠西边，越带有这种风格。慢慢往东去呢，慢慢就汉化了。越早如北朝的佛教绘画雕塑，越有印度风格，到了隋唐以后，和尚都变成了肥头大耳。再说音乐，像霓裳羽衣舞、软舞、胡旋舞、健舞都是从印度传来，一点点传到中原，总之比中国传统的舞蹈，可看性强多了，跳得非常剧烈，动作非常剧烈，善于旋转，带动身上的飘带一起旋转，漂亮极了，这在中国原来是没有的。这段时期随佛教带来的艺术，特别是从南北朝到隋唐一段，对中国的影响是巨大的，这是精神文化。物质文明，中国的四大发明对本国的影响远不如在国外变革社会的作用，外面进口的物质对我们影响不大，除了棉花。此外，中国少吃几样蔬菜总不至于亡国，这是西北地区在中外物质精神交流方面所起的重要作用，有的甚至是有世界意义的。还有一个是要特别提醒的，就是河西走廊不仅是隔开北部地区、西北地区的交往的中间地带，它也不止是堵塞西部地区发展的中间地带，它同时也是北部地区、西部地区和西北地区的交往的一个重要通道，它实际上是四种文化交汇的地方，有中国的汉族文化、印度文化、希腊文化、伊斯兰文化，所以这一地区无论从哪个方面来说，这里的文化是丰富多彩的、灿烂的，像万花筒一样。从东亚大陆来看，河西走廊又是西部、西北部、北部、东部交往的重要渠道，意义重大。

唐朝和吐蕃打过几次大仗，唐朝没占什么便宜。我们知道唐朝有个有名的将领薛仁贵，在历史上确有其人，他因征高丽而出名，然后他打突厥也取得很大的成绩，但这两仗都不算什么，他最著名的是三箭定天山，百战百胜。他后来作主帅打吐蕃，结果一个百战百胜的将军大败，使得薛仁贵一蹶不振。吐蕃难打，一是因为吐蕃能打仗，二是因为那里地理环境太差了。唐朝主要的政策不是打仗，而是一种友好的联络、和亲，不断地把公主嫁到吐蕃去。最有名的就是文成公主，以后还有好几个公主。以致吐蕃称和唐朝是甥舅关系，总体上是保持这种关系。吐蕃在这时发展很快，一方面从唐朝输进先进的文化和技术，像纺织业、金银制造等。随着公主出嫁带去了很多工匠，吐蕃的生产因此发展起来。另一方面从印度经过尼泊尔传来了佛教，后来就发展成了喇嘛教，藏传佛教已经不只是在西藏流传，还传到了蒙古还有其他地区，流传很广。从元朝到清朝，影响很大。中国佛教的圣地之一——五台山，本来都是汉传佛教，但清朝以后，喇嘛教占了大部分。所谓黄庙（喇嘛庙）占了大部分，青庙（汉传佛教）只占了一小部分。又如敦煌，历来为佛教圣地，可到了清朝以后，在敦煌莫高窟还保留了一些，但都是喇嘛庙。所以西藏高原上的民族由于跟外边民族特别是汉族的接触，刺激他们发展了自己的经济和文化。另外他们的文化特别是喇嘛教也传播出来，传播到了东亚大陆的其他地方。所以这个地区的民族还是有很大的作用的。从元朝开始，这里正式纳入了中原王朝的版图，一直到现在。这个地区和外界的接触大体上循着两条线。一条最主要的就是从柴达木盆地出来到青海湖，这里本来宜农宜牧，后来只放牧了。可从祁连山和阿尔金山之间的山口到河西走廊或到新疆。还有一条就是走帕米尔。青藏高原的民族如果扩张，出来的话就是走这两条路。在唐朝，吐蕃出来的时候，曾一度打到长安。长安虽然没有被占领，但是吐蕃占领了河西走廊，把帕米尔也占领了。这样吐蕃就对西北地区形成了一个大包围。结果唐朝在西北的势力安西都护府又坚持了 30 年以后终于退出了，整个天山以南都被吐蕃占领了。青藏高原上一个数量很少的民族在历史上影响是很大的。青藏高原的民族还有一条路可以走。那就是顺着长江、澜沧江、怒江等的河谷，顺流而下，走云贵高原的西北出去，这就是著名的茶马道。茶马道从云南方向进入西藏，用茶换西藏的马。这个地区和其他地区之间也有一个中间地带，就是黄河、长江之间的部分，也是一个宜农宜牧的地方。所以汉族力量从这里进去，高原上的民族从这里出来。这个地方比较小，不像河西走廊和河套地区那么重要。这个地方离印度比较近，只隔了喜马拉雅山，所以印度文化特别是佛教文化对该地影响很大。吐蕃著名的王松赞干布娶了两个妻子，一个是唐朝的文成公主，一个就是尼泊尔的公主。

第十一章 东亚大陆内部的历史地理区域之六——西南部地区

　　西南地区简单地讲主要就是云贵高原。云贵高原包括了今天的云南、贵州和广西的一部分。这块地方在中国六大历史区域里是最小的一块。它的北界就是金沙江，西界是横断山脉，南界大体就是今天的国界，东界大体就是现在湖南的西部。这个地方主要是高原，它的西边就是青藏高原。横断山脉既有山又有河。云贵高原不同于青藏高原、蒙古高原和黄土高原。这里是整个地势比较高，但地貌没有高原地貌，实际上是切成一小块一小块的。在横断山脉地区，四五千米的高山和深谷地形变化很大，下边是河，上边是山，所以气候变化大极了，从山顶的雪山到山脚的亚热带气候都有。山上积雪寸草不生，山中间的森林，到山脚下的热带作物全都有。高原上地形破碎。其中一个重要的原因就是这里是喀斯特地貌最典型的地方。喀斯特地貌我们今天把它称作岩溶地貌。喀斯特是南斯拉夫的一个地方，这种地貌最早发现于此，因而得名。这种地貌是因为含碳酸盐的岩石（主要是石灰岩和白云岩）特别易溶于水，所以叫岩溶。这一岩溶就变出了许多奇怪的地貌，像岩洞里的钟乳石、石笋、石柱等，非常奇怪，非常漂亮。这种地貌不是只有云贵高原才有，全国各地都有，像北京房山的石花洞、云水洞等，也是这种地貌，但是云贵高原最发达。因为有很多岩石被冲走了，而有的岩石留下来了，就形成了许多孤山，所以说"桂林山水甲天下"，用韩愈的诗说就是"山如碧玉簪"。那就是标准的喀斯特地貌。这里是些孤立的山，地下形成许多的洞，水从地下走，就形成了地下河。地形破碎，山中间有一些小块的平原，在当地被称为坝，可以种地。大的方圆也有百里，小的只有巴掌地大。这种地形带来了许多问题，一个

最大的问题就是不利于农业的发展。云贵高原雨量丰富，但水留不住，都
渗到地底下了，所以很容易闹旱灾，可一下雨又排水不畅闹水灾。再一个
就是土质比较薄，而且贫瘠，是红土。这种土壤如果种水稻或茶等经济作
物可以，但种别的作物不行。因此这个地方农业发展受到限制，地形分
割、交通不便。过去贵州有句老话："天无三天晴，地无三分平，人无三
分银。"所以现在贵州的人均收入还是全国最低的。这个地区人们的经济
生活很分散，而且经济生活各式各样，结果民族特别多。我国有 56 个民
族，云南就占了一半，加上贵州就占三分之二。民族多，但各个民族的人
口并不多，各个民族的发展也不平衡，所以在历史上这个地方很难形成一
个集中而又强大的力量。历史上只有唐朝时的南诏算是比较大的。南诏曾
打败过唐军，北上到达过成都，向东到过广西东部。后来继南诏而起的大
理，信仰佛教，延续了几百年，最后被蒙古消灭了。所以这个地方就它在
中国历史上的影响来说恐怕是最小的一个了。这个地方向北到四川并不
困难，到湖南也不困难。汉族和这个地区的民族在历史上一直是有接触
的，文化上是有交流的。不妨说盘古开天辟地的神话现在看来就不是汉族
的神话，而是苗族的。有一个说法说盘古是一条狗，也许是原始民族的图
腾。后来它和酋长的女儿结婚了，生下的后代就是我们的祖先，按这个说
法我们都是狗的后代了。这个地方和汉族的交往还是比较多的，但从历史
上总的趋势来看，汉族从黄河流域到长江流域，再到珠江流域，再向西
去，所以这个地方现在汉族的比例大过少数民族。少数民族或者和汉族融
合了，或者就躲到了比较偏远的山里去了。北边的藏族也曾顺着澜沧江、
金沙江等河谷南下，到达这个地方的北部。另外南边东南亚的民族也顺着
澜沧江、怒江等的河谷北上。但到底谁影响谁大一些呢？很难确定。比如
傣族，泰国的学者认为是从南到北，是他们的祖先逐渐进入云贵高原，而
我国学者认为傣族是泰国人的祖先。当然这是个学术争论的问题，但也能
证明一些问题。现在看来从北往南影响大一些。这个地方看起来也四通八
达，北达四川、西藏，西到印度，南边到东南亚，东边到汉族地区。值得
注意的是，它是中国和印度文化交流的通道，所以有人把它称为"南方丝
绸之路"。从这里可以到印度，张骞通西域，到大夏（今天的阿富汗地区）

时，发现有一种四川出产的"邛竹杖"，还有四川人做的酱。这种四川产
品肯定就是从云贵高原西去，越过横断山脉到达印度，再从印度辗转运到
大夏的。所以印度的佛教在这里很有影响，这里的佛教基本是小乘佛教，
和中原的佛教不同，和东南亚的佛教倒是差不多。

附　述

第十二章　地理环境对中国古代历史发展进程的一些影响

　　地理环境和中国历史发展的最后一个问题。我们讲了地理环境对历史的作用，东亚大陆和东亚大陆的六个历史区域，现在我们讲地理环境对中国历史发展总进程的一些影响。前面我们讲到地理环境和各个历史地理区域时就已经涉及地理环境对中国历史发展的各个方面、各个时期的影响。现在我们再总体上看看。要说明这个问题，首先还是要看一下古代中国的地理位置。在世界历史上欧亚非大陆上有一个古文明带。古代文明都是形成在这条文明带上的。大体上在北纬 20 多度到 30 多度，西边从地中海开始，经过中东、波斯、阿富汗、印度，最后是中国。世界历史上的古文明：古埃及、两河文明、古印度、古中国绝大多数都是从这个地方发展起来的。但是这条文明带有一个断层，就是青藏高原。青藏高原的隆起使得古中国的文明往北推了一下，而且和其他地方隔开了。这样形势对中国历史的发展影响相当大。另外，隔断的地区，东亚大陆本来是相当辽阔的，地理环境也是多样化的、复杂的。我们应注意两点：第一点是青藏高原的隆起使得中国与世界古文明有了一个阻隔；第二个就是在青藏高原的东方——东亚大陆本身面积辽阔，内容复杂、丰富，这两点对中国历史发展很有影响。

　　第一个影响可以说使得中国历史的发展既有早熟性又有延续性。中国的文明、中国的历史起源是很早的。现在的说法大概是 4000 多年以前，公元前 2000 多年，就是夏，现在中国的学者正在探索中国文明的起源问题，这是史学界的一个热点。前文明时期现在还有很多东西可以研究，从非文明进入文明还有很多过渡时期。不管怎么样中国被称为四大文明古国或六大文明古国之一，中国是最古老的文明之一。不止如此，中国在文明起源以前就有了很长久的历史。古代人类的活动，最古老的是 200 多万年前的巫山人，这是新发现的，现在还不能完全肯定。还有河北阳原县小长梁区地区旧石器时期的遗物。那里没有人的骨骼，但有人用过的石器。巫山是发现了人的化石，再往下就是 170 万年前的元谋人，再往下就是 60 万—70 万年前的蓝田猿人，50 万—60 万年前的北京猿人。人类的谱系可以从 200 多万年以前一直到现在。我们现在知道人类最早的起源大概是 400 多万年以前，在非洲。

现在发现比路易还早的人。现在有一个新的学说就是说人类的起源就是在非洲，然后分布到世界各地，而这种分布不止一次，有若干次。以前那些北京猿人、爪哇猿人、尼安德特人都是旁支，是现代人远房的兄弟，甚至是出了五服的兄弟，跟我们没有直接的关系，这是现在根据基因判断的最新的说法。问题是现在还有基因本身的鉴定，这是一个相当复杂的技术过程。现在我们还不能肯定基因鉴定就是百分之百的准确。另外从人类起源学的角度考虑，有很多东西是一脉相承的，也很难说远古的人类和我们现在的人类就没有一点文化上的东西。前几年说的挺清楚，我们这些人就是从非洲来的，与以前的人没有任何的关系，把以前的人都消灭了。现在又有新的说法，说不止是把他们消灭了，其实还有血缘上的融合。欧洲学者认为尼安德特人和我们现在人之间还是有血缘关系的，在各种活动中融合了。但是中国这个地方是不同的。有些地方像云南是可能出现人类的。另外中国确实有一个一脉相承的古人类的遗迹。中国的学者往往不认同或不愿认同最新的基因说法。不管怎样，这还是一个学术争论的问题。但是中国确实是一个古文明的起源地，至少我们的古文明是独立发展的。世界上的古文明多半是沿着大河，在河两边的河谷地带发展起来的。所不同的是其他的古文明往往是沿着一条河或靠着海。像埃及的尼罗河，印度的恒河和印度河，中东的幼发拉底河和底格里斯河，而中国的文明却是一种网络状的发展。特别是黄河流域，黄河流域经过黄土高原的很多支流，文明多半是发源在两条河之间。因为这种地方水丰富，另外交通方便，交往也比较方便。黄土高原地区的特点就是黄河的支流切割黄土高原，形成许多小块，从一个支流到另一个支流很容易，便于人们交往。文明发展是由点到线、由线到面，形成一种网络状。所以中国的古文明在很早以前就扩散到比较大的地方，而且形成了一些国家。另外中国内部各个地方除了青藏高原以外，交通还是比较方便的，没有自然的阻隔，而且城市的分布也是逐步的，不是突然的。人们活动比较容易。特别是各个区域之间还有中间地带，往往是农牧交界的地方，宜农宜牧。游牧民族可以来放牧，汉族民族可以农耕，所以容易发生民族交往和民族融合。中国有一个很广阔的发展余地。这和埃及、两河流域、希腊、罗马等都不一样。它内部就可以自己发展，没有向外发展的动力。而且这个地方面积辽阔，物质丰富，又多种多样，可以持续发展。因此中国的自然条件使得中国的文化形成的比较早，而且中国文化能够借助东亚大陆丰富的物质持续发展下去。世界文明古国基本上没有像中国这样持续发展下来的，多半都中断了。埃及、两河流域、希腊、罗马都如此，甚至波斯、印度也如此，只有中国延续下来了。这是第一个特点，中国文明成熟得比较早，而且具有延续性，用现在的话说就是可持续发展。

第二个特点就是中国古代文明的发展有很大的独立性，而又没有孤立性。带有很大的独立性是因为地形的阻隔，基本上是自己发展起来的，接受人家的东西很少，但也不是没有，只是不像文明带的其他地方。无论埃及、两河流域，还是印度、希腊，文化的交流都是很厉害的。像亚历山大东征，就形成一个希腊化世界，把希腊的文明一下子扩展到了亚非欧的广大地方，一直到了印度，也影响到了中国。波斯一仗就打到了希腊，而罗马军团西征也几乎到了印度，南边到了埃及。罗马成了一个世界性的都会以后，各个民族的宗教、文化都跑去了。在基督教以前，罗马的宗教混杂到了极点，埃及的、希腊的、本土的、中东的，互相影响。民族的交往，民族的混合，民族的斗争，文明的交流，经济贸易的互相依赖，非常大。像中东这个地方更是热闹得很，五光十色，非常复杂。而中国隔离出来，独立发展。像汉字就如此，其他地方因为互相影响都使用拼音文字，而中国汉字独立发展。当时中西方的不同，对于西方来说中东、地中海成为中西方交往的通道。但中国和外国的交往比较困难。古代海路困难，特别是航海技术还没有发展起来以前，沿海航行很困难。陆路走丝绸之路还是比较艰险的，只有少量的贸易。而且中国距离印度、西方相当远，交往起来很困难。相反东亚大陆内部有很辽阔的地区，这些地区的交往倒是非常方便的，这些地方的各个民族、各个文化的影响是非常深的。所以在欧洲始终没有形成一种统一的力量，到现在还是 40 多个国家，现在的趋势又是分。南斯拉夫一分为五，苏联一分为十五，甚至捷克斯洛伐克也分成两个。而中国历史上互相交往很密切，很早就形成了一种网络。本地区的经济、文化的活动往往就在本地区，而且活动的结果使得大家有一种凝聚力、向心力，特别是周边的民族对中原王朝的汉族有向心力。不管怎样，还是一个国家，这是独立的一面。但是我们又不能说是孤立发展的，不像太平洋上的一些岛屿，非洲、美洲的一些民族。我们和外界是有交往的，不是完全隔绝的。我们前面已经讲到很多。但总体来说，这种交往有一个特点，就是这种交往是通过一种经济的、贸易的、文化的、外交的活动来交往，而不是通过军事行动、民族的征服、民族的战争完成的。所以这种交往是细水长流的，是逐渐的，不是突然的。一个民族的征服除了军事上的征服之外，还要通过文化控制，这种文化是慢慢渗透的，有一个吸收、转化的过程。像佛教，传入很早，早在东汉时候就已经进入中国。佛教经过西域、河西走廊已慢慢有些变化，进入中原，正好是五胡十六国时期，为佛教的传播提供了契机。但佛教的一些东西与中国传统的儒家思想有矛盾。儒家讲究"尊王"，佛教讲究"沙门不敬王者"；儒家讲究"孝亲"，而佛教则没有。但慢慢地佛教就发生了变化，就是佛教的中国化。像"尊王""孝亲"都被佛教所吸收。中国的许多伪经就大讲这些，像目连地狱救母等。佛教中国化的过程经历了四百年，大概到唐朝末年才结束。凡是中国化的佛教宗派都存在了下来，像净土宗、禅宗。而中国化不够的宗派，即使是中国人创立的宗派都不在了，像玄奘创立的法相宗。这种情况到了近代发生了剧烈的变化。近代西方的文明、技术是通过西方的侵略进来的。鸦片、军舰、大炮、贸易、传教士、学校都是通过这些方式进来的。西方先进的东西进来是伴随着中华民族的屈辱一起出现的。所以对近代中国的震荡是极为强烈的，这和古代不一样。到底哪一种对中国的历史最好？这个不好说，反正都是历史。但是古代的外来文化的渗透性进入，并没有改变中国的文化，只是吸收了外来文化使它更丰富了。所以说中国历史的发展具有独立性，但没有孤立性。

第三个特点就是我国内部的各民族的文化具有多样性，又具有共同性，就是所谓的多元一体。多元，最后在文化上形成一个共同体。中国的民族非常多，古代更多，经济、社会的发展各式各样。经济发展阶段也很不一样。所以中国境内的各个民族、各个地区都具有它的复杂性和多样性。但是东亚大陆内部非常辽阔，地区间的交往就非常频繁。甚至于最难进入的西藏地区和外界也还是有交往的。在贸易上最主要的是茶、马，还有粮食。在历史上都是很重要的。结果呢，大家互相影响，现在所谓的汉族文化当中掺杂了许多胡人的成分。从语言到吃穿住、音乐、美术等都吸收了外来的东西。汉族的文化也散布到了其他地区。这样中华民族在经济上、政治上、文化上、心里状态上都具有一种凝聚力。多样化又有共同的东西，又形成一种凝聚力。这个趋势从原始社会后期开始，新石器文化在各个地方本来多种多样，但到了后期就很清楚了。仰韶文化、龙山文化都是一个系统，但后来逐渐融合，你中有我，我中有你。长江流域的良渚文化和河姆渡文化也是这样。这样形成既有多样性，同时又有共同性。交往对各个民族都有好处，促进了各个民族的发展，但交往也有很多的战争、压迫，但这都是历史。它的后果也让一些民族被迫地接受了其他民族的文化。像现在北方的口音就带了很重的蒙古口音，就是蒙古人压迫的结果。我们从历史发展的整体来看，战争所起的作用并不都是消极的，也不完全是破坏，都要做具体分析。正因如此，中国中原王朝的疆域逐渐扩大，越来越密切。我们现在的版图就是在清朝乾隆年间奠定的。今天我们除了960万平方千米的陆地之外，还要加上沿海和专属经济区的面积。中国的领土主权不是一朝一夕形成的，是很长时期形成的。西藏和西南的云贵高原就是在元朝以后归中原管辖的。中华民族有它的多样性、共同性，因此产生了各个民族发展的不平衡性。这种不平衡性在历史上就有。民族的差别、民族的不平等、民族的仇视，还有特殊的民族心理，这种情况我相信随着各民族的共同发展会逐步消失的。尤其是西部地区的开发，西部地区本来就是一个多民族的地区，随着西部地区经济的开发，这个问题就会解决了。

这就是我们要讲的中国文化的三个特点：早熟性，独立而又无孤立性的国内各民族的多元一体。

后　记

　　这本书稿是父亲十几年讲课和科研的积累，经父亲反复修改打磨而成，但仍然有部分章节需要修改补充完善，主要集中在六大区域的后面的几章，如西部、西南部的篇幅大大少于东部地区，因此会有头重脚轻的感觉。我原本有补写的意愿，但主编郝春文教授认为以尽量保持原貌为佳，深以为是，整旧如旧。更重要的是，底蕴不深，必然底气不足，有可能画虎不成。

　　父亲反复修改过程中，我负责打字，也产生很多感慨，也有很多感想，虽然自知还很肤浅。我感觉这本书稿的最大特点，是注重时空的转换与交错，将中国历史放在大的时空视野和框架中，我相信读者和听众都会感到沉浸在一幅幅鲜活立体开阔的历史长卷中。

　　这本书稿是父亲将科研与教学紧密结合的典范。这门课陆续讲了十几年，但对地理环境与中国历史发展关系的思考应该持续和酝酿了更长的时间。这门课是研究生的专业选修课。1998年邓京力教授做本课助教，指导选课的研究生在课堂笔记的基础上，整理讲稿，功莫大焉。在这个基础上，父亲反复修改，几易其稿，其间还发表过多篇论文，又经多次增补、整合而成。其中，一些内容有重复，某些章节没有结尾，按照编委会整旧如旧的原则，保持了原生态。

　　出版之前，首都师范大学历史学院博士后寇博辰博士参与了校对，一并致谢。

宁欣

2022 年 6 月

责任编辑：刘松弢　彭代琪格

图书在版编目（CIP）数据

宁可文集 . 第八卷 / 宁可 著；郝春文，宁欣 主编 . —北京：
人民出版社，2023.4
ISBN 978－7－01－025457－9

I.①宁…　II.①宁…②郝…③宁…　III.①中国历史－文集　IV.① K207-53

中国国家版本馆 CIP 数据核字（2023）第 048907 号

宁 可 文 集
NINGKE WENJI

（第八卷）

宁 可 著

郝春文　宁 欣　主编

人民出版社 出版发行

（100706　北京市东城区隆福寺街 99 号）

北京新华印刷有限公司印刷　新华书店经销

2023 年 4 月第 1 版　2023 年 4 月北京第 1 次印刷
开本：710 毫米 ×1000 毫米 1/16　印张：26
字数：376 千字

ISBN 978－7－01－025457－9　定价：100.00 元

邮购地址 100706　北京市东城区隆福寺街 99 号
人民东方图书销售中心　电话（010）65250042　65289539